犁与剑的时代思考

主编 谭清美

山西出版传媒集团
山西经济出版社

图书在版编目（CIP）数据

犁与剑的时代思考 / 谭清美主编 . –– 太原：山西
经济出版社，2022.8
ISBN 978-7-5577-1026-2

Ⅰ.①犁… Ⅱ.①谭… Ⅲ.①工业体系—研究—中国
Ⅳ.① F424

中国版本图书馆 CIP 数据核字（2022）第 151406 号

犁与剑的时代思考
LI YU JIAN DE SHIDAI SIKAO

主　　编：谭清美
责任编辑：司　元
封面设计：博雅图文

出 版 者：山西出版传媒集团·山西经济出版社
地　　址：太原市建设南路21号
邮　　编：030012
电　　话：0351-4922133（市场部）
　　　　　0351-4922085（总编办）
E－mail：scb@sxjjcb.com（市场部）
　　　　　zbs@sxjjcb.com（总编室）

经 销 者：山西出版传媒集团·山西经济出版社
承 印 者：山西康全印刷有限公司

开　　本：787mm×1092mm　　1/16
印　　张：32.5
字　　数：450千字
版　　次：2022年8月　第1版
印　　次：2022年8月　第1次印刷
书　　号：ISBN 978-7-5577-1026-2
定　　价：190.00 元

前　言

在国家战略和政策指导下，国防经济学相关高等院校和研究机构学科调整基本告一段落，国防经济学科布局趋于稳定。经老、中、青三代国防经济学者的努力，国防经济学科开始出现健康发展的新气象，战略思考趋向新高度，理论研究达到新深度，实践应用实现新效度，学科方向走向新宽度。

在国防经济学科前辈的鼎力支持下，樊恭嵩教授和白卫星主编等国防经济战线上的"老战士"主办国防经济学年度人物和优秀成果评选和学术交流活动，创新评选活动思路，拓展学术活动范围，吸纳优秀青年人才，开拓了国防经济学科涉及和影响的社会经济领域。

2020年，在白卫星主编的倡导下，《国防经济评论2020》面呈各位专家学者，这是国防经济学学术范围进一步拓展的重要标志之一。其目的是为国防经济学者开辟一个新的交流空间，为促进国防经济学科发展贡献一分力量。2021年，《犁与剑的时代思考》（原定的《国防经济评论2021》涉及各种因素改为《犁与剑的时代思考》）汇集各位专家与学者的心血，部分文章为第3届国防经济学家论坛交流的论文。这30多篇文章可谓是中国国防经济学最新的研究成果，主要集中于国防经济体系、国防工业布局、军民协同创新、战略科技力量、军民融合发展、国民经济动员、军人待遇问题和国外经验借鉴等方面，突出国防经济学在理论和实践上的有用性。

本书得到"中央高校基本科研业务费专项资金资助，No.NR2022024"。

谭清美

2022 年 8 月

目　录

构建新时代军民兼容、寓军于民的国防经济体系*

顾建一

党的十九大报告提出，坚持富国和强军相统一，强化统一领导、顶层设计、改革创新和重大项目落实，深化国防科技工业改革，形成军民融合深度发展格局，构建一体化的国家战略体系和能力。贯彻党的十九大做出的战略部署，必须正确建立国防经济与国民经济关系，构建新时代军民兼容、寓军于民的国防经济体系。

一、正确处理国防经济与国民经济之间的比例关系

国防经济与国民经济之间的协调、平衡、融合发展，从根本上讲，就是正确处理好国防经济和国民经济之间以及国防经济内部的比例关系。

（一）正确处理国防支出与国民收入之间的比例关系

国防经济的货币表现——国防经费，来源于国民收入的再分配，国防费支出在国民收入中必须保持在一个合理的的比例范围内，不

---

*作者简介：顾建一，原解放军后勤学院研究员。

能超越国家财力可能，也不能大起大落。在中国特色社会主义制度下，国防经济发展受社会主义基本矛盾、基本经济规律等多方面的制约。和平时期，国防经济的规模和增长速度、对国防领域的资源配置不能以牺牲广大劳动者的合理生活消费为代价，这就要求国防经济发展速度一般应略低于国民收入的增长。因为在国民收入的增长额中，要有一部分比例，使劳动者消费水平进一步提高，使广大人民群众享受到社会经济发展的成果，还要考虑扩大再生产的需要。当然，在国家核心安全受到严重威胁时，不排除在相当一段时期内国防经济的增长要高于国民收入的增长速度。

（二）正确处理国防经济与国民经济的比例关系

按照国防经济一定要适合国民经济发展的规律，根据国家核心安全需要，确定国防经济与国民经济的恰当比例，通常是使用国防费占国内生总产值比重来表示国防经济和国民经济的关系。根据世界主要国家国防费占 GDP（国内生产值）比例的统计资料分析，国防费占国内生产总值的比例可分为 5% 以上、2%—5% 和 2% 以下三种类型。5% 以上为高比例型，一般是在战争或特殊的国际、国内环境下才会达到或超过这一比例，2% 以下为低比例型，2%—5% 为比较适度型。世界上绝大多数国家国防费支出占国内生产总值的比例在 2%—5% 之间，这一区间成为世界公认的国民经济对国防费负担的合理区间。

（三）正确处理国防消费与国防供应之间的比例关系

国防消费品的增长要与经济社会供给能力相适应。国防消费主要包括武器装备消费、工程设施消费、物资油料消费、人员训练和生活消费，提供国防消费供给的主要有国防工业企业、"民参军"企业、直接向市场采购，国防消费需求规模和结构只有与可提供给国防领域产品的生产能力相适应，与经济社会生产的总产品实物构成相适应，才能使国防消费得到物质资源保障。

二、保持合理的国防经济规模

正确处理国防经济与国民经济的关系，确定合理的国防经济规模，保持国防经济与国民经济协调、平衡、融合发展，实现国防经济实力和国民经济实力的同步提升。

（一）弄清国防经济规模的含义

国防经济规模是国民经济中可用于军事目的的资源实际转化为国防资源的数量大小，是一个国家在一定时期内国防经济实力的基本标志，可以用实物指标和价值指标来衡量。

从价值角度考察，国防经济规模包括当年国防费和国防领域历年积累起来的财富的价值总量。国防费是国家投入国防领域的经费，一般条件下，国防费的规模越大，国防经济的规模也越大；反之，国防费用规模越小，国防经济的规模也就越小。军事领域所拥有的历年积累起来的财富的价值总量，是历年国防费使用后的沉淀物，包括实物财产的价值量和金融财产两类。金融财产是债权债务的存量。在计算国防资产的价值量时，需要解决好国防资产原值和现值的换算，以保证准确计算国防资产的价值量。特别要注意正确估价国防资产的物质磨损和精神磨损。

从实物角度考察，国防经济规模的大小可用军事领域所拥有人力和物力来衡量。国防人力包括军人和专门从事军事科研生产等国防经济活动的人员。国防人力是国防经济活动的主体，只有一定规模的国防人力与一定数量的物质资料相结合，才能开展国防经济活动。军事物力包括固定资产和流动资产。固定资产，即军事领域所拥有的使用价值在长时间内能够反复利用，且价值在较长时间逐渐消失的物质资料，如房屋、机场、码头、机器、设备、飞机、枪炮等耐用物质资料；流动资产是军事领域所拥有的只能一次或短期地用于军事训练和军人生活的各种生活资料和原材料等。

（二）评价国防经济适度规模及标准

适度的国防经济规模是指在保障国家安全、实现国家军事战略目标前提下适当的资源占用量和消耗量。军事战略的实施必须有足够的人力、物力、财力作保证，国防经济规模过小，保障国家安全、实现国家军事战略目标便缺乏必要的物质和技术手段。但从整个社会再生产的角度分析，真正用于军事目的资源消耗是一种纯消耗，不进入再生产过程，不参与物质财富的创造。因此，国防经济规模过大，用于军事的资源过多，则会造成资源的浪费，制约国民经济的发展。判断国防经济规模适度与否，主要有两个方面：一是军事战略的合理性；二是国防经济规模与军事战略的匹配性。

国防经济规模服务于军事战略，首先必须取决于军事战略是否合理。全球扩张性国家具有掠夺的本质，它们的国防经济规模往往会大大超过国家稳定和安全的需要。通常一个国家如果对国际、国内的安全环境判断错误，制定的军事战略就会出现偏差，国防经济规模的确定必然偏离正常的轨道。

评价国防经济规模适度与否的第二层次的标准，是国防经济规模与军事战略的匹配性。军事战略一旦确立，只有符合军事战略要求的国防经济规模才是合理、适度的。如果国防经济规模小于军事战略所提出的要求，实现军事战略目标所需要的物质手段不能得到充足的供应，军事战略实施就有可能落空，国家安全就要受到威胁。如果国防经济规模超过军事战略所提出的要求，则会造成资源的闲置和浪费，影响国民经济的持续发展，并最终削弱国防经济潜力。只有既能满足军事战略要求又不至于过大的国防经济规模才是合理的。

中国国防经济在一个较长时期内是属于供给约束模式，主要表现为：我国国防费总量、国防费占 GDP 的比例、军人人均军费，与世界大多数国家相比，处在一个较低水平。一般地说，在较短时期内，国防开支的比例保持相对稳定或者国防开支总额保持先行增长应该是有可能的。但是，长期将国防开支比例固定在某一水平，或者要求国防开支只升不降是不科学也是不可行的。改革开放以来，中国经济取得了举世瞩目的成就，为国防经济的发展提供了良好的物质基础。科学确定国防经济规模，要参考世界国防开支的平均水平和多数国家的国防投入水平，特别是要分析发达国家国防投入规模确定的理论依据。统计数据表明，世界大多数国家的国防投入客观上都存在着一个合理的比例区间。国防投入处在合理区间内，国防安全能够得到有效保证，国防投入对国民经济正常发展的负面影响也比较小，而且还会形成国防投入促进国民经济发展的良性局面；国防投入低于该区间下限，国防建设会因投入的减少而受到影响；国防投入突破该区间的上限，超出了国防建设实际需要，其资源占有量对国民经济正常运行产生较大的影响；如果国防投入远超出该上限，进而超出社会经济承受的极限，会严重影响国民经济发展。

三、认清军民兼容、寓军于民发展是大趋势

军民兼容、寓军于民发展的核心是依据平战结合、军民兼容的

原则，将国防建设纳入国民经济建设和社会发展总体进程中，使国防和军队建设与国家发展战略、发展进程、发展机制和资源配置协调一致，统筹安排，共同建设，是实现富国和强军相统一的战略举措。

从世界范围来看，军民兼容、寓军于民发展已成为当今各国国防和军队建设的主要模式，其根源在于信息化战争条件下的对抗，集中表现为以国家总体实力为基础的体系对抗，客观上要求国防和军队现代化建设必须融入经济社会发展体系之中，以国家整体实力支撑国防和军队现代化建设。现代战争以及各种军事行动对资源需求量呈现出数量大、时间急、技术含量高、结构复杂等特点，单靠独立的国防经济部门已经难以支撑现代军事活动，必须紧紧依托国民经济体系。通过军民兼容、寓军于民发展，在国防建设与经济建设之间建立起顺畅的交流和转换渠道，提高国防系统分享经济建设和科技进步成果的机制，将经济发展的优势及时转化为国防发展优势，以最充分的资源、最先进的技术力量建设现代国防。

这是应对世界新科技革命的主动选择。以信息技术、生物技术和新材料技术等为代表的新技术革命对 20 世纪世界历史进程产生了广泛而深刻的影响，并将继续影响 21 世纪国际经济、政治发展。新技术革命催生新军事变革，导致国防经济与社会经济、军用技术与民用技术的结合面越来越广，融合度越来越深。为打赢信息化战争，各国军队都在努力开展信息化建设，国防和军队建设以及作战系统对经济、科技和社会的依赖性空前增强。在高新技术领域，军事技术和民用技术并没有明显的界限，大部分高新技术都具有军民两用的特性。许多军事先进技术的发展已越来越依赖于民用市场的推动，进而很快运用于军事装备的发展。适应这种新变化，世界各国军队都在做出适合自身特点的改革和调整，尤其强调将国防和军队建设纳入国家总体战略规划，注重军事力量与经济社会协调发展，既保证军事实力较快增长，又力求综合国力迅速提高。军民兼容、寓军于民发展成为世界各国实现军队信息化战略目标、应对新科技革命发展的主动选择。国防和军队现代化建设涉及高技术领域广泛，资金投入多，而所需的硬、软件技术以及通信、网络等都具有军民通用性。因此，在军事高科技的发展模式上，除核心和关键技术以国防和军队开发为主之外，大量的军民通用技术，应通过建立军民兼容、寓军于民的国家科技创新体系和工业基础体系而进行。军民兼容、寓军于民不仅能够促进军民两个领域的技术双向交流，增强国防科研能力，推动国民经济发展，还可增加竞争活力，降低装备采购费用。

这是适应社会主义市场经济的客观需要。走军民兼容、寓军于民发展道路，要遵循市场经济原理，将国防和军队建设需求与社会整体经济资源供给进行统筹考虑，谋求国防安全和经济效益的最优化，建立与市场经济相适应的国防经济体制机制。随着市场经济体系的不断完善，我国社会生产力获得了飞速的发展，物质产品日益丰富，这些都给国防经济发展提供了良好环境和物质条件。如在国防科技工业方面，通过开放军品市场，运用市场竞争机制，解决长期存在的国防科技工业技术创新能力低、产品质量差、成本价格高等问题。充分发挥市场在国防科技工业资源配置中的基础作用，实现从自成体系、相对独立、封闭的发展模式向寓军于民、市场型发展模式转变。

这是实现富国与强军相统一的必由之路。富国和强军历来是世界各国所追求的战略目标，历史上大国的兴衰告诉我们：国富才能兵强，兵强才能安全，安全才能发展，发展促进富裕。从我国国情分析，作为一个发展中大国，面临着资源短缺的压力，如何合理配置和有效利用各种资源，实现经济建设和国防建设的协调发展，已成为一项战略任务。军民兼容、寓军于民发展可以有效地避免重复建设、分散建设，节约资源，科学合理地配置资源。把国防和军队现代化建设融入国家经济社会发展体系之中，积极探索军民结合、寓军于民的有效方法和途径，实现相互促进、协调发展，达到富国和强军相统一。

四、构建军民兼容、寓军于民的国防经济体系

军民兼容、寓军于民的发展体现在国防经济的各个领域和方面，包括国防和军队发展战略与国家整体战略相适应，合理确定国防和军队建设的布局与进程，统筹国防资源与民用资源的配置，注重军用技术和民用技术的兼容发展，提高国防资源的使用效益。要在科技、教育、人才、保障等方面，在更广范围、更高层次、更深程度上把国防和军队建设与经济社会发展结合起来，进一步形成国防建设和经济建设相互促进、协调发展的运行机制，构建军民兼容、寓军于民的国防经济体系。

（一）构建军民兼容、寓军于民的武装力量体系

就是要统筹常备力量和后备力量建设，按照"精干的常备军与强大的后备力量相结合"的模式，构建军民兼容、寓军于民的现代国防力量体系。随着世界新军事变革加速推进，世界主要国家军队普遍向减少数量、缩小规模、优化结构、加大科技含量、提高整体保障效能的质量建设方向发展，构建军民兼容、寓军于民的现代武装力量体系是大趋势。我国常备军员额经过多次精简整编，规模有了较大幅度压缩。按照精干、合成、融合的要求，军队建设必须加

快实现由数量规模型向质量效能型、由人力密集型向科技密集型转变。统筹常备力量和后备力量建设，构建军民兼容、寓军于民的国防力量体系。适度压缩军队员额，优化军队结构，提升建设质量，努力把广大官兵培养成适应信息化条件下局部战争要求的军人，将我军建设成具有信息化作战能力的精干的常备军。要研究各种复杂情况下进行集结、机动、补充、编成的途径，并通过模拟实战的训练方法，提高预备役人员的战备能力，形成强大的后备力量体系。按照平时服务、急时应急、战时应战和寓军于民的原则，加强动员力量建设，统筹现有人民武装、人民防空、交通战备、信息动员和科技动员队伍，使其能够有效保障战争和完成重大军事任务的需要。

（二）构建军民兼容、寓军于民的装备生产体系

统筹国防工业和民用工业，是指依托国家工业整体力量，按照建立"精干的常备军工与强大的工业动员相结合"的模式，实现军民双向互动和共同发展，构建军民兼容、寓军于民的武器装备生产体系，提高军队武器装备生产能力和效率，加快武器装备现代化的建设步伐，进而提升国家工业的整体水平。新中国成立后，面对西方国家的严密封锁和战争威胁，国家集中人力、物力和财力，自力更生、艰苦奋斗，逐步形成了相对独立的国防科技工业体系，国防科技工业也一直相对拥有人才、技术和设备方面的优势。但还存在需要改进完善的地方，比如，国防科技工业体制机制滞后于新军事变革和市场经济的发展，国防工业和民用工业自成体系的现象没有得到根本改变，国防科技工业自主创新能力还不能适应国防现代化建设需要。构建军民兼容、寓军于民的武器装备生产体系，应当通过优化结构、产业升级、技术升级，保持军工企业生产高新武器装备的核心能力，逐步形成具有很强创新与竞争能力的精干常备军工。

要打破军民二元结构的界限，面向全社会采取招标、投标，引入竞争机制，凡具有招标条件的项目，均可以面向全国招标，扩大工业动员生产的基础，降低军事技术装备生产成本。要通过与中标部门或企业签订严格的合同，做好品种、数量、质量、价格、交货时间等的验收工作，并督促其实施生产能力储备和技术储备，保证必要时的军事需求。

（三）构建军民兼容、寓军于民的科技创新体系

统筹国防科技和民用科技，按照建立"精干核心国防科研与广泛科研力量相结合"的模式，构建军民兼容、寓军于民的国防科技创新体系，充分依托国家创新体系，发挥民用高新科技资源对国防科研的支撑作用，提高国防科研的自主创新能力，进而提高整个国家科技创新能力和竞争力。目前，我国的国防科研部门主要是由部队科研单位与军工科研生产部门所组成，与地方科研机构相互独立，形成了军民分割、自成体系的格局，两大体系的相对分离状态使得军事技术和民用技术不能双向互流，一定程度上影响国防科研自主创新能力，一些关键领域和关键技术长期受制于人，不能有效突破。构建军民兼容、寓军于民的国防科技创新体系，是走军民兼容、寓军于民发展路子的关键领域。要把从事国防核心关键技术研发、进行顶层设计研究、需求论证、项目试验评估和转化应用的科研单位，作为重点发展的军事特色科研骨干力量，将其打造为国防科研的"小核心"。要合理调整军队科研机构的专业方向，使军队科研机构主要向需求论证、项目监管、试验评估、转化应用和军事特色研究转型。应充分依托国家科技创新体系，广泛开展协作攻关，实现科研规划共谋、科研资源共用、科研项目共担、科研成果共享，打破军民行业界限以及军内不同部门界限，积极开展军民科技协同创新，

大幅提高国防科研的效率和效益。

（四）构建军民兼容、寓军于民的人才培养体系

统筹军事人才和民用人才的培养，按照"精干的军事教育与广泛的国民教育相结合"的模式，构建军民兼容、寓军于民的军队人才培养体系。由于历史原因，我军传统的人才培养模式主要是依靠军队院校进行自我培养，人才培养成本高。而随着我国国民教育体系日益完善，国民素质普遍提高，人才培养渠道多元化，人才供应格局全面优化。在这样一个大背景下，将基础教育、部队通用专业教育依托社会资源去培养，是完全可行的，将有利于降低人才培养成本，提高人才培养效益。统筹军事人才和民用人才培养，就是要将通用人才培养纳入国民教育体系，依托社会教育资源为军队培养军民通用人才。可从地方院校招收军地通用专业技术人才。尤其是对于司机、船员、厨师、修理工、卫生员等技术工种，可直接从对口的地方有关部门或应届职业高中中征召。依靠地方职业培训机构的力量，充分发挥地方职业培训机构的规模优势，逐步形成以地方职业培训机构培养为主体、以中国融通培训机构为辅助的士兵和技术兵两用技术培养体系，努力实现军队士兵和技术兵两用技术培养的融合发展。

（五）构建军民兼容、寓军于民的保障体系

统筹军队保障和社会力量保障，是指按照"精干军队保障与利用社会力量保障相结合"的模式，把保障活动深深融入经济社会体系之中，充分利用和依托社会资源搞保障，构建军民兼容、寓军于民的军队保障体系。在一个较长的时期内，我军主要以自我保障为主，军队承担了过多的社会性工作，占用了大量的人力物力财力，

使得保障效益低下。随着我国市场经济的确立，市场体系不断完善，社会第三产业以较快速度发展，各种社会公共服务保障体系也在不断完善，为依托社会力量搞保障创造了良好的社会条件。构建军民兼容、寓军于民的军队保障体系。对于具有核心保障能力的保障单位，要进一步搞强、搞优、搞精干，尤其要重点发展带有全局影响的项目，以局部跃升推进整体发展，形成精干、合理、高效的军队保障力量体系。对于具有单纯服务型的保障单位，做到凡是能依托社会资源办的都要实行社会化保障，要坚持货币化分配、市场化运作、法制化推进的思路，充分利用综合国力的优势进行保障。对于具有军民兼容性质的保障单位，要适度压缩规模、合理调整布局，并由军队有关业务部门与国家相关部门制定相关法规，规范建设、使用的方法等。对于物资储备，要按照军民联储、平战结合的原则，规范储备分工、改革储备方式、拓宽储备渠道，构建军民兼容、寓军于民的物资储备体系。

（六）构建军民兼容、寓军于民的基础设施体系

统筹考虑基础设施建设的军事需求和经济发展双重功能，将战场设施的建设与国家基础设施建设相结合，把能为国民经济和军队提供服务的军地基础设施建设，统一纳入国家基础设施建设的统一规划。我军在设施建设方面已经有了一定的基础，但还存在布局不够合理、功能不够配套等问题。在国家的基础设施建设中贯彻国防需求。国家有关部门在制定发展规划时，应当统筹考虑经济发展和国家安全的双重需要，特别是对大型工程和基础设施建设，要及时向军方通报情况，为军队提出和贯彻军事需求留下接口，以便合理安排经济建设与战场设施建设、经济动员等事项。军队应当积极向国家有关部门提出铁路专用线改造，以及公路、机场、港口等基础

设施建设的军事需求，提出在基础设施建设中应具备的军事功能和安全防护功能等要求。结合地方新建民用设施贯彻军事需求等方法，就近确定地方医院、血库、仓储、加油站、港口码头等民用设施为动员对象，完善动员预案，以军事需求为牵引，落实配备专业人才、技术设备和通用物资器材，组织开展平转战演练，为做好战时保障奠定良好的基础。

新时代国防经济学的发展要在管用上下功夫[*]

刘晋豫

国防经济学是应用经济学。应用经济学是经济学大家庭中一个学科分支，其本质属性是运用理论经济学的基本原理，研究国民经济各个部门、各个专业领域的经济活动和经济关系的规律性，或对非经济活动领域，进行经济效益、社会效益的分析。国防经济学作为应用经济学中的一个分支，其本质属性应该是运用经济学的基本原理，对国防及军队建设中的经济问题以及经济社会发展中的国防问题进行研究，以揭示国防军队建设与经济社会发展相互交叉部分的特点规律的科学。国防经济学的这种属性决定了新时代国防经济学的研究必须承担起双重历史使命：一是要不断完善适应时代发展要求，广泛吸收借鉴世界经济学发展最新成果，具有中国特色的国防经济基础理论；二是要面向新时代的新实践，着眼实践中提出的各种新的时代课题，完善国防经济学的应用理论体系，为解决实践提出的各种现实问题，提供科学系统精准的解决方案。没有基础理论的创新，应用研究就缺乏理论指导，而不能解决现实问题，理论研究也就失去了生命与活力。正如毛主席曾经讲过的，再好的理论，

---

*作者简介：刘晋豫，国防大学教授。

如果把他束之高阁，这种理论也是无用的。也正如习近平总书记反复强调的，如果不沉下心来抓落实，再好的目标，再好的蓝图，也只是镜中花、水中月。所以，新时代国防经济学要创新发展，必须在注重基础理论研究的同时，在管用上下功夫！

一是紧跟中央最新精神，在推动中央战略决策部署落实上下功夫、出成果。2020年10月12至14日，习近平总书记赴广东考察，并在深圳经济特区建立40周年庆祝大会上发表重要讲话。在潮州调研企业和在深圳出席庆祝大会时，总书记两次强调，要深刻领会、准确把握党中央战略意图。"十四五"时期，我国将进入新发展阶段。2020年8月24日，习近平在经济社会领域专家座谈会上指出，要以辩证思维看待新发展阶段的新机遇新挑战，以畅通国民经济循环为主构建新发展格局，以科技创新催生新发展动能，以深化改革激发新发展活力，以高水平对外开放打造国际合作和竞争新优势，以共建共治共享拓展社会发展新局面。在十九届五中全会上，党中央做出了"提高国防和军队现代化质量效益，促进国防实力和经济实力同步提升"的全新战略部署。总书记的这些重要论述，党中央的最新战略部署，明确了"十四五"时期我国经济社会发展和国防军队建设的全新思路，也对包括国防经济学在内的应用经济学的教学和科研提出了一系列全新的课题。比如，如何使得"十四五"时期国家经济社会发展的成果更加经济有效地向战斗力转换问题，如何更好地解决资源在国防军队建设与经济社会发展两大部门之间的有效配置问题，等等。因此，"十四五"时期，国防经济学要"有用、管用、好用"，就必须深刻领会贯彻党中央国务院对"十四五"时期我国经济社会发展做出的一系列战略部署的精神实质，围绕在国家经济社会发展及国防军队建设中落实新发展理念，紧扣推动经济社会及国防军队建设高质量发展，着眼构建经济社会及国防军队建设新发展格局，选准"主战场"，找准大方向，瞄准新定位，为解决"十四五"时期国防经济发展的重大现实问题提供解决方案，并在解决现实问题的过程中，推动国防经济基础理论创新发展。

二是紧跟国家安全形势及国防军队建设新变化，在推动我国国防军队现代化建设上，下功夫出成果。国防经济学作为一门军事与经济交叉的学科，在教学与科研中必须毫不动摇地坚持国防优先、为军服务的基本原则。当前及未来的一个历史时期，我国国家安全面临着传统安全威胁与非传统安全威胁相互交织，现实安全威胁与潜在安全威胁相互交织，国际安全问题与国内安全问题相互影响，周边安全环境不稳定、不确定因素增多的复杂局面。美国视我国为战略对手，是牵动国际安全局势的最大变量；我国面临的海上安全威胁陡然增长；祖国统一面临着前所未有的挑战，台海问题已经到了选择方向的关键节点。经过长期的艰苦奋斗，我国国防军队建设也进入了一个全新的时代。这个时代是以习近平强军思想为指导，贯彻落实新形势下军事战略方针的时代；是实现强军目标，把我军建设成为世界一流人民军队的时代；是有效维护国家安全利益和国家发展利益相统一的时代；是实现富国与强军相统一的时代；是有效维护世界和平、地区稳定，履行我军国际责任和义务的时代。国家安全形势的新变化，我国国防军队建设的新特点，为国防经济学研究提供了广阔的舞台。国防经济学的教学与研究应该紧紧抓住战略机遇，围绕为深化国防军队改革、推动新型军事力量体系建设、加快形成新质作战能力、助力军事力量走出去等，提供有效的资源配置支撑，下功夫出成果，使得国防经济学真正成为建设世界一流人民军队的助推器。

三是紧跟世界科学技术特别是国防科技发展变化新趋势，在推动国防科技创新上下功夫、用气力。科学技术是第一生产力，也是第一战斗力。创新是一个国家和民族进步的灵魂，也是国防军队建设不断进步的灵魂。随着科学技术的不断进步以及在军事领域的应用，技术进步对于国防现代化建设、部队战斗力提升的作用日益增大。经过多年的发展，我国国防科学技术发展水平已经从原来的跟跑为主进入到并跑为主，在有些领域，我们已经处在领跑地位。但是我们也必须承认，当前，我们与主要战略对手在国防科学技术的整体发展水平方面还有一定的差距，还有一系列"卡脖子"问题亟待解决。2020 年 10 月 15 日，美国白宫发布《关键与新兴技术国家战略》(National Strategy for Critical and Emerging Technology)。该战略强调，美国必须保持技术战略与国家战略相统一，推进美国国家安全创新基地（NSIB）建设，保护美国技术优势，掌握技术话语权并保持领导力，在关键技术和新兴技术等领域，成为世界领导者和技术领导者。该战略还明确了高级计算、先进常规武器技术、高级工程材料、先进制造、高级传感、人工智能、自主系统以及生物技术等 20 多个技术领域，作为其任务的优先领域。英国国防部也发布了整合各作战域的信息活动与物理活动、交付机敏的指挥控制能力、在对抗作战域作战并产生效应、建设国防人才队伍以及仿真未来复杂战场空间等国防创新优先事项。所有这些都表明，在国防科技等关键技术领域，世界范围的竞争愈演愈烈。我们要在这场激烈的竞争中赢得主动，不但需要科学家的努力，更需要解决好如何更加有效地在国防科技领域配置资源，提高资源的配置效率和效益，解决好制约国防科技发展的体制性障碍、结构性矛盾和政策性问题。这也正是国防经济学可以大显身手的广阔舞台。

四是紧跟经济学发展前沿，在完善理论体系，创新研究方法上下功夫、用气力。"半亩方塘一鉴开，天光云影共徘徊。问渠哪得清如许？为有源头活水来。"这是一首脍炙人口的佳作，告诉我们的是不大半亩方塘之水之所以能够清澈见底，其原因在于源头上能源源不断有活水的深刻道理。国防经济学的创新发展，国防经济学要管用，也必须有源源不断的源头活水。这个活水一方面是国防经济的宏伟实践，另一个方面是经济学的创新与发展。在国防经济学创新发展方面，唯有立足国防经济的伟大实践，并且紧跟经济学发展的前沿，不断引入新的经济学理论和新的研究方法，才能使得国防经济学之树常青常绿。比如，为推动军民融合发展国家战略的贯彻落实，党中央要求要促进军工经济与区域经济的协同发展。目前，全国各地建立了不少不同等级的这类创新示范区。这是实践为我们国防经济学研究提出的新课题。对于这些新问题，我们用传统的国防经济理论去研究，也可以取得丰硕的研究成果。但是如果我们引入近年来蓬勃发展的空间计量经济学的理论和方法去开展研究，我们可能获得更加丰硕的研究成果。空间计量经济学中有一个很重要的真实空间依赖性理论。真实空间依赖性反映现实中存在的空间交互作用（Spatialinter action Effects），比如区域经济要素的流动、创新的扩散、技术溢出等。这些要素是区域间经济或创新差异演变过程中的真实成分，是确确实实存在的空间交互影响。如果我们运用这一理论研究军工经济与区域经济的协同发展问题，我们就可能对区域内劳动力、资本、技术等经济要素耦合形成的经济行为，在空间上相互影响、相互作用，形成既包括定性也包括定量的新认识，从而为更加精准地制定政策提供管用的理论支撑。类似的例子还可以举出很多。这就告诉我们，国防经济学的创新发展，必须也要讲究融合，推动国防经济学与理论经济学的融合、国防经济学与应用经济学其他学科的融合，紧跟经济学发展的新趋势，不断引入新理论，创新研究方法，保证我们的研究成果既有学术分量，更对指导实践管用。

对新时代国防经济学发展的几点思考[*]

王伟海

这是一个大变革的时代，也是一个呼唤理论创新的时代。当今世界正处于百年未有之大变局，当代中国进入由大向强跨越的关键期，国防和军队建设也进入深度转型重塑期。强国强军、统筹国家安全和发展对国防经济学的需求从未像今天如此强烈，新时代国防经济学必将在回应大变革时代的新课题中迎来新一轮的繁荣和发展。

一、深刻认识新时代国防经济学的学科价值

理论要在倾听和回应时代呼声中，不断校准发展航向，实现自身发展的与时俱进。在新的时代背景下，要对国防经济学的学科价值和发展需求进行再认识、再审视，把学科的服务对象定的更准，把学科的发展需求理的更清，推动新时代国防经济学再出发、再起航。

审慎应对大国战略竞争期待国防经济学贡献学科智慧。有人说，"历史是季节性的，凛冬将至。"当今时代是大国强力博弈开启的时

---

*作者简介：王伟海，国防大学军事管理学院副教授。

代。2017 年以来，美国国家安全战略回归大国竞争主题，将中国列为主要战略竞争对手，磨刀霍霍、四处点火，不断挑起和升级大国战略竞争，相继挑起贸易战、科技战、人才战等，打压中国无所不用其极。这场"老大"强加给"老二"的战略竞争，势必成为我们强国强军进程中的一个"常量"，必须审慎应对，极力避免被拖入大国竞争的深渊。美国人一再声称，"长期战略竞争需要国家力量的多种要素的有机融合，要扩大竞争空间，在敌劣我优的领域挑战我们的竞争对手"。所谓战略，择其要者用其功，用功少者是为略。大国战略竞争是一场兵不血刃的消耗战、拉锯战，看谁最先在长期竞争中耗不下去而自动出局。大国间的战略竞争离不开国防经济学上的"算计"和"计算"，战略的制定更不能缺少经济学的思维。细览 20 世纪中期以来的世界国防经济学发展史，不难发现，国防经济学和国防经济学者在塑造一国国防战略和国防政策中发挥了巨大作用，美国的遏制战略、"星球大战计划"、抵消战略、成本施加战略等，背后都渗透着浓厚的国防经济学思维。最典型的例子，20 世纪 60 年代，美国兰德公司经济部主任查尔斯·希奇所著《核时代的国防经济学》被誉为"五角大楼的圣经"，其本人受命直接操刀美国防部的规划、计划与预算系统（PPBS）的创建；希奇的同事同行和最忠实的思想追随者——安德鲁·马歇尔，被誉为"五角大楼最伟大的导师"和最具影响力的"幕后战略家"，担任美国防部净评估办公室主任 40 余年，培养徒子徒孙一大堆，今天美国提出"第三次抵消战略"、挑起大国战略竞争，就是这些人的"战略杰作"。军事理论研究是看不见硝烟的战场，战略研究能力体现一个国家的软实力。中国的国防经济学和国防经济学者必须对如何应对大国战略竞争这一时代大课题给出自己的回答。要运用国防经济学思维和方法，全面审视大国战略竞争的方方面面，运用博弈论的工具深刻洞悉霸权国家挑起战略竞争的动机意图、策略方式及战略后果，研究提出应对大国竞争的策略方式，做好战略竞争风险预警的"吹哨人"，着力避免陷入战略被动和战略盲动。

实施军民融合发展战略需要国防经济学提供学科支撑。当前，军民融合发展战略已经上升为七大国家战略之一，从中央到地方都建立起了一套完整的组织管理体系，军地各级都在积极实践探索。实践中，大家感到比较困惑的是，到底用什么理论来解释军民融合现象、指导军民融合实践。一个战略的落地，犹如造云、下雨、修渠、发电，需要"云、雨、渠"的紧密配合才能发出"电"。"云"是理念、认识，是"虚"的东西，但没有"务虚"何来"务实"；"雨"，是实践和活动，是一桩桩可见效益和效果的具体事和业务活动；"渠"，是流程和规则，不修好"渠"，"雨水"四处漫流、泛滥，难以汇集起来，是发不出"电"的。军民融合理念和认识是"云"，各领域的融合发展活动是"雨"，军民融合工作流程和制度规则是"渠"。当前，亟待创建一个逻辑自洽、解释力强的理论框架，将"云、雨、渠"一体囊括，既解释现实、也指引现实。通过创新和发展国防经济学，可以担此重任，发挥好对军民融合国家战略的理论性支撑作用。这是因为，国防经济学作为一门研究与国防有关的资源配置的学科，其不仅研究国防和军队组织内部的资源配置问题，也研究跨军地的资源配置问题。而军民融合本质上是跨军地的资源配置和力量运用活动，在国防经济学的研究范畴之内，同时，国防经济学的分析方法和工具对军民融合研究也是适用的。因此，国防经济学可以为军民融合发展战略提供学科支撑和理论解释。当然，军民融合发展作为一项复杂的系统工程，其学科理论支撑也不仅仅限于国防经济学。

建设世界一流军队期待国防经济学发挥更大作用。党的十九大提出了到 21 世纪中叶全面建成世界一流军队的战略目标。国防经济学作为一门研究与国防相关的资源配置、制度安排和激励问题的应用经济学科，在此进程中必定会大有用武之地。建设世界一流军队是一个长期的、宏大的系统工程，涉及军事实践的各领域各方面各环节。从国防经济学角度来看，至少涉及两大方面的问题：一是资源配置问题，即如何把合意的资源投入到军队建设领域，投入的资源如何高效率地转化为军事能力。由于军队内部资源配置主要以行政命令计划配置为主，如何搭设畅通的资源流动"管道"至关重要。为此，需要研究如何从顶层上建立中国特色的需求、规划、预算、执行和评估系统，如何健全军队各领域资源配置制度，把资源流动的"主动脉"和"毛细血管"建通畅。二是激励问题，即如何调动和激发各级组织和人员的积极性。俗话讲，上下同欲，才能战无不胜。军队建设仅有资源投入还不够，激发动力、激活资源，确保资源高效转化也是至关重要的。把激励搞对，这是经济学的基本原理。在 1985 年的第一次国防经济学讨论会上，钱学森就敏锐指出，"有很多问题，光抓国防科技是抓不上去的。我们的科技人员聪明、肯干，但他们常常碰见不是科学技术的问题，而是经济问题。"军队作为一个多部门多层级的科层组织，把激励搞对，需要研究如何配置好各部门的职责和权力，如何建立宏观统筹、微观放活、激励相容的制度体系，着力避免激励不相容、好心办坏事的问题。在军事政策制度改革中，需高度重视政策制度背后的激励机制设计，深入探究制度变化引起的组织和个体激励变化，激励变化引致的组织和个体行为变化，努力做到建善制、弃恶制，以此来最大限度激发干劲、吸引人才、解放战斗力。此外，随着新一轮科技革命由导入期向拓展期的深化，以人工智能、5G 通信技术（第五代移动通信技术）、大数据等为代表的智能化技术日趋成熟，军事智能化不断发展，也需要关注和探讨智能化时代的国防经济问题。

二、正视国防经济学陷入低潮的供给侧原因

一段时间，国防经济学发展进入一个低潮期，这背后既有国家和军队学科发展政策调整方面的因素，也有国防经济学科自身调整发展滞后的因素。综合来看，尽管学科发展供需两侧都有原因，但矛盾的主要方面还是在供给侧。

从需求侧看，统筹国家安全和发展、实施军民融合发展战略、推进国防和军队建设与改革等重大时代课题，都对国防经济学形成极为旺盛的需求，并且在可见的未来这种需求更加强劲。但遗憾的是，在学科供给侧，国防经济学在提供洞见、启迪智慧、政策建言、人才培养等方面所发挥的作用还远远不能满足需求。具体表现为，对学科基础理论创新投入不够、推陈出新不够，学科专业方向和研究议题还显陈旧；理论研究浅层化、浅表化现象较重，瞄准时代重要问题开展透彻的、高质量的研究成果供给不足；理论研究自说自话，扎根现实、回应现实不够，对真实世界的国防经济学关注不够，对现实缺乏解释力和引领力；对国防和军队建设重难点问题研究深度不够，难以推出高质量的政策研究成果，政策话语权持续弱化；人才培养目标定位不够清晰，聚焦岗位任职能力不够，培养的人才就业出口受限，等等。

总体来看，面对不断涌现的强劲需求，学科供给侧调整未能跟上需求的变化，难以对需求及时做出高质量的响应，供需不匹配，导致学科发展逐步陷入困境。当前，国防经济学发展正处在历史的十字路口。在我们这样一个由大向强快速转型的大国，国防经济学发展亟待引起军地各方高度重视，我们有一千个理由搞好国防经济

学，而没有一个理由不重视国防经济学的发展和运用。

三、务实推动国防经济学供给侧结构性改革

推动新时代国防经济学科的繁荣发展，需要管理部门、学术共同体和研究工作者的共同努力，要发起一场国防经济学供给侧结构性改革，积极回应时代需求。

与时俱进拓展国防经济学研究主题。一个学科要保持鲜活生命力，就要在不断回答时代提出的重大问题中开疆拓土、不断前进。国防经济学作为一门政策导向性很强的应用经济学科，尤其需要深刻体悟不同历史时期国家安全和发展的新需求，密切关注国防和军队建设改革中的重大问题，及时拓展研究视野和研究主题，这样才能在激烈的学科竞争中赢得主动、赢得话语。经过多年的建设积累，国防经济学在军费经济、装备经济、国防财政、战争经济、军事人力资源、国民经济动员、国防科技工业等分支领域取得了很好的发展。要在巩固深化传统研究议题的基础上，针对新的时代需求，拓展一些新的研究议题。要适应重塑后的新体制，面向"主战、主建"两条线，研究军事力量建设、运用和管理中的重大问题，加快创建新时代的中国特色国防经济学理论体系。要加强国家安全的经济学研究，贯彻总体国家安全观的要求，将大国战略竞争以及经济战、科技战、金融战等纳入研究视野，将目光投向对海洋、太空、网络空间、生物安全、人工智能等新兴安全领域的经济学研究。要高度重视战争经济学研究。2021 年以来，我们打响了一场举国抗击新冠肺炎疫情的人民战争，全面展现了我国超强的动员能力。这场危机也是对我国军民协同应对非传统安全威胁能力的一次大检视，对国民经济应急应战能力也是一次"压力测试"，深刻警醒我们，和平

时期万不可忽视战争经济学的研究和运用。对抗击疫情暴露出的一些短板，需要从国防经济学的角度加以研究和反思。诸如，国民经济平战转化、国家应战应急储备体系，关键物资生产能力布局、工业应急转产扩产、应急物资保障等问题，都需要深入研究。要拓展对军队建设与管理的经济学研究，运用组织经济学、管理经济学的理论与方法，加强对军事管理革命、战略管理、军队改革、军事组织运行等问题的经济学研究，让经济学的思维更多照亮军队建设与改革的诸多方面。

加强军民融合学科专业方向建设。军民融合是一个不断发展的跨学科领域，涉及社会科学和工程技术等多学科知识，需要汇聚多学科的知识和工具加以研究。针对军民融合实践发展对理论创新和人才培养提出的迫切需求，应加强顶层统筹谋划，加强军地协同，在理论创建、教材编写、课程建设、师资队伍、人才培养等方面统筹推进、一体建设。目前，国家和军队主管部门正在引导支持军民融合发展理论体系及学科建设，军地高校也在积极开展军民融合学科专业建设的先行探索。应重视军民融合基础理论研究，统筹推进发展理念、实践活动、工作流程的一体化研究，注重从一系列正在发生的融合案例中，从现实中各种纷繁复杂的融合现象中，抽象、概括出军民融合发展的底层运行逻辑，加快构建逻辑一致、解释力强的理论框架。着力优化军民融合学科专业的体系设计，从军民融合发展基础理论、军民融合发展战略、传统领域军民融合发展、新兴领域军民融合发展、区域军民融合发展、国外军民融合发展等方面入手，搭建科学合理的学科专业体系框架。军民融合研究最终能否发展成为一门独立的二级学科，这是一个国家战略需求与学科创新供给有效互动、持续积淀、水到渠成的自然过程，需要军地各方凝聚共识，共同努力推动。军民融合发展作为一个长期的国家战略，作为一项颇具中国特色的实践活动，作为一个新的发展运行体系，将其作为一门独立学科加以发展是很有必要的，这样有利于最大限度凝聚研究力量和资源进行系统性的知识积累和人才培养。军民融合发展涉军涉民，建议可在"军事学"和"管理学"门类下同时开设为二级学科。

分类优化国防经济人才培养体系。国防经济学科建设要更有效地服务人才培养，需搞清楚"为哪些岗位培养人、培养什么人、如何培养人"的问题，精准聚焦人才培养对象和岗位指向，定准培养目标和培养规格，有机融入国防和军事人才培养体系之中。目前看，可重点面向5类人才培养需求，分类别、分层次加强课程体系开发、教材编写和师资力量建设。一是面向本科生的通识教育和素质培养。将国防经济学作为军事后勤与装备勤务、军事管理等专业生长干部学员的基础课，培塑学员的国防经济学思维和方法，为未来任职打好基础。在这点上，早在10多年前一位军队首长就讲过，"如果能将军事经济理论上升到一个更高层次，成为一种理性指导，用军事经济理论来指导财务、军需、物资、审计等应用性、勤务性工作，我们培养的学员如果能用这种理论来思维，就上升到了战略层次"。二是面向研究生的学位教育。这些年，国防经济学科主要培养学术型研究生，在培养规模持续收缩的大背景下，可适当增加专业学位研究生培养数量，重点面向战略机关、军地各级管理部门、军工企事业，尤其是针对刚刚建立的全国军民融合工作系统的人才急需，探索开展国防经济、军民融合专业学位教育，加大高层次应用型人才培养力度。三是面向国防经济管理类岗位的任职培训。针对军事后勤、军事装备、国防科技、国防动员等专业的初级、中级、高级任职培训，瞄准特定岗位需求，有针对性开展任职能力培训。四是面向联合作战指挥和参谋人才的视野拓展和能力培训。培养中高级领导干部和战略机关参谋人员的国防经济思维和意识，增强遵循和运用国防经济规律，领导和组织实施国防和军队建设的能力与水平。这方面的培训十分必要，但一直未引起足够重视，当前亟待加强和改进。五是面向军民融合系统领导干部的专题培训。瞄准军民融合系统干部的工作需求，培养军地协同意识，培养领导和组织实施军民融合发展的能力水平，培养军地协同应对重大安全危机的能力水平。

创新国防经济学研究方式方法。对经济理论进行数学建模和对经济现象进行实证分析是现代经济学的基本分析方法。国防经济学作为一门经济科学，也要重视运用现代化的分析方法和工具。不同于其他经济学科，由于保密等诸多原因，国防经济学研究长期受困于信息困境，客观上制约了一些现代化研究工具的运用。但不能因为研究中的关键因素难以量化或难以获取实证数据验证，就对现实存在的国防经济现象及背后蕴含的国防经济规律视而不见。问题的质量决定研究的"成色"。好的国防经济研究，要抓住国防和军队建设中的一些重大问题，重视第一手的调查、第一手的信息源、第一手的案例、第一手的问卷，做一些实证性的研究，形成一些理论性的框架，逐步形成中国特色的国防经济学研究。国防经济研究涉及国家安全和国家利益，尤其要出言慎重、言之有据，情况要准。毛主席在《反对本本主义》中发出号召"注重调查！反对瞎说"。这点对国防经济研究尤其重要。要倡导和鼓励开放协作、军地协同。国外的一些有名的智库，如美国兰德公司、战略与预算评估中心等，之所以能频频推出一些高质量成果，都是开放协作的结果。要鼓励学者们多开会、多喝茶、多"吵架"，把一些基本问题"吵"透了，才能出高质量的研究成果和政策建议，才能避免翻烙饼、走弯路。要尊重并发挥学术共同体的凝聚作用，对于一些综合性强的重大课题，要打破部门和单位限制，多搞一些基于各自比较优势的跨学科、跨部门协同创新，避免碎片化、小作坊和零敲碎打式的低水平重复研究。重视国防经济实验手段建设，利用好经济社会领域一些已经用得比较成熟的系统、平台、工具和数据，推动国防经济研究向可视化、模拟化、仿真化方向发展。

军民科技协同创新现实困境及激活动力研究[*]

纪建强

军民科技协同创新是一个"老"问题，也是一个"难"问题。习主席反复强调，要开展军民融合协同创新，加快建立军民融合创新体系。协同创新，难在协同，贵在协同。近年来我国军民科技协同创新取得了一定成效，但与当前科技创新发展形势和我国所处的发展阶段要求相比，军民科技协同创新仍然不够深入，军民分割问题依然比较突出。破解科技协同创新难题，实现科技创新模式变化，需要剖析军民科技协同创新面临的现实问题，找到突破协同创新的动力机制，完善促进协同创新的政策制度。

一、"十四五"时期加强军民科技协同创新的重大意义

科技实力是百年未有之大变局中的一个关键核心变量，提升科技创新能力是维护国家安全与发展利益的重要战略保障，也是实现

* 基金项目：国家社会科学基金（18BGL284），湖南省社科基金（20YBA031）。

作者简介：纪建强（1980–），男，安徽泗县人，国防科技大学文理学院副教授，研究方向：马克思主义中国化。

发展方式和战斗力生成模式转变的重要支撑。党的十九届五中全会把科技自立自强放在国家战略层面进行谋划，就是要立足于自己的力量实现科技创新，牢牢把核心关键技术掌握在自己手中，实现我国从科技大国到科技强国的转变。

（一）深度参与全球科技创新治理的现实需要

面向前沿基础研究和关键科技问题，积极参与全球科技创新治理，携手解决人类社会面临的共同挑战，是提高国家科技创新水平和国际影响力的重要途径。改革开放以来，我国选择参与了人类基因组计划、平方公里阵列射电望远镜（SKA）等国际重大科学计划和科学工程，推动了我国在相关领域基础理论研究和关键技术的由跟跑到并跑的转变[1]。随着经济全球化的深入发展，知识、技术、人才等创新要素跨国界流动逐渐加快，国际科技合作成为参与全球科技创新治理的重要方式。近年来，我国牵头相继启动了同步辐射光源、500米口径球面射电望远镜等数十个以我为主的重大科技基础设施国际科技合作，积累了牵头开展国际科技合作的丰富经验。当前，全球科技创新版图正悄然发生变化，以中国为代表的新兴国家科技创新实力显著增强，为解决世界重大科学难题提供中国智慧、中国方案，将有力提升我国在全球科技创新治理中的话语权和影响力。而需要多国共同完成的复杂大科学工程，一般既具有广阔的民用市场前景，更具有重要的军事价值和战略意义，需要军地双方集中优势资源，通力协作、密切配合才能取得最终的成功。

（二）适应大科学时代科技创新规律的内在需要

纵观世界科学技术发展史，随着科技的迅猛发展和跨界融合，单打独斗、小团队合作逐步让位于全社会协同参与的科技创新模式，人类社会进入了大科学时代。大科学时代，科技创新时间越来越短，多学科交叉基础研究、前沿技术研究和颠覆性技术创新相互带动作用愈加增强。创新的复杂性与时效性日益需要更多主体的参与[2]，任何单一科研机构或组织不太可能单独完成任何一个重大科研工程，多方合作、协同创新成为科技创新的必由之路。如中国载人航天工程，由包括航天员系统、空间应用系统、载人飞船系统等8个分系统构成的复杂巨系统，涉及导航、热控、流体、燃烧、材料、通信、基础物理、航天医学等多个学科方向，共有全国军地110多个研究院所、3000多个协作单位和几十万名工作人员承担了研制建设任务。"十四五"时期是我国打好关键核心技术攻坚战的关键期，也是按计划完成"中国制造2025"的收官期。"十四五"规划确立的新一代人工智能、量子信息、集成电路等基础核心领域，需要一系列重大科技计划和科技工程支撑，这些大科学、大工程目标宏大、投资额巨大、涉及多个学科，其复杂程度、实施难度、经济成本超出了军方或地方任何一个单独主体的力量，需要举全国之力，集中优质资源、统筹谋划、军地配合，才能高效完成。

（三）贯彻国家发展战略的迫切需要

创新能力不足是制约我军建设发展和战斗力提升的突出矛盾，也是制约我国经济发展质量和效益持续提升的重要因素。军民融合则是实现发展与安全兼顾、富国和强军相统一的必由之路。"十四五"时期，我国创新能力将有大的提升，军民融合也将由初步融合过渡到深度融合。党的十九大报告提出了七大国家战略，其中就包括创新驱动发展战略和军民融合发展战略。只有把两大国家战略有机结合起来，才能有效提升我国创新能力，才能夺取未来以综合国力为基础的国际竞争优势。科技创新是创新的牛鼻子，科技军民融合恰好是两大国家战略的重要交汇点，也是贯彻落实两大国家战略的天然抓手。目前，3D打印（快速成型技术）、5G（第五代通信技术）、人工智能、大数据、物联网、生物技术等前沿技术越来越呈现出军民两用特征，为军民融合深度发展打开了广阔空间。而新一轮科技革命和产业变革加速推进，又对科技创新提出了更高的要求。加快推进军民科技协同创新，必将突破制约协同创新的体制机制障碍，激发军地人才创新活力，促进军地技术、资本、信息、人才、科研设施等资源要素的优化整合，加速前瞻性、颠覆性、革命性技术创新突破。走军民科技协同创新，实现把军事创新体系纳入国家创新体系之中，才能把快速增长的科技实力和创新能力转化为战斗力、生产力，形成综合比较优势，牢牢掌握安全和发展的主动权。

二、当前我国军民科技协同创新面临的现实问题

新中国成立以来，我国国防科技取得了以"两弹一星""载人航天"为代表的伟大成就，为维护国家主权安全、奠定大国地位提供了坚强支撑。但随着科技革命的推进，我国国防科技创新协同程度不够、融合效益不高等问题也逐渐显现，军民科技协同创新还存在着一些突出的矛盾和问题，主要表现在如下几个方面。

（一）条块分割管理体制制约协同创新顺利实施

军民分割的二元科技管理体制，是制约军民科技协同创新的最大体制性障碍。新中国成立以后，为了适应当时举国发展国防的需要，形成了一套符合当时国情的军地共管的科技管理体制，产生了以"两弹一星"为代表的重大国防科技成果。改革开放以后，国家战略重心逐渐转移到以经济建设为中心上来，历经国务院机构和军

队多次改革，逐渐形成两大独立的军民科技管理体系，在科技计划、项目建设等方面逐渐表现出二元特征。军民融合上升为国家战略后，虽然进行了诸多调整，但还没能从根本上解决条块分割的管理体制。目前，我国尚没有能够统筹军民两大科技领域建设的职能主体。在地方，科技部、教育部、工信部、基金委、行业主管部门等国家部委都有一定程度的科技管理职能；军队系统，战略规划办、科技委、装备发展部及各军兵种都承担着相应的科技管理职责。科技管理部门较多，造成了军民二元分割、分隔、分离状况，影响和制约着军民协同创新体系的构建[3]。一是形成政出多门、九龙治水科技管理格局，军地科技发展规划不统一、不衔接、不配套、不协调，做不到多规合一，军民科技自成体系、各自发展，不利于从战略高度统筹谋划国家科技长远发展计划。二是造成国家有限的科技资源投入分散，容易引发重复投入、多点布局，导致需要重点扶持、优先发展的关键领域得不到充分支持，制约国家整体科技创新能力的提升。三是军地研发平台、重大科技基础设施、高质量科技资源无法实现有效共建共享共用，资源利用效率不高。

（二）缺少有效的利益协调机制阻碍着协同创新高效实施

主体利益诉求难以协调一致，是导致军民科技协同创新难以推行下去的内在根源。军民科技协同创新，涉及军民两大系统管理部门、科研机构和企业等创新主体。这些创新主体涉及面广、利益诉求不完全一致，有时甚至相互冲突，影响了军民科技协同创新的有效开展[4]。各个主体之所以采取协同创新而不是单打独斗的创新模式，就是因为多主体共同参与的协同创新能够实现"1+1>2"的创新效益。通常来说，军方主体更看重协同创新的军事价值、社会效益，而民口主体则更多地看重经济利益，二者通常难以完全一致，导致协同难以进行。而创新特别是国防科技创新，投入大、风险高、回报周期长，创新的成本、风险分担和收益分配难以让各方都满意。一是创新成本难以核算影响创新主体参与协同创新的动力。除一些基础仪器、科研设施以外，科技创新活动需要科技人员的智力、脑力来完成，其成本不可能完全像企业的成本核算一样十分准确清晰，这就造成了各个主体的成本很难以准确的数字形式呈现出来。这种隐性成本的存在会直接影响到协同主体的利益，如果不能得到有效核算，会成为制约各主体积极性的一个障碍。二是创新风险难以合理分担影响创新主体参与协同创新的积极性。创新具有高度的不确定性，特别是需要军民协同的重大科技创新活动，都是处于科技活动的前沿领域，面临投入风险、道德风险、资源共享风险、组织协同风险、市场风险等 [5]。一旦创新失败，不仅意味着创新投入难以收到回报，而且还可能面临许多其他的处罚。如果风险分担不清、责任不明，很难有效组织实施协同创新 [6]。三是创新收益分配难以平衡影响创新主体参与协同创新的意愿。协同创新除了能够让各个主体投入得到回报外，还能够产生一个超过各个主体成本之和的创新效益，实质上就是能够产生一个创新剩余，这个创新剩余是所有主体共同协作的产物，分配不好会挫伤主体的积极性，会制约协同创新活动的开展。

（三）尚未构建配套的服务体系制约着军民科技协同创新的落地生效

缺少真正能够落地见效的服务体系，是影响军民科技协同创新顺利开展的重要因素。完善体制机制只是破解了军民科技协同创新的制度障碍，为军民科技协同创新创造了良好的制度环境。适应科技创新发展的需要，还需要有相应的服务体系支撑。军民科技协同创新涉及地方、军方、企业和科研院所等多个主体，需要有高效专业完备的服务体系，而目前能够促进军民科技协同创新的服务平台、金融支持和配套政策都还缺失。在公共服务平台方面，全国层面的军民科技综合性信息服务平台、军民两用科技成果交易平台等中介服务机构供给不足，军民两大系统缺少有效沟通交流展示机会，抑制了相关协同创新活动的开展。在金融支持方面，军民科技协同创新主要依赖财政资金的状况没有得到根本改变，市场多元化融资渠道不够畅通，制约了军民科技协同创新的金融基础，而且很多资金来源仍然主要依靠行政审批手段进行，削弱了部分主体特别是企业自主融资的积极性。同时，许多军民科技协同创新项目涉及军事秘密，公开程度不高，无法降低市场资金供给主体的政策风险。在配套政策方面，在军民融合深度发展大背景下，国家和军队虽然出台了若干鼓励军民科技协同创新的政策文件，如《"十三五"科技军民融合发展专项规划》等，但这些文件多还是粗线条的框架性政策，到真正落地实施时还是有一些实质性的政策障碍难以突破，比如停止有偿服务以来，军队科研院所参与地方科技合作还缺少权威政策支持。再如，协同创新必然会涉及科技成果的归属划分问题，但关于协同创新中产生的知识产权还缺少相应的政策法律依据。

三、促进军民科技协同创新的对策建议

军民科技协同创新涉及主体多，实现高效协同需要找到能够调动各主体积极性的动力因素。解决军民科技协同创新难的问题，关键是要根据现实的矛盾和问题，调整体制机制，出台相应的政策，形成能够促进协同创新的动力机制。

（一）实现"三个一体化"，形成军民科技协同创新的体制机制诱导力

一是实现军民科技"行政管理体制的一体化"。行政管理层面上，要实现横向与纵向上的体制军民协同。可以在中央融委统一领导下，联合中央融办，国家发改委、科技部、工信部等国家部委，军委科技委、装备发展部等军委机关，在国家层面上建立军民一体的科技管理体制，把分散在军、地不同部门的科研管理权限、职能适当统一起来，形成中央统管、全国统筹、军地分工负责的军民科技创新管理体系。二是实现军民科技"工作运行机制的一体化"。要定期召开军地高层次协调会议，明确国家、军队、科研院所、企业等相关单位在军民科技协同创新中的职能定位，落实中央军民融合委员会关于推进国防科技军民融合发展的决策部署，加强军民科技发展计划、重大建设项目、重大科技政策之间的协调，在需求对接、科技资源配置、监督评估等关键环节实现军民协同，实现军地科技规划、执行、检查相融合。三是实现军民科技"政策制度设计的一体化"。要打通军地科技政策壁垒，实现政策相通，尽可能统一规范军民科技标准，推进技术标准衔接，促进军地技术双向转移和协调运转。要在新《专利法》基础上进一步完善国防知识产权政策制度，打通军民两用科技成果相互转化路径，实现军民科技资源共享互通。

（二）健全"三个机制"，激发军民科技协同创新的主体内在驱动力

一是构建物质奖励与精神鼓励相结合的激励机制。针对不同的主体，考虑到不同的创新环境设置不同的激励举措。对军地科研机

构、高等院校等体制内机构和人员，兼顾满足个性化激励需要与普适性激励政策，提高各类荣誉奖励，提升科研人员的自豪感和成就感，并辅以适当的物质奖励，可以采取科研立项、专项计划等方式对协同创新成果进行后续资助，让科研人员的收入、社会地位与其贡献成比例；对企业等能够创收的主体来说，要以物质激励为主，鼓励他们将协同创新成果产业化、利润化，形成正向激励。二是建立政府与市场"两只手"共同发力的资源配置机制。通过市场竞争压力倒逼各主体主动参与协同创新，打破各部门、各领域自成体系、自我封闭的发展格局，通过竞争在全国范围内优化科技资源配置，以实现军民科技效益的最大化。政府主导行为下的协同创新行为能够正向促进企业、高校和科研机构的协同创新[7]。对于一些市场无法无力无效的科技领域，充分发挥政府的协调作用，主动联系对接军地优质科技力量，对"第一个吃螃蟹"的创新群体给予资助和支持，对于创新失败给予相应的补贴，形成允许创新失败、激励协同创新的创新环境。三是建立公平的利益协调与分配机制。各协同创新主体要跳出本单位、本部门利益最大化的思维，树立大局观念，把优势互补作为开展协同创新的基本目标。

（三）搭建"三个平台"，提高军民科技协同创新的中介保障力

一是建立国家科技创新综合管理信息平台。充分利用现代信息技术手段，在保密的前提下，发挥数字化科技平台的作用，在国家层面搭建综合性科技信息服务管理平台，提供军地科技计划项目申报、科技需求、科技资源分布等信息，推进军民科技信息资源的相互交流与沟通，构建军民科技信息资源共享管理平台，为军地双方科技创新主体提供高质量信息沟通服务，减少军地信息沟通与协调成本。二是建立国家军民两用技术成果转化平台。建立国家层面的

军民科技成果发布平台，定期推出军民两用相关技术成果，促进军地双方掌握科技成果进展情况，并广泛利用中介机构，促进企业、科研院所、大专院校之间的信息互享。三是建立科技创新的国际合作平台。坚持"走出去"和"引进来"相结合的战略，建立跨国大科学、大工程科技创新平台，吸引国外优质科技资源，鼓励和支持国内优势科技企业走出来，实现世界范围内科技资源的开放共赢、持续发展。

参考文献

[1] 张媛媛.创新驱动发展理念下基础研究动力机制完善研究 [J].中国特色社会主义研究，2021（2）：28—36.

[2] 储节旺，吴川徽.创新驱动发展的协同主体与动力机制研究 [J].安徽大学学报（哲学社会科学版），2018（3）：148—156.

[3] 田菁.军民科技协同创新体系的构建 [J].中共山西省委党校学报，2021，44（02）：54—58.

[4] 邵妍.军民融合协同创新障碍因素及对策研究 [J].科学管理研究，2018（3）：9—12.

[5] 吴卫红，赵鲲，张爱美.企业协同创新风险对创新绩效的作用路径研究 [J].科研管理，2021，42（05）：124—132.

[6] 张远军.利益相容理论下国防科技军民协同创新的主要问题及对策 [J].国防科技，2018（1）：46—48.

[7] 周阳敏，楚应敬.制度溢出、协同创新与创新产出 [J].统计与决策，2021，37（11）：121—124.

新时代在高质量发展中优化国防科技工业布局研究*

杜人淮　贺　琨

国防科技工业是事关国家安全与发展的战略性产业，是实现国防和军队现代化的重要物质基础和技术支撑，是国家科技创新、高端制造和智能制造的极其重要领域。高质量发展是新时代特别是新发展阶段经济社会发展的主题，为了加快国防科技工业高质量发展，更好发挥其在实现强国强军目标中的独特作用，《中华人民共和国国民经济和社会发展第十四个五年规划和 2035 年远景目标纲要》做出了"优化国防科技工业布局"[1]战略部署，新修订的《中华人民共和国国防法》明确"国家统筹规划国防科技工业建设，坚持国家主导、分工协作、专业配套、开放融合，保持规模适度、布局合理的国防科研生产能力"的发展要求[2]。如何在高质量发展中优化国防科技工业布局，就成为我国"十四五"时期和 2035 年远景目标乃至

*基金项目：2021 年度马克思主义理论和建设工程特别委托项目：富国与强军相统一研究（2021MYB006）；国家社会科学基金重大招标项目：构建军民一体化国家战略体系和能力研究（20&ZD127）。

作者简介：杜人淮，博士，国防大学政治学院教授，博士生导师，研究方向：国防科技工业与军民融合；贺琨，博士，国防大学政治学院讲师，研究方向：国防动员与军民融合。

更长时期的重要战略任务。

一、新时代我国国防科技工业高质量发展的内涵要义

高质量发展主要是指经济高质量发展，通常可从狭义和广义两个方面来理解。狭义上的经济高质量发展，强调的主要是经济发展效率和活力的提升；广义上的经济高质量发展，既要强调经济发展效率和活力的提升，也要关注经济与政治、社会、文化、生态、军事等协调发展。当前我国的高质量发展，特指新时代特别是新发展阶段的高质量发展，具有自身特定内涵。起初党的文献中所提出的高质量发展，主要是指经济高质量发展，最早出现在党的十九大报告中。党的十九大报告指出："中国特色社会主义进入了新时代，我国经济发展也进入了新时代，基本特征就是我国经济已由高速增长阶段转向高质量发展阶段。"[3]

随着全面实现小康社会的第一个百年奋斗目标，我国便迈入到第二个百年奋斗目标，进入全面建设社会主义现代化国家新征程即新发展阶段。新发展阶段是我国社会主义初级阶段的一个发展阶段，也是新时代的新阶段。新发展阶段的经济社会发展主题是高质量发展，我国的高质量发展已不仅仅是指经济高质量发展，而是拓展到包括经济在内的方方面面高质量发展。正如习近平强调指出的，"高质量发展不只是一个经济要求，而是对经济社会发展方方面面的总要求"[4]，"经济、社会、文化、生态等各领域都要体现高质量发展的要求。"[5]因而国防科技工业及其布局也必须要聚焦高质量发展。然而，国防科技工业"性质特殊、使命特殊、责任特殊"，其职责使命是"支撑国防军队建设、推动科学技术进步、服务经济社会发展。"[6]可见，国防科技工业高质量发展虽然是新发展阶段高质量发

展的内在要义，但其不完全等同于其他领域高质量发展。国防科技工业高质量发展，既需要遵循高质量发展的一般要求外，也需要充分反映和体现自身的特点规律和发展要求。

新发展阶段，无论哪个领域高质量发展，都有高质量发展的基本遵循和一般要求。根据习近平的有关重要讲话精神，"高质量发展是能够很好满足人民日益增长的美好生活需要的发展，是体现新发展理念的发展，是创新成为第一动力、协调成为内生特点、绿色成为普遍形态、开放成为必由之路、共享成为根本目的的发展……是从'有没有'转向'好不好'的发展。"[7]是要"实现更高质量、更有效率、更加公平、更可持续、更为安全的发展。"[8]"以推动高质量发展为主题，必须坚定不移贯彻新发展理念，以深化供给侧结构性改革为主线，坚持质量第一、效益优先，切实转变发展方式，推动质量变革、效率变革、动力变革，使发展成果更好惠及全体人民，不断实现人民对美好生活的向往。"这些方面就成为新时代国防科技工业高质量发展的基本遵循和一般要求。

以上可见，"能够很好满足人民日益增长的美好生活需要的发展""体现新发展理念的发展""实现更高质量、更有效率、更加公平、更可持续、更为安全的发展"是高质量发展的基本遵循和一般要求，是高质量发展的最基本要义。其中，体现新发展理念发展不仅影响和决定着能够很好满足人民日益增长的美好生活需要的发展，而且影响和规定着实现更高质量、更有效率、更加公平、更可持续、更为安全的发展。换言之，能够很好满足人民日益增长的美好生活需要的发展及其实现更高质量、更有效率、更加公平、更可持续、更为安全的发展，都内含在体现新发展理念发展之中。可见，贯彻和体现创新、协调、绿色、开放、共享的新发展理念，不仅是高质量发展的核心内容，而且是衡量和评价高质量发展即发展"好不好"

的必要标尺。从一定意义上讲，国防科技工业高质量发展主要是贯彻和体现新发展理念的发展 [9]。

相对于其他领域而言，国防科技工业还具有自身发展的特殊规律和特定要求，其主要职责和核心使命是支撑国防和军队现代化建设，更好地服务和保障国家安全。为此，新修订的《中华人民共和国国防法》第三十三条和第三十四条分别就国防科技工业发展的总要求和总方针做出明确规定。强调国防科技工业发展的总要求是"国家建立和完善国防科技工业体系，发展国防科研生产，为武装力量提供性能先进、质量可靠、配套完善、便于操作和维修的武器装备以及其他适用的军用物资，满足国防需要"。国防科技工业发展的总方针是"国防科技工业实行军民结合、平战结合、军品优先、创新驱动、自主可控的方针"。[10]

依据《中华人民共和国国防法》明确的国防科技工业发展的总要求和总方针，以及新时代国防科技工业发展的目标要求，推动国防科技工业高质量发展，还需要做到以下两个方面：一是按照我党确立的在 21 世纪中叶把人民军队建设成为世界一流军队的强军目标要求，加快把国防科技工业建设成为世界一流的国防科技工业，形成领先高效、自主可控和安全稳定的中国特色先进国防科技工业新局面；二是按照构建一体化国家战略体系和能力的军民融合发展目标要求，加快推动国防科技工业军民深度融合，形成全要素、多领域、高效益军民深度融合格局。考虑到国防科技工业高质量发展必须是贯彻体现新发展理念的发展。新时代国防科技工业高质量发展，必然是体现新发展理念的发展、建成世界一流国防科技工业的发展、形成军民深度融合国防科技工业的发展，如图 1 所示。

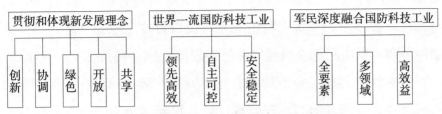

图1 国防科技工业高质量发展内涵要义

二、新时代在高质量发展中优化国防科技工业布局的规定性

高质量发展是新时代我国经济社会发展的主题，优化国防科技工业布局必须立足于新时代高质量发展。新时代国防科技工业高质量发展具有特定内涵和要求，新时代在高质量发展中优化国防科技工业布局，既要反映国防科技工业发展要求的一般规定性，也要体现新时代基本特征和目标任务等要求的特殊规定性。

（一）优化国防科技工业布局的一般规定性

布局通常是指对事物的分布所进行的全面规划和安排。由此可将国防科技工业布局作如下界定，国防科技工业布局是对国防科技工业的分布所进行的全面规划和统筹安排，按其涉及的主要内容，包括区域布局、能力布局、链环布局、协作布局和产权布局等具体方面。国防科技工业区域布局，主要是对国防科技工业在不同行政、经济等区域和不同战区等国防和军队建设区域的空间分布所进行的全面规划和统筹安排；国防科技工业能力布局，主要是对国防科技工业的整体系统、分系统和配套件研制生产等能力的分布所进行的全面规划和统筹安排；国防科技工业链环布局，主要是对国防科技工业产品（主要是武器装备）研制生产的全产业链（预研、开发、试制、生产、服务保障等）各环节的分布所进行的全面规划和统筹安排；国防科技工业协作布局，主要是对国防科技工业的各领域、各部门、各环节以及国防科技工业与民口科技工业相互之间协作关系的分布，所进行的全面规划和统筹安排；国防科技工业产权布局，主要是对国防科技工业不同所有制（国有、混合和私有等）及其相关权属关系（即所有权、经营权、处置权和剩余索取权等）的分布所进行全面规划和统筹安排。

优化是指在一定约束条件下，通过不同的实施方案使原本并不合理的系统趋于合理或更加合理、不完善的系统趋于完善或更加完善，从而使系统整体的功能变得最优的过程。优化的实质是一个不断调整和适应过程。因而，国防科技工业布局的调整和优化，主要是指通过一定的措施使原本并不合理（完善）或不够合理（完善）的国防科技工业区域、能力、链环、协作和产权等分布不断趋于合理（完善）或使之更加合理（完善），从而使国防科技工业整体系统的功能变得最优的过程。其中的整体系统，既包括国防科技工业各子系统构成的国防科技工业系统，也包括国防科技工业与国家经济社会体系、国防军队建设体系等构成国家整体系统，这里主要指国防科技工业各子系统构成的国防科技工业整体系统。

相对于其他领域而言，国防科技工业系统的功能，不仅具有经济、社会等功能，而且具有军事、安全功能，其中军事、安全功能是其中的首要功能。因而，通过调整和优化国防科技工业布局使其整体系统功能达到最优，就是要做到军事、安全功能优先或为首要，经济、社会、军事、安全等总体功能最大；与此相适应，国防科技工业系统所要实现的效益，也不仅包括经济、社会等效益，而且还必须包括军事、安全效益，其中的军事、安全效益是其优先效应。因此，调整和优化国防科技工业布局，还要求军事和安全效益优先或为首要，同时兼顾经济、社会等效益，实现综合效益最高。

综合以上，优化国防科技工业布局的总体要求，就是，通过调整国防科技工业布局优化实现整体系统最优、总体功能最大、综合效益最高。国防科技工业布局及其调整和优化总要求，如表1所示。

表1　国防科技工业布局及调整优化一般规定性

布局	主要内容	优化布局要求
区域布局	经济、行政、战区等不同区域分布	整体系统最优：国防科技工业各子系统构成的国防科技工业系统和国防科技工业与国家经济社会体系、国防军队建设体系等构成国家整体系统的组合最优；
能力布局	复杂系统整体、分系统和配套件等研制生产能力分布	
链环布局	预研、开发、试制、生产、服务保障等全产业链不同环节分布	总体功能最大：军事、安全功能为首要，经济、社会、军事、安全等总的功能最大；
协作布局	国防科技工业内部协作关系及其国防科技工业与民口科技工业间协作关系分布	综合效益最高：军事和安全效益优先，兼顾经济、社会等效益，实现综合效益最高。
产权布局	国有、混合和私有等不同所有制及其权属关系分布	

（二）优化国防科技工业布局的特殊规定性

国防科技工业是一个极其特殊的产业领域，在高质量发展中优化国防科技工业布局，不仅要遵循国防科技工业高质量发展的一般和特定要求，而且还需要充分体现优化国防科技工业布局的一般和特定要求。《中华人民共和国国防法》就优化国防科技工业科研生产能力的布局做出了明确要求，即"国家统筹规划国防科技工业建设，坚持国家主导、分工协作、专业配套、开放融合，保持规模适度、布局合理的国防科研生产能力。"[11] 如前所述，国防科技工业布局不仅仅限于科研生产能力布局，还包括区域布局、链环布局、协作布局和产权布局等方面。因而，在高质量发展中优化国防科技工业布局，需要使区域布局、能力布局、链环布局、协作布局和产权布局等各方面统筹协调和相互兼顾。

优化国防科技工业布局特殊规定性，主要是由新时代对国防科技工业高质量发展的特定内涵和要求决定的。综上所述，在高质量发展中优化国防科技工业布局，就是要按照新时代国防科技工业高质量发展的要求，即按照贯彻和充分体现新发展理念、加快把我国国防科技工业建设成为世界一流的现代化国防科技工业和形成军民深度融合国防科技工业的发展要求，不断调整国防科技工业区域、能力、链环、协作和产权等分布和组合，使国防科技工业整体系统最优、总体功能最大和综合效益最高。如图2所示。

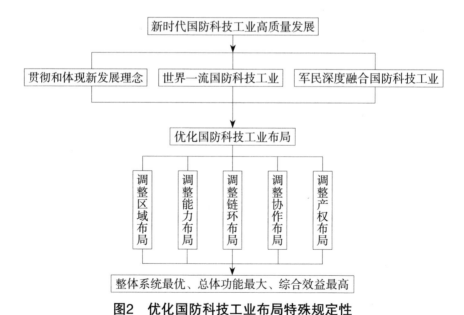

图2　优化国防科技工业布局特殊规定性

三、新时代在高质量发展中优化国防科技工业布局时代要求

新时代的经济社会发展主题是高质量发展，调整和优化国防科

技工业布局必须置于高质量发展之中。新时代在高质量发展中调整和优化国防科技工业布局，既要充分遵循国防和军队建设及其国防和经济协调发展的客观规律，也要充分体现新时代中国特色社会主义建设发展所面临的环境条件和任务要求。总的要求，就是要坚持局部服从全局、个别服从整体、眼前服从长远等原则，全面把握和统筹世界百年未有之大变局和中华民族伟大复兴战略两个大局，按照统筹兼顾国家安全利益与发展利益、促进国防实力和经济实力同步提升、推动构建一体化国家战略体系和能力、服务和推进构建新发展格局等要求来谋划和推进，促进国防科技工业高质量发展，推动实现国防科技工业整体系统最优、总体功能最大、综合效益最高。如图3所示。

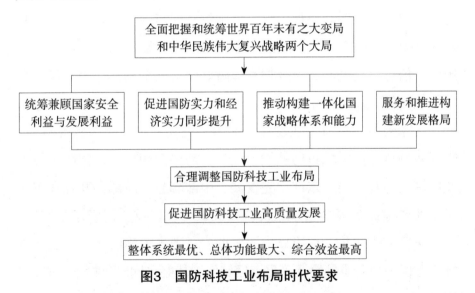

图3　国防科技工业布局时代要求

（一）统筹兼顾国家安全利益与发展利益

安全与发展是国家建设的两件大事，是实现国家和民族复兴的必要支撑。习近平强调指出："安全是发展的前提，发展是安全的保障"[1]，没有安全的发展和没有发展的安全都是不可持续的，两者之间相互依赖、相互影响、相互制约，犹如鸟之两翼、车之双轮，必须统筹兼顾安全利益与发展利益。当今世界正经历百年未有之大变局，我国安全利益与发展利益相互交织，安全与发展中的矛盾愈加突出，不仅面临影响和制约国家发展的政治、经济、国防、信息等安全问题，而且存在着危及国家安全的资源、环境等发展问题。国防科技工业承担着服务保障国家安全与发展的双重职责，新时代优化国防科技工业布局，就是要使国防科技工业各领域、各部门、各环节的区域、能力、链环、协作和产权等分布、配置与组合，能够全面反映和体现国家安全利益与发展利益要求，统筹兼顾好国家安全利益与发展利益，既要坚持发展是硬道理，是第一要务，牢牢抓住当前发展的战略机遇期，着力解决好制约发展的资源、环境等问题，实现国家发展利益最大化，为维护和保障国家安全提供坚实基础；又要牢固树立和落实国家总体安全观，着力解决好政治、经济、国防、信息等安全问题，维护和保障好国家安全利益，为建设社会主义现代化国家提供可靠安全保障。

具体到国防科技工业区域、能力、链环、协作和产权等布局：①国防科技工业区域布局的调整优化，需要把调整优化国防科技工业区域布局有效纳入东部率先发展、中部崛起、西部大开发和东北老工业基地振兴等国家区域协调发展战略，以及长江经济带发展、长三角区域一体化、京津冀协同发展、粤港澳大湾区建设、黄河流域生态保护和高质量发展等重点区域发展战略，同时有机融入东部、南部、西部、北部和中部战区的军事布局，实现区域经济发展布局与战区建设布局相协调相兼顾；②国防科技工业能力布局的调整优化，需要统筹好国防科技工业与民用科技工业等科研生产能力，兼顾好武器装备等复杂产品整体系统、分系统和配套件等研制生产能力建设，加快构建小核心、大协作、专业化、开放型的武器装备等军品科研生产体系，军民合力解决制约国防建设和经济发展等"卡脖子"问题，全面提升国防建设与经济建设的安全和发展水平；③国防科技工业链环布局的调整优化，需要统筹好军民科研生产全产业链的各环节的相互衔接，实现军民科研生产全产业链互动发展，强化军民品的全寿命管理，加快提升军民产业链的稳定性、安全性，推动军民产业链的高端化、现代化；④国防科技工业协作布局的调整优化，需要打破国防科技工业行业分割、军民分离的发展格局，既要提高国防科技工业自身各领域、各部门、各环节间的分工协作水平，也要提高国防科技工业与民用科技工业相互间分工协作水平，从而不断提高国防和军队建设及经济社会发展的综合效益；⑤国防科技工业产权布局的调整优化，需要充分发挥国有经济和非国有经济各自的优势和作用，既要发挥"国民经济的压舱石、科技创新的国家队、脱贫攻坚的主力军、急难险重的定心丸、美丽中国的建设者、民生事业的顶梁柱、区域协调的主动轮、海外履责的排头兵"[2]的独特作用，促进国防重大项目和重大工程建设等发展，也要充分发挥非公经济有效配置资源的功能，不断提高安全与发展效益。

（二）促进国防实力和经济实力同步提升

国家安全利益的维护和保障，需要雄厚经济实力作为坚实基础，而国家发展利益的拓展和维护，也需要强大国防实力提供有力保障。经过 40 多年的改革开放，我国国防实力和经济实力显著增强，国际地位和国际影响力大幅提升，但与发达国家和世界军事强国相比还有较大差距，同实现中华民族伟大复兴中国梦强军梦还有不小距离。强国是经济和国防共同作用的结果，建设现代化社会主义强国必须抓住当前战略机遇和有利条件，努力推动国防建设与经济建设协调发展、平衡发展、兼容发展，加快促进国防实力和经济实力同步提升。国防实力和经济实力集中体现为军队战斗力和社会生产力，即军队打赢、遏制战争的能力和经济社会进步、发展的能力。国防科技工业兼有国防建设和经济发展双重职责使命，对提升国防实力和经济实力发挥着极其重要的作用。国防科技工业各领域、各部门、各环节的区域、能力、链环、协作和产权等分布及其配置，就需要全面反映和体现促进国防实力和经济实力同步提升要求，必须紧紧扭住战斗力标准和生产力标准，按照现代战争和现代经济的特点规律，通过国防科技工业布局的调整优化，既要使国防建设从经济建设中获取深厚物质支撑和发展后劲，不断提升国防实力，又要使经济建设从国防建设中获取先进技术支持、拉动效应、溢出效益和安全保障，确保经济持续、稳定和健康发展，使经济实力得到不断提升。

具体到国防科技工业区域、能力、链环、协作和产权等布局：①国防科技工业区域布局的调整优化，既要发挥区域资源禀赋、分工协作、科技发展、交通运输等优势，从中获得规模经济和范围经济等方面好处，促进区域经济发展，也要兼顾和统筹好区域内的国防、军事和安全等需求，促进国防实力的增长；②国防科技工业能力布局的调整优化，需要统筹好国防科技自主创新和民用科技自主创新、军事技术开发与民用技术开发、军品研制生产与民品研制生产等能力建设，推动军民科技开发和军民产品研制等能力优势互补和协调互动，促进军民科技开发和军民产品研制等能力同步提升；③国防科技工业链环布局的调整优化，需要统筹好军民全产业链的各环节关系，推动军民产品的预研、开发、试制、生产、服务保障等环节之间优化组合，推动军民产业链全面升级，促进军民产业链现代化[3]；④国防科技工业协作布局的调整优化，需要统筹好国防科技工业内部各领域、各部门、各环节之间及其军民科技工业相互之间的分工协作关系，最大限度发挥国防科技工业和民用科技工业不同部门单位的比较优势，充分发挥分工协作效应，促进国防和经济的相互协调和互动发展；⑤国防科技工业产权布局的调整优化，需要统筹兼顾好不同产权制度安排对经济建设和国防建设产生的不同效益，并结合不同军工企事业单位的具体特点，按照综合效益最大化原则推动产权制度调整改革，不断优化产权布局，既要使之对经济发展起到有力促进作用，更使之对国防和军队现代化建设起到有效保障作用。

（三）推动构建一体化国家战略体系和能力

构建一体化国家战略体系和能力，是着眼我国长远发展和长治久安、实现富国与强军相统一、推进国家治理体系和治理能力现代化和支撑中华民族伟大复兴中国梦的强国强军方略，是促进国防实力和经济实力同步提升的根本保证。国防科技工业各领域、各部门、各环节的区域、能力、链环、协作和产权等分布、配置与组合，需要全面反映和体现构建一体化国家战略体系和能力要求。因而，有必要在战略一体化筹划中调整优化国防科技工业布局，既要使之充分反映和体现经济长远和全局发展要求，也要使之充分反映和体现国防和军队现代化长远和全局发展要求。具体地讲就是，要在战略一体化筹划实施中调整优化国防科技工业布局，使国防和军队发展战略与经济社会发展战略相兼顾，实现科技强军、人才强军等强军战略部署与制造强国、科技强国、人才强国、质量强国、航天强国等强国战略部署相协调，国防和军事布局与长江经济带、京津冀协同发展、长三角一体化发展等重点区域战略以及西部大开发、东北全面振兴、中部地区等区域协调发展战略相协调；要在资源一体化整合中调整优化国防科技工业布局，使经济社会发展资源与国防和军队建设资源得到充分共享、合理利用、取长补短、高效配置；要在力量一体化运用中调整优化国防科技工业布局，使经济社会与国防和军队建设的人才队伍、基础设施、科学技术等共建共享、相互兼容、相互兼顾。

具体到国防科技工业区域、能力、链环、协作和产权等布局：①国防科技工业区域布局的调整优化，需要把国防科技工业区域布局的筹划有机融入国家区域经济发展布局及其区域内国防和军事布局建设之中，推动区域内项目一体化论证和落实、政策一体化制定和实施、资源一体化整合和配置、力量一体化规划和运用；②国防科技工业能力布局的调整优化，需要把国防科技工业能力结构调整有机纳入国家建设现代化经济体系和实现国防军队现代化的战略安排中，一体化推动军民领域机械化、信息化和智能化深度融合，全面提升国防和经济建设的机械化、信息化、智能化水平；③国防科技工业链环布局的调整优化，需要把国防科技工业全产业链的各环节分布与组合有机纳入国家产业结构调整优化战略安排之中，一体化推进军民产品预研、开发、试制、生产、服务保障等，促进军民产业相互配套和相互促进，加快构建军民一体化现代化产业体系；④国防科技工业协作布局的调整优化，需要把国防科技工业的科技创新、技术开发、产品研制等领域的分工协作关系纳入一体化国家战略体系，通过深化军民科技协同创新、军民协作研制生产等，全面提升国家军民科技创新和军民品制造等水平；⑤国防科技工业产权布局的调整优化，需要把国防科技工业产权制度等改革有机纳入国家国有资产管理改革和所有制改革的战略安排之中，通过一体化推进混合所有制改革、股份制改革等，推动全社会产权结构的整体优化。

（四）服务和助力构建新发展格局

加快构建以国内大循环为主体、国内国际双循环相互促进的新发展格局，是我国高质量发展的基本思路或基本路径，是国内外部环境发生重大变化条件下的战略抉择，既是增强我国经济发展的基础所需，也是增强我国国防自主之所需，事关我国发展战略全局，对新时代我国实现高质量发展和可持续发展具有极其重大意义。因而，国防科技工业各领域、各部门、各环节的区域、能力、链环、协作和产权等分布及其配置，需要按照构建新发展格局要求，服务和推进构建新发展格局，为强国强军打牢基础。国防科技工业布局的调整优化，必须发挥我国超大规模国内市场优势，充分释放国内需求潜力，着力扭转以往过度依赖国际市场、国外技术而忽视独立自主、自主创新等偏向，不断积累和壮大国内经济、科技等发展的能量和韧性；要立足建设现代化经济体系，加快建立高水平的自主可控、自立自强军民科技创新体系、现代产业体系、现代流通体系等，增强国家对科技发展和经济发展等控制力，做到不仰人鼻息、靠人施舍。服务和推进构建新发展格局，调整优化国防科技工业布局，绝不是关起门来搞自我封闭运行，而是要在更高水平上推动对外开放，实现国内国际双循环相互促进。

具体到国防科技工业区域、能力、链环、协作和产权等布局：①国防科技工业区域布局的调整优化，需要统筹好国防科技工业的国内布局与国外布局关系，强化国防科技工业自立自强，提高自力更生、自主创新水平，加快攻克制约关键核心技术，增强高新技术和尖端产品等国内供应能力，坚持"引进来"和"走出去"相结合，积极参与"一带一路"建设，加快提高对外开放水平，用足用好国内国际军民两个市场和两种资源；②国防科技工业能力布局的调整优化，需立足国内军民市场和需求，增强国内军民科技创新、技术开发、产品研发及其服务保障等能力水平，提升国内军民产品加工制造能力等，从而不断提高国内军民品科研生产和服务保障的能力水平，特别是增强国防科技工业武器装备复杂系统、分系统和配套件的研制生产和配套供应能力；③国防科技工业链环布局的调整优化，需要着力畅通国民经济和国防经济循环，打通军民品生产、分配、流通、消费各环节堵点，建立稳定、完备和自主可控的国内军民产业链，同时提升国内军民产业在国际分工体系中的层次水平，增强军民品国际竞争力和竞争优势；④国防科技工业协调布局的调整优化，需要在有效维护和保障国防安全和供应链安全的前提下，强化国防科技工业国内外交流合作，充分利用国际分工优势发展国防科技工业，助力提升国家整体科技发展水平和制造水平；⑤国防科技工业产权布局的调整优化，需要发挥国有经济主体作用，积极鼓励、支持和引导国内优势非公经济和民用企业进入国防科技工业领域，同时可在不影响国家安全的非关键领域适度引入外资，扩大中外合资合作。

四、新时代在高质量发展中优化国防科技工业布局实现路径

　　新时代在高质量发展中优化国防科技工业布局，促进国防科技工业整体系统最优、总体功能最大、综合效益，需要立足国家发展全局，需要立足全面建设社会主义现代化国家特别是国防和军队现代化建设目标，按照优化国防科技工业布局的时代要求，深入探索调整和优化国防科技工业布局的实现路径。根据我国新发展阶段时代特征、目标任务等特点，以及和国防科技工业发展规律和要求，

要在高质量发展中优化国防科技工业布局的实现路径，主要有战略规划引领、法规政策支撑、市场机制驱动、军民融合推动等，如图4 所示。

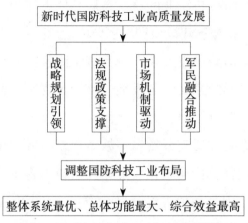

图4　优化国防科技工业布局实现路径

（一）战略规划引领

新时代在高质量发展中优化国防科技工业布局，战略规划引领是重要前提。调整和优化国防科技工业布局的战略引领，涉及国家和军地军民的不同领域、行业、部门等发展战略规划。为了更好发挥战略规划引领作用，避免各方面战略规划的相关内容和规定出现相互矛盾、冲突等问题，客观上需要对国家和地方制定的经济社会发展总体规划，依据军地军民各专项规划进行统筹协调，确保国防和军队建设与经济社会发展各方面的重大需求战略规划上下衔接、全面贯通和相互协调，同时要增强各个方面规划的约束力和执行力，引导和促进国防科技工业区域、能力、链环、协作和产权等合理分布调整和优化组合，使国防科技工业高质量发展的布局优化真正落到实处、取得实效，确保国防科技工业整体系统最优、总体功能最大、综合效益最高。比如，"一五"时期，我国政府通过制定战略规划对苏联援建的 156 项重点工程建设（实际施工项目工程为 150 个）进行统筹协调，在我国不同地区布局了 44 个军工企业，其中包括 12 个航空工业、10 个电子工业、16 个兵器工业、2 个航天工业，4 个船舶工业，国防科技工业的这一布局总体上较为合理，比较好地反映了国防建设和经济建设协调发展要求。

新时代优化国防科技工业布局，事关国家发展全局，是极其复杂系统工程，涉及国家安全与发展、富国与强军、经济与国防，以及军地、军民等方方面面关系。因而，在高质量发展中优化国防科技工业布局，更有必要充分发挥好战略规划引领作用。具体实现形式主要是：①把优化国防科技工业布局有机纳入国家和地方经济社会发展规划，从国家和地方经济社会发展（包括国防和军队建设）全局上统筹国防科技工业布局，就如何在高质量发展中优化国防科技工业布局问题做出总体战略部署。②依据优化国防科技工业布局总体战略部署，分别就如何在国家和地方制定的军民融合发展、区域发展、产业发展、科技发展以及军队建设等相关专项规划中，就在高质量发展中优化国防科技工业布局做出具体部署。③依据国家和地方经济社会发展规划及其军民融合发展、区域发展、产业发展、科技发展及国防和军队建设等相关专项规划的战略部署，对国防科技工业的区域、能力、链环、协作和产权等布局进行必要调整，引领国防科技工业区域、能力、链环、协作和产权等布局同经济社会、国防和军队现代化等建设发展战略方向、战略目标、战略部署、战略任务等相衔接，同国家经济社会发展经济结构布局、区域发展布局以及国防和军队建设布局等的调整优化相协调。

（二）法规政策支撑

新时代在高质量发展中优化国防科技工业布局，法规政策支撑是重要保证。法规政策包括法律法规和政策制度两个方面。其中，法律法规主要是国家有关立法主体制定和颁布的相关法令、条例、规则和章程等法定文件，强化法律法规支撑在高质量发展中优化国防科技工业布局，主要是发挥法律法规的权威性、强制性和稳定性等作用，也就是通过有关法律法规确立相关的义务性、禁止性和授权性等规范，采取强制性方式和手段促使国防科技工业资源或主体进入或退出国家所期望的区域、能力、链环等，推动和实现国防科技工业区域、能力、链环、协作和产权等布局优化。政策制度主要是政府等部门制定的实施扶持、鼓励等政策，强化政策制度支撑在高质量发展中优化国防科技工业布局的，主要是发挥政策制度的指向性、引导性等作用，促使优化国防科技工业布局相关主体，基于利益驱动主动将资源投向国家所期望的区域、能力、链环等不同领域，或者通过制定实施处罚、限制等政策，促使优化国防科技工业布局相关主体，基于规避或减少损失主动回避和退出国家所期望的区域、能力、链环等领域，从而推动国防科技工业区域、能力、链环、协作、产权等布局的调整和优化。尽管法规和政策对调整和优化国防科技工业布局都具有保障支撑作用，但两者作用形式和作用效果有所区别，实施中需要合理配置。

高质量发展背景下，我国尚未建立比较完善的调整和优化国防科技工业布局的法规政策体系，充分发挥法规政策在高质量发展中优化国防科技工业布局中的支撑作用，就需要健全和完善相关的法规政策体系。具体实现形式主要是：①健全和完善相关的财税和金融等政策支持体系。中央和地方财税金融机构需对国家鼓励国防科技工业重点布局的区域、能力、链环、协作和产权等，采取必要的税收减免、退税、奖励等财政政策及其专项贷款、贷款贴息和减息等金融政策，支持、鼓励和引导在高质量发展中优化国防科技工业布局。②完善相关的投融资政策支持体系。加快形成多元化、多层次、多渠道投融资政策支持体系，形成"项目共建、风险共担、利益共享"的风险投资机制，科学布局国防科技工业混合所有制改革和军工企业股份制改革等，更好支撑在高质量发展中优化国防科技工业布局。③推进相关的法规制度改革。全面统筹军民标准计量等系统，积极推进一体化标准计量体系建设，提高军民产品技术的通用性，全面深化保密资格认定、许可生产、承制单位资格等制度改革，畅通国防科技工业资源开放和流动渠道，不断提高资源配置效率效益，为在高质量发展中优化国防科技工业布局提供更有力保障。

（三）市场机制驱动

新时代在高质量发展中优化国防科技工业布局，市场机制驱动是强大动力。调整和优化国防科技工业布局，其实质就是资源的空间和时序的流动与配置。市场机制成为人类社会发展迄今最为有效的制度安排，市场的利益导向和价格信号作用能为资源合理流动和有效配置提供强大动能。因而在高质量发展中优化国防科技工业布局，就需要充分发挥市场机制驱动作用。发挥市场机制的驱动作用，主要是使市场对资源配置中起到决定性作用。也就是要立足军地军民需求全局，充分尊重价值规律，依靠价格、供求、竞争等机制作用，驱动国防科技工业资源在不同区域、能力、链环和不同科研生产主体、不同所有制单位等之间合理流动，实现国防科技工业资源有效配置，促进国防科技工业整体系统最优、总体功能最大、综合效益最高。依托市场机制驱动在高质量发展中优化国防科技工业布局，主要是利用市场的选择、联系、刺激、促进和信息传导、结构调节等配置资源功能，发挥价格、供求、竞争等机制的引导、激励和约束作用[12]，促使军工企事业单位积极主动调整其资源在不同区域、能力、链环等合理分布，从而在高质量发展中优化国防科技工业布局。

通过市场机制驱动在高质量发展中调整和优化国防科技工业布局，其具体实现形式主要是：①充分发挥价值规律作用。通过有效引入竞争、全面深化价格、推动产权制度改革等，加快破除制约军工资源开放流动存在的各种利益藩篱、制度壁障、政策阻碍，使军工企事业单位在保障军事安全和军事利益等前提下，促进军工企事业单位之间和军工与民口相关单位之间相互开放和资源对流，使市场竞争机制、价格机制和供求机制等调节作用得到充分发挥，既发挥市场机制激励功能，又发挥市场机制倒逼功能，不断提高调整国防科技工业布局的资源配置效率，加快在高质量发展中优化国防科技工业布局。②不断健全和完善市场环境。机场机制的有效发挥离不开健全和完善的市场环境，这就需要建立统一开放的要素产品等市场体系，营造公平公正的市场秩序，建立健全的一体化市场信息共享平台等，不仅要为调整和优化国防科技工业布局解决信息不全面不对称等问题，畅通资源流动渠道，而且要为调整和优化国防科技工业布局提供公平竞争和互利共赢的市场环境。改革开放以来，我国市场环境不断优化，通过市场驱动调整和优化国防科技工业的区域、能力、链环、协作和产权等布局取得一定成效。为了更好发挥市场机制的驱动作用，更好地在高质量发展中促进国防科技工业布局优化，还需进一步健全和完善市场环境。

（四）军民融合推动

新时代在高质量发展中优化国防科技工业布局，军民融合推动是必然选择。随着现代科技特别是信息技术和人工智能技术等加快推进，国防科技与民用科技、国防工业与民用工业、国防生产与民用生产等之间的界限越来越模糊。尤其是随着我国一体化国家战略的实施和加快推进，国防科技工业与地方经济社会、国防科技工业与民用科技工业等发展越来越紧密地结合在一起。一方面地方政府和民营企业需要利用国防科技工业在技术、人才、设备等独特优势发展经济，另一方面国防科技工业也需要利用地方和民营企业的资源、市场等优势提升和发展自己。通过军民深度融合，必然推动国防科技工业布局的重大调整，进而促进国防科技工业区域、能力、链环、协作和产权等合理分布和优化组合。军民融合推动国防科技工布局调整和优化，其实现方式主要有几个方面；一是地方政府（或民口部门）主导。即由地方政府（或民口部门）主动联系军工部门单位（主要是军工集团有限公司）洽谈并签订战略合作协议，鼓励支持军工集团或成员单位到当地投资或同当地企业开展合作。二是国防科技工业系统主导。即军工部门单位（主要是军工企事业单位）主动找上地方政府（或民口部门）联系和商谈，取得地方政府支持并签约合作事宜，在当地进行投资或同当地企业开展合作。三是军工民口双向合作交流。即军工和民口相关部门单位在平等互惠基础上进行交流合作，进行相互投资或合作科研、生产、经营等活动。

通过军民融合推动在高质量发展中调整和优化国防科技工业布局，其具体实现形式主要是：①充分贯彻和体现新发展理念。军民融合推动国防科技工业区域、能力、链环、协作和产权等布局的调整和优化，既要促进国家经济社会等方面创新发展、协调发展、绿色发展、开放发展和共享发展，也要要促进国防和军队建设的创新发展、协调发展、绿色发展、开放发展和共享发展，从而加快促进国家各方面高质量发展。②聚焦建设世界一流国防科技工业。军民融合推动国防科技工业区域、能力、链环、协作和产权等布局的调整和优化，必须通过军民产业的协调发展把国防科技工业建成领先高效、自主可控、稳定可靠的产业,从而为加快把人民军队建成世界一流军队提供有力支撑。③实现安全与发展的统一。军民融合推动国防科技工业区域、能力、链环、协作和产权等布局的调整和优化,既要体现国家的安全利益,也要体现国家的发展利益,按照国家安全与发展相统一推进国防科技工业整体系统最优、总体功能最大、综合效益最高。也就是说,军民融合推动国防科技工业布局调整和优化,不能只强调地方和民间经济的发展需要,片面追求经济效益和地方民间经济发展,也不能完全不考虑地方和民间利益,否则就难以激发和释放军民融合推动优化国防科技工业布局的动力和活力。

参考文献

[1] 中华人民共和国国民经济和社会发展第十四个五年规划和2035年远景目标纲要.人民日报,2021-3-13(01).

[2] 中华人民共和国国防法.人民日报,2020-12-29(11).

[3] 习近平.决胜全面建成小康社会 夺取新时代中国特色社会主义伟大胜利.人民日报,2017-10-28(01).

[4] 坚定不移走高质量发展之路,坚定不移增进民生福祉.人民日报,2021-3-8(01).

[5] 习近平.关于《中共中央关于制定国民经济和社会发展第十四个五年规划和2035年远景目标的建议》的说明.人民日报,2020-11-4(02).

[6] 中共中央宣传部.习近平新时代中国特色社会主义思想学习纲要.人民出版社,2019:112—113.

[7] 习近平.在纪念中国人民志愿军抗美援朝出国作战70周年大

会上的讲话.人民日报，2020-10-24（02）.

[8] 本刊评论员.领会精神 担当使命.国防科技工业,2014（03）.

[9] 杜人淮，马会君.国防工业军民融合高质量发展评价研究.贵州大学学报（自然科学版），2021（04）.

[10] 中华人民共和国国防法.人民日报，2020-12-29（11）.

[11] 中华人民共和国国防法.人民日报，2020-12-29（11）.

[12] 杜人淮，冯浩.国防工业军民融合高质量发展的内在机理和实现路径.贵州省党校学报，2021（03）.

新时代国防科技工业治理的体系框架与实践路径*

李湘黔　汤薪玉

党的十九届五中全会"关于'十四五'规划和2035年远景目标的建议"指出，要深化国防科技协同创新，优化国防科技工业布局，促进国防实力和经济实力同步提升。这对新时代国防科技工业改革发展提出了新要求。在我国国防科技工业不仅担负着引领经济结构调整、高新技术创新和产业转型升级等多项重任，而且是构建一体化国家战略体系和能力、建设世界一流军队的有效支撑。当前，我国国防科技工业发展仍存在体制性障碍、结构性矛盾以及政策性问题，加强国防科技工业治理，是在推动中国特色军事变革、促进经济高质量发展与保障国家防务安全三重需求下建设中国特色先进国防科技工业体系的根本举措。在大力推动国家治理体系和治理能力现代化的大背景之下，加强和完善新时代国防科技工业治理意义重大。新时代为什么要加强国防科技工业治理，如何推进国防科技工

*作者简介：李湘黔（1963—），男，湖南溆浦人，国防科技大学文理学院教授，博士生导师，研究方向为产业经济与国防科技工业。

汤薪玉（1994—），女，湖南桃江人，国防科技大学文理学院博士研究生，研究方向为国防经济与国防科技创新。

业治理既是迫切需要回答的理论问题，也是关系到全面深化国防科技工业改革、推动国家治理体系和治理能力现代化迫切需要解决的实践问题。

一、文献综述

随着推动国家治理体系和治理能力现代化实践的发展，我国学者从不同学科角度针对治理理论特别是国家治理进行了大量的理论研究，产生了一系列的研究成果为本文研究国防科技工业治理奠定了重要的理论基础。

"治理"一词本身具有宽泛性、模糊性和可塑性的特性[1]，因此，在公共管理、政治学、经济学等多学科广泛应用，其内涵和外延不断拓展，然而其宽泛的概念体系也在一定程度上造成了概念上的模糊不清。随着理论和实践的进一步深入，学者们提出西方的治理理论是适宜其自由民主的观念为根基的，对比不同的时代和社会背景，治理理论只有长在中国的土地上，才能服务于中国的理论与实践。党的十八届三中全会后，"推进国家治理体系与治理能力现代化"成为党建设和治理国家的重大命题，习近平关于推进国家治理体系和治理能力现代化的系列重要论述为学界的研究提供了重要的理论和方向指引[2]。对于国家治理体系的概念，学术界存在两种不同的阐述视角：一是从制度论角度将其描述为一种国家制度体系（辛向阳，2014）[3]，二是从系统论角度将其界定为由众多结构要素所构成的完整系统（刘志丹，2014）[4]。对于国家治理能力概念，学术界看法大体一致，即国家治理体系的执行能力，如运用制度体系管理国家和社会各方面事务的能力（韩振峰，2013）[5]和向社会输出其治理举措、达成治理目标的行动力（魏治勋，2014）[6]。关于推动国家治理体系和治理能力现代化的路径，辛向阳（2017）认为推进国家治理体系和治理能力现代化，必须坚持马克思主义基本原理和贯穿其中的立场、观点、方法。学界还提出利用大数据技术、人工智能、电子政务等新兴科技提升国家治理能力现代化。此外，政府治理、政党治理、社会治理[7]以及环境治理[8]、科技创新治理[9]等行业治理等研究成果也进一步涌现。

作为国家国防建设与国家安全的基石，一直以来国防科技工业的建设改革受到了党中央的高度重视，学界有关我国国防科技工业的研究成果十分丰富，但针对国防科技工业治理的研究成果较少，主要表现在以下几个方面。一是国防科技工业宏观治理方面，穆玉苹等（2015）认为我国国防科技工业治理属于中国特色行业治理的范畴，政府需要在国防科技工业治理中发挥主持作用[10]。由于国防科技工业本身的特殊性质和一些历史性因素导致的市场机制缺陷容易使得国防科技工业市场失效，在国防科技工业市场化改革中，应当综合考虑对正、负外部性的治理（周柳岑，2011）[11]。二是国防科技创新治理方面。王国保等（2018）通过研究国防创新知识治理的形成、发展过程，从知识治理网络角度，提出国防知识创新知识治理的动态评价指标[12]。王斌等（2018）认为军民融合产业创新治理的关键在于政府的引导和支持[13]。章磊（2019）针对军民融合武器装备科研生产的制度变迁逻辑提出了打破路径依赖、激发融合动力、优化市场环境和促进协同创新的治理策略[14]。三是军工企业治理方面，学界主要抓住军工企业的特殊性质对其内部治理进行研究。张建军（2009）认为军工企业与一般国有企业不同，治理军工企业，应依据其特殊性，遵循分类改造与区别对待、国防利益与经济利益相统一、兼顾信息披露的公开性与保密性[15]。构建合理的公司治理结构有助于激发军工企业作为创新主体的主动性，杨凌霄（2012）

通过实证研究发现在我国军工类上市公司治理过程中，领导权结构与独立董事制度对公司研发活动的作用机制不够明确，应进一步优化军工企业董事会治理机制[16]。

现有研究取得了大量的成果，但仍有待完善之处。从研究广度来看，学界对国防科技工业治理的研究侧重于国防科技工业的特殊性质、市场失灵对国防科技工业政府与市场关系的影响以及军工企业的治理等方面，但问题导向不够明确，研究领域相对零散，系统性有待加强；从研究深度来看，目前对国防科技工业治理的研究多集中在管理学、国防经济学等领域，这些研究有一定的理论深度，但对新时代建设中国特色先进国防科技工业体系的时代背景和依据挖掘还不够深入；从研究高度来看，目前站在推进国家治理体系和治理能力现代化角度进行国防科技工业治理的研究较少，需要扎根中国国防科技工业作为国家安全和经济发展重要支柱的现实实践，加强实证分析。因此，对新时代国防科技工业治理进行进一步深入研究，形成科学、系统、可行的治理框架十分必要。

二、国防科技工业治理的时代需求

中国特色社会主义进入新时代，新的历史方位赋予了国防科技工业新的历史使命。近年来公共事务治理的观念逐渐形成，而新时代国防科技工业治理也超越了政府机制和市场机制非此即彼的逻辑理路。分析国防科技工业治理理念和治理逻辑的出现，不仅需要从理论知识的维度形成对国防科技工业治理这一范畴的经验认识，更需要从现实实践的维度用客观事实厘清国防建设和经济建设对国防科技工业治理的需求。

（一）世界新一轮军事变革对国防科技工业治理提出了新要求

回顾人类军事变革的历史，战争形态的演变逻辑与军事技术的革新一脉相承。由冷兵器向热兵器时期的发展宣告了火器战争时代的到来；坦克、飞机、航空母舰等机械化武器的出现标志着人类战争进入机械化武器时代；而在新军事变革时期，人类进入了信息化战争时代，以信息技术和计算机技术为基础的信息化武器成为战争制胜的关键。在此背景下，我国国防科技工业必须紧跟世界先进武器发展趋势，逐步实现跟跑、并跑到领跑的跨越，为建设世界一流军队提供强大的装备体系保障。

世界新一轮科技革命和产业变革席卷全球，"颠覆性"技术逐步应用于武器装备生产。在科技革命和产业革命浪潮的推动下，全方位、宽领域、深层次的世界新军事革命方兴未艾，正加速推进战争时空观和战争形态的演变。美国在 2018 年发布了《2017—2042 年无人系统综合路线图》，通过构建敏捷灵活的技术与政策基础来保障军用无人系统的发展与国防部规划相协调，提升无人作战系统的实战能力。俄罗斯制定了人工智能发展战略，并致力于将人工智能应用于战斗机、无人驾驶陆地和海军系统等军事用途。在此背景下，国际军事竞争格局正在发生历史性变化。新中国成立以来，在党的领导下我国科技工业在改革中不断发展创新，逐渐建设成为独立自主、配套完整、专业齐全的科研生产体系。中国国防和军队改革取得了历史性成就，但总体来说，机械化建设有待完善，信息化水平有待提升，与世界先进水平相比仍有较大差距。党的十八大以来，党中央高度重视国防科技工业的发展与改革。习近平指出，"靠进口武器装备是靠不住的，走引进仿制的路子是走不远的。我们要在激烈的国际军事竞争中掌握主动，就必须大力推进科技进步和创新，大幅提高国防科技自主创新能力"[17]。国防科技工业必须抢抓世界新一轮军事变革的机遇，围绕不同形势下的军事战略方针和国防军队建设需求，把军事战略转化为作战需求，把作战需求转化为武器装备，这对新时代国防科技工业的治理提出了新的要求。

（二）国防科技工业治理是推进国家治理体系与治理能力现代化的重要组成部分

推进国家治理体系与治理能力现代化是党在综合考察内外部环境做出的战略选择，中国特色社会主义现代化建设与国家治理体系和治理能力现代化相辅相成。虽然国家治理理论发端于西方政界和学界，并在西方话语体系中发展壮大，但是党的十八届三中全会中"推进国家治理体系和治理能力现代化"的提法才是中国语境下国家治理理论的内涵和实践注解。国防科技工业治理属于中国特色行业治理的范畴，是推进国家治理体系和治理能力现代化的重要组成部分。新时代国防科技工业治理作为特殊行业治理是回应推动国家治理与治理能力现代化的根本要求，因此必须要深刻领会国防科技工业治理在推进国家治理体系和治理能力现代化中的功能定位，才能理顺国家治理现代化背景下国防科技工业治理的现实需求。

国防科技工业治理不仅反映出国家治理的逻辑理路，也是国防科技工业发展的自然延伸。在不同的历史时期，伴随着我国社会主义建设的伟大实践，党和国家对国防科技工业的改革与治理也经历了不同阶段的演变过程。革命战争时期，毛泽东制定了建设优良的现代化革命军队的总方针，并下定决心建设强大的国防和为之服务的现代国防工业；改革开放时期，邓小平根据以经济建设为中心的总方针，提出了国防科技工业改革发展和现代化建设要服从经济建设发展大局的新观点、新思想、新论断；进入 21 世纪，江泽民、胡锦涛继续对按照革命化现代化正规化相统一的原则推进军队建设，并走上军民融合的发展道路。伟大的历史实践表明，党不断根据国情党情和世情的变化，牢牢把握人民军队的建设发展方向，为我国国防科技工业的改革发展提供战略引领。进入新时代，习近平提出了建设一支强大的人民军队的目标，这需要中国特色先进国防科技工业体系作为强大的物质保障。党的十九届四中全会开启了全面推进国家治理体系和治理能力现代化的新征程，意味着在国家治理现代化的总框架中，国家各项事业包括国防科技工业治理现代化的时代号角已经吹响，也为新时代国防科技工业治理提供了方法论和价值观。

（三）建设中国特色先进国防科技工业体系亟须提升国防科技工业治理效能

当今世界正经历百年未有之大变局，我国综合国力得到了明显提升，前所未有地靠近世界舞台中央，但仍然面临来自国际和国内的复杂风险和挑战。因此，需要建设强大的国防科技工业为国家各项事业的发展提供物质和技术支撑。当前，我军现代化水平与国家安全发展需求和世界先进军事水平相比都有较大差距。对此，以习近平为核心的党中央从国家安全和同步提升国防实力和经济实力的长远发展全局出发，指出努力建设中国特色先进国防科工体系，为实现中国梦强军梦提供强大物质技术支撑。这是我国国防科技工业发展的宏伟目标，也为新时代国防科技工业治理做出了重要的战略指引。

从长远来看，我国建设先进国防科技工业体系主要涉及的制度和管理体系还不能适应中国特色先进国防科技工业建设和现代国家治理的需要，特别是还不能满足世界新一轮科技革命的背景下，建设世界一流军队的需求。一方面国际战略格局深刻演变，传统威胁与非传统威胁相互交织，国际战略竞争日益激烈，加上当代科学技术革命、新军事变革与产业革命的浪潮，促使世界各国国防科技工业的改革力度不断加大，技术突破进程不断加快。为应对多样化的威胁，维护国家安全与战略利益，适应信息化战争的需求，我国国防科技工业亟须转型升级，提升军事技术水平，尽快缩小与发达国家的"时代差"。另一方面，我国经济进入新常态的发展阶段，在经济转变发展方式、调整经济结构和培育新的发展动能的大背景下，国防科技工业内部也面临着转型升级、提高创新能力与国际竞争力等一系列问题。长期以来，我国国防科技工业受传统的计划经济体制影响，非市场化的资源配置方式以及缺乏约束激励机制的交易合同关系导致我国国防科技工业运行效率低下。推进国防科技工业治理，同样需要一套这样的制度体系来保障国防科技工业各领域各项工作的有效运行。国防科技工业治理，其本质上也是运用一系列涉及国家、区域、军队、企业等多个领域和层次的制度体系，而这也是建设中国特色先进国防科技工业体系必不可少的制度保障。

三、国防科技工业治理的体系框架

新时代国防科技工业治理是一个全面、协调的体系，不仅涉及治理目标、相关治理主体、治理对象，还包括将这些主体和对象联系起来的治理机制。国防科技工业治理的总体框架要兼顾国防科技工业"特殊性"与产业发展"一般性"规律，从治理目标上来说，是实现治理体系和治理能力现代化的治理；从治理主体上来说，是在党的领导下，以政府、军队、军工集团、市场和其他主体之间的协同互动、有效对接的治理；从治理对象来说，是对国防科技工业的科研生产经营活动进行监督、规制和保障；从治理机制来说，是更加高效协同的治理。如图1所示。

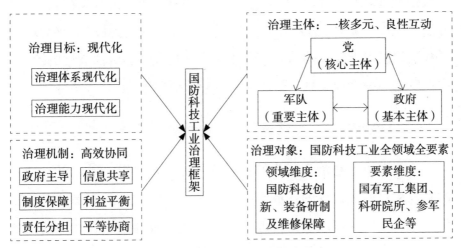

图1　国防科技工业治理体系框架

（一）治理目标：实现治理体系和治理能力现代化

治理目标是使治理效能得到综合提升的关键要素。实现国防科技工业治理体系和治理能力现代化，是国防科技工业治理的出发点和归宿。国防科技工业治理的目标顺应国内外政治经济环境的变化，表现为由工具理性和目标价值相统一的系统协调综合体。如果说推进武器装备现代化是从生产力的标准上来衡量国防科技工业的发展目标，那么推动国防科技工业治理体系和治理能力现代化则是突出上层建筑对生产力和生产关系的调整，从而进一步激发国防科技工业的发展活力。

国防科技工业治理的目标既包括国防科技工业治理体系现代化又包括国防科技工业治理能力现代化。国防科技工业治理体系现代化是实现党领导下管理国防科技工业各项体制机制、政策法规安排、行业规则等形成一套科学规范、系统完备、运行有效的制度体系，实现其系统化、法治化和规范化；国防科技工业治理能力现代化则是国防科技工业治理主体为了实现既定的治理目标，合理运用制度体系处理国防科技工业所涉及的各方面事务的能力，把成熟、定性的治理制度体系转化为治理效能。总体而言，国防科技工业治理体系和治理能力现代化的治理目标体现了工具理性和价值理性的统一，它不单是一种管理工具，更能具有目标价值理性。

（二）治理主体：一核多元、良性互动

治理主体主是治理行为的实施者，可以是组织、团体以及个人的集合，对治理目标的达成起决定性作用。[18] 政府所掌握的资源和信息是有限的，国防科技工业治理仅仅依靠政府的强制性计划指令无法到达科学、有效的治理，需要不同层面、不同领域社会主体广泛参与、相互配合、互相补充，促进系统化治理格局的形成。国防科技工业的发展涉及国家的国防建设与经济建设，因此，国防科技工业治理涉及党政军民商等多元治理主体。理清国防科技工业治理多元治理主体的关系，是构建治理体系的切入点。在现代性和互联网不断深入发展的当代社会，社会主义市场经济体制逐步建立完善，国防建设与经济建设融合发展，国防科技工业治理呈现出一核多元、良性互动、有效对接的新局面。

1. 中国共产党是国防科技工业治理的核心主体

中国共产党是国家治理体系构建的领导者，也是国防科技工业治理的核心主体。国防科技工业是国家武装力量体系建设的重要物质技术基础，也是巩固党的执政地位和我国社会主义制度的战略需要。党在国防科技工业治理的核心主体作用主要体现在以下两个方面。一是党在国防科技工业治理中发挥集中统一领导的作用。坚持党的领导，是最基本的政治前提。在新时代国防科技工业治理体系

中，中国共产党是处于领导核心地位的治理主体。二是各级党组织融入国防科技工业治理的各环节。各级党组织对国防科技工业的治理不是凌驾于其他主体之上的，而是通过有机融合与渗透嵌入到时代国防科技工业治理的各环节。从组织体系来看，各级政府的国防科技工业主管部门和军工企业公司内部建立了党委会或党支部，政党的建设和功能不仅融入外部政策制定，也紧密地嵌入公司内部的管理体系；从人事领导来看，党组织融入国防科技工业治理的各环节，体现在党员进入各级政府的国防科技工业主管部门和军工企业的领导班子，保证党对干部人事工作的领导权和管理权。归结起来，党的意志有机贯穿到国防科技工业治理的各项决策部署中，充分体现了国防科技工业的发展规律和行业特点。

2. 各级政府是国防科技工业治理的基本主体

国防科技工业的主要由国有军工企业组成，具有政府和市场的双重特性，受各级政府经济社会发展目标的影响，因此，各级政府是国防科技工业治理的基本主体。在国防科技工业治理中，政府这一基本治理主体的职责需要平衡，一方面，现代化政府职能转变和市场经济要求缩小政府治理的边界；另一方面，统筹国防建设与经济建设需要一个强而有力的政府发挥治理能力。

政府作为国防科技工业的治理主体主要分为中央政府、地方政府以及隶属中央政府和地方政府的国防科技工业管理部门。在国防科技工业治理目标层面，中央政府与地方政府往往存在一定的偏差，因而会由于不同的利益导向采取不同的治理策略：中央政府更加注重国家安全和战略层面的需求，有效发挥国防科技工业对国防现代化的支撑作用，而地方政府较为注重国防科技工业对区域经济的辐射带动作用和服务社会功能的实现。中央政府站在国家层面，对国防科技工业的发展战略、布局等方面做整体规划，制定国防科技工业的发展规划和相关法律法规，并履行出资人的义务。地方政府则主要是对所在行政区划国防科技工业进行管理、政策支持以及保障。

3. 军队是国防科技工业治理的重要主体

世界新一轮军事革命带来的巨大变革使得我国建设世界一流军队对先进武器装备的需求日益迫切。军队作为武器装备的直接需求和使用者，在国防科技工业治理中扮演重要的治理主体角色。主要的职责有：与政府及国防科技工业主管部门对武器装备研制生产中有重大影响的战略规划、和重大项目审批等内容进行协商和决策；定期对外发布准备需求信息和采购信息；对武器装备供应商进行资格审查；派驻军代表至对应的供应商单位进行监督检查等。

（三）治理对象：国防科技工业全领域全要素

在现代治理的体系框架中，治理对象逐渐立体化，主要包括治理主体所要解决的问题，是治理政策和治理工具的所指向的客观存在。国防科技工业已经成为军民融合的重要载体，国防科技工业治理对象的内涵外延也比以往要丰富。总体来说国防科技工业治理的对象是国防科技工业，考虑到国防科技工业规模庞大，又涉及多个领域的细分行业，因此，国防科技工业治理对象也涉及全领域全要素。

从功能维度来看，国防科技工业是一个规模庞大、运作紧密、分工明确的系统，可以划分为国防科技创新、装备研制、装备维修保障等治理领域。国防科技创新领域包括科研成果应用于国防领域的各类科技创新机构，他们通常隶属于军队系统（如军队院校、研究院等）、军工系统和民口系统（如民用企业、地方高校和研究院等）。装备研制是国防科技工业的主责和首业，包括武器装备的研究开发、试制验证和定型生产等多个环节，其中相关基础设施、信息、设备、技术、劳动力等生产要素和相关的质量、计量、标准等规范是必不可少的资源要素，装备研制领域主要涉及军工企业和"参军"民企等生产实体。装备维修保障是对武器装备进行整治和修复，使损伤、磨损、有故障的武器装备恢复到规定状态[19]，是确保装备形成和保持战斗力的重要环节，伴随着装备的更新换代和装备维修保障军民融合多样拓展，装备维修领域的主体包含装备研制单位、军队大修厂、军工企业、民营企业等。

从组织维度看，国防科技工业的主要组成部分是核、航天、航空、兵器、船舶、电子6大行业和中国11大军工集团公司及其下属的子集团、子公司、研究院以及隶属军队和原国防科工委（现工信部）的高等院校、研究所等，这些是国防科技工业治理的主要治理对象。随着军、民两系统之间的壁垒逐渐放开，优质民营企业和其他高等院校、研究所也参与到武器装备的研制生产中，成为国防科技工业的治理对象。

（四）治理机制：高效协同

国防科技工业治理各主体之间合作共治的治理机制是彼此的结构与功能的融合嵌入，而不是不同主体之间简单的组合。因此，需要制度化的安排，构建高效协同的治理机制，来保障治理体系的各项事务的运行。具体来说，国防科技工业治理机制包括以下6个方面的内容：政府主导机制、制度保障机制、责任分担机制、信息共享机制、利益平衡机制以及平等协商机制。

政府主导机制。政府发挥主导作用是中国国家治理区别于西方现代治理的"中国特色"。在多元主体存在的国防科技工业治理体系中，相对于其他主体来说政府所拥有的行政权力和社会资源有很大的优势，因此需要政府发挥协调的作用国防科技工业治理涉及

"供、需、管"三方面的关系，而政府特别是国防科技工业的主管部门必须承担起"管"的职责，营造规范的国防科技工业治理秩序，引导其他主体向既定的治理目标共同努力。

制度保障机制。治理体系的各项决策和治理目标是依靠治理机制来保障落实的，而治理机制一般是通过一系列的制度安排来实现的，其中包括正式制度安排和非正式的制度安排。正式制度产生于权利和法制的认定，包括相关的政策和法律法规，具有合法性；非正式制度产生于行业的发展规则，具有合理性。二者互为补充，辩证统一，为治理机制的运行提供重要的保障。

责任分担机制。国防科技工业治理主体的多元性、治理方式的民主性和治理权力的非垄断性意味着在治理实践中划分权责关系，明确彼此的行为边界。责任分担机制是治理过程有效、有序运行的重要保障，一方面，需要健全相应的法律法规，使法治成为促进多元主体承担职责的长效和制度化手段；另一方面，要建立完善的政府监管和市场监管机制，以确保权责落实到位。

信息共享机制。信息资源对于多元主体动态互动的治理模式至关重要，多元治理主体间的信息共享是各项制度制定的重要依据。由于军工行业的特殊性，信息的透明性受到了一定的限制，但仍然要求各治理主体尤其是政府以较大程度的信息公开为原则，有效的信息互动与沟通决定了各主体之间的行为默契，从而提高治理效率。政府作为重要的主体要充当"联络员"和桥梁纽带的作用，积极构建制度化渠道和平台，形成动态的信息互动更新机制。

平等协商机制。在传统的管理体制下，全能型政府利用政治权威对管理事务进行自上而下的强制性管理，而在治理时代，"平等协商"是治理理念的典型表征。平等协商机制是各个治理主体在遵循党的领导和政府主导的基本前提下，对国防科技工业治理各项事务包括治理目标的制定、治理主体的权责范围、治理模式的运行进行平等的沟通和协商，集中智慧和资源优势减少决策失误的概率。

利益平衡机制。利益分化是导致多元主体治理产生矛盾和问题的根源，多元主体利益的异质性和多样性是无法避免的，因此需要构建有效的利益平衡机制，来抑制和化解利益关系的过度失衡，调节利益主体间的矛盾和冲突。一是利益凝聚机制，基于一定的组织工具将多元主体的利益聚合起来，形成治理合力。二是补偿激励机制，由于国防科技工业涉及提供带有公共产品性质的国防，因此对于利益受损一方需制定相应的政策进行补偿激励。三是调解仲裁机制，当各方利益冲突无法通过现有条件达成妥协时，可以借助政府其他部门进行调节与仲裁。

四、国防科技工业治理的实践路径

（一）加强党对国防科技工业治理的全面领导

党的十九届四中全会指出："健全总揽全局、协调各方的党的领导制度体系，把党的领导落实到国家治理各领域各方面各环节。"[20] 推动国防科技工业治理，不仅要从传统的行业发展中突破重围，还要从统筹经济建设与国防建设的战略大格局中汲取智慧，无论是制度设计还是政策落实，都必须依赖中国共产党作为领导核心的全面领导。首先要从顶层设计上强化党对国防科技工业总揽全局、协调各方的领导核心作用，站在战略全局的高度从顶层谋划国防科技工业治理的思路和措施。其次要坚持党对国防科技工业管理体制的集中统一领导，为国防科技工业管理体制的运行提供坚强的政治保证。最后是要将党的领导贯穿到国有军工企业公司治理各方面全过程，实现政治逻辑与经济逻辑协调融合。

（二）提升国防科技工业治理的制度供给能力

推进国防科技工业治理既需要能灵敏回应各主体需求的治理机制又需要可持续的制度供给提供制度保障，实际上国防科技工业治理就是国家通过合理合法、供需平衡和协调耦合的制度供给来达到治理目标的过程。提升国防科技工业治理的制度供给能力，在供给主体上，要注重制度供给主体权威性与治理主体多元化的平衡，中央政府和地方政府作为制度供给主体要充分考虑军地之间和央地之间多元治理主体的利益诉求，为治理过程提供行为规范；在供给内容上，要注重不同领域和层次之间的耦合，国防科技工业涵盖多个细分领域，涉及军地企业，要构建领域呼应、结构合理的制度体系，在制度内容上避免制度供给出现衔接不畅和碎片化的现象。

（三）完善国防科技工业治理的法律法规体系

依法治国已成为党治理国家的基本方式。习近平要求，重大改革都要"于法有据"。推进国防科技工业治理，必须要确立法治思维，建立系统完备的法律法规体系。一方面，要推动立法，补齐法律空白。要站在战略全局的高度从顶层谋划国防科技工业法治建设的思路和措施，推动空白领域的立法工作，保障国防科技创新和军工企业市场运行有法可依。另一方面，要强化监督机制，确保法规制度的落地实行。法律的生命力在于实施，只有强化监督机制，规范执法方式，维护公平正义，在国防科技工业领域树立好法律信仰。

（四）营造企业公平竞争的营商环境

良好的营商环境是企业等市场主体在市场经济活动的重要保障，

只有实现公平的竞争，才能激发国防科技工业市场的活力，实现资源的有效配置。国防科技工业治理归根结底是要保证相关企业高效、合理地运行，随着军、民两系统之间的壁垒逐渐放开，优质民营企业和地方科研院校、研究所也参与到武器装备的研制生产中。要大力破除市场准入壁垒，根据国防科技工业相关行业的军民通用程度和密级，建立市场准入评估制度，防止市场垄断。要推进国防科技工业要素市场化改革，确保参与武器装备科研生产的军地企业、科研院所能够平等地获取资本、技术、土地、人才等要素资源。要稳步推进税制改革，作为营商环境评价考核的重要指标，良好的税收环境对于提升民营企业发展活力、营造公平的市场经济环境意义重大，要全面落实税收法定原则，简化参军民企的税收优惠申报流程，构建公平、简洁的税收制度。

（五）形成"党政军研商"各类主体融合治理的合力

国防科技工业治理是涉及"党政军研商"等多元主体的复杂系统工程，而改变传统的治理模式，追求一核多元、多主体协同的融合治理理念是形成国防科技工业治理合力的关键。一是要厘清多元主体间的"权责利"关系，充分发挥各主体的治理优势，转变政府职能，充分调动社会资源和非政府组织等社会力量。二是要建立统筹管理的体制机制，通过政策制度等规则规范多主体间的行为，从而减少军地主体因异质性而导致的对立冲突。三是要改变传统观念，打破军地间自成体系的封闭发展局面，改革科层制垂直式信息传递方式，提高信息共享意识，提升治理主体间的信任程度。

五、结语

新时代同步提升国防实力与经济实力的现实需要对国防科技工业的建设与改革提出了的新要求，在大力推动国家治理体系和治理能力现代化的大背景之下，国防科技工业治理意义重大。本文从时代需求、体系框架与实现路径三个维度剖析了国防科技工业治理的理论和实践问题。新时代国防科技工业治理是一项复杂的系统工程，不仅涉及相关治理主体、治理对象，还涉及将这些主体和对象联系起来的治理机制。推进新时代国防科技工业治理，应站在实现中华民族伟大复兴的中国梦、强军梦的战略高度，走一条符合国家一体化战略体系与能力建设要求的国防科技和武器装备发展道路。

参考文献

[1] 俞可平. 治理和善治：一种新的政治分析框架 [J]. 南京社会科学，2001（09）：40—44.

[2] 孔新峰. 习近平关于推进国家治理体系和治理能力现代化重要论述的历史逻辑与科学内涵 [J]. 当代世界社会主义问题，2019（01）：12—21.

[3] 辛向阳. 推进国家治理体系和治理能力现代化的三个基本问题 [J]. 理论探讨，2014（02）：27—31.

[4] 刘志丹. 国家治理体系和治理能力现代化：一个文献综述 [J]. 重庆社会科学，2014（07）：33—40.

[5] 韩振峰. 怎样理解国家治理体系和治理能力现代化 [N]. 人民日报，2013-12—16（007）.

[6] 魏治勋. "善治"视野中的国家治理能力及其现代化 [J]. 法学论坛, 2014, 29（02）: 32—45.

[7] 王浦劬. 国家治理、政府治理和社会治理的含义及其相互关系 [J]. 国家行政学院学报, 2014（03）: 11—17.

[8] 沈坤荣, 金刚. 中国地方政府环境治理的政策效应——基于"河长制"演进的研究 [J]. 中国社会科学, 2018（05）: 92—115+206.

[9] 张华, 顾新, 王涛. 开放式创新的机会主义风险及其治理机制 [J]. 科学管理研究, 2019, 37（05）: 15—22.

[10] 穆玉苹, 池建文, 梁栋国. 发挥政府"主持"作用推进国防科技工业治理现代化 [J]. 国防科技工业, 2015（11）: 32—34.

[11] 周柳岑. 国防工业改革中外部性导致市场失效及治理 [J]. 企业导报, 2011（15）: 107.

[12] 王国保, 郭永辉. 国防创新知识治理的动态评价研究 [J]. 情报理论与实践, 2018, 41（08）: 85—89+101.

[13] 王斌, 谭清美, 姜启波, 夏后学. 军民融合产业创新壁垒、治理因素与发展模式: 梳理与展望 [J]. 科学管理研究, 2018, 36（01）: 38—41.

[14] 章磊, 胡慧姿, 韩小妹. 装备科研生产军民融合制度变迁、协同机制及治理策略研究 [J]. 科学管理研究, 2019, 37（01）: 34—38.

[15] 张建军. 军工企业治理应遵循的原则 [J]. 军事经济研究, 2009, 30（01）: 22—24.

[16] 杨凌霄. 我国军工企业治理结构与技术创新关系研究 [J]. 科技进步与对策, 2012, 29（04）: 70—74.

[17] 中共中央文献研究室编. 习近平关于科技创新论述摘编 [M]. 北京: 中央文献出版社, 2016: 43.

[18] 张润君 . 治理现代化要素论 [J]. 西北师大学报（社会科学版），2014，51（06）：112—117.

[19] 熊武一，周家法 . 军事大辞海·下 . 长城出版社，2000：1771.

[20] 中共中央关于坚持和完善中国特色社会主义制度推进国家治理体系和治理能力现代化若干重大问题的决定 [N]. 人民日报，2019-11-06（001）.

国家战略科技力量理论内涵及其建设路径[*]
——基于数据分析和图解表示的实证研究

刘庆龄　曾　立

一、引言及文献回顾

国家战略科技力量事关国家安全和发展利益，是我国应对世界新一轮科技革命、占领新兴科技发展制高点和建设世界科技强国的动力源泉。习近平总书记在中国科学院第二十次院士大会、中国工程院第十五次院士大会和中国科协第十次全国大会上指出，国家实验室、国家科研机构、高水平研究型大学、科技领军企业都是国家战略科技力量的重要组成部分[1]，从理论高度反映出战略科技力量主体的实践丰富发展。在全面开启社会主义现代化强国建设的新征

*基金项目：军委科技委国防科技战略先导计划"习主席关于构建国防科技创新体系重要论述研究"（19–ZLXD–01–01–01–500–01）。

作者简介：刘庆龄（1996—），女，云南大理人，国防科技大学文理学院在读研究生，主要研究方向为科技创新、科技发展战略。

曾立（1962—），男，湖南怀化人，教授，博士生导师，国防科技大学智库主任，主要研究方向为国防经济、科技创新、战略科技。

程下，世界各国围绕智能化新兴技术展开激烈竞争，我国科技发展面临的内外部环境更加严峻复杂，强化国家战略科技力量具有了特别意义，深入探究其理论内涵和建设路径已成为了一项具有时代意义的大课题。

由于具有鲜明政策导向性，从中国知网检索的关于国家战略科技力量的文献大多在近几年发表。周一平[2]以2013年7月习近平总书记视察中科院时所提的"四个率先"为指导，认为中科院作为国家战略科技力量，要坚决服从国家意志推进科学研究活动。龙云安等[3]从建制化角度分析了我国国家战略科技力量的优势，论证了其所构建的科技发展战略核心是建设科技强国的基本保障，并探讨了在实际发展中推动战略科技力量发挥最大效用问题。贾宝余等[4]论述了国家战略科技力量发展的两个阶段，并归纳分析了发达国家建设国家科研机构的基本经验，进而提出要以国家实验室为抓手强化国家战略科技力量。此外，研究学者也从不同切入点开展了相关研究，覃筱楚等[5]论述了薪酬激励在战略科技力量构建中的关键作用；戴显红[6]梳理了新中国成立以来的战略科技力量发展历程，强调其在科技现代化中的核心作用；李志遂等[7]则主张从建设综合性国家科学中心出发，全面支撑国家战略科技力量发展。

国家战略科技力量主要由国家实验室、国家科研机构、科技领军企业、高水平研究型大学组成，目前学术界已存在与各主体相关的研究成果。卞松保[8]等基于国家重点实验室的年度报告数据分析，构建了10余个以时间序列为指导的数学模型，并根据数据运行结果得出"有具体部门和组织支持能提升国家实验室原始创新水平"的结论。高军[9]认为国家科研机构的资源配置效率事关我国科技创新能力提升，进而从评价研究角度对中国科学院及其30多家代表性研究院所开展了实证研究，科学验证了自己的观点。宗晓华[10]等用超效率－非径向 DEA 模型对教育部直属高校科研效率及其影响因素进行了实证分析，发现 C9 联盟高校的科研实力明显高于其他院校，并指出要通过优化投入要素结构和利用知识外溢机制提升科研效率。朱伟民[11]选取了 83 家科技企业作为研究对象，从战略人力资源方向构建了企业知识创造能力的模型并加以验证。

综上所述，学术界从理论定义、内涵特征、国外经验以及我国发展等角度对国家战略科技力量做了系统性探究，但仍然存在明显不足。其一，研究起步相对较晚，相关成果尚不足以支撑战略科技力量的发展需要。其二，学术研究不够深入，相关概念鉴定不全面。其三，研究范式单一，未能进行有理有据的完整论证。总之，目前学界对国家战略科技力量的理论内涵尚未进行深入分析，对其现实情形也未能开展客观公正的科学考量，而在理清概念内涵的基础上进行相关数据分析，能够有效捕捉当前我国国家战略科技力量的主要问题和矛盾，进而基于研究结果构建出针对性优化策略体系，因此，本文在探究国家战略科技力量理论根基的基础上对其内涵定义进行综合解读，并以数据分析和图示解读相结合的方式全面分析国家战略科技力量现实情况，进而提出解决问题的针对性策略。

二、国家战略科技力量理论与实践综合解读

（一）国家战略科技力量理论内涵综合分析

国家战略科技力量是国家力量在科技领域的集中表现，其形成和发展过程与国家战略力量的积累和构建息息相关。从本质上说，国家战略力量的基础在于国家力量，或者说是国家权力。一般认为领土、人民和权力是国家的基本要素，在实践过程中，国家能够基

于自身所掌握权力对其他主体施加影响，并通过制定系列政策措施保证各项国家事务平稳运行。国家力量则依附于地理条件、政府实力、生产能力、科技水平、人民禀赋等因素，其中，军事、科技和经济是其核心所在，现代意义上的国家力量不再是"讨价还价"式的脆弱政治权力积累，而是多元利益集团在相互协同中深入执行战略性政策协议[12]，进而实现共同的预期目标，促进整个国家快速彻底发展。近代以来，国家力量集中表现为对实现工业化的组织领导和政策引导能力，随着工业化程度的不断加深，影响一国发展的因素越来越复杂多变，科技在其中的作用也越发明显，需要国家对社会公共资源做出整体筹划，构建国家战略力量。

国家战略力量有其明确的战略目标，相应的，当前中国国家战略科技力量的鲜明目标就在于实现高水平的科技自立自强。作为国家力量战略组合和优化的结构，国家战略力量不在于通过专制手段对社会资源的配置形成绝对权威，更不在于通过强制措施对各方力量进行任意控制，而在于以潜移默化的渗透力影响社会经济运行，特别要在动员巨大社会力量的基础上采取果断有效的措施调动社会资源[13]，促进国家在有效市场和有为政府的协同统一中深入发展。基于实现科技自立自强的目标要求和建设世界科技强国的使命任务，国家战略科技力量以保障国家发展安全为基本点，将国家建设各个部门中的物质力量和精神力量有机结合起来，并在全面考量国内国际情势的过程中适时调整科技创新策略，积极占领新兴科技发展的战略制高点，进而将世界科学前沿领域、新兴产业技术创新、全球科技创新要素[14]汇聚起来，有效促成综合国力的整体提升。

国家战略科技力量的另一重要根基是国家创新系统理论，重点在于一国政府要在科技政策制定和科技创新治理有效发挥作用。国家创新系统理论主张从国家制度体系层面来讨论科技力量构建问题，强调公私领域的不同组织和部门共同参与建设创新网络，实现政府政策、企业研究开发工作、教育培训事业和社会产业结构[15]之间的有机统一，进而充分发挥科技创新对经济增长的促进作用，依靠强大科技力量提升综合国力。对于国家战略科技力量而言，政府官方建立的政策制度安排是有效集成创新资源的关键所在，其不仅能够优化创新生态，更能够引导其他主体参与到国家科技创新活动中，获得"1+1>2"的正向协同效应，进而能够承担起一般科研主体无意或无法开展的高投入、高风险、大团队、长周期的科技创新活动，更好满足维护国家安全和发展利益的需要，实现国家科技实力和综合国力同步提升。

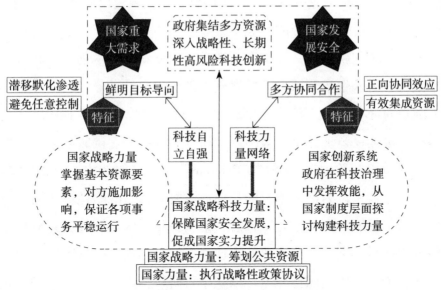

图1 国家战略科技力量理论基础及其运作机理

伴随国家发展进入不同历史阶段，国家政策制度不断动态调整，呈现出阶段性特征。由于我国关于国家战略科技力量的提法也源自党和政府的官方文件中，隶属于政策制度范畴，因而也跟随现实需求变化而不断丰富发展，现已逐渐成为一个以"国家系统"为基础的集成概念。基于对上述相关理论的借鉴分析和对中央相关论述的学习思考，本文认为国家战略科技力量是国家的一种战略性科技资源，其以满足国家重大需求、维护国家发展安全、实现科技自立自强、建设世界科技强国为使命任务，以国家实验室、国家科研机构、高水平研究型大学和科技领军企业为核心主体，在政府统筹引领下能集结多方主体构建出国家科技创新系统，进而在获得正向协同效应基础上深入进行战略性和长期性的高风险科技创新活动，完成其他科技力量所无法完成的科研任务。

（二）国家战略科技力量建设经验分层借鉴

早在第一次工业革命时期，英国就开始重视建设战略科技力量，以政府牵头建立了完善的专业研究委员会体系。基于国家科研系统的强大科技创新实力，英国不断推进知识创新和技术创新，并将新技术及时引入生产领域，极大促进了生产力提升，最终成为综合实力强劲的资本主义国家。进入 21 世纪以来，英国不断加强国家战略科技力量建设，现已建立囊括研究所、研究中心、国家实验室、大学自建重点实验室、"弹射"（Catapult）技术与创新中心[16]的战略科技力量体系，为整个国家的长期性、复杂性、战略性科研活动提供了基本保障。为了在人工智能、量子信息、区块链等新兴科技领域取得颠覆式创新，英国政府在加强组织领导的基础上不断细化各个科技创新主体的职责分工，以赋予科研机构独立法人地位的方式激励各方面的积极性，并在实践发展中逐渐确立了财政拨款、部门资助、企业承担各 1/3 的科研经费机制，将多方资源有效集中于国家战略科技力量体系中。

两次世界大战后，美国迎来了科技发展的黄金时期，依托强大的国家战略科技力量体系一度成为世界科技强国。美国曾建立具有典型政治色彩的 NCST（海军太空技术中心），力求在保障科学家和工程师政治权利的同时使其获得一些政治权力，倡导科研人员着力进行事关"面包和黄油"安全的科学技术研究，在其存续期间，NCST 先后引导成立了 40 多家研发密集型企业、专业科研机构、研究型大学和国家实验室[17]，在战略科技机构建设中发挥了核心作用，促进政治与科技同步发展。与不同政党上台执政相适应，美国战略科技力量的具体建设机制也不断变化发展，但总体上保持了由政府控制的国家实验室体系。美国的国家实验室主要有两个分支：能源部所有而承包商运营的实验室和联邦政府资助的大型研发中心[18]，其共同特征在于规模大、实力强，能为科研人员提供良好的生态环境和设施平台，并能与其他科研机构协同推进交叉研究，最终实现了科技创新的良好经济效益。

图2　国外战略科技力量构建策略有利历史经验描绘

作为现代实验室的诞生地，德国拥有以大型科研中心为核心的国家战略力量体系。1826年李比希在德国吉森大学创建了世界上第一间现代化实验室，开启了世界各国纷纷建立科研体系的历程，为有目的和有计划地组织系统性科学研究提供了基础平台。随着科学研究活动的深入推进，德国战略科技力量也向综合化方向发展，逐渐建立起集马普协会、弗劳恩霍夫协会、亥姆霍兹联合会、莱布尼兹协会等大机构为一体的完整国家科研体系[19]，该体系下的创新主体主要包括研究型大学、国家科研机构和企业科研组织三个分支，共同支撑起德国的重大科技创新活动。从运行机制上看，德国的战略科技力量主要由政府组织管理，基本职能就在于根据国家发展需要进行基础研究和应用研究，进而在紧跟世界科技发展潮流的基础上取得重大战略科技成果，同时，德国也建立了广泛资源共享网络，在促进各科研机构交流互通基础上吸引了众多高层次人才进入国家创新系统内部，形成充满生机活力的国家科研体系。

日本的国家战略科技力量具有鲜明政府主导特性，无论是在其建设初期还是深入发展实践中，政府始终发挥着主要作用。从具体模式上看，日本的战略科技力量既包括具有独立行政法人身份的国家实验室和国家科研机构，又包括不具独立法人资格的附属研发部门和组织，形成了多样化、多层次的国家创新体系，并依托财阀组织与政府出力相结合方式建立了一批寡头垄断企业，为将科技研发成果转化为市场工业产品奠定了畅通机制。为最大限度调度各个科技力量的创新积极性，日本政府不断提高科研经费在公共财政支出中的比重，鼓励科研人员进行国际交流合作，并根据实际发展情形适时调整科技创新战略，着力降低战略科技力量的活动成本，有效实现了科技发展对经济腾飞的促进作用。当然，从客观实际出发，由于缺乏完整政治主权和独立军事主权，日本的国家科技创新活动面临软弱生态环境，加之多年来过于单纯强调经济效益，导致国家战略科技力量发展受恶性竞争和两极分化问题的不利影响。

三、国家战略科技力量现实数据表层分析

（一）基于科技力量主体数量结构变化的推演

伴随全面深化改革在发展实践中推进，科技体制改革也如火如荼进行，科研机构数量变化直观反映了该过程。我国科研机构分为中央所属和地方所属两类，根据图 2，近 15 年来我国科研开发机构从 2005 年的 3901 个减少到 2019 年的 3217 个，整体呈现逐年下降趋势，但这并非两类科研机构同向变化的结果。具体来看，地方所属科研机构变化呈现单一化的逐年下降趋势，一度从 2005 年的 3222 个减少到 2019 年的 2491 个，这主要是由不同研究单位合并促成的结果，在一定程度上说明了科研机构的综合性发展态势；相应的，中央所属科研机构数量变化则呈现上下波动的多样化趋势，但其整体数量是逐渐增加的。总体来看，虽然两类科研机构数量相反变动，但科研机构总体数量是逐年减少的，说明地方所属机构数量减少量比中央所属机构增加量更多，但鉴于其庞大的组织规模和强劲的科研实力，中央研究机构数量增加是更为关键的变化，揭示了国家战略科技力量集中资源进行国家重大科技创新活动的增强。

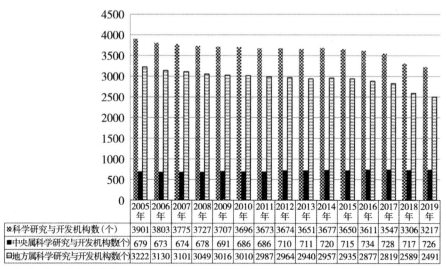

	2005年	2006年	2007年	2008年	2009年	2010年	2011年	2012年	2013年	2014年	2015年	2016年	2017年	2018年	2019年
科学研究与开发机构数(个)	3901	3803	3775	3727	3707	3696	3673	3674	3651	3677	3650	3611	3547	3306	3217
中央属科学研究与开发机构数(个)	679	673	674	678	691	686	686	710	711	720	715	734	728	717	726
地方属科学研究与开发机构数(个)	3222	3130	3101	3049	3016	3010	2987	2964	2940	2957	2935	2877	2819	2589	2491

数据来源：国家统计局

图2　近年来科学研究与开发机构数量变化及其具体组成

作为国家科技创新活动的另一重要主体，高等院校及其研究试验机构的数量结构也直观反映了我国战略科技力量的现实发展情况。21世纪以来，我国高等学校数量逐年增加，从2001年的1225所到2019年的2738所，在20年之内完成翻倍增长，从人才培养、学科建设和基础研究领域为国家科技发展提供了基本支持。在高校数量完成翻倍增长的相同时间内，其所包含的研究试验机构数量从3481上升至18379，同比增长5倍多，促使平均每所高校拥有的研究实验基地从2.84个变为6.71个，反映出高等院校的科研实力和科研水平不断提升。根据图3的趋势描述，当把普通高校及其研究试验机构总数视为一个整体，则研究试验机构在数量基础和占比结构上都占据绝对优势，并且这一优势还在实践发展中不断积累强化。与国家和地方所属科研开发机构数量总体减少的变化趋势相反，高校研究体系是丰富增加的，这与国家科教兴国战略密切相关，为国家战略科技力量履行使命职责提供了更深厚的高端人才和基础学科保障。

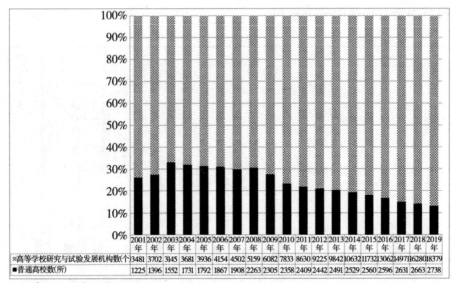

年份	2001年	2002年	2003年	2004年	2005年	2006年	2007年	2008年	2009年	2010年	2011年	2012年	2013年	2014年	2015年	2016年	2017年	2018年	2019年
☒高等学校研究与试验发展机构数(个)	3481	3702	3145	3681	3936	4154	4502	5159	6082	7833	8630	9225	9842	10632	11732	13062	14971	16280	18379
■普通高校数(所)	1225	1396	1552	1731	1792	1867	1908	2263	2305	2358	2409	2442	2491	2529	2560	2596	2631	2663	2738

数据来源：国家统计局

图3　高等院校及其研究试验机构的数量变化和结构反映

科技领军企业作为直接参与市场竞争的科研主体，其变化趋势和结构特征也是国家战略科技力量情势的直观反映。规模以上工业企业能够通过聚集优势资源而引领行业发展，属于科技领军企业范畴，伴随创新驱动发展战略的深入推进，其数量规模一度从2011年的3万水平迅速增长至2019年的12万水平，形成了规模庞大的企业体系。与其数量急剧膨胀相适应的是科研实力逐年增强，在2011年至2019年期间，拥有专门研究试验基地的企业数量在规模以上工业企业中的占比从11.50%上升至34.20%，保持了平均每年2.84%的增长率，通过换算可得2019年专门进行科学研究的规模企业已经超过44185家，形成规模庞大的企业科研系统。从科研经费来看，近10年规模以上科研企业的相关支出也从千亿元层级升至万亿元层级，呈现出总量基数巨大和增长速度较快的双重特征，这主要与国家加大扶持和企业盈利提升相关。科研企业的上述变化适应了科研项目数量和规模增长催生的新需求，在一定程度上反映了国家战略科技力量对市场的充分运用。

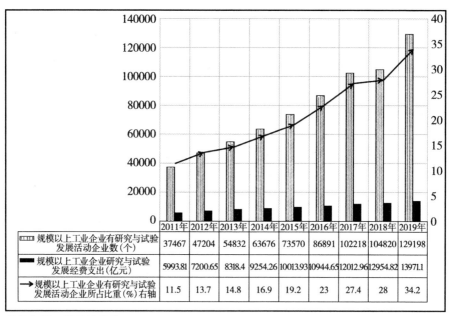

	2011年	2012年	2013年	2014年	2015年	2016年	2017年	2018年	2019年
规模以上工业企业有研究与试验发展活动企业数(个)	37467	47204	54832	63676	73570	86891	102218	104820	129198
规模以上工业企业研究与试验发展经费支出(亿元)	5993.81	7200.65	8318.4	9254.26	10013.93	10944.65	12012.96	12954.82	13971.1
规模以上工业企业有研究与试验发展活动企业所占比重(%)右轴	11.5	13.7	14.8	16.9	19.2	23	27.4	28	34.2

数据来源：国家统计局

图4　科技领军企业数量变化及其科研活动整体情形

（二）基于学术研究成果数量性质变动的解读

鉴于科技创新企业内科研人员的论文成果较少，而高等院校论文发表情况与科研机构的情形基本一致，故此部分集中选取科研开发机构的科技论文发表数量进行问题解读分析。在 2006 年到 2019年间，虽然科研机构发表科技论文总数每年都保持在 10 万篇水平，从表面上看似乎增长较为缓慢，但这并不意味着研究成果增幅与研究投入增速不匹配，相反，这主要与高水平科技创新活动的性质相关，反映出科学研究的复杂性和长期性。从具体变化趋势上看，各个年份科技论文发表数量的环比增速虽然较小，但仍然每年保持增长趋势，而以 2006 年为基准的同比增长率也是逐年上升的，并且这一数值到 2019 年已经达到 57.33%，鉴于获取科研成果的难度巨大，此增长情况已经反映出科研发展机构较为强劲的科研实力。当将各年度的研究成果聚集起来时，我国科研机构近十多年的学术研究成果已经达到百万级水平，可以合理预测国家战略科技力量整体形成的强大科研实力。

相比于论文总数逐年变化情况，发表于国际期刊上的科技论文数增长幅度更为明显，这反映出我国科学研究国际交流程度的提升。2006年科研开发机构在国际期刊上发表论文总计为17597篇，此后每年在国际期刊上发表的论文数量与上一年相比都有明显增加，到2019年时这一数值已增至68776，时隔十多年后单年发表数量增加了近4倍，总量已接近60万篇，在世界综合排名中也名列前茅，彰显了我国科技大国地位。根据图5的直观显示结果，各年份国际期刊论文数在当年论文总数中的占比呈现明显逐年增加趋势，从一定程度上反映出我国在科学研究领域国际交流合作的拓展和深化，这

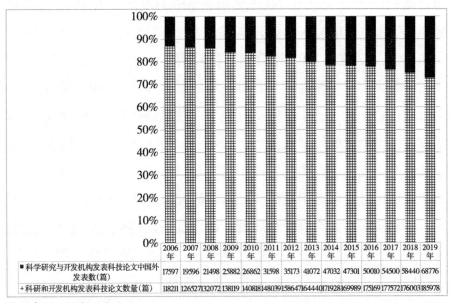

数据来源：国家统计局

图5　科研开发机构科技论文数量变化及其外文成果结构情形

不仅是国家开放发展的战略需要，也是科技创新本身跨越发展的必然要求，对于提升我国整体创新效能进而积极参与世界新一轮科技革命具有重大意义。从学术研究成果数量性质上看，我国近年来的科研活动总体呈现良好态势，为有效集合各方战略科技力量推进国家创新活动奠定了良好基础。

四、国家战略科技力量整体结构深层解码

（一）基于研究经费支出领域布局变化的推演

作为专门进行从事科研工作的战略科技力量，科研开发机构的经费支出整体呈现逐年快速增加趋势，而具体部门的研究经费也有共同的增长性质。根据图 6 展示的具体数据，在 2001 年至 2019 年间，基础研究经费从 33.60 亿元增至 510.31 亿元，应用研究经费从 80 亿元增至 933.63 亿元，试验发展经费则从 174.90 亿元增至 1636.89 亿元，在这 19 年中分别增长 15 倍、11 倍、9 倍左右，但与增长倍数大小排序刚好相反，每一年的试验发展经费都显著高于应用研究经费、远远高于基础研究经费。故基础研究经费虽然增长幅度较大，但由于原始基数较小，其每一年的实际支出额仍然明显低于其他两类支出，在实践发展中也不足以支撑日益复杂的科学研究活动，这也是我国各个科研领域基础研究较为薄弱的真实写照。当然，科研机构有其自身使命职责，特别是国家科研机构要引领前沿科技进步、直接服务国家战略需要、有力支撑关键产业发展[20]，因而保持较高的试验发展经费支出有其合理性。

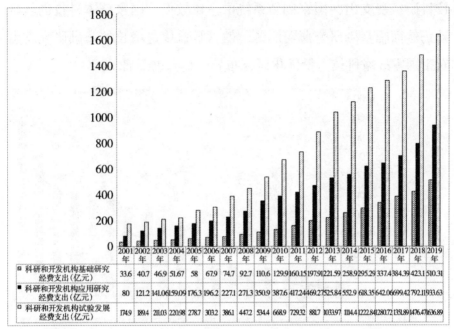

	2001年	2002年	2003年	2004年	2005年	2006年	2007年	2008年	2009年	2010年	2011年	2012年	2013年	2014年	2015年	2016年	2017年	2018年	2019年
科研和开发机构基础研究经费支出(亿元)	33.6	40.7	46.9	51.67	58	67.9	74.7	92.7	110.6	129.9	160.15	197.91	221.59	258.92	295.29	337.4	384.39	423.1	510.31
科研和开发机构应用研究经费支出(亿元)	80	121.2	141.06	159.09	176.3	196.2	227.1	271.3	350.9	387.6	417.24	469.27	525.84	552.9	618.35	642.06	699.42	792.11	933.63
科研和开发机构试验发展经费支出(亿元)	174.9	189.4	211.03	220.98	278.7	303.2	386.1	447.2	534.4	668.9	729.32	881.7	1033.97	1114.4	1222.84	1280.72	1351.89	1476.47	1636.89

数据来源：国家统计局

图6　科研开发机构研经费支出领域布局变化趋势

高等院校科研经费支出也有逐年递增特性，但具体领域的经费增长幅度差异较大，反映出高校这一战略科技力量的独有特征。在 2001 年至 2019 年间，高等院校的基础研究经费从 19 亿元增至 722.24 亿元，应用研究经费从 56.50 亿元增至 879.30 亿元，试验发展经费则从 26.80 亿元增至 195.07 亿元，在这 19 年中分别增长 38 倍、16 倍、7 倍左右，在这三类经费支出中，应用研究经费和试验发展经费分别一直保持较高和较低水平，而基础研究经费整体呈现出急速增长态势。具体来看，21 世纪的前 5 年，应用研究经费就达到百亿级别，与其他两类经费支出相比具有显著优势，而基础研究经费在 2006 年首次超过试验发展经费后便保持了较高的增长速度，这一变化趋势也在图 7 中得到形象描绘。高校基础研究经费的显著提升主要由其在国家创新系统中承担基础研究工作所决定，由于高校科研经费支出在国家创新系统中占比较低，国家整体科技创新活动仍然面临基础研究薄弱问题，但其日益快速增长的基础研究支出对于国家战略科技力量优化研究布局已具有重要启示。

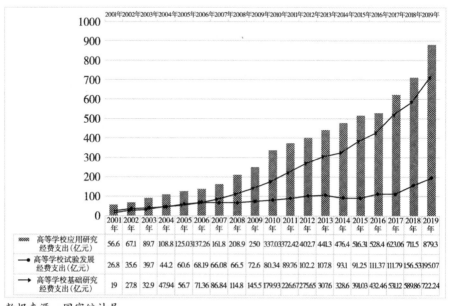

	2001年	2002年	2003年	2004年	2005年	2006年	2007年	2008年	2009年	2010年	2011年	2012年	2013年	2014年	2015年	2016年	2017年	2018年	2019年
高等学校应用研究经费支出(亿元)	56.6	67.1	89.7	108.8	125.03	137.26	161.8	208.9	250	337.03	372.42	402.7	441.3	476.4	516.3	528.4	623.06	711.5	879.3
高等学校试验发展经费支出(亿元)	26.8	35.6	39.7	44.2	60.6	68.19	66.08	66.5	72.6	80.34	89.76	102.2	107.8	93.1	91.25	111.37	111.79	156.53	195.07
高等学校基础研究经费支出(亿元)	19	27.8	32.9	47.94	56.7	71.36	86.84	114.8	145.5	179.93	226.67	275.65	307.6	328.6	391.03	432.46	531.12	589.86	722.24

数据来源：国家统计局

图7　高等院校科研经费支出领域布局变化趋

（二）基于科技投入和经费来源多指标的解读

科研开发机构折合全时人员机构总量和部门分量虽然变化趋势并不完全一致，但整体上仍具备递增结构，表明实际科技人力资源投入的日益增长。2001年至2019年间，科研开发机构的折合全时人员从20.60万人年增至42.46万人年，平均每年增长率达到5.89%，意味着科研机构中实际从事科学研究活动时间占制度工作时间90%以上的科研人员每年大幅增加，为科技创新活动提供了较为稳定的人才动力源泉。从具体部门情况来看，试验研究、应用研究和基础研究的折合全时人员在图8中分别形成从大到小的环形曲线，虽然各点之间的曲率各不相同，但每个点对应的数值大小排序一直保持试验研究最大而基础研究最小的结构，直观展示了从事试验研究人员数量的绝对优势，客观反映出实际从事基础研究科研人员的明显不足，从科技人力投入角度揭示了各领域科研人员结构的失衡，启示国家战略科技力量要从人才这一关键要素出发应对基础研究薄弱的现实问题，进而在不断优化创新生态中提升创新实力。

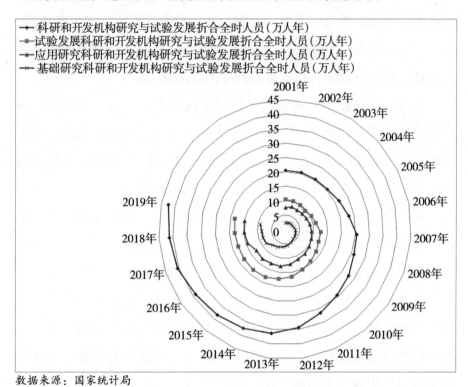

数据来源：国家统计局

图8　科研开发机构折合全时人员总量及其具体结构变化反映

科技领军企业近 10 年来的科研人员全时当量并未呈现明显增加趋势，但其总量稳定保持在较高水平，促进了有效发明专利数快速增加。2011 年到 2019 年间，科技领军企业的科研人员全时当量在 15 万人年至 21 万人年之间波动变化，鉴于企业的主营业务并不在于科学研究，这个水平的科技人力投入已经处于较高水平，表明科研人员在企业系统中已经初具规模形态，能够促进科技领军企业巩固提升研究实力，进而在国家战略科技力量中占有重要一席。作为专门衡量科研人员研究成果的重要指标，有效发明专利数也属于全时当量范畴，近10年来，科技领军企业有效发明专利数从10万水平跃升至70万水平，基于庞大基数实现了快速大量增长，不仅体现出科研人员的高超科技创新水平，更反映了科技创新企业的强大市场价值和市场竞争力。当然，科创企业的科研工作也尚未尽善尽美，与丰厚研究成果相伴的是高额的人力和经费投入，综合来看还存在资源利用效率不高和科技成果转换受阻等问题。

科技领军企业的科研经费呈现逐年快速增长态势，而其中来自政府支持的部分增速则相对较慢，从侧面反映出科研活动对市场资源利用程度的相对提升。2011年到2019年，科技领军企业的科研支出从千亿元层级上升至万亿元层级，平均每年保持20.38%的增长率，其同有效发明专利数量变化趋势高度一致，说明科研经费对于研究人员的发明创造具有一定正向激励作用。根据图9的直观反映，科研经费总量和政府经费部分的变化轨迹都同斜率为正数的线性函数大致相同，但前者的斜率明显高于后者，说明相比于科研经费总量的快速增加，来自政府的经费数额虽然也呈现逐年递增趋势，但总体规模和增长速度都较小。同时，政府所提供经费在科技企业科研经费总量中的比重也从2011年的29.33%降至2019年的26.87%，说明政府虽然在科技企业的研发活动中具有一定影响力，但影响程度逐渐减弱，这也从侧面反映出市场要素发挥的作用逐渐增强，对于提升效率和聚集优势具有一定意义，但也可能抑制科技企业响应公共需求的积极性。

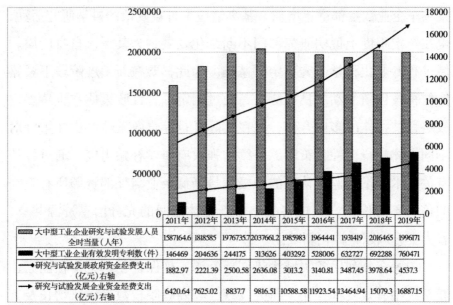

	2011年	2012年	2013年	2014年	2015年	2016年	2017年	2018年	2019年
大中型工业企业研究与试验发展人员全时当量（人年）	1587164.6	1818585	1976735.7	2037661.2	1985983	1964441	1931419	2016465	1996171
大中型工业企业有效发明专利数（件）	146469	204636	244175	313626	403292	528006	632727	692288	760471
研究与试验发展政府资金经费支出（亿元）右轴	1882.97	2221.39	2500.58	2636.08	3013.2	3140.81	3487.45	3978.64	4537.3
研究与试验发展企业资金经费支出（亿元）右轴	6420.64	7625.02	8837.7	9816.51	10588.58	11923.54	13464.94	15079.3	16887.15

数据来源：国家统计局

图9 科技领军企业多指标变化趋势协同对比

五、基于实证研究结论获得建设路径启示

由于国家战略科技力量主体众多、领域广泛，在实际中全面准确分析其数据指标并不切实可行，故本研究只是选取相关代表性数据进行实证分析，力求对其发展情况做出整体诠释。鉴于国家战略科技力量主要包括国家实验室、国家科研机构、高水平研究型大学、科技领军企业四个重要组成部分，上述分析论证主要从数据表层分析和结构深层解码两个维度出发，集中选取囊括科研主体、科研成果、科研经费、人力投入这4个方面的代表性数据和科学化指标，以文本和图示相结合形式进行解读分析，初步获得以下关于国家战略科技力量建设的结论和启示。

（1）抓住总体创新态势良好的战略机遇，及时推动战略科技力量整体创新实力提升。研究发现，高等学校及其专门科研机构和科技领军企业数量都逐年增加，基本适应了日益复杂的科学研究活动，也在一定程度上说明研究部门不断细化发展，为其深入自身所属领域进行专业化科学研究奠定了基础。为此，要在新发展阶段下紧紧抓住科技创新活动的良好势头，通过制定综合性政策体系支持多方战略科技主体的多向合作，并在实际推行综合政策体系中注重针对不同主体施行个性化策略，持续增强政府研发补贴力度，通过释放有关技术质量和监管认证的积极信号降低企业与外部资源所有者间的信息不对称[21]，促成各战略创新主体之间的充分信息资源共享，着力提升国家整体创新效能。

（2）充分利用各领域优势创新资源，确保各创新主体在国家创新系统中有效发挥作用。研究发现，与高等院校数量翻倍增长及其科研部门数量多倍增长相对应的是国家科研机构数量的逐年递减，但两者的反向变动却引起着同向的积极结果，即都促进了国家创新系统的优化发展。为此，要深入分析不同科技主体的独特优势，通过不断完善国家科技创新制度与生态环境提高核心创新主体的实力和水平，加强跨产业和跨地区合作，以互利共生、价值共创的态度实现持续性创新[22]，充分调动各方主体参与国家科技创新活动的积极性和创造性，从而在聚集起优势科技创新资源的基础上不断拓展创新范围。

（3）根据科研发展实际推进科技创新体制改革，切实提高科技创新质量效益。研究发现，科研成果数量逐年增加较为缓慢的原因在于科学研究的长期性和复杂性，虽然我国科研成果总体来说已经达到较高水准，但与丰厚研究成果相伴的是高额人力投入和经费投入，资源利用效率不高、创新效益较低问题仍然存在。为此，要随同国家改革大局继续深入推进科技体制改革，通过改革将战略科技力量由"行业需求""区域需求""产业需求"转为"国家需求"[23]

导向，完善科技管理和评估机制，着力推动科技创新效率和科技成果转化效率同步提升。

（4）加大基础研究经费投入，着力破解基础研究薄弱的现实难题。研究发现，科研开发机构和高等院校的科研支出总额每年都保持高速增长趋势，但具体经费支出在各个方向上的分配比例却明显失调，分配在基础研究上的经费支出十分有限，在实践发展中也不足以支撑我国日益复杂的科学研究活动。为此，要针对基础研究领域制定专门经费和人才政策，并通过有力制度安排保障相关政策贯彻落实，从而为核心技术攻关提供学科基础支撑、为科技突破提供源源不断的动力支持，确保我国自主掌握重大战略科学技术。

（5）继续深化科技创新国际合作，为高水平科技自立自强提供优质创新生态环境。研究发现，我国科研机构每年在发表在国际期刊上论文数量及其在当年论文发表总数中的占比都有明显增加趋势，科研领域的国际交流合作日渐深化发展，促进了我国全面对外开放的发展。为此，要以积极应对世界新一轮科技革命为出发点，在提升自主创新能力和实现科技自立自强的基础上继续推进科学研究国际合作，立足国内区域发展战略和科技发展战略构建完整创新生态，促进各战略科技力量适应新兴市场环境，充分发挥现有技术潜力和特色优势[24]，在更高水平的对外开放背景下积极寻求他国所没有的非对称优势，进而构建优于世界的创新生态和文化氛围基础上促进更多突破性创新。

（6）强化国家统筹规划和顶层设计，确保战略科技力量的科研活动满足国家重大需求。研究发现，虽然政府提供的科研经费逐年递增，但其在科研经费总额中的占比却逐渐降低，这意味着国家科技创新系统中政府作用弱化问题较为明显，可能导致更多战略科技主体为追求短期物质利益而忽视自身使命职责，也会使国家创新活动的风险增大。为此，要以政府支持为主和市场资助为辅建立国家实验室和国家科研机构，充分重视经过严格评审的政府科研投入的信号作用，通过加强宣传和拓展应用降低市场创新投入信息不对称风险 [25]，保证研究方向的一致性和研究经费的稳定性，促进各个战略创新主体在"服务国家、引领学科、系统谋划、分步实施" [26] 原则指导下推进科技创新活动。

（7）深刻把握高层次科技人才这个关键，在充分发扬自身优势的基础上主动借鉴发达国家的有益经验。研究发现，科技人力投入和发明专利产出之间存在较为明显的同向变动趋势，近年来，战略科技力量创造的有效发明成果数量庞大、增速明显，而这是基于巨大人力资本投入实现的，现实中普遍存在高水平科技创新人才短缺现象。为此，要不断提升科研人员培养和聘用的灵活性，贯通战略科学家、科技领军人才、优秀青年人才、非共识人才 [17] 之间的交流互通机制，并积极借鉴英美等国的高层次人才培育政策，守住本土人才、吸收外来人才，建立稳定强大的科研人员队伍。

（8）从空间布局和数量规模这 2 个维度上同时发力，深入优化国家战略科技力量结构。研究发现，我国科技创新主体总量呈现逐年快速增加趋势，总体上有利于推动科技创新发展，但在地理布局上存在东多西少情形、在领域分布上存在明显失调问题，优化战略科技力量整体结构必要且重要。为此，要基于"国家所有—国家运营—国家负责"模式打造战略科技创新平台，以强有力方式合理调配资源，将主体力量集中于事关国家发展安全的关键科技领域，并创造更多积极条件促进东西部科研机构帮扶互助，建立布局合理的科技创新高地体系，实现战略科技力量整体获得"1+1>2"的正向协同效应。

参考文献

[1] 习近平.在中国科学院第二十次院士大会、中国工程院第十五次院士大会、中国科协第十次全国代表大会上的讲话 [N]. 人民日报，2021-05-29（002）.

[2] 周一平.做可信赖的国家战略科技力量 [N]. 中国科学报，2014-07-21（001）.

[3] 龙云安，胡能贵，陈国庆，杨子强.培育我国国家战略科技力量建制化新优势研究 [J]. 科学管理研究，2017，35（02）：18—21.

[4] 贾宝余，王建芳，王君婷.强化国家战略科技力量建设的思考 [J]. 中国科学院院刊，2018，33（06）：544—552.

[5] 覃筱楚，张雯，庞弘燊，任璐，许海云，宋亦兵，郭晨，侯红明.新形势下国家战略科技力量薪酬机制与人才发展研究 [J]. 科技促进发展，2018，14（08）：711—717.

[6] 戴显红.新中国 70 年强化国家战略科技力量的多维考察 [J]. 宁夏社会科学，2019（03）：26—31.

[7] 李志遂，刘志成.推动综合性国家科学中心建设 增强国家战略科技力量 [J]. 宏观经济管理，2020（04）：51—57+63.

[8] 卞松保，柳卸林，吕萍.国家实验室在原始创新中作用的实证研究 [J]. 统计研究，2011，28（06）：53—57.

[9] 高军.院所两级型国立科研机构科技资源配置效率评价研究 [D]. 中国科学技术大学，2019.

[10] 宗晓华，付呈祥.我国研究型大学科研绩效及其影响因素——基于教育部直属高校相关数据的实证分析 [J]. 高校教育管理，2019，13（05）：26—35.

[11] 朱伟民 . 战略人力资源管理与企业知识创造能力：对科技型企业的实证研究 [J]. 科学学研究，2009，27（08）：1228—1237.

[12] Tsai，MC. State power，state embeddedness，and national development in less developed countries：A cross-national analysis. St Comp Int Dev 33，66—88（1999）.

[13] Rubinson，Richard. Dependence，Government Revenue，and Economic Growth：National Development and the World System，edited by John W. Meyer And Michael. H. Hannan. Chicago：University of Chicago Press.pp.207—221（1979）.

[14] 潘冬晓，吴杨 . 美国科技创新制度安排的历史演进及经验启示——基于国家创新系统理论的视角 [J]. 北京工业大学学报（社会科学版），2019，19（03）：87—93.

[15] 肖小溪，李晓轩 . 关于国家战略科技力量概念及特征的研究 [J]. 中国科技论坛，2021（03）：1—7.

[16] 刘娅 . 英国国家战略科技力量建设研究 [J]. 中国科技资源导刊，2019，51（04）：42—49.

[17] Speser，P. Political Power and the Funding of Politics：Lessons for the Materials Research Society from the Experiment of the National Coalition for Science and Technology. MRS Bulletin 13，4—5（1988）.

[18] 樊春良 . 国家战略科技力量的演进：世界与中国 [J]. 中国科学院院刊，2021，36（05）：533—543.

[19] 刘文富 . 国家实验室国际运作模式比较 [J]. 科学发展，2018（02）：26—35.

[20] 杨斌，肖尤丹 . 国家科研机构硬科技成果转化模式研究 [J]. 科学学研究，2019，37（12）：2149—2156.

[21] 夏清华，何丹 . 政府研发补贴促进企业创新了吗——信号理

论视角的解释 [J]. 科技进步与对策，2020，37（01）：92—101.

[22] 陈健，高太山，柳卸林，马雪梅. 创新生态系统：概念、理论基础与治理 [J]. 科技进步与对策，2016，33（17）：153—160.

[23] 白光祖，曹晓阳. 关于强化国家战略科技力量体系化布局的思考 [J]. 中国科学院院刊，2021，36（05）：523—532.

[24] 邵云飞，穆荣平，李刚磊. 我国战略性新兴产业创新能力评价及政策研究 [J]. 科技进步与对策，2020，37（02）：66—73.

[25] 周志远，左月华，邹宇. 政府创新投入可以促进市场创新投入吗——基于我国内地 63 所教育部直属高校科技创新数据的实证研究 [J/OL]. 科技进步与对策：1-8[2021-0811].https：//kns-cnki-nets. nudtproxy.yitlink.com：443/kcms/detail/42.1224.G3.20210809.1639.016. html.

[26] 李志遂，刘志成. 推动综合性国家科学中心建设 增强国家战略科技力量 [J]. 宏观经济管理，2020（04）：51—57+63.

军工企业混合所有制改革治理效应研究*

吴少华　秦　畅

引言

军工企业，顾名思义，"军工"是特性，"企业"是根本。要想让"军工"这一特性在竞争性市场得以发展，首先要保证"企业"的生存。混合所有制改革（以下简称"混改"）是国有企业改革的重要突破口，亦是军工企业改革的关键之所在，通过建立适应市场的内部治理机制，提高军工企业的核心竞争力和创造力。党的十八届三中全会以来，国家发布了《关于国有企业发展混合所有制经济的意见》以及配套"1+N"政策体系。从宏观层面看，混改是经济

*作者简介：吴少华，男，汉族，1963年3月，湖北洪湖，陆军勤务学院国防经济系教授，博士生导师，主要研究方向：国防经济、军工经济、国防动员、军民融合。通讯地址：重庆市沙坪坝区大学城北一路20号国防经济系（401331）。电子邮箱：383966240@qq.com。

秦畅，女，汉族，1995年9月，山东青岛人，陆军勤务学院国防经济系博士研究生，主要研究方向：国防经济，军工经济。通讯地址：重庆市沙坪坝区大学城北一路20号国防经济系（401331）。电子邮箱：475230673@qq.com。

社会公有资本和非公有资本的融合；从微观来看，混改是企业内部国有资本和非国有资本的混合，即产权结构的调整。引入非国有资本有助于异质性股东在企业中发挥不同性质资本的作用，推进企业效率的提高和业绩的增长（郝阳，2017），将民营企业体制机制优势与国有企业规模、人才优势相结合，增强企业竞争力（程俊杰，2018），同时弱化国有企业政策性负担带来的约束。国有企业改革"双百行动"中提出要考虑不同企业功能定位、行业特点、发展阶段、竞争程度等实际情况，有针对性的定制改革方案，确定引入何种非国有资本、多大程度引入非国有资本以及如何形成合理的股权制衡结构，建立适合自身发展的公司治理模式。那么对于军工这一特殊行业来说，怎样的股权结构能够最大程度发挥治理效应？国有股持股控制在怎样的范围能够最大限度地发挥国有股优势，提高企业创新能力？非国有股最优持股比例与企业绩效的关系是线性、非线性的还是阶段线性？军工企业可能会给出不同结论。因此，有本文针对军工企业混改进行实证研究和探讨。

一、文献综述

目前学术界对混改的治理效应主要集中在异质性股权对企业绩效的影响和创新能力的影响，企业绩效体现了引入非国有资本后的短期改革红利，企业创新能力则体现混改后企业长期竞争力。鲜有学者将混改后的短期红利与长期红利综合考虑，也鲜有学者针对以军工为对象的研究。但在现实竞争性市场，企业既不能因短期利益损害长期竞争力，也不能为获取长期竞争力而忽略现实利益。

（一）混合所有制改革对企业绩效影响的研究

目前学术界关于混改对企业绩效影响的结论并未统一。国外学者 Boubakri et al（2005）实证研究表明，在非洲、中东、拉美洲等多个国外新兴经济体中，企业完全市场化或部分市场化改革后绩效表现与经营效率显著提高。国内学者刘小鲁和聂辉华（2016）、郝阳和龚六堂（2017）认为混改有利于改善企业绩效。吴万宗与宗大伟（2016）提出，企业内部所有制形式越丰富，其经营绩效提升越显著。周观平等人（2021）同样认为经过混改后，纯国有股权结构的国有企业盈利绩效能够获得显著提升，其机理在于混改后企业的激励机制。也有学者持有不同观点。张文魁（2010）认为国有企业改制与绩效的关系不确定。刘春与孙亮（2013）认为混改后国企会增加政策性负担，导致业绩下滑。黄速建（2021）的研究中表明在竞争性行业国有资本控股的混合所有制企业中，国有资本控制人持股与企业绩效呈非线性与阶段线性混合分布的系统特征，较为合适的持股比例为42%—68%。

（二）混合所有制改革对长期绩效的研究

长期绩效主要由创新能力体现。大部分学者认为非国有资本对创新能力有积极影响，主要可以归纳为内部治理角度和外部治理角度。从内部治理来看，大部分学者们认为国企创新失效的主要原因是由监督和激励机制不完善导致的委托代理问题。Hirshleifer et al.（2018）提出良好的公司治理可以缓解融资约束，进而增加创新资源投入。而邓溪乐（2020）认为非国有股东可以完善国企治理机制，监督制约管理层自立行为，降低道德风险，鼓励管理层投资于投资回报期较长的创新活动。Tan（2015）也认为非国有资本能够有效制约国有企业大股东的掏空行为，创新能力随股权结构的优化得到提升。此外，朱磊（2019）、李文贵（2015）通过实证研究发现，提高股权多样性和融合度有利于提高企业创新能力。王春燕等（2020）认为非国有股东能够在国有企业中发挥其治理优势，在股权治理基础上优化董事会治理，为创新决策效率提供有效保障。从外部治理来看，Shleifer（1998）认为国有企业基于其社会职能承担一定的政策性负担，不利于国有企业投资高投入、高风险的创新项目。Boubakri et al（2013）认为引入非国有资本可以提高政府的干预成本，从而释放国有企业活力。国内学者王曙光（2019）认为产权改革和市场竞争是影响国企混改的重要维度，鼓励国有企业主动适应市场竞争机制，优化治理结构，形成提高创新能力的有效发展机制。也有部分学者认为混改对创新有消极影响，主要由于民营资本注入后会因为投机性和逐利性侵占国有资产，导致创新效率下降（Luong，2017；钟昀珈，2016）。近几年也有研究表明国有企业中国有股持股比例与企业创新绩效成"倒 U"型的非线性关系。如周施乐（2020）通过实证研究发现国有股持股比例在 25%—28% 之间时，企业创新绩效最优。王贺宁（2021）通过实证研究认为国有股权比例与创新投入的拐点出现在 45%。说明，针对不同行业不同阶段的企业，最优的国有股持股比例范围不同。

（三）军工企业混改研究

随着四轮混改试点的启动，关于军工企业混改的研究主要集中在混改模式、路径探索和关于某一混改试点的案例分析。张华清和王翠（2021）以混改模式为分类了解混改现状，包括引入战略投资者、引入基金、资产证券化、整体上市或核心资产上市以及员工持股五种模式。董建涛等人（2020）对混改模式、路径进行理论分析。

郭旭垛（2020）以内蒙古第一机械集团有限公司为例，分析混改现状以及混改产生的影响。刘青山（2019）主要介绍了合肥江航飞机装备有限公司在混改后的再发展。总体来说，虽然混改进程较慢，但缺乏以现有数据基础，以军工行业为样本的实证研究。

综上，鉴于既有研究结论并非一致，军工企业又是混改的难点，针对军工企业混改如何引入非国有资本、何种程度引入非国有资本使军工企业能够同时兼顾短期绩效和长期创新能力是亟待解决的问题，研究这一问题还需立足公司治理相关理论，运用全面和最新的数据加以分析和审视。本文利用军工企业混改这一契机，在限定行业领域"军工"和公司治理模式下，分析军工企业混改对短期绩效和长期创新能力的影响机理，探讨军工企业国有股持股与创新能力间的关联关系，比较引入不同性质的非国有资本对企业绩效的影响差异，论证混改多样性、混改深度以及股权制衡对企业绩效的影响，以最大程度的发挥改革后的治理效应。

二、理论分析与研究假设

（一）国有资本与创新能力

从文献梳理可知，影响国有企业创新水平的主要因素可以归纳为外部治理效应和内部治理效应。外部治理效应主要认为国有企业受到政府干预，承担更多的社会责任，从经济上来说扭曲了经营目标，阻碍创新绩效的提高。内部治理效应主要基于委托治理理论，认为政企之间代理链条长，不易监督和评价管理层管理能力、工作效率和决策合理性，管理层追求短期效应，政绩项目和形象工程而放弃高风险、高投入、周期长的创新项目（熊爱华，2021）。对于军工企业来说，外部治理主要承担的社会责任不是稳定就业和物价，而是国防安全。因此，外部治理导致的创新损失是必要的，内部治理导致的创新损失可以通过引入一定规模的非国有资本缓解。军工企业混改有助于缓解委托代理冲突，通过完善监督和机理机制，抑制高管的机会注意和道德风险，通过差异化企业战略提升创新能力（吴少华，2020），但是当非国有资本规模很小时，并不足以起到监督和激励作用。因此本文提出：

假设1-1：在军工企业中，非国有资本对创新能力具有正向作用，且这种作用具有门槛效应。

（二）混合多样性与企业绩效

引入非国有资本是混改的主要途径之一，其目的是通过减持国有股份，增强监督与激励效应，减少内部人监督。其中军工企业目前引入的非国有资本包括民营股东、自然人股东、外资股东以及机构投资者股东。武常岐（2005）以680多家国企为研究对象，提出丰富产权主体，减少政府对企业的控制是国企改革的重要途径。狄灵瑜（2021）以国有上市企业作为研究对象发现外资股东引入将促进企业国际化进程，其内在路径在于外资股东提高了企业生产效率。胡一帆（2006）等人也研究发现，民营股东和外资股东可以提高企业生产率。王晓艳（2020）通过创业板上市企业数据为研究样本发现机构投资者持股能够有效提升企业绩效，且创新能力在其中发挥了不完全中介作用。基于此，本文预测不同性质的非国有资本对绩效均有积极影响，提出：

假设2-1：在军工企业中，混合多样性越丰富，其企业绩效越好。

假设2-2：在军工企业中，非国有资本中民营股东对绩效有积极影响。

假设 2-3：在军工企业中，非国有资本中自然人持股对绩效有积极影响。

假设 2-4：在军工企业中，非国有资本中外资持股对绩效有积极影响。

假设 2-5：在军工企业中，非国有资本中机构投资者对绩效具有积极影响。

（三）混合深度与企业绩效

在军工企业混改过程中，是引入非国有资本越多越好吗？Pagano and Roell（1998）认为，最优的股权结构应该是分散的，以避免其他股东过高的监督成本，同时分散的股权有利于形成制衡效应，从而降低控制权私有收益，从而提高企业绩效。马连福（2015）研究发现国有股比例与企业绩效存在负向关系，而非国有股与企业绩效存在正向关系。对于军工企业来说非国有资本的引入在一定程度上可以缓解企业内部政企不分、政资不分、所有权和经营权不分、代理链过长等问题，有效的非国有资本可以改善企业治理结构，提高经营效率。但是由于军工企业生产经营、科技创新具有涉密性这一无形屏障，不可能将军工企业进行完全民营化，最终的控股股东依然是国有股。现阶段大国博弈越发激烈、突发性灾害不断涌现，军工企业承担的安全保障责任不会减少。在这种情况下，非国有资本股东作为"经济人"为了保护自身利益，就有动机去掏空从而损害企业绩效。因此，本文推断军工企业非国有资本与企业绩效之间不是简单的线性关系，而实成呈现开口向下的抛物线。基于上述分析本文提出：

假设 3-1：在军工企业中，混合深度与绩效之间存在"倒 U"形关系。

（四）股权制衡与企业绩效

中国国有上市公司中主要存在两类代理冲突，第一类代理冲突存在于全体股东和经营者之间，第二类代理冲突是大股东或控股股东对中小股东的利益侵占（冯根福，2004），这两类代理冲突的存在是影响企业绩效的关键问题。股权制衡程度的提高可以降低第一类代理冲突。首先，不论是机构投资者还是外资股东，资金是"其他人的钱"，产权主体的清晰性使得非国有资本投资者有责任和动力去监督企业的经营管理并采取行动防止价值损失（温军，2021）。其次，股权制衡会在企业内形成多个大股东共同参管企业的治理机制，多个决策者集体决策能够有效克服"一股独大"中的非理性。此外，股权制衡加强了推出机制的治理作用。当相互制衡的股东之间难以排序或利益最大化，那么他们的卖出股票行为将完全竞争，企业内部信息或好或坏都会反应在股票价格上。当管理者谋取自身利益而损害股东利益时，股东就能按照"华尔街规则"或"用脚投票"规则将股票卖出，给予市场以不好的信号，可能会影响企业未来融资能力以及与其他方的合作，是一种对管理层不当行为的事后惩罚（Edmans and Manso，2011）。股权制衡程度的提高也会一定程度上降低第二种代理成本。一方面，中小股东可以通过选举代表自身利益的董事会成员，对大股东的掏空行为进行监督。另一方面，机构投资者这类非国有资本股东具有较强的信息优势，通过资本市场的交易行为，可以向外界传递信息，达到对控股股东或大股东的震慑作用。

然而，也有研究提出，同行业中"股权制衡"企业的经营业绩要低于"一股独大"企业（王倩，2021）。孙兆斌（2006）指出，股权制衡越高，企业的决策效率越低。这是由于大股东之间控制权争夺导致的。在异质性股权制衡的情况下，一方国有股东，一方为非国有股东，双方的立足点、文化理念、经营目标不同，会导致严重的冲突。此外，国有企业虽然普遍生产效率低下，但在融资以及决策制定方面比非国有企业更有效率。基于以上分析和归纳，本文提出：

假设4-1：在军工企业中，股权制衡与绩效之间存在"倒U"形关系。

三、研究设计

（一）样本选取

本文以2011-2020年在上海证券交易所或深圳证券交易所上市的十大军工集团旗下的企业为样本，根据十大军工集团官网披露的企业信息，剔除了2011年当年实际控制人为非国有控制人的企业（航天发展、国光电器和航天彩虹），剔除无法在CSMAR以及无法在年报中获取相关数据的上市公司，为了充分考察军工企业混改的进程，剔除在2011年未上市的军工企业。最终选取了73个企业作为样本（详见表1），共涵盖730个观测值，构成平衡面板数据。

（二）变量定义及说明

1.混合多样性测度

根据马连福（2015）的研究，将非国有资本分为民营股东、外资股东、自然人和机构投资者。因无法直接从年报及其他信息来源获取上市公司不同性质的股东持股情况，本文根据2011—2020年连续10年样本公司年报中披露的前10大股东，并依据每个公司的年报摘要、网站等信息逐一判断每个股东的性质。股东性质同属于两类或以上的，按外资股东、自然人、机构投资者、民营股东优先顺序排序。混合多样性即前 10 大股东中国有股东、民营股东、外资股东、自然人和机构投资者的种类。当仅有一种性质股东时，混合多样性取 1；当存在两种性质股东时，混合多样性取 2；当存在三种性质股东时，混合多样性取 3；当存在四种性质股东时，混合多样性取 4；当存在五种性质股东时，混合多样性取 5。

表1　上市军工企业样本股票名称

华锦股份	深天马 A	航天电子
北方国际	航发控制	凤凰光学
中兵红箭	中航光电	上海贝岭
江铃汽车	成飞集成	中国软件
长安汽车	天虹股份	彩虹股份
中光学	中航电测	中国海防
北化股份	中直股份	南京熊猫
西仪股份	洪都航空	华东电脑
中原特钢	中航电子	四创电子
长春一东	航发科技	深科技
东安动力	贵航股份	深桑达
光电股份	中航资本	中国长城
北方股份	中航沈飞	华东科技
北方导航	中航重机	振华科技
凌云股份	中航高科	卫士通
晋西车轴	宝胜股份	太极股份
保变电气	航天科技	海康威视
湖南天雁	航天电器	杰赛科技
内蒙古一机	中国卫星	中核科技
中船科技	乐凯胶片	同方股份
中国船舶	航天机电	
中国动力	航天信息	
中船防务	航天动力	
中国海防	航天晨光	
中国重工	航天长峰	

2. 混合深度测度

军工企业作为特殊的国有企业，不论混改进行到何种程度，国有控股依旧是军工企业改革的根本，混合所有的股权结构能否发生作用，主要在于非国有资本是否真正行使自身权利，发挥非国有资本作用，因此本文用非国有资本股东持股比例之和作为混合深度的代理变量。

3. 股权制衡

混合深度是对非国有资本绝对量的衡量，股权制衡度衡量的是非国有资本的相对量。本文定义股权制衡度以检验国有股与非国有股之间形成的制衡关系对企业绩效和创新能力的影响。具体衡量方法为前十大股东中非国有股东持股占国有股东持股的比例。

4. 企业绩效测度

本文借鉴马连福（2015）、郝阳和龚六堂（2017）以及温军和冯根福（2021）的做法，以资产报酬率（roe）和净资产收益率（roa）作为短期绩效的衡量指标。

5. 创新能力测度

很多学者在研究企业创新能力时，以专利数作为衡量指标（邵伟，2021）（陈爱贞，2021）（Archambault，2002）。军工企业在披露专利数时数据缺失严重，且2015年以前的专利数获取受限，本文为保证研究样本数，以无形资产增量作为衡量创新能力的代理变量，并对其进行标准化处理。

6. 相关控制变量

本文选取公司规模、资本结构，企业成长性以及企业经营能力作为控制变量，具体计算方法详见表2。

表2　主要变量类别、名称及计算方法

变量类别	变量名称	变量符号	变量描述
解释变量	国有股	state	前十大股东中国有股东持股占比
	混合多样性	diversity	前十大股东中股权种类（1–5）
	混合深度	depth	前十大股东中非国有股份占比
	股权制衡	balance	前十大股东中非国有股/前大大股东中国有股
	民营股东	private	前十大股东中民营股东持股比
	自然人	person	前十大股东中自然人持股比
	外资股东	foreign	前十大股东中外资股持股比
	机构投资者	organization	前十大股东中机构投资者持股比
被解释变量	创新能力	create	本年无形资产 – 上年无形资产
	企业绩效	roe	（利润总额 + 财务费用）/ 总资产
		roa	净利润 / 总资产
门槛变量	国有股	state	前十大股东中国有股占比
控制变量	企业规模	size	log（总资产）
	资本结构	debt	总负债 / 总资产
	企业成长性	growth	（本年营业收入 – 上年营业收入）/ 上年营业收入
	企业经营能力	roe	（利润总额 + 财务费用）/ 总资产

（三）模型设计

为了检验假设1，本文借鉴 Hansen（1999）的面板归回模型，其基本模型如下：

$$y_{it}=\mu_i+x_{ir}l\,(\,q_{it}\leqslant\gamma\,)+\beta_2\times x_{it}l\,(\,q_{it}>\gamma\,)+\delta\times z_{it}+e_{it} \tag{1}$$

其中，i 代表样本；t 代表时间；y_{it} 为被解释变量；x_{ir} 为核心解释变量；γ 为门槛值，其大小由样本数据内生决定，$l(\cdot)$ 为指示性函数，若括号内表达式成立则为 1，否则为 0；z_{it} 为一组控制变量；μ_i

为个体效应；e_{it} 为随机干扰项。本文分别以创新能力（create）和企业绩效（roe）为被解释变量，以国有股比例（state）为门槛变量，设定单门槛回归模型：

$$create_{it}=\alpha+\beta_1 state_{it}(state_{it}\leq\gamma_1)+\beta_2 state_{it}(state_{it}>\gamma_1)+\theta_1 size_{ti}$$

$$+\theta_2 debt_{it}+\theta_3 growth_{it}+\theta_4 roe_{it}+\mu_{ti} \tag{2}$$

$$roe_{it}=\alpha+\beta_1 state_{it}(state_{it}\leq\gamma_1)+\beta_2 state_{it}(state_{it}>\gamma_1)+\theta_1 size_{ti}$$

$$+\theta_2 debt_{it}+\theta_3 growth_{it}+\theta_4 create_{it}+\mu_{ti} \tag{3}$$

在实际研究过程中，可能存在多门槛效应，具体模型设定与单门槛类似，以创新能力（create）为例设定模型（4）：

$$create_{it}=\alpha+\beta_1 state_{it}(state_{it}\leq\gamma_1)+\beta_2 state_{it}(\gamma_1<state_{it}\leq\gamma_2)$$

$$+\beta_3 state_{it}(state_{it}>\gamma_2)+\theta_1 size_{ti}+\theta_2 debt_{it}+\theta_3 growth_{it}+\theta_4 roa_{it}$$

$$+\mu_{ti} \tag{4}$$

为了检验假设 2 至假设 4，本文设定了如下待检验模型：

$$roa_i=\alpha+\beta_1\times diversity_i+\beta_2 private_i+\beta_3 person_i+\beta_4 foreign_i+\beta_5 orgnization_i$$

$$+\beta_6\times size_i+\beta_7\times debt_i+\beta_8\times growth_i+\varepsilon_i \tag{5}$$

$$roa_i=\alpha+\beta_1\times state_i+\beta_2 private_i+\beta_3 person_i+\beta_4 foreign_i+\beta_5 orgnization_i+\beta_6$$

$$\times size_i+\beta_7\times debt_i+\beta_8\times growth_i+\varepsilon_i \tag{6}$$

$$roa_i=\alpha+\beta_1\times private_i+\beta_2\times size_i+\beta_3\times debt_i+\beta_4\times growth_i+\varepsilon_i \tag{7}$$

$$roa_i=\alpha+\beta_1\times person_i+\beta_2\times size_i+\beta_3\times debt_i+\beta_4\times growth_i+\varepsilon_i \tag{8}$$

$$roa_i=\alpha+\beta_1\times foreign_i+\beta_2\times size_i+\beta_3\times debt_i+\beta_4\times growth_i+\varepsilon_i \tag{9}$$

$$roa_i=\alpha+\beta_1\times organization_i+\beta_2\times size_i+\beta_3\times debt_i+\beta_4\times growth_i+\varepsilon_i \tag{10}$$

$$roa_i=\alpha+\beta_1\times depth_i+\beta_2\times size_i+\beta_3\times debt_i+\beta_4\times growth_i+\varepsilon_i \tag{11}$$

$$roa_i=\alpha+\beta_1\times balance_i+\beta_2\times size_i+\beta_3\times debt_i+\beta_4\times growth_i+\varepsilon_i \tag{12}$$

四、实证检验结果与分析

(一)描述性统计

在进行实证检验之前,有必要对样本进行描述性统计,以此了解样本的基本情况。本文利用 stata 15.0 软件对样本数据进行统计分析,结果如表 3 所示。创新能力(create)最大值为 11.1271,最小值为 –5.5221,表明我国军工企业创新能力差异明显,个别企业个别年份有创新能力倒退的情况。混合多样性(diversity)均值为 3.0342,表明军工混合所有制企业的混合多样性程度普遍不高。混合深度(depth)均值 0.0991,结合国有股(state)均值 0.8348,民营股(private)均值 0.0047,自然人(person)均值 0.0017、外资股(foreign)均值 0.0252 以及机构投资者(organization)均值 0.0523,可以看出军工企业已经开始引入非国有资本,主要以机构投资者为主,但引入深度有待提高。股权制衡(balance)最大值 0.8205,最小值 –0.3752,表明不同军工企业引入非国有资本后股权制衡程度存在明显差异,且国有资本和非国有资本的持股比例差距较大,军工企业混改还需进一步深化。

表3 主要变量的描述性统计统计

变量代号	样本量	均值	标准差	最小值	最大值
create	730	2.18e-10	1	–5.5221	11.1271
state	730	0.8348	0.1292	0.2714	1
diversity	730	3.0342	0.7875	1	5
depth	730	0.0991	0.0958	0	0.598
balance	730	0.2372	0.2653	0	2.6840
private	730	0.0047	0.0130	0	0.1137

变量代号	样本量	均值	标准差	最小值	最大值
person	730	0.0170	0.0329	0	0.245
foreign	730	0.0252	0.0812	0	0.5708
organization	730	0.0523	0.0476	0	0.3464
roe	730	−0.0678	3.0603	−82.5739	0.3145
roa	730	0.0252	0.0533	−0.5859	0.2207
debt	730	0.4928	0.1734	0.0259	0.9717
size	730	9.8341	0.5497	8.6740	11.5793
growth	730	0.3480	3.0523	−0.8624	76.5849

当企业中存在非国有股东，且非国有股东持股比例之和处于30%—40%时，样本上市军工企业资产报酬率和净资产收益率均值均高于持股比例在30%以下以及40%以上的样本均值，详见表4。且大部分上市军工企业的混合深度还较潜，近70%的企业混合深度不到10%。

表4　面板门槛效应的显著性检验

前十大股东中非国有资本持股比例之和	roa	roe	样本量
0–10%	0.01927	−0.13457	492
10%–20%	0.028616	0.053759	158
20%–30%	0.04173	0.083822	34
30%–40%	0.071281	0.128128	32
40%–50%	0.060088	0.099995	12
大于50%	0.004238	0.01827	2
总体	−0.06802	0.025236	730

（二）门槛回归分析

本文运用stata 15.0对门槛效应进行检验，采用300次"自抽样法"检验是否存在单门槛效应和双门槛效应，对模型（2）和模型

（3）进行门槛效应分析，结果如表5。对于模型（2）单一门槛的F统计量在1%水平下显著，自抽样P值为0.01，可以拒绝原假设；而双门槛效应F值为12.14，自抽样P值为0.1267，双门槛效应不限制，因此企业创新能力与国有股股东占比存在单门槛效应。对于模型（3）单一门槛的F统计量为13.77，自抽样P值为0.2567，说明对于军工企业来说企业绩效与国有股股东占比之间不存在门槛效应。因此，下文将依据企业创新能力与国有股股东占比之间的单一门槛模型进行分析。

表5 面板门槛效应的显著性检验

被解释变量	门槛变量	门槛数	门槛值	F值	P值	95%置信区间
create	state	单门槛	0.9808	35.21***	0.0100	[0.9774，0.9831]
		双门槛	0.8734	12.14	0.1267	[0.8710.0.8741]
roa	state	单门槛	0.9970	13.77	0.2567	[0.9745，0.9792]

注：*、**、*** 分别表示估计量在1%、5%和10%的统计水平下显著

为了进一步检验门槛估计值与真实值的一致性，我们借助似然比（LR）统计量绘制出国有股股权的门槛值在95%置信区间的似然比函数图（图1）。LR统计量的最低点表示真实门槛值，水平虚线表示95%置信度下似然统计量的数值（7.35），曲线上任何一点对应的纵坐标表示将该点作为门槛值的似然比，曲线与虚线的交点为在95%置信水平下的置信区间。图中门槛值在95%置信区间下LR值小于5%水平上的临界值7.35，表明估计值与真实值一致。当似然比为0时，得到门槛估计值=0.9808（表5）。

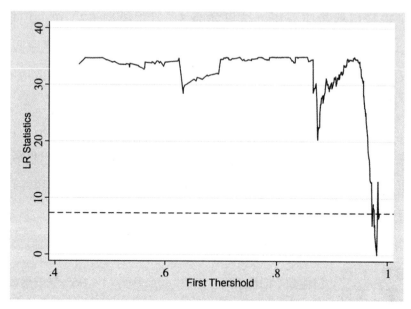

图1　单一门槛模型置信区间

通过以上分析，前十大股东中国有股持股比例对企业创新能力存在门槛效应，对企业绩效不存在门槛效应，具体门槛归回结果见表6。由表6可知，在国有股持股比例低于门槛值0.9808时，国有股（state）对创新能力（create）的影响系数为–0.9515，且在5%水平上显著，表明国有股（state）对创新能力（create）有消极影响；当门槛值高于0.9808时，国有股（state）对创新能力的影响系数变为0.4462，但不显著。说明当前十大股东中国有股比例低于98.09%时，即当前十大股东中非国有股东持股比例高于1.91%时，非国有股东的激励和监督作用才会发挥作用，且非国有股东占比越大企业创新能力越强，即验证了假设1成立。

表6　门槛回归结果

变量	create
debt	0.1075（0.26）
size	0.6010***（4.06）
growth	0.3501***（2.82）
roe	−0.1284（−1.03）
state_0	−0.9515**（−1.65）
state_1	0.4462（0.76）
constant	−5.2294***（−3.73）

注：括号值为 t 值，*、**、*** 分别表示估计量在1%、5%和10%的统计水平下显著

（三）多元回归分析

运用面板数据对模型（5）至模型（12）进行归回分析，回归结果如表7所示。第（1）列对应模型（5），反应混合多样性对企业绩效的影响，同时在模型中控制了民营股东、自然人、外资股东、机构投资者、资本结构、企业规模以及企业成长性。混合多样性系数为 –0.0042，t 值为 –1.58，并未通过显著性检验，一定程度上说明军工企业绩效不受非国有资本主体多样性的影响。即假设 2–1 不成立。

表7　多元回归结果

变量	（1）roa	（2）roa	（3）roa	（4）roa	（5）roa	（6）roa	（7）roa	（8）roa
state		0.1091**（2.4）						
diversity	−0.0042（−1.58）							
depth			0.2238***（4.02）					

续表

变量	（1）roa	（2）roa	（3）roa	（4）roa	（5）roa	（6）roa	（7）roa	（8）roa
$depth^2$			−0.2564* （−1.95）					
balance								0.6508*** （4.79）
$balance^2$								−0.2494** （−2.56）
private	0.0016 （1.08）	0.0027** （1.72）		0.0019 （1.36）				
person	0.0042*** （7.45）	0.0053*** （6.69）			0.0038*** （6.98）			
foreign	0.0009*** （3.93）	0.0021*** （3.61）				0.0006*** （2.74）		
organization	0.0012*** （−3.47）	0.0030*** （3.77）					0.0012*** （3.00）	
debt	−0.1245*** （−10.73）	−0.1227*** （−10.55）	−0.1277*** （−10.87）	−0.130*** （−10.78）	−0.1273*** （−10.87）	−0.1316*** （−10.94）	−0.1277*** （−10.59）	−0.1299*** （−10.96）
size	0.0212*** （5.66）	0.0205*** （5.47）	0.0203*** （5.44）	0.0233*** （6.11）	0.0249*** （6.74）	0.0217*** （5.69）	0.0218*** （5.7）	0.0216*** （5.75）
growth	0.0010** （1.76）	0.0009 （1.56）	0.0011** （1.79）	0.0008 （1.38）	0.0009 （1.46）	0.0009 （1.51）	0.0009 （1.46）	0.0011* （1.78）
_cons	−0.1261*** （−3.47）	−0.2391*** （−4.63）	−0.1295*** （−3.57）	−0.1413*** （−4.01）	−0.1640*** （−4.80）	−0.1256*** （−3.57）	−0.1322*** （−3.78）	−0.1354*** （−3.92）
N Adj−R^2	730 0.2144	730 0.2179	730 0.1858	730 0.1377	730 0.1898	730 0.1443	730 0.1461	730 0.1718

注：括号内为 t 值，*、**、*** 分别表示估计量在 1%、5% 和 10% 的统计水平下显著

第（2）至第（6）列分别对应模型（6）至模型（10）分别检验了军工企业国有股东、民营股东、自然人、外资股东以及机构投资者对企业绩效的影响。在检验国有股股东时控制了其他四类股权性质对绩效的影响，从归回结果可以看出五种股权与企业绩效均为正相关，其中国有股系数 0.1091 在 5% 水平上显著，自然人系数0.0038、外资股东系数 0.0006 以及机构投资者系数 0.0012 均在 1%水平上显著，而民营股东回归系数 0.0019 不显著。因此可以初步判断，除性质为民营股东的股权外，其他四种性质股权均能发挥出对

企业绩效的积极作用。民营股东归回结果不显著可能是由于，一方面，从描述性统计可以看出，民营股东是非国有资本中均值最小的，均值仅为 0.47%，在庞大的军工企业中无法发挥出民营股权的优势；另一方面，在收集整理民营股东时可能存在潜在与国有股东行动一致性的情况导致民营优势失效。综上所述检验了假设 2-3 至假设 2-6 成立，而假设 2-2 不成立。因此，现阶段国有股东、自然人股东、外资股东以及机构投资者对军工企业而言都是必不可少的要素，四种性质股权的融合有利于提升企业绩效，军工企业应该积极引入外资、机构投资者以及自然人进入企业，同时避免民营股东与国有股东的行为一致性，实现真正的股东主体多样性，提高企业是市场化程度。

第（7）列对应模型（11），其结果反应混合深度对企业绩效的影响，同时在模型中控制了资本结构、企业规模以及企业成长性。可以发现模型中 depth 回归系数 0.2238 在 1% 水平上显著，depth2 回归系数 -0.2564 在 10% 水平上显著，表明 depth 与企业绩效存在倒 U 型的非线性关系，表现为开口向下的抛物线，即对于军工企业来说引入非国有资本并非"多多益善"，失去国有控制的军工企业并不能够是企业绩效最大化，最优做法是适当减持国有股，增持非国有股，形成国有股和非国有股相对制衡的状态，验证了假设 3 成立。当非国有资本在军工企业中超过一定比例时，一方面军工企业是国民经济的重要组成部分，但同时也是特殊的组成部分，完全按照民营企业的文化、理念、结构去治理企业可能会导致企业功能失衡导致长期绩效下滑；另一方面，国有股东具有行政强势地位，非国有资本超过国有资本成为控股股东又无法改变国有股东的行政强势地位时，可能为了保护自身利益，做出对企业长期发展不利的决策从而损害企业绩效。在描述性统计分析中，同样发现，当非国有资本即混合深度处于30%—40%时，公司绩效最佳。此外，通过模型（11）与模型（7）至模型（10）的对比，也能看出当混合深度处于正向阶段时，混合深度系数0.2238远大于各非国有资本各自的系数，出现了"1+1>2"的效果，一定的程度上说明了多种非国有资本的马太效应，交互作用更有利于企业绩效的提升。

从变量描述性统计中可以发现，目前军工企业中国有股东比例依旧很高，前十大股东中国有股占比均值达到83.48%，可以说对于大多数军工企业来说非国有资本占比不够高，国有股东"一股独大"的现象依然较为普遍。因此，在进一步研究中，考察股权制衡对国有控股军工企业绩效的影响。第（8）列对应模型（12），其结果反应股权制衡对企业绩效的影响。回归结果所示，balance回归系数0.6508在1%水平上显著，balance2回归系数–0.2494在5%水平上显著，表明军工企业股权制衡与企业绩效存在先负向后正向的"倒U"形关系，表现为开口向下的抛物线，验证了假设4成立。军工企业在进行混改的过程中仍要保证国有股的绝对控制，非国有资本行使的是监督和激励的作用，过高引入的非国有资本反而会对绩效起到消极作用。

（四）稳健性检验

为了增强模型回归结果的稳定性，本文通过替换解释变量，以总资产净利润率作为解释变量检验主要回归结果，结果无实质性差异，详见表8。

表8　稳健性检验结果

变量	（1） roa	（3） roa	（8） roa
diversity	0.0029 （1.18）		
depth		0.2326*** （3.99）	
depth^2		−0.2790** （−2.03）	
balance			0.0704*** （4.96）
balance^2			−0.0291*** （−2.86）
debt	−0.1057*** （−8.37）	−0.1020*** （−8.30）	−0.1040*** （−8.40）
size	0.0203*** （5.04）	0.0169*** （4.33）	0.0181*** （4.63）
growth	0.0008 （1.22）	0.0010 （1.63）	0.0010 （1.63）
_cons	−0.1203*** （−3.10）	−0.0985*** （−2.73）	−0.1044*** （−2.90）
N	730	730	730
Adj-R^2	0.0859	0.1335	0.1226

注：括号内为 t 值，*、**、*** 分别表示估计量在 1%、5% 和 10% 的统计水平下显著

五、研究结论与政策建议

随着军工企业混改的不断推进，许多军工企业开始引入非国有资本以实现"混"的目的，但"混"不是改革的最终目的，实现企业治理机制的"改"才是应有之义。现阶段，军工企业混改的核心

任务应聚焦于完善现代企业制度，使军工企业成为真正的市场主体，具备市场竞争力和创新活力。本文以 2011—2020 年上市军工企业为研究对象，考察混合所有制程度与企业绩效和创新能力的关系，研究发现：①前十大股东中国有股占比对企业创新能力具有门槛效应，国有股持股占比低于 98.08% 时，国有股持股对创新能力具有消极作用，即非国有股持股能有效提升创新能力。②从混合深入性和股权制衡结果来看，非国有股与企业绩效均呈"倒 U"形关系，前十大股东中非国有资本比例在 30%—40% 时最优，并非国有资本越多越好，军工企业在混改中仍要保持国有股的绝对控股地位，在此基础上引入非国有资本形成激励和监督的作用。③混合多样性对军工企业绩效并不显著作用，但机构投资者、外资股东以及自然人股东对绩效均有积极作用，因此现阶段军工企业混改的首要任务并不是丰富股权主体多样性，而是在保证国有控股的基础上增加混合深度和股权制衡。基于以上结论，本文提出如下政策建议：

一是要提高非国有资本的混合程度，加强军工企业内部股权制衡。现阶段，混合深度和股权制衡均没有达到"倒 U"形曲线的拐点，应继续提高非国有资本混合程度，优化股权结构，充分发挥非国有资本的监督和激励作用的积极性，提高企业绩效和创新能力。二是要完善外部制度环境，保护外部投资者。制度环境是否完善决定了市场机制在资源配置中能否充分发挥作用，通过提高市场化程度，减少政府对市场的干预，提高对投资者的保护，可以提高非国有资本注资的意愿。三是要增强内部文化力量，充分发挥国有资本和非国有资本各自优势。国有资本控股保证融资效率和决策效率，非国有资本引入发挥监督和激励作用，提高绩效和创新能力，为避免二者的利益和思想冲突，建立包容开放的企业文化，增强党组织在文化中的引领作用。

参考文献

[1] 邵伟，刘建华 . 营销能力对中小企业创新的影响研究——基于制度环境视角 [J]. 财经论丛，2021（10）：91—101.

[2] 陈爱贞，陈凤兰，何诚颖 . 产业链关联与企业创新 [J]. 中国工业经济，2021（09）：80—98.

[3] 狄灵瑜，步丹璐，石翔燕 . 央地产业政策协同、外资参股与国有企业研发投入水平 [J]. 产业经济研究，2021（05）：83—96.

[4] 温军，冯根福 . 股票流动性、股权治理与国有企业绩效 [J]. 经济学（季刊），2021，21（04）：1301—1322.

[5] 王贺宁 . 混合所有制股权配置对企业创新的影响效果研究 [D]. 山东大学，2021.

[6] 王倩，郝千慧，吴多文 . 混合参股与企业效率——基于非国有资本参股国有企业的实证研究 [J]. 金融论坛，2021，26（05）：59—70.

[7] 周观平，周皓，王浩 . 混合所有制改革与国有企业绩效提升——基于定义矫正和 PSM、DID、IV 法的再透视 [J]. 经济学家，2021（04）：80—90.

[8] 黄速建，任梦，张启望 . 竞争性行业混改中国有资本控制人持股比例与企业绩效 [J]. 经济管理，2021，43（03）：62—79.

[9] 张华清 . 军工企业混合所有制改革现状与公司治理分析 [J]. 军民两用技术与产品，2021（03）：28—36.

[10] 王春燕，褚心，朱磊 . 非国有股东治理对国企创新的影响研究——基于混合所有制改革的证据 [J]. 证券市场导报，2020（11）：23—32.

[11] 董建涛，董焰，赵硕，于娟 . 军工企业基于"混改"的军民

融合实施路径解析 [J]. 冶金与材料，2020，40（04）：166—167.

[12] 邓溪乐，郝颖，黄颖婕. 混合所有制改革、治理路径与企业创新 [J]. 财会月刊，2020（15）：25—34.

[13] 周施乐. 混合所有制改革背景下股权结构对国有企业创新绩效的影响研究 [D]. 山东大学，2020.

[14] 郭旭垛. 军工企业混合所有制改革效果研究 [D]. 郑州航空工业管理学院，2020.

[15] 王晓艳，温东子. 机构投资者异质性、创新投入与企业绩效——基于创业板的经验数据 [J]. 审计与经济研究，2020，35（02）：98—106.

[16] 吴少华，秦畅. 军工企业竞争战略对技术创新的影响——股权激励视角 [J]. 科技进步与对策，2020，37（13）：127—133.

[17] 朱磊，陈曦，王春燕. 国有企业混合所有制改革对企业创新的影响 [J]. 经济管理，2019，41（11）：72—91.

[18] 刘青山，江航：混改推动老牌军工企业再发展 [J]. 国资报告，2019（05）：80—83.

[19] 王曙光，王琼慧. 产权—市场结构、技术进步与国企改革——基于企业和行业视角 [J]. 中国特色社会主义研究，2019（02）：32—40.

[20] 马连福，王丽丽，张琦. 混合所有制的优序选择：市场的逻辑 [J]. 中国工业经济，2015（07）：5—20.

[21] 钟昀珈，张晨宇，陈德球. 国企民营化与企业创新效率：促进还是抑制？[J]. 财经研究，2016，42（07）：4—15.

[22] 吴万宗，宗大伟. 何种混合所有制结构效率更高——中国工业企业数据的实证检验与分析 [J]. 现代财经（天津财经大学学报），2016，36（03）：15—25+35.

[23] 刘小鲁，聂辉华. 国企混合所有制改革怎么混 [N]. 中国财经

报，2015-11-10（007）.

[24] 马连福，王丽丽，张琦.混合所有制的优序选择：市场的逻辑 [J].中国工业经济，2015（07）：5—20.

[25] 李文贵，余明桂.民营化企业的股权结构与企业创新 [J].管理世界，2015（04）：112—125.

[26] 刘春，孙亮.政策性负担、市场化改革与国企部分民营化后的业绩滑坡 [J].财经研究，2013，39（01）：71—81.

[27] 孙兆斌.股权集中、股权制衡与上市公司的技术效率 [J].管理世界，2006（07）：115—124.

[28] 胡一帆，宋敏，郑红亮.所有制结构改革对中国企业绩效的影响 [J].中国社会科学，2006（04）：50—64+206.

[29] 张文魁.国企改制调查报告：成本支付、股权结构、绩效变化 [J].改革，2005（10）：76—83.

[30] 武常岐，李稻葵.混合市场中的企业行为 [J].东岳论丛，2005（01）：38—47.

[31] 冯根福.双重委托代理理论：上市公司治理的另一种分析框架——兼论进一步完善中国上市公司治理的新思路 [J].经济研究，2004（12）：16—25.

[32] 熊爱华，张质彬，张涵.国有企业混合所有制改革对创新绩效影响研究 [J].科研管理，2021，42（06）：73—83.

[33] 马连福，王丽丽，张琦.混合所有制的优序选择：市场的逻辑 [J].中国工业经济，2015（07）：5—20.

[34]Andrei Shleifer. State versus Private Ownership[J]. Journal of Economic Perspectives，1998，12（4）.

[35]Alex Edmans，Gustavo Manso. Governance Through Trading and Intervention：A Theory of Multiple Blockholders[J]. The Review of

Financial Studies, 2011, 24（7）: 2395—2428.

[38]DAVID HIRSHLEIFER, ANGIE LOW, SIEW HONG TEOH. Are Overconfident CEOs Better Innovators?[J]. The Journal of Finance, 2012, 67（4）.

[36] Éric Archambault. Methods for using patents in cross—country comparisons[J]. Scientometrics, 2002, 54（1）: 15—30.

[37]Hoang Luong, Fariborz Moshirian, Lily Nguyen, Xuan Tian, Bohui Zhang. How Do Foreign Institutional Investors Enhance Firm Innovation?[J]. Journal of Financial and Quantitative Analysis, 2017, 52（4）: 1449—1490.

[38] Hansen B E . Threshold Effects in Non—Dynamic Panels : Estimation, Testing, and Inference[J]. Journal of Econometrics, 1999, 93（2）: 345—368.

[39]Marco Pagano, Ailsa Roell. The Choice of Stock Ownership Structure : Agency Costs, Monitoring, and the Decision to go Public[J]. The Quarterly Journal of Economics, 1998, 113（1）: 187—225.

[40]Narjess Boubakri, Sattar A Mansi, Walid Saffar. Political institutions, connectedness, and corporate risk—taking[J]. Journal of International Business Studies, 2013, 44（3）.

[41]Narjess Boubakri, Jean—Claude Cosset, Omrane Guedhami. Postprivatization corporate governance : The role of ownership structure and investor protection[J]. Journal of Financial.

[42]Yongxian Tan, Xuan Tian, Xinde Zhang, Hailong Zhao. The real effect of partial privatization on corporate innovation : Evidence from China's split share structure reform[J]. Journal of Corporate Finance, 2020, 64 : 101661.

军民融合是否推动了区域产业结构升级? *
——基于空间面板计量模型的研究

赵 帅 姜 春

引言

习近平总书记在出席十二届全国人大三次会议解放军代表团全体会议时首次明确提出:"把军民融合发展上升为国家战略,是我们长期探索经济建设和国防建设协调发展规律的重大成果"。2016年3月,中央政治局审议通过了《关于经济建设和国防融合发展的意见》,为军民融合发展谋划了路线图。军民融合战略之所以受到党中央的高度重视,不仅因为军民融合是加强国防建设、提高军队建设水平的关键策略,也是转变经济结构,促进经济高质量发展的关键一招。

---

*基金项目:国家社会科学青年基金项目(20CZZ024)、中国科协高端科技创新智库青年项目(20200608HT082421)。

作者简介:赵帅,博士,会计师,研究方向为国防经济管理、军民融合等;姜春(1993–),男,安徽颍上人,中国科协创新青年百人计划入选者,博士研究生,研究方向为科技创新管理与政策、地方政府治理与创新。

　　军民融合是通过一定的制度安排将国防建设和经济发展结合起来，使得资源、人才在军工企业和非军工企业之间优化配置，创新成果共享，最终实现国防建设和经济发展的双赢（简晓彬、周敏、朱颂东，2013）[1]。究其本质，军民融合是站在国家整体而非局部的视角，推动人才、技术创新、仪器设备等社会资源的优化配置[2]。通过优化配置军工和民用两个领域内的资源，实现更高的社会产出（褚倩倩，2016）[3]。由此可见，军民融合战略的根本目标就是促进国防建设和经济发展的双向前进，经济发展为国防建设提供坚实的物质保障，国防建设为经济发展创造安全的环境。

　　那么如何理解军民融合与经济发展高质量的关系？军民融合要求军事工业科研体系由封闭转向开放，有效吸引全社会的优质资源，军民资源共享（许达哲，2015），能为国家的经济结构调整和转型升级发挥更强劲的辐射和带动作用[4]。西部地区是我国国防科技工业科研生产基地，但长期隔离于西部国民经济体系之外，形成了"二元经济"结构，军民融合战略有利于军工经济与地方经济的全面互动发展，使得科技优势与经济发展之间的落差转变为产业结构升级的发展势能（丁德科、刘敏、张兴先，2011）[5]。同时，国防科技工业一般处于产业结构的高端，有很强的产业扩散和带动能力，对于非军工经济的溢出效应很高，军民融合发展将有力促进经济结构的转型升级，形成国防科技对高技术产业发展的牵引力（贺新闻、侯光明、王艳，2011）[6]。

　　目前，我国军民融合产业总体来说处于良好的发展机遇期，军民融合的深度发展也能有力提升我国高端装备制造水平（周宾，2016）[7]。在省域分布上，军民融合虽然在一定程度上不利于地区产业结构的高级化进程，但仍然显著促进了地区产业结构的提升（谢罗奇、赵纯凯，2016）[8]。军民融合存在着产业外部性，即军民融合集聚发展能够通过制度强化效应、资本强化效应、技术强化效应和市场强化效应等外部机制推动区域的产业结构优化升级（湛泳、赵纯凯，2017）[9]。军民融合能够增强区域间的协同创新绩效，且临近地区间的创新绩效还存在"空间竞争性"（王欣亮、兰宇杰、刘飞，2020）[10]。

囿于当前对于军民融合与地区产业结构升级的研究大多是从理论层面展开，实证研究较为欠缺，且现有的实证研究中也多使用省级面板数据，无法回答市域层面问题。鉴于此，本文采用 A 股上市公司中所有涉及军民融合的企业 2007—2017 年的数据，实证探究军民融合对区域产业结构升级的影响，尝试回答军民融合是否能够撬动区域整体产业结构升级。

一、军民融合推动区域产业结构升级的机理分析

军民融合是一种战略性的产业融合发展模式，区别于传统的经济发展模式。受制于资产专用性和保守国家秘密等因素，传统的军事工业体系极易形成单一、封闭的工业体系，缺乏与其他国民经济门类的交流。军民融合有利于打破军事工业高度垂直统一的体系，实现"军""民"交流，在军事工业部门和非军事工业门类之间实现科技、人才、信息等的流动。军民融合产业大多属于资本技术密集型产业，实现军民融合意味着技术扩散和知识溢出，产生正外部性。军事工业辐射性广的特点将带动精密仪器、光电子等高新技术产业的发展，促进产业结构的优化升级。

（一）产业外部性

区域经济中的知识溢出包括产业内知识溢出（MAR 外部性）以

及产业间知识溢出（Jacobs 外部性），MAR 外部性是由产业内部的专业化集聚所形成的，Jacobs 外部性则是互补产业或行业之间知识多样性的结果。由于军事工业涉及国家机密，其技术外溢和人才流动的渠道严重闭塞，因此，传统的军事工业易形成独立、封闭的工业体系以及相对专业化的内部分工，这种产业内的专业化必然带来 MAR 外部性。而军民融合包含着"军转民"和"民参军"两个层面的含义，前者是指军工技术应用于民用工业品，后者是民营企业参与到军事工业的供应链条中，军事工业与民用工业之间的融合发展，必将带动两类行业之间的技术溢出、信息与知识的传递，促进行业间的优势互补以及产业的多样化发展，进而产生 Jacobs 外部性效应。军民融合战略实质是破除军事工业与非军事工业之间的壁垒，扩大两个领域之间的合作交流，推动资源共享，加速产业外部性，促进供需结构升级从而实现区域产业结构的优化升级。

第一，通过军民融合，实现资源共享。军民融合发展的核心要义就是从国家整体出发推动社会资源的优化配置，实现资源的集约利用。在军民融合发展的初始阶段，军工企业在向市场供应产品的同时也实现了技术、标准、人才等的外溢，尤其是军用产品生产链条开始向民企开放。"民参军"企业在这一过程可以充分与军工企业交换技术信息、人才信息，了解军工产品的需求结构，而军工企业则可以学习借鉴"民参军"企业的内部管理模式，提高自身的运作效率。当"军转民"企业和"民参军"企业之间建立起互信，军事工业体系的壁垒得以一定程度的破除时，"军""民"之间的协作创新就得以产生。军工企业、非军工企业、科研院所等主体在互信的基础上可以推动建立军民两用品开发制造体系，发挥各自的比较优势，通过技术、人才等的深度融合，仪器设备、制造厂房等的集约利用以实现军资民用、民资军用。随着军民资源共享机制的建立，产业内的资源利用效率、人才融合程度和技术革新速率都将大幅提升。

此外,军民融合机制的建立会促进知识和技术的外溢并且这种外溢是长期的、动态的。规模经济和产业集聚效应的逐步释放将实现物质资本、人力资本等要素的积累强化,不断促进原始要素的积累,推动技术进步,使得单一产业加速走向复杂化,实现产业集聚。军民融合产业的集聚所形成的规模效应将推动"军转民"和"民参军"企业的有机结合,构成一个全方位、多层次的产业发展体系,加速产业体系内的资本积累和资本循环,推动相关产业的技术积累、技术进步,降低企业的创新风险,强化资本积累效应。

第二,通过军民融合,实现供给结构升级。军民融合发展第一个层面的内容就是"军转民",即军事工业技术向民用部门转移。军工技术的转移包含两个方面的含义,一是军工产品供给民用市场,二是军工技术通过人才流动、科技合作等渠道向民用领域转移。作为技术密集型产业,军事工业体系一般处于产业的先进行列。在军民融合发展的过程中,军工体系可以根据民用市场的需求有针对性地调整军工产品的部分性能并将调整之后的产品供给市场。军工产品转化为民用产品后不仅能更有效的满足市场需求,更能够发挥鲶鱼效应,促进市场竞争,推动产业转型升级。此外,传统上的军事工业体系是封闭的,其内部分工是高度专业化、精细化的。因此,军工体系内的装备制造业等细分领域相较于民用市场仍然存在一定的比较优势,军民融合发展将使得军工体系内具有比较优势的细分领域能够为民用部门所用,推动产业的转型升级。在优化供给结构方面,军民融合发展更为重要的是技术的转移。军工体系是技术密集型产业,拥有众多的高素质人才和先进技术。军民融合发展的过程中,军工体系内的高素质人才可以向民用领域扩散,先进技术也能为民营企业所用，整体上优化了劳动力市场的供给结构。而产业结构升级的重要动力源之一就是高素质的劳动力市场供给，军民融合发展将为劳动力市场供给一批人才，推动产业结构升级。

第三，通过军民融合，实现需求结构升级。军民融合发展第二个层面的内容就是"民参军"，即民营企业参与到军工产品的供应链条。由于军事用途的需求，军工产品本身是高度标准化、精细化、科技化的，故而在相当长的时期内，军工产品市场是封闭的，仅由少数大型的军工企业供给。军民融合发展将逐渐开放部分甚至大部分的军工产品市场，原本由军队自我保障、自我配套的产品或服务可以逐步转交给市场，即民营企业可以参与进来。这将释放巨大的市场需求，民营企业在满足军工产品市场需求的过程中也将实现企业技术、品控等方面的转型升级，进而实现产业结构的优化升级。此外，军工技术和民用技术的结合将推动新产品的开发，有助于开辟新的细分市场，创造更多的市场需求。无论是军工企业还是民营企业都将在新的市场需求推动下扩大生产规模，在这一过程中，大型企业可以将零部件等配套产品转移到中小微企业，加速生产要素的流动，最终推动产业结构的升级。

（二）空间溢出效应

我国幅员辽阔，不同城市之间的资源禀赋各异，军事工业在各个城市之间的分布也不限于某一门类，而是呈现出交叉重叠的特点。军民融合发展模式下，传统军事工业体系的壁垒逐渐破除，军工企业可以充分利用邻近企业的资源、人才和技术知识，发挥空间关联效应。此外，城市之间的军事工业门类存在着交叉重叠并不意味着城市之间是同质化的。要注意的是军事工业中依附于主要大型工业设备和集成系统所生产的基础性原部件、装配技术等是互通的，城市之间据此可以形成产业配套。同时，随着军事工业朝着尖端方向发展，军民融合所需的基础科学、材料研发、工业设计等创新资源巨大，依靠单一城市难以完成，因此在地理上存在着关联的城市区域在市场需求作用下会形成区域创新中心。另外，军民融合发展必然伴随着社会资本的涌入，资本的逐利性必然导致创新资本在创新成果集中、创新成本较低的区域进行配置[12]。当创新资本流动加速，资源禀赋更优的地区军民融合程度提高时，该地区的知识溢出、产业配套、人才流动等因素也必将带动邻近地区的发展，进而在区域间产生显著的空间溢出效应，带动整个区域的发展和产业结构升级。图1描绘了军民融合推动区域产业结构升级的过程。

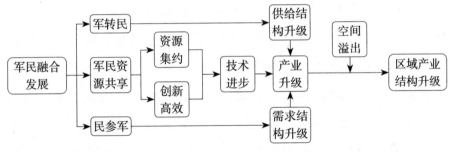

资料来源：作者绘制。

图1 军民融合发展促进区域产业结构升级路径

二、变量选择、数据与模型设定

（一）变量选取

因变量：产业结构升级指数（upgrading of industrial structure，uis）

产业结构升级是产业结构合理化的过程。合理化是指产业之间有机联系的聚合质量，用以反映产业间的协调程度以及资源的有效利用程度。本文从这个维度对产业结构升级进行衡量，具体来说，本文借鉴傅元海等（2014）[11]、干春晖（2011）[12]的方法，采用泰尔指数反映产业结构的合理性，产业结构升级指数计算公式为：

$$uis = \sum_{i=1}^{3} \left(\frac{Y_i}{Y}\right) \left| Ln\left(\frac{Y_i/Y}{L_i/L}\right)\right| \tag{1}$$

式中，Y_i、L_i分别表示各城市第i产业产值和就业人数；Y、L分别表示各城市总产值和总就业人数。当经济处于均衡状态时，各部门间的生产率水平相同，则有：$Y_i/L_i = Y/L$，从而有：$uis=0$；反之，如果产业结构偏离0的均衡状态，此时泰尔指数不为0，表示产业结构不合理。实际处理时，由于该值有可能是负值，需要先取绝对值，值越小，表示产业结构越合理。

自变量：军民融合程度（civil-military integration，cmi）

将军民融合程度进行量化的研究较少。王进富、杨青云、张颖颖（2019）采用PMC-AE指数模型相结合的方法对军民融合政策量化评价[13]，但在指标体系打分加权方面存在一定的主观因素。这是由于在军民二元分割相互独立的体制下，人才、科技、信息、资本等影响经济效率的要素无法自由流动，国防建设和经济建设在要素利用率上存在着高低之分。虽然该评价模型可以将上述这些差异抽象到参数上来，但通过测算该边际生产率的差异，仍然难以衡量地区的军民融合程度（孟斌斌、戚刚，2019）[14]。

在此，本文借鉴谢罗奇、赵纯凯（2016）的研究[15]，选用军民融合上市公司的企业总产值与省域GDP的比值衡量军民融合发展情况。选择该指标原因在于军民融合上市公司在区域发展进程中占重要地位，既能表征军民融合发展现状，又能避免军工数据的涉密限制。

控制变量

在控制变量的选取上，类似于既有研究（宋凌云、王贤彬，2013；

白重恩、钱震杰、武康平，2008；白重恩、钱震杰，2010）[16][17][18]，本文最大程度控制了城市层面的有关特征，如下：

政府干预程度（*degree of government intervention*，*dgi*）：借鉴李虹等（2018）[19] 采用"城镇私营和个体从业人员占就业人员比重"进行测度，该指标值越大，说明城市私营经济发展越活跃，同时，政府政策对国有企业的干预更为直接且效果显著，因此该指标也能从一定程度上反映政府政策对经济干预程度的高低。

经济发展水平（*gdp percapita*，*gdpp*）：采用人均城市生产总值的对数进行衡量。

城镇登记失业率（*jobless rate*，*jr*）：采用失业率刻画劳动力的投入情况，并对政府法治环境予以反映（失业率越低，法治环境越好）。

投资规模（*scale of investment*，*si*）：采用城市固定资产投资与其工业总产值占比进行衡量。宏观层面上，投资是推动经济发展的"三驾马车"之一，从当前我国经济面临的阶段看，稳增长、产业转型升级、淘汰落后与过剩产能、技术创新发展、基础设施建设、改善民生等都离不开扩大和优化投资的关键作用，从而以高效投资促进产业转型。

政府财政压力（*government financial pressure*，*gfp*）：采用财政支出与财政收入占比来衡量。

行政级别（*administrative level*，*al*）：借鉴周玉龙等（2015）[20]，将城市行政级别设为三个虚拟变量，即直辖市（*al*=1）、省会城市（*al*=2）和一般地级市（*al*=3）。

军民结合关注度（number of military-civilian integration，nmci）：选取每年中央政府工作报告中出现"军民融合"次数，以此反映中央关注军民结合程度。

（二）数据选择

本文在参考谢罗奇、赵纯凯（2016）和吴少华、秦畅（2020）[21]运用人工遴选的少量军工企业为样本展开研究的基础上，补充利用python 软件爬虫技术，选取 A 股上市公司为总体，爬取 2007–2017 年报中所有涉及军民融合的公司（关键词如表 1 所示）。同时结合 wind、国泰安等权威数据库以及申万等证券机构中军工企业、军民融合板块中涉及的上市公司，并根据历年《军用技术转民用推广目录》《军民两用产品与技术信息共享目录》和国防大学军民融合研究中心发布的《中国军民融合发展报告》进行综合界定，认定了 A 股上市公司中 284 家军民融合企业。这样从样本选取上更加科学，进而根据企业属地原则将其整合到除西藏、青海、广西、港、澳、台外的 27 个省级行政区内，进行测算。个别年份数据缺失采用插值法补齐。

表1　军民融合关键词统计表

采集方法	涉及军民融合抓取的关键词
python	"军民""军用""国防""军品""民参军""军转民""解放军""军方""军事""武器装备""保密资质""航空""航天""军委""武器""空军""海军""陆军""武警""军队""军方""保密资格""保密资质""兵器""航母""强军梦""卫星""涉军""军队""军船""军车""导弹""建军""炸药""雷达""部队""后勤装备"。

注：作者根据资料整理。

产业结构升级相关数据来自于历年《中国城市统计年鉴》。军民融合相关数据来自国泰安数据库、中国证监会和国家统计局官网，控制变量所涉及的相关数据来自历年《中国对外直接投资统计公报》《中国科技统计年鉴》《中国人口与就业统计年鉴》以及国家统计局官网。由于 2005 年以前全国地级城市数据发生较大变动，不具可比性，我们选取 2006 年为初始年份。对于选取地级市中个别变量数据缺失，本文采用插值法进行补缺。各变量的描述性统计如表 2 所示：

表2　变量描述性统计表

Variable	Obs	Mean	Std. Dev.	Min	Max
uis	1023	0.1889	0.1779939	0.0001486	1.435412
cmi	1023	0.0210	0.0487795	0	0.7189012
al	1023	2.6881	0.5485498	1	3
estl	1023	0.1935	0.0422799	0.052102	0.331237
si	1023	0.7560	0.5730114	0	10.9786
dgi	1023	0.4734	0.1216275	0.128983	0.818759
gdpp	1023	4.6766	0.2794762	3.75868	5.67001
eo	1023	0.0471	0.0434544	0	0.238681
jr	1023	0.0514	0.0262714	0.002967	0.161566
gfp	1023	2.0245	1.399524	0.64882	12.3978
nmci	1023	0.6363	0.6431388	0	2

（三）模型设定

1. 空间相关性检验

基于空间自相关的复杂性，本文采用最为流行的 Moran 指数对城市产业结构升级的空间相关性进行检验（Moran，1950），具体测算的指数如下：

$$I = \frac{\sum_{i=1}^{n}\sum_{j=1}^{n}w_{ij}(x_i-\overline{x})(x_j-\overline{x})}{S^2\sum_{i=1}^{n}\sum_{j=1}^{n}w_{ij}}$$

其中，$S^2 = \dfrac{\sum\limits_{i=1}^{n}(x_i - \bar{x})}{n}$ 为样本方差，w_{ij} 为空间权重矩阵的（i, j）元素（用来度量区域 i 和区域 j 之间的距离），而 $\sum\limits_{i=1}^{n}\sum\limits_{j=1}^{n} w_{ij}$ 为所有空间权重之和。Moran 指数的取值一般介于 –1 到 1 之间，大于 0 表示正自相关，即高值与高值相邻、低值与低值相邻；小于 0 表示负相关，即高值与低值相邻。

本文的空间权重矩阵 w 为地理距离权重矩阵和经济距离权重矩阵，具体来讲，地理距离权重矩阵为任意两个地级市距离的倒数矩阵，该距离根据国家地理信息系统网站提供的地图，经 Arcgis10.2 软件测算获取；经济距离权重矩阵则使用地区人均 GDP 的差额作为测度地区间经济距离的指标（林光平等，2005）[21]。

取 2007—2017 年 A 股上市公司中 284 家军民融合企业属地所在的 93 个地级市产业结构升级指标的平均数，采用空间自相关全局 Moran 指数（如表3）刻画城市产业结构升级在空间上是否存在自相关及集群现象。

表3　2007—2017年城市产业结构高级化和合理化Moran指数

年份	城市产业结构合理化		
	Moran'I	z	p-value
2007	0.124	6.646	0.000***
2008	0.122	6.539	0.000***
2009	0.085	4.955	0.000***
2010	0.101	5.552	0.000***
2011	0.091	5.035	0.000***
2012	0.100	5.484	0.000***
2013	0.045	2.760	0.006***
2014	0.045	2.745	0.006***
2015	0.037	2.348	0.019**
2016	0.059	3.452	0.001***
2017	0.046	2.816	0.005***

注：Moran' I 表示莫兰指数，z 表示 z 统计量，p–value 表示 z 统计量对应的 p 值，其中 ***、** 和 * 分别表示在 1%、5% 和 10% 水平上显著。

从表 3 可以看出，2007–2017 年城市产业结构升级的全局 Moran 指数均在 1% 或 5% 的水平上显著为正，表示两者具有显著的空间正相关特征，适合使用空间计量分析方法。

2. 模型构建

某个空间单元上的某种经济现象或某一属性值与邻近空间单元上的同一现象或属性值往往是相关的（Anselin，1988）[22]。在此理论上发展起来的空间计量模型主要有三种：包括空间自回归模型（简称 SAR 模型），空间误差模型（简称 SEM 模型），以及空间杜宾模型（简称 SDM 模型）。为全面考察军民融合对本地区和临近地区产业结构升级的影响，因此本文设定更为广义嵌套空间回归计量模型如下：

$$Y_{it}=\rho w_i' Y_t + X_{it}' \beta + w_i' X_i \theta + \tau Z_{it} + \mu_i + \gamma_t + \varepsilon_{it} \tag{2}$$

$$\varepsilon_{it} = \lambda w_i' \varepsilon_t + v_{it} \tag{3}$$

$$W = \begin{pmatrix} w_{11} & w_{12} & \cdots & w_{1i} & \cdots & w_{1N} \\ w_{21} & w_{22} & \cdots & w_{2i} & \cdots & w_{2N} \\ \vdots & \vdots & \ddots & \vdots & \vdots & \vdots \\ w_{i1} & w_{i2} & \cdots & w_{ii} & \cdots & w_{iN} \\ \vdots & \vdots & \vdots & \vdots & \ddots & \vdots \\ w_{N1} & w_{N2} & \cdots & \cdots & \cdots & w_{NN} \end{pmatrix} = \begin{pmatrix} w_1' \\ w_2' \\ \vdots \\ w_i' \\ \vdots \\ w_N' \end{pmatrix}, Y_t = \begin{pmatrix} Y_{1t} \\ Y_{2t} \\ \vdots \\ Y_{Nt} \end{pmatrix}, X_t = \begin{pmatrix} X_{1t}' \\ X_{2t}' \\ \vdots \\ X_{Nt}' \end{pmatrix}$$

（2）式和（3）式中，$i=1,2,...,93$；$t=2007,...,2017$；β 和 δ 为 k 维列向量，w_i' 为空间权重矩阵 W 的（i, j）元素，μi 为区域 i 的个体效应，γ_t 为时间效应，ε_{it} 为随机误差项，Y 为因变量，X 为自变量，Z 为一系列控制变量，$w_i' X_i \theta$ 为自变量的空间滞后，ρ、θ 和 τ 为待估计系数，WY_{it} 和 WX_{it} 为空间关联城市产业结构升级的空间加权变量，

表示相邻区域因变量和自变量变化会随着协方差 W 传递到本区域而对本区域的相关变量产生溢出效应，λ 为空间误差系数，度量存在随机扰动项的空间关联性，即相邻区域产业结构升级的误差冲击对本地区产业结构升级的影响。

（1）若 $\lambda=0$，则 $\varepsilon_{it}=v_{it}$

① $\rho \neq 0$，$\theta=0$，则 $Y_{it}=\mu_i+\gamma_t+\rho w'_t Y_t+X'_{it}\beta+\tau Z_{it}+\varepsilon_{it}$，为空间面板自回归（SAR）模型；

② $\rho \neq 0$ 且 $\theta \neq 0$，则 $Y_{it}=\mu_i+\gamma_t+\rho w'_t Y_t+X'_{it}\beta+w'_i X_i\theta+\tau Z_{it}+\varepsilon_{it}$，为空间面板杜宾（SDM）模型。

（2）若 $\lambda \neq 0$，则 $\varepsilon_{it}=\lambda w'_i \varepsilon_t+v_{it}$

③ $\rho=0$ 且 $\theta=0$，则 $Y_{it}=\mu_i+\gamma_t+X'_{it}\beta+\tau Z_{it}+\varepsilon_{it}$，为面板空间误差（SEM）模型；

对所有变量进行相关性检验，所有变量间相关系数绝对值最大为 0.543，大部分在 0.3 以下。通过方差膨胀因子检验发现，VIF 最大值为 2.33，平均值为 1.5，说明不存在多重共线性问题，符合回归分析条件。

三、实证分析

（一）军民融合对区域产业结构升级溢出效应分析

对区域产业结构升级的空间相关性进行 Moran 检验结果显示其存在显著的空间相关性，为此，在进行军民融合影响产业结构升级的效应估计时使用空间计量模型具有合理性。依据 Anselin（1996）[23] 提出的判断原则及 Hausman 检验结果（$p=0.0051$），因此拒绝原假设，选择固定效应模型。本文进一步对变量进行 LM 和

Wald 检验，结果表明空间面板杜宾模型稳健性更强。

具体来讲，模型是选用 PSARM 面板模型，还是 SEM 面板模型，抑或 SDM 面板模型，可参照 Elhorst（2012）的两个阶段检验：第一阶段使用拉格朗日乘数检验法（LM 检验）或者稳健的拉格朗日乘数检验法（Robust LM 检验）判定 SAR 和 PSEM 哪个模型更好，根据表 4 的结果 SAR 模型和 SEM 模型的 LM 和 Robust LM 统计结果 p 值均显著，表明这两个模型均适合做本文基准回归模型；第二阶段通过 Wald 对 H 0:λ= 0 和 H 0:$\lambda + \rho\beta$= 0 这两个原假设进行检验，根据表 4 结果，两个原假设被同时拒绝，表明 SDM 模型并不能被简化成 SAR 和 SEM 模型，换言之，空间杜宾模型为最合适的空间计量模型。最后对于选择个体固定效应、时间固定效应还是双固定效应，本文根据空间滞后项系数以及各解释变量系数显著性和符号、Log-likelihood 及 R^2 等综合选择最合适的模型即双固定效应的 SDM 面板空间计量模型。

表4　LM检验结果

Test	Statistic	df	p–value
Spatial error:			
Moran's I	83.125	1	0.000
Lagrange multiplier	133.357	1	0.000
Robust Lagrange multiplier	51.266	1	0.000
Spatial lag:			
Lagrange multiplier	95.378	1	0.000
Robust Lagrange multiplier	13.287	1	0.000

根据表 5 的结果表明：首先，无论是个体、时间还是双固定效应，军民融合都能显著提升城市产业结构升级，在其他控制变量不变的情况下，当地区军民融合水平提升 1 个单位，该区域的城市产业结构升级水平平均将被带动 0.0983 个单位。

其次，地理距离权重矩阵下，时间、个体和双固定效应的 SDM

面板空间自回归系数分别为0.443、0.571与0.470，且均在1%的置信水平上显著，表明地理相邻能增强城市产业结构升级的空间溢出效应。如假说2所述，地理相邻的地区之间知识和技术的溢出效应更强，且地理相邻有利于承接具有禀赋优势地区产业转移和技术支撑。

表5　SDM模型空间计量回归结果（地理距离权重）

变量	时间固定效应	个体固定效应	双固定效应
cmi	0.165*（1.92）	0.0905*（1.68）	0.0983*（1.80）
al	0.0622***（7.01）	0.000***（0.000）	0.000***（0.000）
si	0.0474***（5.19）	0.0526***（9.15）	0.0535***（9.23）
dgi	0.0652*（1.72）	0.0324（1.05）	0.0394（1.28）
gdpp	0.337***（12.54）	0.120***（2.96）	0.125***（2.98）
jr	−0.725***（−3.91）	−0.582***（−3.81）	−0.603***（−3.89）
gfp	0.0150***（3.62）	0.00594（1.34）	0.00560（1.25）
nmci	0.000***（0.000）	0.000***（0.000）	0.000***（0.000）
Spatial rho	0.443***（4.12）	0.571***（6.94）	0.470***（4.66）
Variance sigma2_e	0.0166***（22.52）	0.005***（22.50）	0.005***（22.52）
R2	0.0299	0.2215	0.0299
Log-likelihood	641.46	1247.8420	1254.1606
N	1023	1023	1023
Wald_spatial_lag	41.78***（0.000）	25.42***（0.000）	16.05**（0.0246）
Wald_spatial_error	47.47***（0.000）	16.82**（0.019）	16.21**（0.0233）

注：***、**和*分别表示在1%、5%和10%水平上显著。除wald检验对应（）内为p值，其余变量（）内均为z统计量。

最后，其余控制变量对城市产业结构升级的影响效应存在一定差异。政府财政压力、政府干预程度构对城市产业结构升级的影响效应未通过显著性检验，表明二者关系存在不确定性；经济发展水平、投资规模对城市产业结构升级效存在显著的正向影响效应，可见提高经济发展水平，扩大和优化投资，有利于城市产业结构升级；相反，城镇登记失业率对区域城市产业结构升级效存在显著的负向影响效应，因此减低城镇登记失业率，有助于提升城市产业结构升级。

（二）军民融合影响区域产业结构升级的效应分解

为深入分析军民融合对区域创新绩效带来的空间溢出效应，对其进行效应分解。为了正确估计出模型中自变量对因变量的影响，LeSage 和 Pace（2014）基于模型的自身偏导数和交叉偏导数来推导直接效应和间接效应。偏导数的矩阵表达式如下：

$$S_r(W) = V(W) I_n \beta_r$$

$$V(W) = (I_n - \delta W)^{-1} = I_n + \delta W + \delta^2 W^2 + \delta^3 W^3 + ...$$

LeSage 和 Pace 将 $\overline{M}(r)_{直接}$，$\overline{M}(r)_{间接}$ 和 $\overline{M}(r)_{总}$ 分别表示为平均直接效应、平均间接效应和平均总效应。直接效应衡量自变量的变化对本地区因变量的影响，间接效应衡量自变量的变化对邻近地区因变量的影响。上文分析已证明双固定效应的 SDM 空间面板模型估计结果较好，故在此主要对该模型的效应分解结果，结果如表6所示。

表6的空间效应分解结果表明：军民融合的直接效应、间接效应和总效应系数在10%的水平下显著，从回归系数可以看出军民融合对本地区城市产业结构升级具有显著的带动效应，同时对邻近区域的城市产业结构升级存在显著的溢出效应。

表6　双固定效应情形下的SDM空间效应分解

变量	LR_Direct	LR_InDirect	LR_Total
cmi	0.131*	2.904*	2.773*
	(1.39)	(1.72)	(1.61)
al	0.0582***	0.351**	0.293*
	(6.28)	(2.10)	(1.71)
si	0.0462***	0.0206	0.0256
	(5.28)	(0.23)	(0.28)
dgi	0.0648*	0.0636	0.00119
	(1.74)	(0.15)	(0.00)
gdpp	0.334***	0.255	−0.0789
	(12.73)	(0.91)	(−0.28)
jr	−0.836***	−11.68***	−12.52***
	(−4.54)	(−3.88)	(−4.12)
gfp	0.0170***	0.194***	0.211***
	(3.94)	(2.97)	(3.19)
nmci	878.1	83144.9	84023.1
	(1.07)	(1.19)	(1.19)
N	1023	1023	1023

注：***、**和*分别表示在1%、5%和10%水平上显著，（）内为 t 统计量。

（三）稳健性检验

为了进一步检验军民融合对于区域城市产业结构提升效果的稳健性，本文构建经济距离权重矩阵来替代地理距离权重。所选取的动态空间面板模型与前文一致。其中，经济距离权重矩阵的构建公式如下：

$$N_{ij} = \begin{cases} 1/|d_i - d_j| & i \neq j \\ 0 & i = j \end{cases}$$

其中，N_{ij} 表示两地级市之间的经济距离权重，i 和 j 表示不同的地级市，d_i、d_j 表示 i 地区和 j 地区的 GDP 在 2007—2017 年的平均值，当 $i=j$ 时，N_{ij} 为 0。

引入经济距离权重，构建空间面板杜宾（SDM）模型，进行估计分析，结果如表 7 所示。估计结果显示：双固定效应情形下，军民融合对区域城市产业结构升级的影响效应依然显著为正，且空间回归效应 ρ 与空间误差效应 ν 的估计结果都在 1% 的显著性水平下通过了显著性检验，即表明区域城市产业结构升级存在空间溢出效应，进而证明了基准回归模型与结果的可靠性。

表7　稳健性检验的估计结果（经济距离权重）

变量	双固定效应
cmi	0.0871*（1.60）
al	0（.）
si	0.0436***（7.30）
dgi	0.0421（1.38）
gdpp	0.0842**（2.18）
jr	−0.508***（−3.28）
gfp	0.00560（1.25）
nmci	0（.）
Spatial rho	0.0301***（0.51）
Variance sigma2_e	0.00499***（22.61）
R2	0.0299
Log-likelihood	1259.3877
N	1023
Wald_spatial_lag	41.57***（0.000）
Wald_spatial_error	45.69***（0.000）

注：***、** 和 * 分别表示在 1%、5% 和 10% 水平上显著。除 wald 检验对应（）内为 p 值，其余变量（）内均为 z 统计量。

四、结论与启示

本文选取 2007—2017 年 A 股上市公司中 284 家军民融合企业属地所在的 93 个地级市面板数据，通过空间计量经济学的方法对军民融合促进产业结构升级及其空间溢出效应进行了实证研究，得出了如下结论：军民融合发展能够显著促进区域产业结构升级，军民融合程度越高的地区产业结构升级越为明显，这说明军民融合发展提高了资源利用效率，通过资本累积效应实现了产业结构整体的转型升级。其次，通过空间自相关全局 Moran 指数，本文证明了区域产业结构升级在空间上存在着自相关及集群现象，在地理距离权重矩阵下，地理相邻能增强区域产业结构升级的空间溢出效应。本文还对空间溢出进行了效应分解，实证结果表明军民融合的空间溢出的直接效应、间接效应和总效应系数均显著，这表明了军民融合发展不仅有利于促进军民融合企业所在区域的产业结构升级，更对区域整体的产业结构升级有正向影响。

基于上述结论，本文认为为了进一步提高军民融合发展对区域产业结构升级的带动作用，在政策层面应当首先加强顶层设计，以更大的改革勇气破除传统军事工业体系的壁垒，畅通军工领域和民用领域的人才、技术、信息、产品等的交流渠道，鼓励军工企业与民营企业之间建立起全方位、多层次的合作体系。其次，政府层面应进一步加强供给侧结构性改革，提高军民融合企业的内生动力，加快淘汰落后产能，倒逼企业从价值链中低端向中高端转变。再者，应当推动建立高效的军民融合产学研合作方式，建立起军民融合协同创新体系，政府充分发挥引领作用，搭建起军工企业－民营企业－科研院所之间的合作桥梁，建立协同创新平台，最大程度的发挥各创新主体之间的优势互补功能，提高创新资源的共建、共享、共用程度，促进资源的高效集约利用。最后，建立城市间政府合作机制。军民融合发展具有显著的空间溢出效应，某地军民融合程度的提高也将有利于地理相邻城市的产业结构升级。因此，处于同一区域的城市间应当建立起协调机制，依据各地资源禀赋的差异建立起互补的产业结构，进而形成产业配套，促进生产要素的流动，进而使得区域整体实现由价值链中下游向中上游的转变。

参考文献

[1] 简晓彬，周敏，朱颂东. 军民融合型经济对制造业价值链攀升的作用分析 [J]. 科技进步与对策，2013，30（08）：117—123.

[2] 褚倩倩. 关于推进军民融合深度发展的思考 [J]. 北京理工大学学报（社会科学版），2016，18（04）：109—112.

[3] 旷毓君，孟斌斌. 基于军 – 民"两部门"新古典经济模型的军民融合研究 [J]. 科技进步与对策，2015，32（21）：140—144.

[4] 许达哲. 走军民融合深度发展之路 [J]. 求是，2015（13）：51—53.

[5] 丁德科，刘敏，张兴先. 军民融合：西部产业结构优化升级的战略抉择 [J]. 西安交通大学学报（社会科学版），2011，31（01）：51—56.

[6] 贺新闻，侯光明，王艳. 国防科技工业的工业化路径：基于军民融合的战略视角 [J]. 科学管理研究，2011，29（02）：47—51.

[7] 周宾. 我国军民融合产业对制造业运行的动态响应——基于VAR 模型的变量解释与 OLS 模型的回归分析 [J]. 科技进步与对策，2016，33（06）：122—127.

[8] 谢罗奇，赵纯凯.军民融合对地区产业结构的影响及效应 [J]. 广东财经大学学报，2016，149（06）：4—15.

[9] 湛泳，赵纯凯.军民融合推动产业结构优化升级的路径与机制——基于产业外部性视角 [J]. 北京理工大学学报（社会科学版），2017，19（01）：116—123.

[10] 王欣亮，兰宇杰，刘飞.军民融合能否撬动区域创新绩效提升？ [J]. 科学学研究，2020，38（3）：555—565.

[11] 傅元海，叶祥松，王展祥.制造业结构优化的技术进步路径选择 [J]. 中国工业经济，2014，09：78—90.

[12] 干春晖，郑若谷，余典范.中国产业结构变迁对经济增长和波动的影响 [J]. 经济研究，2011，46（05）：4—16+31.

[13] 王进富，杨青云，张颖颖.基于 PMC-AE 指数模型的军民融合政策量化评价 [J]. 情报杂志，2019，38（04）：66—73.

[14] 孟斌斌，戚刚，曾立.中国军民融合度测算：理论与实证 [J]. 北京理工大学学报（社会科学版），2019，21（01）：128—135.

[15] 同 [8]

[16] 宋凌云，王贤彬.重点产业政策、资源重置与产业生产率 [J]. 管理世界，2013（12）：63—77.

[17] 白重恩，钱震杰，武康平.中国工业部门要素分配份额决定因素研究 [J]. 经济研究，2008（08）：16—28.

[18] 白重恩，钱震杰.劳动收入份额决定因素：来自中国省际面板数据的证据 [J]. 世界经济，2010，33（12）：3—27.

[19] 李虹，邹庆.环境规制、资源禀赋与城市产业转型研究——基于资源型城市与非资源型城市的对比分析 [J]. 经济研究，2018，53（11）：182—198.

[20] 周玉龙，杨继东，黄阳.高铁对城市地价的影响及其机制研

究——来自微观土地交易的证据 [J]. 2018，5：118—136.

[21] 吴少华，秦畅 . 军工企业竞争战略对技术创新的影响——股权激励视角 [J]. 首科技进步与对策，2020，4：1—7.

[22] 林光平，龙志，吴梅 . 我国地区经济收敛的空间计量实证分析：1978—2002 年 [J]. 经济学（季刊），2005，4：67–82.

[23] Anselin Luc.Model Validation in Spatial Econometrics：A Review and Evaluation of Alternative Approaches[J].International Regional Science Review. 1988，11（03）：279—316.

[24]Anselin Luc，Bera Anil K.，Raymond Florax .Simple diagnostic tests for spatial dependence[J]. Regional Science and Urban Economics.1996，26（01）：77—104.

中国军品贸易70年：历史演进与特征变化*

湛　泳　陈小凤　赵纯凯

一、引言

军品贸易作为一种特殊的国际贸易活动，一直受到各国的关注

*基金项目：国家社会科学基金项目：新常态下技术创新引领跨越"中等收入陷阱"的机制和路径研究（15BJL015）；社科湘字品牌"985项目"：军民融合背景下我国军工企业改制对全要素生产率影响研究（18YBP011）；湖南省自科基金面上项目"军民深度融合驱动湖南省制造业发展的长效机制与政策体系研究"（2019JJ40286）；上海财经大学研究生创新基金："军民融合基地推动产业升级的路径与机制研究"（CXJJ-2019-434）。

作者简介：湛泳（1976—），男，湖南沅江人，湘潭大学商学院教授，博士生导师，经济学博士，博士后，研究方向为技术创新与国防经济，通讯地址：湖南省湘潭市羊牯塘，邮政编码：411105。电话：13789303145，电子邮箱：zhanyong225@163.com；陈小凤（1994—），女，河南信阳人，湘潭大学商学院硕士研究生，研究方向为国防经济，通讯地址：湖南省湘潭市羊牯塘，邮政编码：411105，电子邮箱：1101701639@qq.com；赵纯凯（1993—）（通讯作者），男，湖南邵阳人，上海财经大学财经研究所博士生，主要研究方向为政治经济学与国防经济，通讯地址：上海市杨浦区国定路777号，邮政编码：200433。电话：18711334713，邮箱：ckz_zhao@163.com。

和重视。[1] 军品贸易对推动经济建设和国防建设协调发展、加强国际储备，提升综合国力以及维护国家安全和利益都具有重要意义。[2] 此外，军品贸易是推动国家战略的有力杠杆，已成为以美国为首的主要西方大国在国际上推行本国政治、军事和外交政策的有力工具。[3] 由此看来，中国要在新一轮国际经济政治秩序调整中进一步提升话语权，发展军品贸易不可或缺。当前，虽然和平与发展是时代主题，但是局部战争和恐怖主义事件仍然频繁发生，传统安全威胁和非传统安全威胁交错混杂，军品贸易依旧有巨大的市场。而且随着国际市场上新的军品出口商不断出现，国际竞争日益激烈。中国军品要想融入国际市场，必须从自身发展历程中总结经验、吸取教训，紧跟甚至引领世界发展潮流。

中国的军品贸易虽然起步较晚，但是随着国防建设和经济建设融合发展速度的加快，军品贸易的结构和科技含量不断上升。在军民深度融合的背景下，以军品贸易为导向的国防科技进步和装备升级仍然是未来发展的热点之一。党的十九大将习近平强军思想写入党章，为强军战略指明了方向。2017 年国务院办公厅发布《关于推动国防科技工业军民融合深度发展的意见》，指出要进一步扩大军工开放，拓展军贸和国际合作，着力优化军贸产品结构，提升高新技术装备出口比例，推进军贸转型升级，推动核电站和核技术装备、宇航装备、航空装备、高技术高附加值船舶及其他高技术成套装备出口。不可否认，要提高国防和军队建设，离不开军工行业和军品贸易的发展。军品贸易作为军工产业链的重要组成部分，是国防建设和经济建设的重要交集，对推动军队建设和国防科技工业发展有重要的意义。

与此同时，随着我国军工体系逐渐完善，军品贸易在强国强军战略的背景下迎来了前所未有的发展机遇，但也面临巨大的挑战。

军品的国际市场竞争日趋激烈，无论是美国、俄罗斯和法国等传统军贸强国，还是以色列、巴西和土耳其等后起之秀，都对全球军贸市场这块蛋糕虎视眈眈。中国军品如何在严峻的国际军贸市场竞争中脱颖而出，实现中国军工产业的全球价值链延伸已经成为当前所面临的关键问题。鉴于此，为坚定富国强军政策导向，非常有必要从系统性梳理新中国 70 多年以来中国军品贸易发展的历史演进过程，从演化经济学视角探究每个阶段中国军品贸易的基本特征，从中总结历史经验和发展规律，寻找军贸发展的短板和缺口，为新时代中国军品贸易健康发展提供思路。

二、演化经济视角下的军品贸易发展

纵观各国的军品贸易及其政策的发展历程，演化经济思想和自然选择理论都在其中扮演了重要的角色。苏联时期的俄罗斯，其军贸主要服务于政治利益。苏联解体后，俄罗斯继承了苏联的大部分军工企业，由于国际形势的变化和军工需求的减少，其军贸政策由军事援助更多地转向商业利益。普京执政后，军贸政策又增加了改善出口商品结构和实施科技创新战略等内容。[4] 同样，美国的军贸政策也经历了一个不断调整变化的过程。冷战时期，美国主要是通过军控政策制约苏联，之后又将重点从对付苏联的全球威胁转移到对付重要的地区性冲突，并防止毁灭性武器对美国安全的威胁。[5] 俄罗斯和美国等传统军贸强国都是以国际关系和安全形势为基础，顺应时代要求而对军贸政策做出相应的调整，从而一直在国际军贸市场上占据有利地位。新中国成立 70 多年以来，军品贸易也历了不同的发展阶段。在每个阶段，中国政府根据当时的国内外局势以及世界军贸市场的基本状况来对中国的军贸政策做出调整，以实现政治、军事和经济需求，这些都充分体现了演化经济的基本思想。

本文基于演化经济学视角来分析中国军品贸易的历史演变和特征变化。演化经济学的先驱者凡勃伦最先将达尔文的进化（演化）论思想运用到经济社会的分析中。演化经济学以遗传、变异和选择三种机制为分析框架，[6]它强调时间和历史的重要性，认为演化过程具有路径依赖，主张从动态演化视角来理解某个经济社会现象的过程。[7]军品贸易作为一种带有政治、军事和经济等多重动机的特殊现象，用演化经济思想来进行分析其历史演进具有一些独特的优势。第一，演化经济学将市场竞争视为经济体系的自然选择机制，企业（产业）只有适应且满足市场的选择环境才可能存活。[8]在整个国际军贸市场上，如果中国军品不能满足当前的市场选择环境，不能根据军贸市场的需求变化而变化，就可能被淘汰。第二，演化经济学认为演化过程具有国家性且行为主体在演化过程中会发挥能动作用。[9]军品贸易的政治性和军事性决定了其发展壮大离不开国家政策和国家战略的支持。纵观全球的军品贸易政策，军品贸易政策的变迁都与国家安全和利益息息相关。改革开放以来，中国不断加强和完善军贸政策，形成军品贸易管理工作协调机制，并颁布相关法律法规，推出军品贸易激励政策，军品贸易政策随着国内和国际形势的变化做出调整，体现演化经济视角下国家主体的能动性。第三、演化经济学强调经济变迁的路径依赖，制度演化也同样遵循路径依赖的规律。[10]显然，军贸政策的调整和改变并非完全脱离原有政策而凭空产生，而是通过知识、技术和经验的积累，在新的国内外形势下产生新政策。用演化经济学分析中国的军品贸易，可以更好地考察在不同的国际国内形势下，中国军贸政策变化背后的政治经济逻辑。第四，演化经济学认可创新对整个社会经济体系的积极影响，认为创新是经济发展的原动力。[11]无论是富国强军战略还是外向型出口战略，中国始终坚持创新发展的基本导向。随着科技创新与技术进步，我国军品进出口种类逐渐增加，新技术和产品也逐渐融入整个国防军贸体系，并通过"一带一路"不断拓展军品贸易的范围和对象，展现创新的力量，在有效推动中国军贸的发展壮大的同时也扩大了中国军品在国际上的影响力。

　　综上所述，从演化经济学视角分析中国军品贸易的发展历程及其特征演变具有重大的优势。遗憾的是，目前仅有少许文献简单地归纳了中国军品贸易发展的历程[12]，且没有从演化经济视角对中国军贸的历史发展进程进行系统性归纳。基于此，本文充分运用瑞典斯德哥尔摩国际和平研究所（Stockholm International Peace Research Institute，SIPRI）的公开数据，通过考察我国不同历史时期的国内外环境和国家战略与政策，首次从历史演进的角度对新中国成立以来军品贸易的不同发展阶段进行了划分，并分析军品历史战略调整的基本特征，提炼每个阶段中国军品贸易发展中存在的问题，以期为我国未来的军品贸易发展提供现实基础和理论支撑。

三、中国军品贸易的历史演进及特征分析

　　要从演化经济视角来分析中国军品贸易的历史演进规律和特征，就要对不同历史背景下中国军品贸易的不同发展阶段进行定性划分。本文划分的主要判断依据包含以下三个方面：首先，政府根据当时的国情所做出的重大战略部署。如改革开放中的"引进来"和"走出去"战略中的中国军品贸易发展和特征演变的影响，"一带一路"战略为中国军品贸易所带来的新契机。其次，世界政治局势的变化。如美苏冷战下的中国军品贸易的发展特征以及21世纪以来世界多极化趋势下的"一超多强"格局对国际军贸市场和中国军品进出口的

影响。最后，国内军工体制的改革和国防科技工业的发展政策，如1986 年开始的中国军工体制改革、2014 年开始的军民融合国家战略。根据上述三个判断标准，本文将中国军品贸易的历史演进过程划分为如图 1 所示的五个阶段。

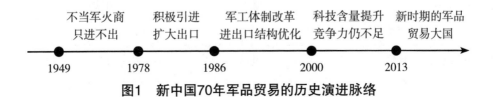

图1　新中国70年军品贸易的历史演进脉络

（一）第一阶段（1949—1977 年）：不当军火商、只进不出

新中国成立初期，面对复杂的国内外环境，中国借鉴苏联模式建立了高度集中的计划经济体制。在第一个"五年计划"，中国全面接受了苏联"优先发展重工业"的指导方针，国防科技工业得以迅速发展。20 世纪 50 年代末至 20 世纪 70 年代初，中国先后建成了大批兵器、航空、船舶等领域的国有军工企业，随着"两弹一星"的成功发射，国防工业体系初步形成。新中国成立初期虽然军工发展取得了一定的成就，但是在高度集中的计划管理体系下，军品和其他商品一样由国家统一分配。军工企业只能按计划生产，军品基本不流通、不交换。此外，基于当时美苏争霸的严峻国际政治环境，身为社会主义阵营的中国整体政策是"一边倒"，在军品贸易上采取"不当军火商"政策，军品进口主要依赖苏联和东欧国家，而军品输出主要是无偿援助他国，不对外售卖，这也导致新中国成立初期军品生产企业远离国际市场。

表1反映了1950—1977 年中国军品进出口规模。可以发现，这一时期中国的军品进出口主要集中在飞机、装甲车辆、火炮和军舰等机甲炮舰上，其他军品的进出口规模非常小。从图 2 的具体军品

类型上来看，飞机的进出口占比分别达到了62.26%和36.09%，装甲车和军舰的进出口占比也相对较大，三者的总规模都超过了90%。

表1　1950—1977年中国军品进出口规模

（单位：百万美元）

	进口	出口
机甲炮舰	32618	9750
其他	572	154
合计	33190	9904

注：机甲炮舰包括飞机、装甲车辆、火炮和军舰。其他军品主要包括防空系统、引擎、导弹、海军武器和传感器。数据来源：SIPRI Arms Transfers Database

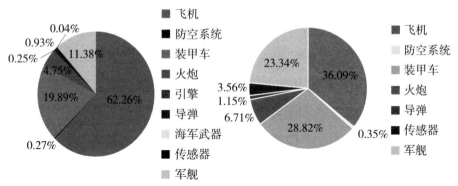

图2　1950—1977年中国各类军品进口（左）和出口（右）占比

数据来源：SIPRI Arms Transfers Database

图3展示了1950—1977年中国军品净进口情况。其中，1950–1964年中国对外援助的军品要大于进口，主要是源于朝鲜战争、越南战争以及冷战升级所造成的局部地区局势动荡，中国通过军品援助来支持友国，降低帝国主义和地区霸权主义对新中国所构成的威胁。1965年以后，国内局势的变化导致军品净出口由正转负。值得强调的是，无论净出口如何变化中国始终贯彻了"不当军火商"政

策，通过军品援助的形式来支持其他社会主义国家的正义战争，壮大世界无产阶级力量。期间中国军品输出的主要受援国家有阿尔巴尼亚（占比 19.5%）、朝鲜（占比 26.1%）、巴基斯坦（占比 25.2%）和越南（占比 14%）。

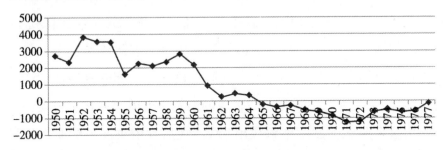

图3 1950-1977年中国军品净进口（单位：百万美元）

数据来源：SIPRI Arms Transfers Database

总体来看，新中国成立初期的军品贸易有以下特点：第一，出口上采取"不当军火商"的政策，通过无偿援助的形式来支持同阵营的社会主义国家，缓解资本主义和帝国主义对新中国的威胁；第二，在进口上主要是飞机、装甲车辆、火炮和军舰等武器装备，尤其是通过引进苏联和东欧社会主义国家的军工产品和技术，打破西方列强的技术垄断，对提升国防实力有重要的作用。可见，这一阶段的军品贸易充分体现了国家主体的意志，以政治军事目标为核心，放弃了经济利益，这也导致早期中国军工企业失去了参与国际军贸市场竞争的机会。此外，高度集中的计划经济体制下的军工产业存在创新动力不足、供需矛盾尖锐以及资源配置不合理等问题，这也为日后我国军品贸易发展缓慢埋下了隐患。

（二）第二阶段（1978—1985 年）：积极引进、扩大出口

1978 年，党的十一届三中全会做出了实行改革开放的重大决策，通过积极实施"引进来"和"走出去"战略，让中国企业在学习国

外先进的知识技术的同时，能够积极参与国际市场竞争。与此同时，国内僵硬的苏联模式也逐渐显示了弊端，军工产业在体制机制、技术创新以及产业链等方面都面临了较大的困境。但此时世界两极格局并未打破，美苏军备竞赛对世界和平和区域安全所形成的威胁依旧存在。在新形势下如果依旧实行以政治目标优先的"不当军火商"政策，中国军品可能将跟不上世界发展主流，国防体系建设也将严重滞后。1978年8月，邓小平在同第七机械工业部的领导谈话中指出："之前照搬苏联模式，造成资源的浪费，束缚国内技术发展，我们要从这个照搬的制度中解放出来"。随后党中央深刻洞察世界发展大趋势和国内形势，提出要"引进新技术、新设备、扩大进出口"的口号，中国军品开始通过出口贸易而走向国际市场，并积极引进国外技术和管理知识，不断提高国际竞争力。

　　表2展示了1978—1985年中国主要军品进出口规模。从进口上来看，这一时期中国进口的主要是飞机、引擎和传感器等军民两用产品，没有进口火炮、装甲车和导弹等武器装备，其中飞机进口的占比超过72%。从出口上来看，主要集中在飞机、装甲车辆、军舰以及火炮上，这四者的出口规模占比超过91%。

<h3 style="text-align:center">表2　1978—1985年中国各类军品进出口规模统计</h3>

（单位：百万美元）

	进口	出口	进口占比	出口占比
飞机	243	3633	72%	39%
引擎	72	—	21%	0
传感器	23	7	7%	0
防空系统	—	72	0	1%
装甲车辆	—	2816	0	31%
火炮	—	595	0	6%

续表

	进口	出口	进口占比	出口占比
导弹	—	214	0	2%
军舰	—	1902	0	21%
合计	338	9239	100%	100%

数据来源：SIPRI Arms Transfers Database

图 4 是 1978—1985 年中国军品净出口规模变化。可以看出军品的净出口呈现出显著的上升趋势，说明这一阶段中国军品出口规模大幅增加，进口规模相对下降。可能的原因在于：一方面，在改革开放后，党和国家的工作重心转移到经济建设上来，需要努力营造稳定的发展环境。同时日本、西欧和第三世界的崛起引起了国际形势的变化，中美的正式建交也使得中国面临的外部威胁得到减弱。另一方面，期间爆发的柬埔寨战争和中东地区战争为中国的军品输出打开了市场。由于中国对外出售军品基本不附带政治条件，给中国军品进入国际市场提供了便利。此外，西方国家由于出现经济滞涨使得资金外溢[13]，中国通过积极引进国外资本，加强技术合作，这也为军品出口提供了良好的契机。

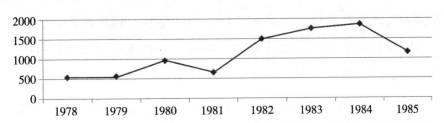

图4 1978—1985年中国军品净出口规模变化情况（单位：百万美元）

数据来源：SIPRI Arms Transfers Database

总的来看，这一时期中国军品贸易呈现出如下特点：第一，在"走出去"战略指导下，中国军品出口规模显著提升，在国际上实现了较大规模的流通。这不仅有利于打破世界上其他国家的军事垄断，通过参与国际市场竞争有助于提升我国出口军品性能和质量，对提高军事科研能力和完善生产布局有重要意义。第二，在"引进来"战略指导下，我国通过引进先进的研发技术和管理知识，改变了传统苏联模式下的军品生产和管理体制。一方面，积极引进国外先进技术和设备，以引进、消化、吸收和再创新的方式攻克了部分技术难关；另一方面，积极学习国外的管理知识，延长军品产业链条，扩大中国军品的国际影响力。虽然改革开放初期的中国军品出口有所增加，但是出口类型与第一阶段没有明显变化，飞机、装甲车等传统军品依旧占据了主导地位，所面临的国际市场需求信息不对称和国内生产技术脱节等问题依旧存在。

（三）第三阶段（1986—1999 年）：军工体制改革、进出口结构优化

1986 年，党中央、国务院开始调整军工管理体制，将原有的核工业部、航空工业部、兵器工业部和航天工业部由过去的国务院和中央军委双重领导调整为国务院直接领导，并成立了航空航天部。[14] 国际局势方面，期间虽然局部的冲突事件时有发生，但是世界和平发展的趋势进一步增强，经济全球化和一体化进程加快。在全球贸易自由化大发展的背景下，中国军品的进出口结构得以进一步优化。

图 5 为 1986—1999 年中国军品的进出口规模。显然，出口规模整体上下降，而进口规模则呈现波动上升的趋势。这一现象主要存在以下原因：第一，1988 年长达八年的两伊战争结束，国际军品需求进一步减少。第二，1991 年苏联解体后，美国成为世界上唯一的超级大国，军备竞赛逐渐被军备控制所替代，"对话"也取代了"对抗"，国际军品市场进一步萎缩。第三，20 世纪 90 年代国际油价下

跌，中东、非洲和东欧等石油出口大国财政紧缩，进一步削减了军品进口。

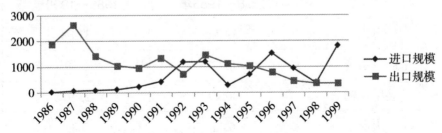

图5 1986—1999年中国军品进出口规模（单位：百万美元）

数据来源：SIPRI Arms Transfers Database

总体来看，这一阶段随着出口规模的下降和进口规模的增加，中国军品的进出口结构得以进一步优化，而且这种优化不仅体现在总量上，还体现在军品类型和技术含量方面。图6展示的是第一阶段（1986—1999年）和第二阶段（1986—1999年）中国军品进口的类型对比情况，显然飞机、引擎和传感器等原有主要进口军品的比例大幅度下降，而军舰、防空系统和导弹等高科技军品的进口比例有所提升。同样，在出口方面的军品类型也不断优化。虽然飞机、装甲车辆和军舰依旧占据主要地位，但是总体占比有所下降，而导弹的出口比例从2.3%提升至13%，防空系统、海军武器和传感器的占比也有所提升，具体如表3所示。

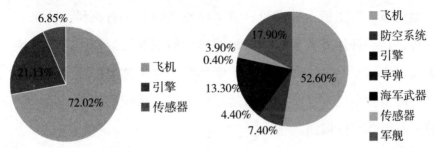

图6 1978—1985年（左）和1986—1999年（右）中国军品进口类型对比

数据来源：SIPRI Arms Transfers Database。

表3　1976—1985年和1986—1999年中国出口军品对比

（单位：%）

	1978—1985年	1986—1999年
飞机	39.32	31.88
防空系统	0.77	2.09
装甲车辆	30.49	23.91
火炮	6.44	5.35
导弹	2.30	13.00
海军武器	0.00	0.07
传感器	0.08	1.86
军舰	20.60	21.83

数据来源：SIPRI Arms Transfers Database

第三阶段中国军品贸易体现初如下特征：第一，出口规模整体下降，进口规模呈波动上升趋势，进出口规模结构不断优化。这不仅得益于国内军工体制的改革实施，也受到国际军品市场发展的影响。第二，军品进出口产品结构不断优化，进口的高科技军品比例增加。这主要来源于改革开放的持续推进所带来的技术红利，通过积极引进技术，提高了军工科研水平，研发了诸如新型导弹护卫舰、新型鱼雷、歼击机、核潜艇、空军导弹武器等具有高科技含量军事装备，且具备运载火箭以及各种卫星的研制和发射能力。相对第二阶段，中国军品的国际竞争力不断加强，军工体制的改革为军品出口导向型企业增加了活力，但是在原有路径依赖导致军品技术层面的突破仍然有待加强。

（四）第四阶段（2000—2012 年）：科技含量提升、竞争力仍不足

进入 21 世纪，"一超多强"的世界政治格局逐渐形成。中国作为世界多极化的重要组成部分，要想在国际事务中提升话语权，在需要有强大的军事力量作为支撑的同时，也需要根据国际形势做出有利于国家军品贸易的措施。2000 年 7 月，党中央提出国防科技工业要坚持寓军于民，形成充满活力的国防科技技术体系；同年 10 月，出台《2000 年中国的国防》白皮书，明确提出要加快军队武器装备现代化建设，掌握先进武器装备。随后，2001 年中国加入世界贸易组织，为中国的进出口贸易提供了一个良好的平台，也为中国军贸发展提供了契机。这一时期中国军工企业加大科研投入，不断加强出口军品的科技含量积极适应更加激烈的竞争环境，力求在不见硝烟的国际军品市场中占据有利地位。

表 4 展示的是 2000—2012 年期间中国军品进出口情况。从进口上来看，飞机、导弹和军舰所占据的比例依旧较高，但是结构进一步优化；出口上，规模排在前四位的是飞机（36.21%）、装甲车辆（20%）、军舰（15.97%）以及导弹（15.78%），总占比超过 87%，但防空系统、海军武器和传感器的占比进一步提升。可以发现，出口军品的高科技军品占比进一步上升，类型也不断丰富，说明我国研制先进装备的能力得到提高，创新能力逐渐增强。

表4　2000—2012年中国军品进口类型占比

	规模（百万美元）		占比	
	进口	出口	进口	出口
飞机	14338	3604	49.00%	36.21%
防空系统	1903	237	6.50%	2.38%

装甲车辆	1	1991	0.00%	20.00%
火炮	0	424	0.00%	4.26%
引擎	2290	0	7.83%	0.00%
导弹	4832	1571	16.51%	15.78%
海军武器	110	16	0.38%	0.16%
传感器	1578	521	5.39%	5.23%
军舰	4212	1589	14.39%	15.97%
合计	29264	9953	100%	100%

数据来源：SIPRI Arms Transfers Database

表5和表6还分别展示美国、俄罗斯、英国和法国等当时主要的军贸国家的进出口结构。

从进口上来看，美国除飞机以外的其他军品进口占比都相差不大，凸显其强大的军事和科技实力；俄罗斯的进口军品类型较为单一，主要以导弹、飞机和引擎为主；英国的进口军品类型也较为分散，主要的有飞机、导弹和军舰；法国则以飞机、导弹、传感器和引擎为主。从出口上来看，飞机在各国的军品出口上占据绝对主导地位，美国、俄罗斯和英国实现了所有军品出口的全覆盖，法国的军舰、导弹和防空系统在国际市场上也存在比较优势。通过对这一时期主要军贸国家分析可以看出，虽然中国导弹的出口占比和其他国家相差不多，但是在普通的武器（如装甲车辆和火炮）上的出口占比要明显高于其他国家，在其他需要关键技术支撑的军品出口占比也相对更低，说明出口竞争力相对于当时的军贸强国仍有不足。

表5　2000—2012年世界主要军贸国家的军品进口类型占比

（单位：%）

	美国	俄罗斯	英国	法国
飞机	41.83	31.45	48.79	36.47
防空系统	0.10	—	2.01	—
装甲车辆	17.06	3.63	6.36	1.84
火炮	12.11	—	0.03	—
引擎	6.59	25.00	2.59	18.36
导弹	3.41	40.32	18.69	23.38
海军武器	0.15	—	—	1.71
传感器	6.55	—	7.67	17.14
军舰	2.86	—	13.82	—
其他	9.35	—	0.03	1.10

数据来源：SIPRI Arms Transfers Database

表6　2000—2012年世界主要军贸国家的军品出口类型占比

（单位：%）

	美国	俄罗斯	英国	法国
飞机	59.54	51.53	36.37	38.35
防空系统	2.48	7.91	4.04	7.29
装甲车辆	9.60	9.16	4.82	2.94
火炮	0.83	0.32	8.95	0.85
引擎	4.58	2.11	7.14	2.84
导弹	12.33	16.10	10.00	15.23
海军武器	1.03	0.24	0.08	—
传感器	5.81	1.80	3.71	7.64
军舰	3.30	10.43	20.31	24.09
其他	0.50	0.40	4.57	0.76

数据来源：SIPRI Arms Transfers Database

为进一步直观判断中国和世界其他军品出口国的竞争力差异，根据已有文献对出口军品的显示性比较优势（RAC）的测算（如表

7所示），[15]对比发现在2005—2012年期间总体上俄罗斯的军品出口竞争力最大，2012年的指数甚至超过了10。乌克兰和美国的军品出口竞争力紧随其后，而法国、英国、西班牙等国的显示性比较优势指数也相对更高。虽然整体上中国军品出口的显示性比较优势指数整体上呈现出上升的趋势，但是当时在国际军贸市场上的竞争力与其他军贸强国依旧存在一定的差距。

表7　世界主要军品出口国的显示性比较优势指数（RCA）

年份	俄罗斯	乌克兰	美国	法国	英国	西班牙	德国	中国
2005	10.43	4.13	3.65	1.93	1.35	0.27	1.04	0.18
2006	8.27	6.94	3.60	1.69	1.09	1.93	1.20	0.33
2007	8.29	6.68	3.61	2.27	1.18	1.25	1.30	0.21
2008	8.86	3.76	3.53	2.23	1.44	1.43	1.10	0.28
2009	8.68	4.89	3.33	2.09	1.49	2.18	1.17	0.49
2010	8.93	5.45	3.81	1.04	1.58	0.65	1.29	0.55
2011	9.98	4.75	3.74	1.81	1.21	2.86	0.56	0.43
2012	10.16	13.54	3.73	1.20	1.26	1.18	0.53	0.52

原始数据来源：SIPRI Arms Transfers Database 和 WTO Statistics database

　　总体来看，第四阶段中国军品贸易的所呈现的两个显著特征为军品科技含量进一步提升和国际竞争力仍有不足。与此同时，中国逐渐建立起配套的军品贸易管理制度，并完善了相关的法律法规建设。如2002年修订《军品出口管理条例》，公布《军品出口管理清单》；2004年公布《国家科技工业产业政策纲要》；2007年颁发《关于非公有制经济参与国防科技工业建设的指导意见》和《深化国防科技工业投资体制的若干意见》等。中国在不断完善军贸管理体制的同时，有进一步明确了军品出口的三项原则[16]，形成较为完善的军品贸易管理工作协调机制和激励政策。[17]中国加快军品外贸管理体制改革，有效推动军品贸易更加规范化、国际化。先进的军贸管理体制，推动我国军品贸易健康有序发展，使军事实力在科技水平和管理体制的双重保障下快速提高。

（五）第五阶段（2013 年至今）：新时期的军品贸易大国

在新的历史发展时期，高新技术、信息网络技术在军事方面的应用引发了一系列重要变革，各国国防和军队现代化建设步伐进一步加快。2015 年《中国的军事战略》白皮书指出：世界新军事革命深入发展，武器装备远程精确化、智能化、隐身化、无人化趋势明显，太空和网络空间成为各方战略竞争新的制高点，战争形态加速向信息化战争演变。面对我国国防和军队现代化建设的深层次问题，全党全军与时俱进，以习近平强军思想为指导，深入推进军民融合战略，对中国军品发展产生深刻影响。同时，2013 年提出的"一带一路"倡议顺应了世界多极化、经济全球化、文化多样化、社会信息化的潮流，符合大多数国家的利益。"一带一路"沿线市场给中国军品贸易带来更加广阔的国际市场和发展空间。近年来，中国军品加快走出去的步伐，在获得巨大经济效益的同时，还让中国军工技术得以进一步提升，得以不断满足不同国家对不同类型军品的差异化需求，逐渐实现军品贸易的可持续发展，成为新时期的军品贸易大国。

2013 年以来的中国主要军品进出口规模如表 8 所示。从总量上来看，中国军品的进出口规模分别为 7480 百万美元和 9683 百万美元，年均出口量为 1608.8 百万美元，远高于第四阶段的 765.6 百万美元。不仅如此，中国军品的进出口结构也进一步优化，飞机的进口比例为 42.83%，引擎约为 29.4%，传感器约为 9.76%。同期出口的军品类型中，占比排前三的是飞机、军舰、装甲车辆，分别占比 28.89%、23.19% 和 19.03%。防空系统、引擎、海军武器和传感器的合计出口占比约 12.19%，低于导弹的出口占比 14.25%。相较于第四阶段时期，军舰、传感器、引擎和防空系统的比例变化最大，其中防空系统和军舰出口比例增加，引擎和传感器的进口比例增加，说明中国军品出口的复杂度和全面性进一步提升。

表8　2013—2018年中国军品进出口规模

	规模（百万美元）		占比	
	进口	出口	进口	出口
飞机	3202	2798	42.83%	28.89%
防空系统	336	813	4.48%	8.40%
引擎	2198	1	29.40%	0.01%
导弹	683	1378	9.12%	14.25%
海军武器	154	40	2.05%	0.41%
传感器	730	327	9.76%	3.37%
军舰	177	2246	2.35%	23.19%
装甲车辆	—	1843	—	19.03%
火炮	—	237	—	2.44%
合计	7480	9683	100%	100%

数据来源：SIPRI Arms Transfers Database

中国军品贸易发展需要时刻关注国际军事形势。根据 SIPRI 的公开数据，2013—2018 年世界五大军品出口国分别是美国、俄罗斯、法国、德国和中国，五大军品进口国分别是印度、沙特阿拉伯、埃及、阿联酋和中国。显然中国已经成为新时期的军品贸易大国。图 7 和图 8 分别展示的是世界五大军品出口国和进口国的基本情况。可以发现，除了军舰美国在其他类型的军品出口上都远超过其他国家；俄罗斯的飞机、防空系统、装甲车辆、导弹和军舰都排在第二位，仅次于美国，引擎出口高居首位。法国在飞机出口上存在一定的优势而德国的军舰出口竞争力较强。显然，我国不仅相对于美国和俄罗斯等传统军贸大国存在差距，与法国和德国等也缺乏比较优势。从进口上来看，印度的军品进口规模达 19252 百万美元，其次是沙特阿拉伯 18484 百万美元，埃及、阿联酋和中国分别为 8104 百万美元、7701 百万美元和 7476 百万美元。其中飞机的进口规模高达 28595 百万美元，导弹、装甲车辆和军舰的进口规模也相对突出。可见，国际市场上对新型飞机类、导弹类以及军舰类的武器需求比较旺盛。

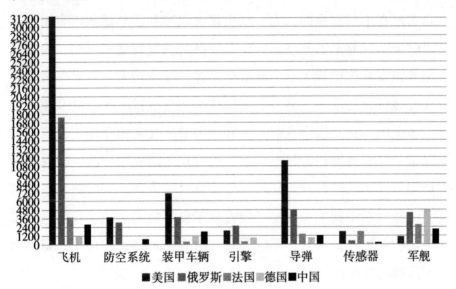

图7　2013—2018年世界五大军品出口国对比图（单位：百万美元）

数据来源：SIPRI Arms Transfers Database。

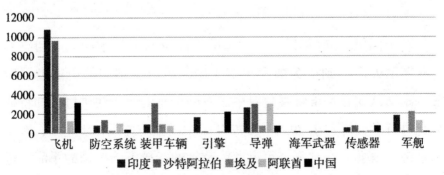

图8　2013—2018年五大军品进口国对比图（单位：百万美元）

数据来源：SIPRI Arms Transfers Database。

通过上述对比可以看出，中国既是军品出口大国，又是军品进口大国。不过虽然中国的军品在国际市场上能占据一定份额，但与第四阶段仍有相似之处，表现为出口竞争力仍有所不足，距离军贸强国的目标仍有一定的差距。可期的是，新时期中国军品贸易发展面临着新的重大机遇。"一带一路"倡议为中国紧跟世界军事强国步伐、加强国际合作以及展示本国军事实力提供了一个平台。习近平总书记在十三届全国人大一次会议解放军和武警部队代表团全体会议时强调，要努力开创新时代军民融合深度发展新局面，为实现中国梦强军梦提供强大动力和战略支撑，要密切关注世界军事科技和武器装备发展动向，努力抢占科技创新战略制高点。2019年，在十三届全国人大二次会议解放军和武警部队代表团全体会议时进一步强调，打好我军建设发展"十三五"规划落实攻坚战，确保如期完成国防和军队建设目标任务。党中央对国防建设和武器装备的重视，给新时期中国军品贸易发展提供了良好机遇。随着我国进一步加强与相关国家的对话，不断强化国际合作机会，发挥军品贸易和国家战略的相互作用，为迈向军贸强国奠定了坚实的基础。

四、结论和政策建议

新中国成立70年以来，中国的军品贸易从新中国成立初年的"不当军火商"到成为国际军贸大国，经历了不同的历史发展阶段。本文从演化经济学视角对中国军品贸易的历史演进过程和特征变化进行了分析：① 1950—1977年，中国国防体系初步建立，军工产业较为薄弱。在"不当军火商"政策的指导下，中国的军品以进口为主，出口的军品主要是以无偿援助的形式来支持他国的正义战争，导致这一时期中国军品远离国际市场。② 1978—1985年，改革开放大幕开启，在"引进来"和"走出去"战略的引导下，中国积极引进先进武器和技术，军品出口规模显著提升，但依旧存在进口品种类型少，出口以低端和基础军品为主，难以对接国际市场需求。③ 1986—1999 年，中国进行国防工业体制重大改革，通过积极引进技术，参与国际市场竞争来不断提高军工科技水平。这一时期中国军品进出口品种增加、档次提升，军品进出口结构得到优化。④ 2000—2012 年，世界多极化形式和加入世贸组织给中国军贸发展提供了契机，通过建立配套的军品贸易管理制度，完善相关法律法规，中国出口军品的科技含量明显提升，但是国际竞争力仍然较弱。⑤ 2013 年以来，在习近平新时代强军思想和军民融合战略的指引下，同时"一带一路"给军贸发展带来广阔空间，新时期中国已成为军品进出口大国，但是距离美俄等军贸强国仍存在差距。

中国军品贸易发展历程充分展现了各时期军贸发展的特点和不足，为新时代中国军品贸易健康发展提供了重要启示。结合前文中国军品贸易动态跟踪发现的特征及问题，本文提出如下建议。第一，时刻关注国际局势和国际军贸形势。从我国军品的演进历史来看，军贸市场和国际政治和安全局势息息相关，所以要在国家安全战略需求的基础上，保持与第三世界国家的良好外交关系，紧盯世界"热点地区"，在维护国家安全和国家利益的情况下谋求中国军品出口的机会。第二，积极开拓国际市场，深化国际合作。改革开放以来，通过"引进来"和"走出去"战略中国军工科技不断发展，对外出口规模也不断扩大，所以从历史经验来看进一步扩大军工的开放程度，在保障国防安全地前提下加强核能技术、航空航天、太空和网络空间方面的国际合作，并利用"一带一路"进一步不断开拓国际军贸市场。第三，鼓励军工技术创新，完善军贸管理体制，并健全法律法规体系。从历史演进的规律来看，军工和军贸管理体制改革以及技术创新有助于促进中国军品出口的竞争力，新时期下要在军贸大国的基础上成为军贸强国，需要激发军工企业的创新活力，优化军品贸易结构，鼓励民营企业参与军工重大项目。此外，要加快军品贸易的法律法规建设进度，为军品贸易营造安全的发展环境。

注：本文所用数据资料均为公开获得，不涉及军事机密与国防安全。

参考文献

[1] T. Sandler and K. Hartley, Handbook of Defense Economics, Elsevier Science, 1995.

[2] P. Levine and R. Smith, "The Arms Trade and Arms Control", Economic Journal, Vol. 105, No.429, 1995, pp. 471—484.

[3] R. E. Harkavy, "Arms and the State: Patterns of Military Production and Trade", American Political Science Review, Vol. 87, No.3, 1995, pp.813—816; R. Dominguez, The Security Role of the US in the Asia-Pacific, Palgrave Macmillan UK, 2013.

[4] 吴鹏.冷战后世界军火贸易的现状与发展.世界经济与政治，1996（02）.

[5] 樊吉社.影响冷战后美国军控政策的若干因素.世界经济与政治，2001（09）.

[6] 黄凯南.演化博弈与演化经济学.经济研究，2009（02）.

[7] 蒋德鹏，盛昭瀚.演化经济学动态与综述.经济学动态，2000（07）.

[8] J. P. Murmann and E. Homburg, "Comparing Evolutionary Dynamics across Different National Settings: The Case of the Synthetic

Dye Industry，1857–1914"，Journal of Evolutionary Economics，Vol.11，No.2，2001，pp.177—205.

[9] F. Moreau，"The Role of the State in Evolutionary Economics"，Cambridge Journal of Economics，Vol. 28，No.6，2004，pp.847—874.

[10] G.Atkinson，"Evolutionary Economics and Path Dependence"，Journal of Economic Issues，Vol.32，No.3，1998，pp.885—887.

[11] J. Fagerberg，"Schumpeter and the Revival of Evolutionary Economics: An Appraisal of the Literature"，Journal of Evolutionary Economics，Vol. 13，No.2，2003，pp.125—159.

[12] 邱新力，李鹏，秦国萍．论我国军火贸易及其发展对策．国际商务（对外经济贸易大学学报），2003（04）；李湘黔．中国军品外贸的历史演进及其启示．军事历史，2004（02）．

[13] B. Hunt，"Oil Price Shocks and the U.S. Stagflation of the 1970s: Some Insights from GEM"，Energy Journal，vol.27，No.4，2006，pp. 61—80.

[14] 杜人淮．论邓小平的国防工业改革发展路线图．军事历史研究，2014（04）．

[15] 史本叶．俄罗斯武器出口面临的挑战及应对措施．东北亚论坛，2016（02）．

[16] "三项原则"即有利于接受国的正当自卫能力；不损害有关地区和世界的和平、安全与稳定；不干涉接受国的内政。

[17] 唐宜红，齐先国．全球军品贸易政策变迁及对我国的启示．国际贸易，2015（02）．

实现跨越式发展与中国国防财力动员理论探索
（2003—2012）[*]

崔　杰　　李超民

　　实现跨越式发展是 21 世纪对于中国大国国民经济动员体制建设提出的根本要求。现代高技术战争提出的严峻问题是，在国民经济由平时轨道转向战时轨道时，国家怎样通过财力动员筹措经费支持战争。[1] 中共中央提出国防和军队现代化建设要实现跨越式发展，推动了国民经济动员学的理论探索和法制，以及体制机制建设的理论实践。国防经济理论界主要就国民经济动员的法制与体制机制建设问题、国防与军事财力动员的理论和实践问题、现代高技术局部战争财力动员机制建设问题深入研究，对于中国近现代战争史上尤其是抗日战争时期财力动员的经典案例展开了深入探讨，推进了经济动员理论发展。

---

　　* 基金项目：本文是国家社科基金课题 [20AZD096] 中间成果，并获得中央高校建设一流大学学科和特色发展引导专项资金资助、中央高校基本科研业务费资助。

　　作者简介：崔杰，首都师范大学管理学院劳动与社会保障专业，讲师；通讯作者：李超民，上海财经大学公共政策与治理研究院首席专家、副院长，教授；联系电话：13061679006，电子邮箱：fcli@mail.shufe.edu.cn。

一、打赢信息化战争要求国民经济动员实现跨越式发展

　　动员即战争动员，其中包括战争的经济动员。是指国家或政治集团为实施战争或应对其他军事危机，使社会诸领域全部或部分由平时状态转入战时动态所进行的活动。历次革命战争中，在毛泽东关于动员群众、组织群众、武装群众，进行人民战争的战略思想指导下，中国共产党实行全党动员、全民动员的方针，成功地实施了军事、政治、经济、文化等动员，为夺取革命战争胜利作用巨大，在战争动员史上具有特殊地位和意义。新中国在抗美援朝战争和历次边境自卫反击战中，都进行过不同规模的局部动员。由一国政府在国民经济体系内进行的经济动员称为国民经济动员。由于现代战争正在向信息化战争转变，高技术产业将成为国民经济动员的重点，而且随着全球化深入发展，国民经济动员对于国际经济的依赖性增强。[2]

（一）跨越式发展与国民经济动员理论创新

　　提高高技术条件下的防卫作战能力必须推动人民军队实现跨越式发展。2002年江泽民在党的十六大报告中指出，人民解放军必须贯彻积极防御的军事战略方针，提高高技术条件下的防卫作战能力，适应世界军事变革的趋势，努力完成机械化和信息化建设的双重历史任务，实现我军现代化的跨越式发展。[3] 所谓"跨越式发展"，即人民军队要跨过机械化军队建设的某些阶段，同时完成机械化建设和信息化建设的任务。人民军队必须实现跨越式发展是由于在国内，军队长期以来基本处于机械化半机械化状态，在全球军队信息化潮流冲击下，必然面临着实现机械化和信息化的双重历史使命。因此

国防和军队建设必须走出新路子，而信息化建设必须跨越机械化军队建设阶段，即走跨越式发展道路。人民军队现代化实现跨越式发展将引起国民经济动员理论的创新发展。

新军事变革带来了战争形态的革命性变化。科技进步和武器装备发展是推动战争形态演变的根本因素，作战方式方法和军队组织形态创新是促进战争形态演变的直接动因。在信息化战争阶段，战争形态将发生重要演变。首先战争从"能量主导"到"信息主导"演变，信息域成为牵引其他作战域的主导因素，信息优势成为决定作战胜负的主导因素。其次战争从"平台对抗"到"体系对抗"演变，战争呈现出全局性对抗、结构性对抗、综合性对抗特征。再次是战争从"概略作战"到"精确作战"演变要求信息化战争需从战略筹划上、作战目标上和创造战机上进行精准选择。最后战争从"聚力制胜"到"智能制胜"的演变，要求战场规划从数字战场到智慧战场、数据辅助决策到智慧辅助决策、从流程控制到智慧控制的拓展。[4]战争形态的变化，导致国民经济动员的任务、组织以及理论建设都必须跟上历史的要求和发展。

必须创新中国特色的国民经济动员理论体系。军事理论处于劣势的军队必然被动挨打，创新和保持军事理论强势，灵活制定符合军队发展实际的战略战术，有利于牢牢把握战争主动权、克服战争的不确定性，牵引军事斗争准备和作战实践。[5]新时期的国民经济动员理论应当涵盖国民经济动员发展战略学的基本理论、中国国民经济动员发展的战略环境、21世纪初国民经济动员发展的战略构想、中国国民经济动员EBGU发展模式（即Echelon-Bring into-Gather-Unite-四个英语词汇首字母缩写）、21世纪初中国国民经济动员发展的策略和措施等六大内容。[6]对国民经济动员发展模式的研究，经历了从经济动员基础"母子堡"模式到经济动员准备"纳入式"

模式，再到经济动员发展的"EBGU"模式的过程。[7]

国民经济动员必须研究国民经济应变力，由于国民经济动员活动是国民经济应变力的表现形式，国民经济动员活动就是国民经济能力作用于国民经济动员潜力的过程。[8]国民经济应变力理论体系进一步分解为生存力、发展力、应变力指标，"综合国力兼容度"与"应变资源共享度"理论是重要研究方法，中国国民经济应变力发展必须采取 EGBU 模式，可简称应变资源"梯次式"布局、应变准备"纳入式"发展、应变能力"集成式"建设、应变机制"联动式"应急实施。[9]因此必须立足于国家安全，把国民经济应变力作为完整对象进行研究，考察国民经济应变资源配置的理论与实践问题，阐述了国民经济应变力这个新范畴的质与量和体系基本框架。

国民经济动员必须重视财力动员能力建设。国民经济动员能力是国家对人力、物力、财力资源潜力和精神力量等潜力用于战争的本领和组织力。国民经济财力动员是指为保证战争经费需要，国家运用多种方式、筹集并合理分配使用战争费用的活动，主要包括财政动员、金融动员、外汇动员、民间财力动员、国外资金动员等。国民经济财力动员能力的构成要素包括三个方面：一是涉及人的组织因素。二是信息因素。三是资金因素。评价财力动员能力应当建立国民经济财力动员能力评价指标和指标体系，其中主要包括财力动员的体制、财力动员的信息建设、财力动员的规模、财力动员的结构、财力动员的时效等指标。[10]

国民经济财力动员能力建设应当重视战争的财政风险。第一，风险实质是国家或地区间政治经济矛盾冲突的综合反映。第二，风险过程"险象环生"。第三，风险结果是摧毁本源。战时政府动员的资金一般都是投向与军事需求相关的行业，会由于政府加大了对某一部门的投入而刺激某些行业扩张，如此，政府战时投资将会带来"吸入效应"。私人投资者对预期利润率前景的看法灵敏地反映在股票市场上。而战争会使各国政治经济不稳定，股价通常会大幅下跌。战争对不同行业的影响不同，使国防科技工业和相关产业兴盛、繁盛，并得到政府强有力的支持。[11]

在信息化条件下的局部战争中，进行财力动员应有重点按次序进行。一是建立国防储备基金；二是调整国家预算；三是动员国内和国外捐献；四是延缓到期国内债券本金和利息的支付；五是发行国债；六是增加税收；七是出售外汇储备。[12]应急财力动员应根据财政支出项目产出弹性的不同调整预算支出。预算支出项目调整顺序应该为：行政事业费类支出—经济建设费类支出—其他类支出—社会文教费类支出。其中，经济建设费类支出各项目的调整顺序应为：基本建设支出—挖潜改造资金和科技三项费用—支农支出。[13]

打赢信息化条件下的局部战争要求推动了敏捷动员观念的发展。敏捷动员是在现代信息技术支撑下，提高动员适应性和动员效率、缩减动员外部性影响的动员模式，是一种全新的动员理念，即由政府管理、以动态联盟为核心，在现代信息技术的支持下，通过资源整合，实现快速、高效的动员活动的动员模式。敏捷动员既包括常态下的动员准备模式，危态下的动员实施模式，也包括回归态下的动员复员模式。[14]参见表4-1。

中国加入WTO（世界贸易组织）后未来的国民经济动员会更加依赖国际资源。由于国际贸易对国防领域的渗透是世界经济一体化大趋势，和平时期进行战争准备的任务之一，是增强国家的国防经济潜力。随着互联网和通信卫星传播技术手段的进步，全球经济一体化加速，世界经济已逐渐成为一个不可分割的有机整体。而且由于技术进步加速，战争资源在国家间相互流动、交错配置，对国际经济制度协调机制要求提高。未来各国在经济发展和战争准备中，国际贸易将愈显重要，所以中国加入 WTO 后，必须强调贸易安全策略。国民经济和国防建设的统筹发展要放在国际大环境中来综合考虑，首先要依靠国内市场、以国内资源为基础，还要利用国际市场、国际资源求发展，而且必须实施正确战略，加速要素流动。[15]

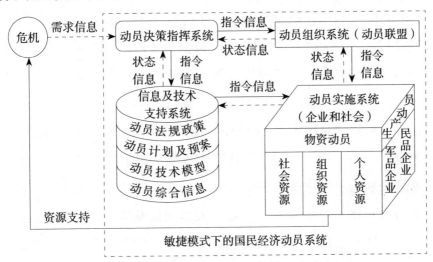

图4-1　国民经济敏捷动员模式系统结构图

总之随着全球化趋势愈加明显，一方面战争因素在减少，另一方面也在酝酿新的不确定性，作为大国的中国未来的发展必然越来越依靠外部资源，必须思考如何依靠内外两种资源进行平时的国民经济动员准备，加大实施财力动员准备是必然的趋势。

（二）跨越式发展与国民经济动员法制建设的主要因素

国防动员运行体系由"行政主导型"向"法制主导型"转变是时代的要求。1994 年以后，我国国防动员体制进入充实完善时期，新世纪实现跨越式发展，必须进行动员体制的调整改革。首先要依据法规制度，逐步实现国防动员运行体系由"行政主导型"向"法制主导型"转变；国防动员准备与实施应以法律法规为基本依据，以法律规范为准绳，所有单位、企业、个人依法履行国防动员义务，并享受相关权益。国防动员机构管理必须注重运用法律手段，抓好检查落实。[16]

国防动员法的立法对国防和军队现代化建设在动员领域树立了法律规范。2010年《中华人民共和国主席令》第二十五号公布了《中华人民共和国国防动员法》共14章72条。其中大部分主要章节涉及国民经济动员的法律规定，包括第4章国防产品、第6章战略物资储备与调用、第7章军品科研和生产及维修保障、第8章战争灾害的预防与救助、第9章国防勤务以及第十章民用资源征用与补偿等。从立法总体来看，《中华人民共和国国防动员法》体现了四大理念。一是从依靠行政手段转变为依靠法制手段；二是从维护传统安全拓展为主转向既维护传统安全，又维护非传统安全；三是从国防潜力转化为军事实力；四是从人力动员发展为全方位动员。国防动员立法理念的转变对于增强国防潜力，提升综合国力，维护国家安全和发展，产生深远影响。[17]

国民经济动员立法应以增强打赢高技术条件下的局部战争的综合实力为规范。人民战争战略思想在当代仍具有重要的时代价值，国民经济动员法规建设必须体现这一点。一是法规建设应为提高人民战争武装力量的作战能力提供法律保障。在常备军建设中，突出质量建设，重视作战专业力量的建设；在国防后备力量建设中，突出预备役部队和民兵的建设。二是为深化和拓展人民战争的武装斗争形式提供法律依据。三是为实现人民群众参与和支持战争方式的重大转变提供法律依据，即保障由直接性参战为主，向以间接性参战为主的转变，由人力参战、人力支前为主向高技术参战、高技术支前为主的转变。在新的历史条件下和新的战争样式背景下，人民战争战略的基本内核仍旧是"人民"，即"彻底发动和完全依靠"广大人民参加巩固国防和武装力量的建设活动，参加和支援抵御侵略和维护国家主权和领土完整的正义战争。[18]

国民经济动员立法须同时规范战争时期和突发事件领域。国民经济动员源于战争活动，即源于国防活动，其目的是为军事活动服务，遵循着"战争中的经济动员"这一原则。对于从国民经济动员的实际作用和所体现的性质而论，在法律层面，国民经济动员已跳出了国防动员的硬性条件，不再以国防活动为前提要件，"突发事件"现象为国民经济动员展现了新的舞台。而法学必须注重规制权力行为主体、调整范围、构成要件、法律效果等方面。在军事领域，相关研究的着眼点是与军事相关的活动情况，在军事范围内谈经济动员；而在经济领域，则将军事作为前提条件，是战争条件下的经济动员，经济动员立法必须同时涵盖战争因素和突发事件因素。[19]

国防动员体系要也从政策性调整向法制化机制转变。实现跨越式发展，一定要根据我国加入 WTO 以及军事斗争准备形势要求，需从大后勤出发，面向实战要求，进行国民经济动员的法规体系建设、加强和完善。要提出国防动员法律法规的总体框架体系，尽快出台"国防动员法""国防交通法"和"物资征集征用规定"等法律法规，加紧制定如"国民经济动员法""战争资源动员法""战时产品生产法"等指导动员工作的基本法规和具体法规。在国防动员立法当中还要借鉴中西方军事斗争经验，汲取国防动员立法精神。[20]

信息化战争要求抓紧制定专门的国防科技法。国防科技法，是国家关于国防科技的发明、研制、生产、使用和管理的法律规范总称，它是国防科学技术与武器装备研究管理的基本依据，是保障国防科技安全的强有力的法律武器。为了适应高科技战争的需要，加快我军武器装备的更新和研制，必须尽快制定《国防科技法》作为国防科技管理的基本法。国防科技法要对国防科技发展和国家整体科技发展的协调做出规定，对国防科技与军队其他方面建设的关系做出规定；同时，确立国防科技在军队建设中的优先地位、确立我国国防科技的指导思想和基本原则，规定国防科技政策、组织和重点研究方向对国防科技的法律主体制度、国防科技成果的转化制度。《国防科技法》应对国防科研组织管理等制度加以确认，并统帅其他国防科技法规。还应当着重在国防科技的概念、范围、开发、应用和保护方面的立法。尤其不能忽视民用技术在国防建设中的应用引起的一系列问题，例如知识产权问题、保守国家秘密和商业秘密问题。要明确国家秘密的范围，保守国家秘密的义务，真正保护国防科技的安全。[21]

（三）跨越式发展与国民经济动员体制机制建设

必须从国家可持续发展战略高度认识国民经济动员工作。国民经济动员是国家经济生活在特殊状态下所作出的一种调整性安排。要建立政府部门抓国民经济动员的制度和机制，把国民经济动员预算纳入国家预算体系，把国民经济动员发展战略融入国民经济社会可持续发展战略中，把国民经济动员规划纳入各级政府的社会经济发展规划，把国民经济动员建设纳入政府的日常管理中，把国民经济动员建设目标纳入各级领导干部的教育和任期考核目标中。[22] 提高国防经济的平战转化能力，应该按照"军民结合、平战结合"和"小常备、大动员"的要求，建立"小而精"的国防经济实体和"强而大"的国防潜力基础，制定完备的规划计划，建立健全组织机构，完善法规体系，实现战时国民经济潜力向国防实力的迅速转化，高效、充足地保障军事斗争需要的新型国防经济体制。[23]

国防经济实力建设是建设信息化战争时代国民经济动员体制的基础。国防和军队现代化建设的历史表明，国家直接用于国防和战争的现实经济力量就是国防经济实力，国民经济中可以转化成国防经济实力的经济能力则是国防经济潜力，国防实力由平时的国防经济潜力建设转化而来，因此各国纷纷重视平时的国防经济潜力建设。中国适应世界军事形势发展的需要，推动国防经济规模由实力型向潜力型转变，是战争规律发展的必然，也是合理配置军事资源的有效途径。谋求国防经济规模向潜力型转变，就是要在和平时期削减军事经济规模，收缩军事经济摊子，使军事经济实体部分小而精。同时，平时必须作好"寓军于民"的经济动员工作，提高国民经济向军事经济的转化能力和转化速度。根据我国的实际情况，首先要精简军队的规模，提高军队的质量；削减国防科技工业的规模，注重研究军品、民品的互流技术和双向发展，完善军民转换机制；要收缩后勤建设的摊子，由社会来承担部分军事保障的任务，有效保障未来战争的经济需要。[24]

国民经济动员体制要向军民兼容、平战结合转变，实现军地一体。国民经济动员是实现国防经济建设可持续发展的重要手段，是解决现实国防实力与未来国防需求矛盾的有效途径。在信息化战争条件下，首先，必须建立快速、高效的国民经济动员机制，设置相对统一、科学合理、与政府职能相一致的国民经济动员机构，为国防经济建设的可持续发展提供有效的制度保障。其次，要建立起军地一体化的国民经济动员机制。再次，必须提高国民动员的信息化水平。[25]

"小常备、大动员"的动员体制是符合高技术局部战争规律的国民经济动员体制。动员型国防经济具有三大特征：一是合理够用，二是相互兼容，三是迅速转换。动员型国防经济体制有结合式、搭载式、哑铃式、拳头式、渐进式等五种。所谓"哑铃式"是指国家重点抓好军工生产的科研和总装，中间生产环节采用市场招标，做好平时的国民经济动员准备工作；拳头式就是在国民经济动员工作中突出重点；而渐进式是指国民经济动员工作的指导方针是进行长期的国防实力建设，逐步积累动员资源。高技术局部战争爆发突然、激烈、破坏性大、物资消耗剧增、物资需求结构复杂，要求国民经济必须"速度快、质量高、数量足"。国防经济要充分实现有效保障战争的需要，必须达到平战转换速度快、武器物资保障质量高、数量足。但在和平时期，国防建设必须量力而行，武器和各类物资在保障使用的同时，只能少量装备、少量储备。[26]

国民经济财力动员必须兼顾直接动员和间接动员手段。一般说来，财政动员主要有两种类型，即直接财政动员与间接财政动员。直接财政动员包括国家财政储备动员和调整对外经济政策，以财政政策手段直接运用达到动员目的。直接动员以直接增加国家财政资产数量为目的，指国家运用汇率及外汇管制政策，动用国外资产、关税、外贸补贴、外贸体制等手段而达到增加军费、破坏敌方经济活动。对外经济政策不仅可以增加战时军费，而且可以从经济上支持战争。采用宏观财政调控政策实现资金集中的间接动员，包括战时调整国家预算、增加税收、发行战时公债、控制收入和物价。保证财政动员快速有效进行的措施是，统一、简洁、高效的财政动员体制，是财政动员快速有效进行的制度保障；充分考虑公众所能接受的范围，是财政动员快速有效进行的必要条件。[27]

总之，实现跨越式发展，要求国民经济动员体制建设，必须牢牢以打赢信息化条件下的局部战争为根本要求，充分考虑到动用国内、国际两种资源，创新国民经济动员理论，以法治的形式，规范和完善法律法规和政策措施，调整国民经济动员主体之间的相互利益关系，调动主体参与国民经济动员活动的积极性，构筑"小常备、大动员"的国民经济动员模式。

二、实现跨越式发展要求财力动员适应新军事变革要求

（一）国防与军事财力动员政策思想创新

财力动员通常即指财政金融动员，在国民经济动员工作中还包括战时的征用、捐献政策等。财政金融动员是为保证战争经费需要，通过财政金融手段，将潜在的财力资源转化为可资利用的现实财力的过程。实现跨越式发展，需理顺财政金融动员体制，完善财政金融动员机构，强化政府的组织职能，保证平时财政金融动员准备的效果。

打赢信息化局部战争要求解决财政金融动员体制面临的政策难题。《国防法》第 47 条规定，国务院和中央军事委员会共同领导动员准备和动员实施工作。目前国家财政金融动员机构包括中央军委总后勤部、国防动员委员会经济动员办公室、国务院系统的财政部和金融机构。但是由于没有明确三大机构间的工作职责和分工，动员工作协调难。理顺财政金融动员体制，应从决策、协调和执行三个层面着眼。首先构建军地联合的权威决策层。国家战争动员的最高决策机构，由国务院、中央军事委员会和国防动员委员会共同组成。其次设置职责明确的综合协调层。建立经济动员办公室与国家负责财政金融管理职能部门的议事协调制度，按照"军队提需求、经动办搞协调、政府抓落实"的总体要求，经济动员办公室应该履行财政金融动员的议事协调职能。再次组织应急联动的复合执行层，通过对各财政金融管理机构及各财政金融动员方式的组合搭配，加强职能部门之间财政金融动员活动的配合协调，优化财政金融动员的方式组合，主要包括财政部、国家税务总局、中国人民银行、商

业银行、保险机构、证券公司，以及各级地方财政、税务机构等。

推动国民经济动员建设多元化融资是实现跨越式发展的必然要求。我国国民经济动员建设的资金工作存在一些问题，主要是总量很小，渠道较少、融资方式单一。从国民经济动员工作体制上看，动员资金主要依靠国家财政拨款、行政性收费或政策性（银行）贷款，从1980年起，动员费占国防费比例已下降到3%以下。我国应当推行多元化的国民经济动员融资政策。一是通过出让全部国有资产的所有权，或者转让部分所有权进行融资。二是出让经营权进行融资。即国家把国有企业一定期限内的经营权出让给私人资本，私人资本按合同契约向国家上交一定收益，包括租赁制和承包经营制等。三是创新资本运作手段。国家通过金融资本运作、融资制度创新，提高国民经济动员能力。在新世纪要根据国民经济动员发展趋势，要尽快制定多元化融资法律法规、政策措施，减少社会资本进入国民经济动员领域的限制。在税收优惠政策方面，加强政策规范化管理和引导与服务，鼓励对国民经济动员企业的投资部分抵免企业所得税，对个人投资国民经济动员业务全额或部分抵免个人所得税。在行政改革方面，继续深化行政审批制度，逐步降低融资的行政成本。[28]

以税收作为主要战费筹集手段是进行长期战争准备的主要政策。现代经济条件下，要使税收成为主要的战费筹集手段，必须具备四个前提条件：即市场经济体制没有遭到根本性变更、国民经济动员尚未进入国民经济统制状态，国民经济实力尚存，具有相对充实的税基；战时税收制度基本健全，在国民经济活动中发挥正常的功能。[29]

发行国防彩票筹集国防资金应纳入国防动员平时准备活动。国务院国民经济动员办公室作为负责综合国力动员中财力物力动员的主要国家机构，肩负着平时、战时为国防事业筹集资金的重任，可以承担发行国防彩票的任务。各省、自治区、直辖市国民经济动员办公室可以成立统一的国防彩票管理中心，具体负责当地国防彩票的发行和管理工作。[30]

战时征用征收应当符合公共目的和合理补偿原则。公益征用征收就是国家为了公共利益的需要，强制取得个人和集体的财产，并给予相应补偿的行为。征收，就是财产所有权的变更，财产由原权利人变更为国家所有。征用，就是财产使用权的一时变更，国家使用后，财产会物归原主。中华人民共和国宪法规定，对公民私有财产的征用征收必须是国家为了公共利益。这就明确了对公民私有财产征用征收的主体和目的，即必须是由国家为了公共利益，所以国民经济动员中的征用征收也应给予补偿。同时理论指出，征用征收虽然是国家强制行为，但亦可算商品交换关系，公正和合理的补偿是必需的。补偿应当基于公正和合理的范围。在国民经济动员中，没有必要也不可能以市场机制的理论来进行补偿。[31]

公平原则是国民经济动员补偿制度的核心政策思想。国民经济动员补偿制度是指个人或组织因承担国民经济动员义务所导致的财产物资损失，政府须给予补偿，使财产物资的损失得以弥补。政府应根据"补偿标准"，按照"合理补偿"的基本原则确定补偿额。政府补偿价格应以政府定价为主，辅以适当激励。第一是一般性，即制度不应在无确切理由的情况下，对个人和情境实施差别待遇。第二是规则有效性，具有确定性，它必须是可识的、显明的，须对未来环境提供可靠指南。第三是开放性，允许行为者通过创新行动对新环境做出反应。具体来说，首先，需尽快建立中国特色国民经济动员补偿制度，顺应市场经济条件下国民经济动员发展。其次，政府补偿制度应尽可能考虑动员补偿对象损失，公平合理补偿。再次，制度既要适应客观环境变化，又要合理运用激励手段，促使公民或组织的利益与国家利益一致。最后还必须研究其他激励措施。如 1997 年《俄罗斯联邦动员准备与动员法》中除规定国家对经济动员实施补偿以外，还规定国民经济动员准备的鼓励措施，动员设备免征折旧费、用于动员目的的财产免征企业财产税、由自己出资从事动员准备工作的团体可享受优惠等。[32]

打赢信息化条件下的局部战争必须考虑以金融手段为主。战争的规模分全面战争、局部战争、边境冲突三种类型，信息化战争的耗费是天文数字。影响战争经费动员方式的因素包括国家经济实力、市场经济的发展水平、战争的规模和强度。战争规模和强度不同，战争消费的内容和方式、数量、内容和结构都有区别，从而导致战争经费动员方式的变化。国家运用金融手段筹集并合理分配战争所需费用的活动，是筹集巨额战争经费、满足战争需要的主要手段之一。其主要任务是保持必要的外汇储备、黄金储备和外币储备，保证作战部队的货币供应，保证扩大军品生产获得必要的资金和保持金融货币市场的稳定。[33]

当代金融工程建设也应成为国民经济动员的基础工程之一。现代战争对经济的依赖程度超越了各国财政能力，金融作为国民经济的价值表征，必然被引入国民经济动员的范畴。所谓金融工程是指，20 世纪 70 年代西方兴起的货币市场互助基金、货币市场存款账户、超级可转让提款命令单等金融创新，与 20 世纪 80 年代数理分析技术、计算机通信技术、自动化和系统工程乃至运筹学、仿真技术、人工神经元网络等前沿技术有机结合后，诞生的一门新学科即金融工程学。它是金融创新的核心部分，是金融领域最前沿最尖端的学科，使金融领域产生了全新面貌和广阔前景。由于金融工程的支撑，资金在这一环流中均以信息符号进行流动，符号成了货币的代表，账号和密码成为个人对符号价值的属权。当物质由符号代表并能有效运用时，信息化是社会生活中负载最轻的运行方式，必然大大方便投资，从而为国民经济财力动员提供最为广大可靠的融资渠道。金融工程的完备为资金在国民手中到银行或银行到资本市场的流动提供了极大的方便。网络时代金融的自我生长和服务经济的双重功能，构建了实质经济和虚拟经济合二为一的复合经济，国民经济动员必然要以经济全球化、市场一体化和资产证券化为经济背景，以政府融资手段加速国防建设。[34]

地方政府可借鉴财力动员理论为区域经济发展筹措资金。财政金融动员是政府采用超常规手段，在战时、公共危机或面临特殊而紧迫需求情况下，增加资金供给。地方政府进行经济发展筹资，将财政金融动员手段用于解决特殊而紧迫需求，是"平时服务、急时应急、战时应战"机制的有益尝试，也是解决资金瓶颈的重要手段。可从财政金融动员角度，以资产证券化措施为主，构建产业投资基金、专项资产管理计划和资产支撑证券三种动员模式互补应用。产业基金模式允许投资者参与分配土地出让收入溢价，收益率较高。专项资产管理模式是在法律法规不完善条件下，类资产证券化的结构性金融产品，属于特殊的财政金融动员手段。资产支持证券模式是通过理清土地储备过程中的产权关系，找到适合证券化的资产及结构，既不干扰土地储备，又能解决政府土地储备的资金问题，还能解决农民的利益问题，属于值得探索的政策。[35]

（二）国民经济动员潜力建设问题

国民经济动员的本质是可动员资源的潜力向动员能力的转化。国民经济动员潜力是指国家为应对危机而启动动员机制时，在一定的动员效率和动员强度下，所能调动出来的经济支持能力。国民经济动员潜力的实质是，经过动员可以转换成为应对危机的支持能力的国民经济实力和国民经济潜力。具有潜在性、可转化性、可塑性、极限性、针对性、复杂性、动态性等特点。[36]

"依托国民经济搞国防建设"将是21世纪国民经济潜力动员研究的重要内容。在20世纪50年代，美国的克劳斯.诺尔和苏联的拉科夫斯基即对国民经济潜力问题加以论述，后来苏联的波札洛夫对此进行了概念性细化，国民经济潜力即分为军事经济潜力和国家经济潜力两个分支。[37]中国在20世纪90年代开始系统研究国防经济潜力问题，成体系的著作有钱大林等的《各国国防经济潜力比较研究》和朱庆林等的《中国国防经济潜力研究》。

钱大林、库桂生等等认为，国防经济潜力是战略研究的产物，由于核大战并非唯一的战争样式，因此否定国防经济潜力建设，否定经济动员的必要性的观点是站不住脚的。在21世纪，中国必须以经济建设为中心，着眼"深度军备"，既注重长远工业建设，保持较强的生产动员能力；还必须发展高技术产业，优化经济及结构；充分发挥人力资源优势，充分发掘"人手"潜力；建立和完善经济动员机制，在国防动员法制、机构建设方面，在经济动员准备工作方面下大力气。[38]

国防经济的潜力建设是国民经济动员理论的有机内容之一。对于国防经济潜力，学术界一般认为它是一种国家能力，即国家通过一定的机制将未转化的经济力量转化为国防经济实力。由于国防经济潜力的规模与结构、空间分布、配置时序是理解国家实力的基础，因此在20世纪，国民经济潜力动员问题与国防经济潜力问题都是各国进行国防实力建设、预防战争爆发的核心问题之一。这个大问题的研究集中在三个领域，一是军事战略与国防经济潜力建设的关系，二是全面战争或世界大战与国防经济潜力的关系，三是政治经济因素与经济因素结合的国防经济潜力建设问题。[39]

必须推进国民经济动员潜力建设理论发展。国民经济动员资源配置的效率取决于规模性潜力（$WMDP$）、结构性潜力（$WMSP$）、时序性潜力（$WMHP$）与布局性潜力（$WMOP$）之和。而生产技术水平（PTH）和制度设计与安排（RDP）是区域国民经济动员资源配置效率的共同因素，分别与国家安全需求规模（CSS）、国家安全需求结构（CSC）、国家安全需求强度（CSI）、国家安全需求指向（CSP）结合，决定了国民经济动员的规模性潜力、结构性潜力、时序性潜力和布局性潜力。上述理论模型由五大方程联立构成：

（1）总方程：$WNMP=f（WMDP, WMSP, WMHP, WMOP）$；

（2）规模性潜力方程：$WMDP=f（CSS, PTH, RDP）$；

（3）结构性潜力方程：$WMSP=f（CSC, PTH, RDP）$；

（4）时序性潜力方程：$WMHP=f（CSI, PTH, RDP）$；

（5）布局性潜力方程：$WMOP=f（CSP, PTH, RDP）$。

由此可见，加强国民经济动员潜力建设就要提高国民经济动员的效率，应当主要抓好有序、实用、可控、规范和有效几个措施，瞄准体系的集成化、组织体制扁平化、保障力量模块化、动员方式柔性化、动员准备与保障精确化的发展目标努力。[40]

国民经济潜力的最佳可动员程度可从经验值取得。二战时各国经济动员程度为 40%～70%，顶点在 60% 的邻域内。经济动员程度主要影响因素有国内经济因素、国际经济因素和国家防务因素，可采取等级分数平均取值确定。根据国民经济运行状况将国家经济分成危机、不安全、基本安全和安全，并对应于 100 不同的等级分数。连续校正误差系数取值的准确度决定了预测模型的精确度，第一，国内经济影响因素包括 GDP 增长率、通货膨胀率和工业总产值率。通货膨胀率国际上一般不高于 4%～6%。第二，国际经济影响因素，主要包括外汇储备余额、外贸依存度和短期外债占外债总额的比重。

第三，国家防务因素，主要考虑国防支出占 GDP 的比重、国防支出增长率两个指标。根据模型和历年统计数据，得出 2003 年可动员的国家财力潜力为 31884.8 亿元（约折合 3855 亿美元），约占当年国民生产总值的 27.3%。[41]

危机状态下国民经济体系能够增加的资源供给能力即为国民经济动员潜力。[42] 长期以来，学界主要从三个角度界定国民经济动员潜力概念：一是以"打赢战争"为目标做出概念界定；二是以"应战应急一体化"为目标界定概念；三是从产业层面和供给角度界定概念。但是在动员需求不清情况下，可从寻找和确定超常供给能力界定动员潜力概念、研究动员潜力生成机制，即危机状态（危态）下的动员能力。国民经济体系平时状态下表现出正常的投入产出关系；危态压力作用于国民经济体系，将增加特定资源的供给量，危态下的资源供给量的增量，就是国民经济动员潜力。所以，从国民经济动员潜力是，国民经济体系因战争或紧急事态而被动员的状态下增加的超常资源供给能力。首先国民经济动员潜力是危态下国民经济体系释放增量的能力。其次国民经济动员的供给能力取决于国民经济部门的柔性，以及战争或者突发事件的危机程度，经济动员需求、经济动员手段等外部环境对国民经济体系的压力。在危机状态下，国民经济体系与国民经济动员能力之间有如下数量关系，即：

$C_1 = NS,$

$C_2 = TS,$

$TS = NS + P,$

$C_2 = C_1 + P.$

其中，P 为动员潜力；TS 总供给能力；NS 为常态供给能力；C_1 为稳态下的供给总量；C_2 为危态下的供给总量。

因此，危态下国民经济动员资源潜力为：

$$P=TS-NS=C_2-C_1$$

国民经济动员资源的动员潜力可用危态供给弹性来描述。动员资源的"供给—危态"弹性越大，其动员潜力就越大，反之则越小。[43]"供给—危态"弹性亦可称危态供给弹性。

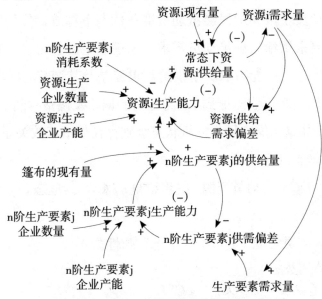

图4-2 常态下动员资源的释放机理

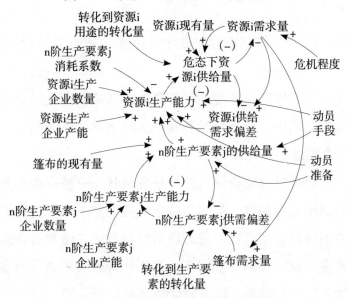

图4-2 常态下动员资源的释放机理

　　动员资源在危态下的供给能力除常态影响因素（见图4-2）外，还存在特殊影响因素（见图4-3）。即①其他资源转化为动员资源的量；②危机类型和危机程度，在特定危机类型下，危机程度越高，动员资源需求量越大；③国民经济动员手段和国民经济动员准备。国民经济动员手段和国民经济动员准备危态下释放，促使经济体系生成生产要素供给，满足动员需求。④理想生产能力。常态下的动员资源的理想生产能力取决于供给需求偏差及其调整时间；而危态下理想的生产能力则取决于需求与存量的偏差及调整时间。

　　设动员资源 i 供给量与危机状态级别存在如下函数关系：

$$QQS_i = f(LCST_e) \qquad\qquad (1)$$

　　其中，QQS_i 为动员资源 i 的供给量；$LCST_e$ 为危态 e 下的危机状态等级。

　　那么，动员资源 i 员供给—危态"弹性为：

$$E_{si} = \frac{\dfrac{\Delta QQS_i}{QQS_i}}{\dfrac{\Delta LCST_e}{LCST_e}} = \frac{\Delta QQS_i}{\Delta LCST_e} \cdot \frac{LCST_e}{QQS_i} \qquad\qquad (2)$$

　　其中，E_{si} 为危机状态等级变化引起动员资源超常规供给变化的幅度。

　　可见，危态供给弹性是动员资源的本质属性，是动员资源超常规供给能力的内因，危态供给弹性越大，该动员资源的动员潜力就越大，反之则越小。

　　总之，动员资源危态供给弹性是危机状态下特定动员资源对危机做出的供给反应程度，描述了特定危机类型下动员资源的超常规供给能力的特征。动员资源危态供给弹性越大，该动员资源的动员潜力就越大；反之则越小。对于危态供给弹性大的动员资源，要靠平时国民经济动员准备，危态时紧急动员取得；对于危态供给弹性小的动员资源，就要在平时形成批量生产能力和动员能力。参见表4-1。

表4-1　动员资源危态供给弹性与动员潜力、动员活动的关系表

类型	特征	弹性	潜力	国民经济动员活动导向	资源举例
专业处置设备1	平时需求和危态需求较一致	较小	较小	形成批量生产能力和国民经济动员能力	常备的先进战争武器装备等
专业处置设备2	平时需求量小，危态消耗量大	较大	较大	建立平时与危态两用生产线	部分武器装备；救灾中的帐篷、专业设备等
救援资源	平时需求量小，危态需求量大	很大	很大	提高多样化保障任务的能力；建立救灾物资动员保障机制	食品，饮用水，常用药品，医务人员等
基础设施与服务	平时需求与危态需求一致，功能变化大	较大	较大	增强危态下功能的应变力；基础设施建设融入国防和应急功能	各种基础设施

战争财力动员的潜力建设应保证使潜力水平处于最佳程度。战争财力动员的潜力决定于国民经济产出能力和经济承受能力，等于一国国民经济产出能力扣除保证民用经济正常运行的经济资源后的剩余资源。国民经济动员潜力存在最佳动员状况，设定最佳经济动员程度变量R和连续校正误差系数 β 即可量化预测期财力动员潜力模型。

$$MP_n = E_0 \times R \times \beta \times \prod_{i=0}^{n}(1+AD_i)$$

其中，MP_n 表示第 n 期的战争财力动员潜力，E_0 表示基期国民经济实力，R 表示国民经济最佳可动员程度，β 表示连续校正误差系数，AD_i 表示第 i 期的国民经济增长速度。

　　财政金融动员潜力的转化需掌握财力工具的实际动员能力。我国财政金融动员的资金来源主要包括金融机构存款、债券融资、扩张银行信用、国际储备等，这些都是进行战时财力动员的主要工具，以1999年到2009年有关统计来看，金融机构存贷款差额接近20万亿元，储蓄动员潜力可观。10年间国债发行余额6.2万亿元，约占GDP的20%，可见未来债券融资动员潜力有限。经济货币化率（M2/GDP）从1993年达到100%后，同期年增长率基本保持在10%左右，与经济增长率持平，可见当前银行信用空间充足，扩张银行信用是可以利用的主要财力动员途径之一。同期虽然外汇储备雄厚，但由于外汇储备结构不合理，又弱化了动员潜力。黄金储备规模长期固定在外汇储备的2%以下，将制约未来的财力动员能力。

　　总之，我国国民经济进行财力动员的主要特征是，第一，财政金融动员风险与稳定同在。平时稳定可能大于风险；战时风险隐患将会显性化。第二，国家垄断型财政金融动员应向市场资源配置型财政金融动员转型。第三，加速国有银行股份制改革及资本市场股权分置改革，促进形成财政动员增长良性循环条件。为此，应及时采取措施，如稳定战时储蓄规模、做好债券融资动员超前准备、预留战时银行信用扩张空间、保持合理的外汇和黄金储备等，实现战时资金向特定领域的集中和再分配，保障战费筹措来源。

　　进行国民经济动员潜力建设需注重当代网络经济发展的特点。随动网络中经济动员的构成要素包括资源、再生产源、交通、通信、组织指挥等，地区或全国形成有机的联系使得可动员资源具有较强的应变能力和生存能力。其中的资源指的是可动员资源，再生产源指的是可动员能力。在我国现行体制下，可动员资源和能力的生成、发展和维护的管理，是国民经济动员管理的主要职能。可动员资源随动网络以地区为中心构建，构成要素是按地理分布的可动员资源运作所设定的基本节点、再生产源、集中节点和交汇点，节点间的交通通信联络、信息系统、指挥决策中心，可动员资源随动网络的基础是可动员资源的管理，可动员资源寓于国民经济动态运行的系统之中，将其纳入城市网格化、数字化管理，将有利于提高城市危机管理的资源保障速度和能力。[44]

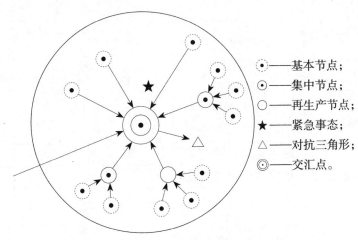

图中图例：
⊙——基本节点；
◎——集中节点；
○——再生产节点；
★——紧急事态；
△——对抗三角形；
◉——交汇点。

图4-4　可动员资源随动网络示意图

只有制定好指标体系才能编制可靠的国民经济动员预案。国民经济动员潜力是确定可动员资源、编制动员预案并充实决策框架、建立潜力指标体系、构建潜力数据库，以及潜力评价的理论基础。要通过潜力调查、建设潜力数据库。[45]动员潜力包括自然资源、生产能力、财力资源、人力资源、信息资源、物资储备情况、科学技术情况和国际经济关系等8个方面。从行业划分国民经济动员潜力，主要包括军品生产潜力、军需生产潜力、工业潜力、农业潜力、科技潜力、交通运输潜力、财政潜力等。资源的最大可动员量是指在扣除了该资源在实施动员条件下，国民经济对其消耗的各项中间使用后，能够用于满足经济动员需求的那部分资源的数量

$$\Delta Xmax,m = Xm,t \times (1 - TIU't)$$

　　式中，$\Delta Xmax,m$ 为可动员资源的最大量；Xm,t 为资源动员能达到的最大量；$TIU't$ 为资源 m 的中间使用率，即该资源的中间使用量与其总量之比。参见表4-2。

表4-2　国民经济动员潜力指标体系

潜力资源类别		内容	Xm, t	$TIU't$	$\Delta Xmax, m$	权重 α
1	自然资源	自然资源状况				
2	生产能力	军工生产				
		军需物资生产				
		农产品生产				
		工业药品、				
		器械等生产品生产				
3	设施装备	运输工具设备设施				
		邮电通信设施装备				
		医疗卫生设备设施				
		工业设备				
		公安、消防人员设备				
4	科技情况	科技人员设备经费				
5	财力资源	财政、金融				
6	交通运输	公路情况				
		航运情况				
		交通工具修理情况				
7	物资储备	粮食油料储备				
8	人力资源	劳动资源管理				
		学校情况				
9	国际经济关系	贸易依存情况				
10	其他	综合实力				
合计						

　　国民经济动员中心是潜力到能力的转换链、蓄水池、承载器、催化剂和辐射源。国民经济动员中心是为解决战时部队武器装备、技术物资和人力需求，依托现有法人单位建立的具有平战转换能力

的基层组织。国民经济动员中心具有将动员潜力转化为国防实力、积聚动员生产能力、实现企业转扩产预案、提升动员产品科技含量和扩散动员技术及生产工艺的作用。国民经济动员中心具有三大基本定位，首先是新时期解决军品平时和战时供需不平衡矛盾的新的组织形式，这一点与传统军工企业不同。其次是把国防能力搭载在民用生产能力之上的一种动员组织形式，这一点与一般企业法人的不同。最后是贯彻"军民结合、寓军于民"方针的承载体，这一点又与一般民用企业不同。[46]

省、市、区国民经济动员中心应分层次建设以适合军民兼容企业生产能力和管理水平。一要选择科技水平国际领先、填补国内空白，民品有市场，军方有需求的企业为基础的企业，建设国家级国民经济动员中心。二要选择科技水平国内先进，具有战区优势的军民兼容企业为基础，建设战区级国民经济动员中心。三要选择具有省、市、区优势的军民兼容企业和事业单位为基础，建设省市、区级国民经济动员中心。[47]

总之，在新的历史条件下，推动国防和军队现代化的跨越式发展必须强调国民经济动员能力建设，平时要将国民经济动员中心建设作为抓手，加大动员潜力建设的投入，并做好潜力向能力转化的体制机制建设。

三、信息化局部战争与财力动员实践的新特征

（一）当信息化局部战争推动财力动员理论创新发展

现代局部战争频发要求做好战争动员准备。现代局部战争动员提出了五项基本要求：一是战争动员速度加快；二是战争动员的范围

空间扩大；三是战争动员的内容广泛；四是兵员动员的整体质量越来越好；五是科学技术动员在动员中的地位、作用进一步提高。根据以上特点，做好局部战争动员应重视如下做法：第一制定完善的动员计划和方案，平战结合、军民兼顾，努力为战时动员做好各种物资准备；第二健全动员机构，提高决策反应能力；第三建立一套系统而完备的动员制度和法规；第四保持一支戒备程度很高的预备役部队，以保持快速动员达到预期要求；第五重视技术兵员储备和训练。[48]

高技术战争对国民经济动员提出了高要求。第一高技术武器装备更多地应用战场，科学技术动员在整个动员中的地位进一步提高；第二诸军种、兵种联合成为整体作战力量的特点日趋强化，战争对兵员动员的整体质量要求越来越高；第三精神因素仍不可忽略，政治动员在创造战争精神条件方面的作用更加突出；第四交战一方对另一方实施的经济制裁将比以往更为有效，经济制裁与反经济制裁的斗争同动员的联系日趋紧密。[49]

当代进行战时财力动员必须把握高技术局部战争的特点。高技术局部战争作为未来的作战样式，信息化程度高、突发性强、资金消耗量大。为适应高技术局部战争的需要，必须做好财力动员准备，抓好六项基本措施的落实，即一是及时建立财力动员机构、二是编制财力动员预案、三是完善国防基金储备制度、四是构建财力动员等级制度、五是完善财力动员法规、六是加强财力动员信息建设。[50]

战时财力动员需重点关注发展经济与完善机制两大问题。一是发展经济、培育战时财政动员潜力，即税收、非税收入、国债收入、财政支出结构调整。二是完善战时财政动员潜力转化机制，重点是增强税收收入、非税收入、公债收入、财政支出结构调整动员潜力。[51]

国家需建立统筹战时财政动员的权威体制。战时财政动员必须由财政部门统筹，通常要经过如下六个程序。一是总后勤部与国家财政部根据中央军委批准的作战计划，确定作战的军事需求规模，并根据作战计划的变化预测调整军费需求规模。二是财政部编制财政动员预算计划，由财政部国防司、预算司、总后勤部财务部具体落实。三是中央财政与地方财政分解财政动员任务。四是财政部根据军事需求的变化，适时进行动员任务调整。五是运用超财政动员手段实施动员。六是执行动员计划，落实动员任务。另外，还要注意由财政部统筹财力、统筹情报信息体制建设、协调同级和上下级财政。[52]

制定财力动员指标体系是衡量高技术局部战争动员效率的要求。财政动员是现代战争的关键环节，需把握现代战争与财政动员的关系、战时财政动员需求约束与供给约束条件、财政动员的环境条件等几大内容。[53] 高技术局部战争财力动员首先需把握三大原则：一是注重财力动员规模与效率相结合。二是注重各经济部门协调统一。三是满足各层次领导需要。而确立指标应注意三项要求，一是便于采集。二是设存量、流量和增量指标，体现战时财力动态特征。三是设立财力动员的实力和潜力指标。据此战时财力动员指标体系应包括财力动员规模、财力动员结构、财力动员成果和财力动员效率四个子系统。[54] 其中：

财政动员总额＝追加财政预算额＋国家财政储备动员额。

金融动员总额＝国内外公债发行量＋居民储蓄动员额。

各部门动员比例＝财政动员额∶金融动员额∶外汇动员额∶捐赠额，反映的是财力动员的来源比例。

财力动员增长速度＝（战时财力增长量－战前财力增长量）/战前财力动员量。

财力动员费用率＝财力动员中人、财、物的消耗量/财力动员总额。

财力动员提前完成时间=财力动员计划完成时间—财力动员实际完成时间。

做好战争财政动员预案编制体制建设工作。财政动员预案的主要内容，强调财政部统筹战争财政动员规划计划和预案编制负责。财政部可在备战时期设立国防财政动员领导小组，作为国动委的对口机构，由该国防财政动员小组负责编制作战经费的动员计划和预案。一是全面预测战争财政动员需求。二是做好战争财政动员潜力统计调查和分析工作。三是对战争财政动员预案编制进行分类，一种是中央财政动员预案和地方财政动员预案，另一种是财政动员综合预案和财政动员单项预案。对于局部战争，中央财政和地方财政都需要承担经费。地方政府必须采取相关应对措施，进入动员状态，在编制中央财政动员实施预案，需要编制各省财政动员预案。[55]

重视细化信息化战争条件下财政金融动员预案建设。我国目前的动员分局部动员和总动员两个等级，划分比较粗疏，而且局部动员涉及的范围太大，动员的范围、手段和内容也不详细，应进行详细的等级划分，加强可操作性强，提高动员的资源利用效率和应急反应能力，适应信息化战争等突发事件对财政金融的动员要求。根据未来战争和危机形式，财政金融动员划分四个等级。对于一般性或局部性紧急突发事件，可采取选择性动员，并启动相应的财政金融动员预案。对重大紧急突发事件或存在可能发生局部战争的情况，可采取局部动员，并启动预案。对发生局部战争或国内发生重大暴乱的情况，则进行全面动员，并启动预案。对外敌全面入侵或发生核战争的情况，国家则进行总动员，并启动预案。[56]

现有国民经济动员组织体系必须进行信息化组织改造。信息化条件下组织的变革，实质上就是为了降低信息处理需要、增加信息处理能力的相应变化，实现信息化组织变革，关键在于突出信息流在组织体系构建中的导向作用，调整经济动员组织结构。首先，在尊重一般动员组织原则的同时，把握信息流程的节点规律，将必不可少的各级指挥机构设置在相应的信息节点上，形成与之相应的节点匹配；其次，形成与动员体系信息流量相适应的动员组织机构，避免出现信息失控或"信息涡流"；最后，精简多余部门，增设有关信息动员的电子指挥中心、软件设计和信息安全保密部门。[57]

现代战争应重视经济反动员。经济反动员指通过削弱、遏制、破坏对方经济动员实力及其潜力而破坏、阻止和干扰敌方进行战争动员准备和实施的军事、准军事或非军事行动。经济反动员的主要特点是，第一手段更加多样化。第二功能趋向扩展化。第三方式更加综合化。第四实施日益高效化。第五核心在于信息化。[58]

物流动员是现代战争制胜的关键因素之一。2004年目前我国物流产业已形成了完整的系统，具有了较大的整体规模和较强的综合实力，蕴涵的动员潜力可观：一是物流总量动员潜力巨大。根据预测，若按3.5%的增长计算，2005年我国的物流货运量将达到165亿吨，即应具有80亿吨左右的动员空间。二是物流运力动员潜力巨大。三是物流基础设施发展较快。改革开放以来，出现了一批非国有物流企业，成为物流动员中不可忽视的一部分力量，必须有效地对这些企业实施战时物流动员，并提出切合实际的有效解决方案。[59]

必须重视战时财力动员的理论体系建设。突变理论是建立在拓扑动力学、微积分、奇点理论及结构稳定性理论的基础上，专门研究系统中不连续变化和突变，将系统即将发生突变的各临界点进行分类，研究各临界点附近的非连续特性，进而对系统中的突变现象进行描述和研究。战时财力动员是战时经济动员的核心部分，必须运用突变理论，研究、建立战时财力动员效果评价指标体系，及时、准确掌握战时财力状况，合理筹集、使用资金，评价财力动员规模。[60]

总之，高技术局部战争条件下的战争财力动员是未来新军事变革和实现跨越式发展主要面临的新领域，既要进行动员体制的变革，也要采用科学的方法，还要推动理论的创新发展，为打赢高技术局部战争的潜力建设奠定财力动员的理论基础。

（二）中外战争史上财力动员的政策与经验教训

1. 抗日战争时期的财力动员

战争既是危机也是进行制度创建的时机。国民党政府在抗战爆发前进行了积极准备，1935 年《三年国防计划》制订的有关经济计划包括，在财政金融方面，围奠定战时财政金融基础，计划"实行币制改革，为以后战争的巨耗准备财源"；工业建设方面，为奠定战时工业基础，计划"修建和扩大兵工厂"，加快重工业建设；交通建设方面，为奠定战时国防交通基础，要求修建重要铁路公路。国民政府当时加快了金融改革与金融统制、重工业建设和交通运输建设的步伐，促使国民经济走上复苏和发展，增强了国家经济实力和国防力量，对支撑全面抗战创造了有利的条件。[61]国民政府在抗战时期，面对日本侵吞华北盐税和关税问题，沿用了战前建立的"减债基金"思路分层次处置，调整抗战时期外债制度、外债摊存政策和处置措施，避开财政负担，维系对外债信用，取得了较好财政效果。国民政府还借用特殊的时机统一了财政，推进了财政制度现代化建设，值得借鉴。[62]

必须通过金融统制解决战时金融市场和物价波动问题。抗战时期中国经济困难、物价上涨，症结在于货币严重超发，必须采取战时统制措施。[63]战时统制是抗日战争环境下的特定产物，在维持战时生产，最大限度保障军需民用，支持抗日战争胜利方面发挥了重要作用。随着抗日战争爆发，国民政府的统制经济政策全面展开，并逐步确立和实施战时经济体制。虽然在战时统制实施过程中产生了一些消极作用，但对于打赢抗日战争又是必须和必要的。[64]

进行战时财力动员必须实施金融动员措施。全面抗战爆发后，中国金融市场动荡加剧，急需建立战时金融的权威机构，1939年9月，南京政府颁布《战时健全中央金融机构办法纲要》，要求中央银行、中国银行、交通银行、中国农业银行四行合组联合办事总处（"四联总处"），负责办理政府战时与金融、经济政策有关的各项特种业务。实施战时金融与银行统制是一项重要的战时财力动员政策。国民政府通过立法活动，加紧对货币发行实施监管。战时货币发行的法律监管主要体现在对省地方银行发行钞券、各地各行局发行本票、中央银行统一发行三方面，监管的目的在于维持战时金融经济运行的稳定，强化中央银行职能，以保障战时国家财政经济的金融需求。但是，由于法律监管不力，出现发行与支出的结构不合理、货币信用缺失等问题，助长了通货膨胀的发展。[65]

战时金融动员必须强化监管手段。国民政府通过财政部、四联总处、中央银行等多家机构先后共同参与，建立了多元化银行监管体制，对战时状态下的银行发展与经营安全进行了大规模的设计与监管。由于战争局势与经济金融形势的发展变化，它们的监管对象、监管力度和监管目标随之发生了相应的变动，各部门的职责与权限经常处于不稳定状态，事权未能统一，矛盾十分突出，致使监管实效不足，对战时金融市场产生了消极影响，通货膨胀更加日益加剧。[66]关吉玉战时财经政策主张符合国防经济学基本原则，但由于过于理想，难以贯彻实施；但由他主持的田赋征实工作，符合中国国情，适应了战争要求，取得了限制通货膨胀的良好效果，为支持抗战起到了重要作用。[67]

　　战时财力动员必须注重进行货币动员。抗日战争进入相持阶段。国民政府发动、督导了一场节约建国储蓄运动，集中社会游资，协助后方经济建设，平抑战时物价，取得过可观的成绩。但因其在实施的过程中始终受通货膨胀影响，加之后期政府推行强制储蓄，使其最终失去民信，以致未能达到预期的目的。[68]

　　战时税收动员必须重视国家的财源结构。中国近代财政的主要财源是关税、盐税和统税，抗战全面爆发后，重庆国民政府以田赋、营业税、契税为主体的地方税划入中央，形成了融关税、盐税、货物税、直接税、土地税、地方自治税收等税收的战时消费税、非常时期过分利得税、财产租赁出卖所得税、遗产税等新的税收门类，奠定了以所得税、遗产税、战时利得税等直接税为主干的税收体系。[69]

·　　抗日战争期间国民政府的盐务变革经历了统制、专卖与恢复征税三个阶段。不同阶段盐税政策的价值取向、效果都有区别。在1941年以前，国民政府大部分时间的盐税政策比较注重民食，盐税税率有升有降，但起伏幅度不大；而在1942年以后，其盐税政策的财政功能越来越强化，由于意外损失准备金、专卖管理费、战时食盐附税、军人副食费的陆续开征，盐项税率有大幅度抬升的趋势，国统区通货膨胀更加强了这一趋势。[70]

　　1930年南京国民政府在海关进口税计征中实施关金政策，确保了关税收入的持续增长，稳定了政府的财政，促进了国民政府的巩固。抗战爆发后，国民政府不断调整关金政策，将原本专用于关税缴纳的特殊票据关金券，用于公债募集，并用作市面流通的货币，从而极大地发挥了关金政策的抗战功用。[71]

　　战时财力动员必须注重利用外债政策。抗战时期美国对华借款帮助中国抗战，国民政府共计从外国获取了25笔借款，其约定信贷量和实际动用量，分别约占中国战时对外信贷总量和实际动用总量的 53.4% 和 70.8%，借款条件较优。[72]1942 年，国民政府利用美国的 5 亿美元贷款，发行美金储蓄券和美金公债，同时抛售黄金，举办黄金存款和法币折合黄金存款等业务，吸收了市场上过剩的法币，对于回笼货币、吸收游资、收缩通货起过一定作用。[73]

必须注重通过国家投资支持激发经济活力并创造新的税源。四联总处作为国民党政府在抗日战争时期的最高金融机构，具有国家银行性质，四联总处在西南地区进行了大量的工业投资活动，对西南地区工业现代化进程产生了重要影响。[74]

战区财政金融动员工作既对局部战争胜利至关重要也是战区经济建设之所需。抗日战争时期共产党和国民党的战区财政金融动员都有好经验，首先是新四军和抗日民主政府把战时财政工作放在重要地位，从创新财政工作方法入手，强化财政管理与纪律，多渠道开辟财源，合理用财、节约用财。[75]其次是国民党方面，浙江省财政收入在抗日战争爆发后大幅减少，而且由于军费支出扩大，地方财政经济陷入困境。桂西军事家黄绍竑抗战期间对浙江战时财政进行了改革，主要采取的方针是地方财政自给自足，财政原则采取量出为入，财力筹措采用公卖、专卖、专运等经济统制。通过改革和调整税收机构、整顿财务行政、开辟财税来源、激发社会金融活力，使战时浙江财政改善较大。[76]

湖北武汉在抗战初期陷落、富庶县份先后沦为战区，财政收入锐减，财政根基动摇。湖北省政府通过整理税赋，增加收入，厉行"量出为入"方针，减少政费，清理债务，财政支出中债务负担逐年减轻，尽力维持并增加事业费，教育文化费占据突出地位。由于确立了省级财政收支存核财政制度，在相当程度上维系了湖北省抗战、生存和建设。[77]

　　而四川省政府实施以提高税率为中心的营业税改革效果较差。营业税提高以后，四川商民税负骤然加重，四川商界通过多种形式加以抵制，最终迫使省政府在降低税率上做出让步，税率最终回归到经济可承担水平。可见税率的确定实际上是政府和经济主体博弈的结果。[78]

　　战时财力动员实践推动了财政理论发展。国民党政府行政院长兼财政部长孔祥熙认为，战时财力动员方法有三种：即整饬税收、募集内外债和加发纸币。他在抗战爆发后，主张实行以借债为核心，实施战时财政政策应付战争需要。[79]孔祥熙对增税与募债较为注重，这是因为，增发纸币会紊乱财政金融，引发通货膨胀。所以必须主要采取整顿税收、举借内外债增加财政收入。但由于财政赤字依然居高不下，到了抗战中后期不得不开始增发货币。[80]孔祥熙对于对外借债，要求中国必须维持外债信用，维持外债信用是利用外资的前提，举借外债则是利用外资发展经济和坚持抗战的必要手段。[81]国民党政府在抗战进入相持阶段后，召开了第三次全国财政会议，下决心进行战时财政体制改革，未实施战时财政动员奠定基础，主要政策包括，一是改订财政收支系统，将全国财政分为国家财政与自治财政两大系统；二是田赋收归中央并改征实物。从经济上、政治上加强了国民政府的中央集权，基本解决了抗战后期的粮食问题。上述政策的显著特点是财政政策配合军事性，即都是当时战争环境下的特殊措施，从平时财政的独立性来观察，具有消极性。[82]由此可见，孔祥熙的战时理财思想既有中国传统理财思想的因素影响，也有西方近现代财政思想影响；既含有减轻人民负担的合理因素，也反映了国民党统治集团的利益诉求。[83]

　　2. 信息化战争条件下战时财力动员的经验

　　当代信息化局部战争的发展决定着国民经济动员能力的变化。

由于战争的突然性增加，直接影响着国民经济动员反应速度；由于战争的精确性增加，又直接推动经济动员信息化程度提高；而由于战争规模的有限性，则从根本上制约着经济动员建设范围。尤其重要的是，由于信息化战争的高消耗性，直接导致经济动员储备方式随着大量信息化装备运用于战争而发生较大变化。[84]

高消耗和强大的补给能力是信息化局部战争的重要特征。在 20 世纪 90 年代的海湾战争中，美军航母编队每天人均油料消耗 1380 千克，为第二次世界大战时的 69 倍。财力耗费随之大幅增长，短短 42 天内，多国部队共耗资 670 亿美元，平均每天耗资 15.9 亿美元。可见信息化战争高消耗性导致经济动员储备既要扩大成品油、粮食、医药用品等战略物资的数量、种类，又要注重储备质量、方式，最大限度地提高经济动员储备效益，缓解有限资源与战争高消耗性的矛盾。

当代信息化局部战争条件下必须根据信息化作战要求开展国民经济动员。首先由于信息化作战的信息主导作用凸显，动员资源透明可视，动员体系趋向无缝链接，必须搞好经济动员网络系统综合集成，提高经济动员信息化程度。其次由于信息化作战物质技术的科技含量非常高，高技术后勤装备物资和科技动员能力必须增强响应。第三由于在信息化作战战场条件下，战争形式变化迅疾，保障需求难以预测，动员时效性强，必须大大增强经济动员的应急能力。最后在信息化作战条件下，由于广泛实施精确打击和信息"杀伤"，重要经济目标和经济动员信息网络系统易遭攻击破坏，必须提高经济动员潜力和信息安全防护能力。[85]

当代信息化局部战争条件下要把适度可控作为国民经济动员的有效方法。在信息化条件下，展开局部战争的经济动员要重点把握适度可控的动员目标，适应信息化条件下国民经济承受力，更要考虑到战后国民经济的可持续发展，既要处理好军需与民用的关系，还要处理好现实需求与长远发展的关系，从而合理确定国民经济动员的时机、方式、规模、区域，以较小的经济动员成本达成战略目的。[86]

美国历史上多次通过战时动员建设了大规模财力动员的能力。战争是敌对双方用黄金、现钞和贷款抢购战争物资的竞赛，美国在一战时筹措战争费用的手段主要是税收和发行公债。1917 年 10 月美国会通过《战时岁入法》，提高累进所得税、超额利润税和酒类、烟草、奢侈品的消费税，筹得 103.5 亿美元，约为战争开支的 1/3。在 1917–1918 年财政年度，通过累进所得税政策共筹措了 30 亿美元。根据 1913 年《安德伍德税法》，所得在 4000 美元以下者免税；所得在 4000–20000 美元之间者，缴纳 1% 的公司税；收入在 50 万元以上者缴纳 6% 的税。到 1917 年美国的累进所得税税率提高到 6%，最高附加税提高到 65%。当时美国为保证战时公债的顺利发行还建立了"战时财政局"，通过发行自由公债、胜利公债和战时储蓄券筹措了 250 亿美元战费，保证了战争投入。[87]

筹措充足财力是欧美国家当代战时经济动员的核心政策。首先战前更早时期开始调整国家财政分配计划，是为开战筹措战争经费的基本手段和途径。二战之前的若干年，各国纷纷开始实行战争预算，筹措战争经费；在科索沃战争爆发前，美国和法国都通过了有关的战争预算计划筹措战争费用。其次是战前要更早通过税收手段筹措军费。各国广泛使用税收手段筹措战争经费的主要原因是税收的强制性、无偿性和稳定性特点。第四次中东战争中，以色列强制征收特别税达到工薪的 20%、企业盈利的 9%。三是战争中通过举债筹措战费。以第四次中东战争为例，以色列在对阿拉伯国家开战后不久就发行了 10 亿马克公债。发行公债筹措战费是西方进行战争较通行的做法。

实施战时经济统制仍然是信息化局部战争的重要财力筹措政策。首先是稳定战时金融秩序。科索沃战争造成南斯拉夫的经济损失非常大，南政府被迫实行战时非常措施，及时调整国家预算，将国家财政收入和物资全部用于国防行动，而且还控制了非必需品进口，将进口物资全部投入对外战争，并对于物价、信贷进行控制，较成功地抑制了通货膨胀，保证经济秩序稳定。同时南政府还实行了战时供给制度，如粮食的专卖、生活物资的配给制。而且战时的劳动管理也非常严格，如二战时期美国要求军工企业每周必须开工 48 小时。实际上战时国民经济动员的程度各有不同，它取决于经济动员的等级划分，经济动员展开的程度随着战争烈度的增加、动员等级的上升而上升。[88]

西方国家实施信息化战争动员趋向于国内与国外协调结合。这一趋势主要取决于政治多极化与国际政治经济利益集团化趋势的交互发展，以及经济全球化和军事高科技化的发展。1991 年海湾战争中，美国一方面动员 36 个国家派出 70 多万军队参战，另一方面动员数十个国家派出医疗队实施战地救护，还动员了日本、德国、韩国和海湾国家，分摊 530 多亿美元的战争经费。2003 年伊拉克战争爆发前，美国宣称已有 45 个国家表示支持美国，日本、波兰、意大利、乌克兰等国都先后派出了后勤支援、防核化和战场抢险等专业技术人员，并为美英联军提供了大量作战所需的重要物资。[89]

通过军事联盟动员分摊战争成本需要各国对于战争的正义性达成共识。一般国家难以承受高技术局部战争的高消耗性，因此，分摊高额战争成本必须进行战争联盟动员。在第一次海湾战争时，美国师出有名，欧洲、多个阿拉伯国家、日本都为其慷慨解囊。但在第二次海湾战争中，由于美国并未得到联合国授权、师出无名，只有除英国、日本、澳大利亚等几个国家，大多数国家都未协助，联盟动员的成效远不如前次战争。[90]

结论

实现跨越式发展必须研究信息化战争的特点，推动国民经济动员体制建设。当代科技进步极大地推动了武器装备技术的发展，进而推动新军事变革不断深入，出现了信息化战争形态，这种新的战争形态具有信息主导、体系对抗、精确作战、智能制胜的特点，要求主动把握信息域优势，进行全局性、结构性、综合性战争对抗，要求从战略筹划上、作战目标上和创造战机上进行精准选择，还要求战场规划向智慧战场、智慧辅助决策、智慧控制进行拓展，而服务于打赢信息化局部战争的国民经济动员体系必须紧跟战争变化，推动"小常备、大动员"的动员体制建设，这是符合高技术局部战争规律的建设方向。

实现跨越式发展要求创新中国特色的国民经济动员理论体系。首先，打赢信息化条件下的局部战争要求实施敏捷动员理论建设，注重政府管理、建立动态联盟、资源整合，快速、高效地实现常态下的动员准备模式向危态下的动员实施动员模式转变。其次，国民经济动员要同时面向战争时期和突发事件两大领域，注重通过立法规制权力行为主体、调整权利范围、构成要件、法律效果等方面。再次，要对现有国民经济动员组织体系进行信息化组织改造，突出信息流在组织体系构建中的导向作用，把握信息流程的节点规律，形成信息节点上指挥机构设置与节点的匹配，避免出现信息失控或"信息涡流"。第四，必须推进国民经济动员潜力建设理论发展。最后必须更加重视经济反动员，通过反动员准备和实施，削弱、遏制、破坏对方经济动员实力及其潜力，阻止和干扰敌方的战争动员准备。

实现跨越式发展要求加大国民经济动员潜力建设。首先要把握现代网络技术和网络经济发展的潮流，将区域资源、再生产源、交通、通信、组织指挥等进行合理组织，形成区域和全国范围内的随动网络，赋予可动员资源具有较强的应变能力和生存能力。以地区为中心构建可动员资源随动网络，通过建设基本节点，连接再生产源、集中节点和交汇点，组成交通通信联络、信息系统、指挥决策中心体系，强化可动员资源管理，将可动员资源寓于国民经济动态运行的系统之中，将其纳入城市网格化、数字化管理，提高城市危机管理的资源保障速度和能力。其次要重视危机状态下国民经济体系的动员潜力问题。国民经济动员潜力是国民经济体系在危机状态下可增加的资源供给能力，是危态下国民经济体系释放增量的能力，与国民经济部门的柔性、战争和突发事件的危机程度、经济动员需求、经济动员手段等外部环境关系很大。危态供给弹性是动员资源的本质属性，是动员资源超常规供给能力的内因，危态供给弹性越大，该动员资源的动员潜力就越大，反之则越小。第三，国民经济动员中心是潜力到能力的转换链、蓄水池、承载器、催化剂和辐射源，平时要将国民经济动员中心建设作为抓手，加大动员潜力建设的投入，并做好潜力向能力转化的体制机制建设。

实现跨越式发展必须重视国民经济财力动员能力建设。首先，当代进行战时财力动员必须把握高技术局部战争信息化程度高、突发性强、资金消耗量大的特点，既要完善国防基金储备制度，也要构建财力动员等级制度，还加强财力动员信息建设，尤其是必须注重，中国加入 WTO 后，国民经济动员将越来越依赖国际资源，而世界经济一体化也为中国利用国际财力资源建设动员基础提供的机遇。其次，推动国民经济动员建设多元化融资，创新资本运作手段。

国家要注重通过金融资本运作、融资制度创新，提高国民经济动员能力。其次，打赢信息化条件下的局部战争应以金融手段为主，既要保证作战部队的货币供应，也要保持必要的外汇储备、黄金储备和外币储备，还要保证扩大军品生产的资金供给，保持金融货币市场的稳定。最后，通过金融工程建设强健国民经济动员的基础。网络时代的金融具有自我生长和服务经济双重功能，是包含了实质经济和虚拟经济的复合经济形态，实现跨越式发展必须以经济全球化、市场一体化和资产证券化为大背景，以政府融资手段加速国民经济财力动员基础。

参考文献

[1] 陈德第，库桂生 . 国民经济动员：基本理论和历史经验的研究 . 北京：长征出版社，1995：262.

[2] 胡光正主编 . 战争动员 . 北京：中国大百科全书出版社，2007，1，10，12—13，146、150—151.

[3] 江泽民 . 全面建设小康社会，开创中国特色社会主义事业新局面——在中国共产党第十六次全国代表大会上的报告 .2002-11-8.

[4] 戚建国 . 把握战争形态演变的时代特征 . 解放军报，2020-1-16（07）.

[5] 王荣辉 . 信息化战争应有怎样的优势观 . 解放军报，2019-8-29（11）.

[6] 朱庆林 . 中国国民经济动员发展战略研究 . 北京：军事科学出版社，2006.

[7] 王广怀 . 国民经济动员"EBGU"发展模式理论简评 . 社科纵横，2010（04）：27.

[8] 朱庆林.中国国民经济动员学研究.北京：军事科学出版社出版，2005.

[9] 朱庆林.中国国民经济应变力研究.北京：军事科学出版社，2007.

[10] 赵新海，韩连民.国民经济财力动员能力评价指标体系的构建.军事经济研究，2007（04）：39—41.

[11] 邱一鸣.精确化财政动员的理论诠释.军事经济研究，2005（05）：31—36.

[12] 刘朝勋，刘慧.略论我国财力动员的重点选择.经济问题，2005（09）：12—13.

[13] 陈晓和，陆嘉.应急财力动员下财政支出结构调整顺序研究.军事经济研究，2009，30（11）：24—27.

[14] 董平.敏捷动员模式下国民经济动员潜力评价体系及方法研究.北京理工大学学报（社会科学版），2005，7（05）：3—5.

[15] 祝尔坚.国民经济动员中的国际贸易策略.上海经济研究，2002（12）：63—67.

[16] 徐奎.新中国国防动员体制建设的实践与探索.当代中国史研究，2006（01）：29—36+124.

[17] 赵秀敏.论国防动员法（草案）立法理念的四大突破.江苏社会科学，2009（S1）：180—183.

[18] 胡世洪.根据军事战略进行军事立法因果预测.当代法学，2008（01）：134—141.

[19] 王欢欢.国防动员与国民经济动员法律概念比较分析.中国政法大学研究生院，2009.

[20] 徐宗君，果青.现代国防动员法规建设的精神内核.军事经济研究，2005（04）：72—73.

[21] 李英.国防科技安全的法律保障.江南社会学院学报，2009-9，11（03）.

[22] 吴一亮.在推进中国特色军事变革中加强国民经济动员建设.军事经济研究，2005（06）：31—32.

[23] 朱乐.中国特色国防研究30年·国防经济篇.军事历史研究，2008（03）：1—9.

[24] 张明.论国防经济建设的战略转型.军事历史研究，2006（02）：24—29.

[25] 张明.论国防经济建设的战略转型.军事历史研究，2006（02）：24—29.

[26] 汪金玉.论动员型国防经济体制的模式与构建.国防，2002（05）：4-8.

[27] 岳峰.社会主义市场经济条件下的财政动员.国防，2003（04）：57—58.

[28] 张笑.国民经济动员建设中融资多元化问题探讨.军事经济研究，2007（08）：48—51.

[29] 李文经，史澜.以税收作为主要战费筹集手段应具备的前提条件.军事经济研究，2007（02）：57—60.

[30] 王娟兰，王大鹏.发行国防彩票的理性思考.军事经济研究，2005（02）：36—38.

[31] 常相全，马力.基于神经网络的经济动员征用补偿估价模型的探讨.科技管理研究，2006（03）：235—237+240.

[32] 熊磊，帅秀伟.对国民经济动员补偿制度的经济学分析.军事经济研究，2002（04）：40—43.

[33] 任希魁，杜为公.我国战争经费动员方式的选择.军事经济研究，2005（12）：27—30.

[34] 祝尔坚.网络时代国民经济动员中的金融建设.军事经济研究，2002（07）：15—17.

[35] 张寒菊，李志祥.财政金融动员模式探讨——以中关村自主创新示范核心区为例.北京理工大学学报（社会科学版），2011，13（02）：77—80.

[36] 董平.敏捷动员模式下国民经济动员潜力评价体系及方法研究.北京理工大学学报（社会科学版），2005，7（05）：3—5.

[37] 库桂生主编.国防经济学说史（第二版）.北京：高等教育出版社，1999：167.

[38] 钱大林，张洪辰，库桂生，于德惠.各国国防经济潜力比较研究.北京：国防大学出版社，1992：3—19，411—418.

[39] 朱庆林，常进等.中国国防经济潜力研究.北京：军事科学出版社，1999：4，前言第5—6.

[40] 郭凤歧主编.中国区域国民经济动员研究.北京：军事科学出版社，2007.

[41] 张永晋，刘慧，王玮琢，李元.我国战争财力动员潜力预测模型构建.军事经济研究，2006（03）：32—35.

[42] 孔昭君，王成敏.供给视角的国民经济动员潜力理论探索.北京理工大学学报（社会科学版），2010，12（02）：5—9.

[43] 王成敏，孔昭君.供给视角的国民经济动员资源供给能力及特性研究.军事经济研究，2011，32（06）：27—30.

[44] 韩宇宽，李连宏.可动员资源随动网络研究.北京理工大学学报（社会科学版），2005（03）：15—17.

[45] 刘康娜，孔昭君.概念操作化在国民经济动员潜力中的应用研究.北京理工大学学报（社会科学版），2006（03）：9—12.

[46] 周兴昌.浅谈国民经济动员中心的建立.军事经济研究，

2007（10）：43—45.

[47] 任政富，李本玉.省、市、区国民经济动员中心建设的构想.国防，2003（07）：56—57.

[48] 范晓光，姜诗坤，李贵清主编.现代局部战争动员研究.北京：军事科学出版社，2000.

[49] 吴子勇主编.战争动员学教程.北京：军事科学出版社，2001.

[50] 刘朝勋，刘慧.战争财力动员的基本对策.经济师，2005（09）：275—277.

[51] 石亚东.我国战时财政动员潜力及其转化机制分析.中央财经大学学报，2009（05）：16—21.

[52] 孟浩军.论战时财政动员的程序.军事经济研究，2005（06）：36—37.

[53] 王朝才，刘尚希.战时财政动员论.北京：中国财政经济出版社，2007.

[54] 董孝梅，詹银珍.战时财力动员指标体系设计.军事经济研究，2002（04）：38—39.

[55] 李文经，史澜.我国战争财政动员预案编制初探.军事经济研究，2012，33（09）：18—20.

[56] 汪洋.信息化战争条件下的财政金融动员初探.军事经济研究，2005（05）：37—40.

[57] 史艳.国民经济动员信息化与后勤可视化协同发展初探.军事经济研究，2006（11）：31—34.

[58] 洪海滨，马峦.信息化条件下经济反动员问题探讨.军事经济研究，2006（09）：30—32.

[59] 余真翰，康江萍.中国物流发展现状分析与动员潜力研

究.军事经济研究，2004（05）：26—30.

[60] 陈晓和，邱祖学.突变理论在战时财力动员效果评价指标体系中的运用.生产力研究，2009（18）：75—76+80.

[61] 陈雷.略论抗战前南京国民政府的经济建设——兼谈对抗日战争的作用.历史档案，2010（01）：108—116.

[62] 张侃.抗日战争时期中国政府外债摊存及偿债基金之演变.中国社会经济史研究，2010（03）：95—102.

[63] 杨雨青.抗战时期物价问题之我见.北京社会科学，2012（01）：60—64.

[64] 陈雷，戴建兵.统制经济与抗日战争.抗日战争研究，2007（02）.175—195.

[65] 王红曼.四联总处对战时银行机构的法律监管.安徽史学，2008（06）：85—90.

[66] 王红曼.抗战时期国民政府的银行监理体制探析.抗日战争研究，2010（02）：82—94.

[67] 张燕萍.抗战时期关吉玉财经理论与实践述评.扬州大学学报（人文社会科学版），2012，16（05）：68—73.

[68] 方霞.抗战时期后方的节约建国储蓄运动.抗日战争研究，2009（03）：110—126.

[69] 王宏顺.民国时期税收探析.光明日报，2011-1-20（11）.

[70] 董振平.论抗战时期国民政府的盐税政策.抗日战争研究，2004（03）：121—140.

[71] 龚辉.论国民政府战时关金政策的演变——兼论抗日战争期间中日财政金融的争斗.军事历史研究，2005（02）：87—94.

[72] 杨雨青，程宝元.对抗战时期美国对华借款的比较研究.史学月刊，2007（06）：59—67.

[73] 杨雨青.五亿美元贷款与战时黄金、公债政策.南京大学学报（哲学·人文科学·社会科学版），2011，48（05）：73—88+159.

[74] 王红曼.四联总处与战时西南地区工业.贵州社会科学，2007（01）：146—150.

[75] 钱和辉.新四军战时财政工作刍议.财贸研究，2005（04）：20—23.

[76] 潘国旗.论战时的浙江省财政.抗日战争研究，2009（02）：62—69.

[77] 江满情.论抗日战争时期的湖北财政.湖北大学学报（哲学社会科学版），2011，38（04）：55—59.

[78] 柯伟明.战时政府与商界的税收关系——以四川营业税税率风波为中心的考察.抗日战争研究，2012（02）：62—68.

[79] 蔡志新.孔祥熙的战时财政理论和战时财政政策.历史档案，2006（01）：125—133+136.

[80] 吕志茹.无奈的选择：孔祥熙与抗战时期的增发货币政策.山西师大学报（社会科学版），2008（01）：83—87.

[81] 蔡志新.孔祥熙外债思想述评.甘肃社会科学，2003（02）：42—46.

[82] 潘国旗.第三次全国财政会议与抗战后期国民政府财政经济政策的调整.抗日战争研究，2004（04）：101—122.

[83] 蔡志新.孔祥熙理财思想初探.历史教学，2003（06）：30—35.

[84] 宋良斌等.论信息化条件下局部战争经济动员建设.军事经济研究，2010（09）：17—19.

[85] 张建国.信息化条件下国民经济动员的特点与对策.军事经济研究，2004（11）：61—62.

[86] 宋良斌等 . 论信息化条件下局部战争经济动员建设 . 军事经济研究，2010（09）：17—19.

[87] 曹月勇，任安俊 . 美国海外远征军体制确立的基础：国内战争动员体制 . 潍坊学院学报，2002，2（01）：61—66.

[88] 南京陆军指挥会学院国防动员系教研室 . 欧美国家经济动员的特点与方式 . 中国民兵，2003（02）：32—33.

[89] 任民 . 伊拉克战争给经济动员带来的影响与启示—兼论数字化信息化时代的国民经济动员（上）. 国防，2003（07）：49—51 页 .

[90] 朱洪震 . 两次海湾战争中美国国民经济动员特点比较 . 国际资料信息，2008（10）：2.

政府支持下的军工供应链金融创新模式研究[*]

周雪亮　张纪海

　　军民融合企业融资难、融资贵成为制约军民融合深度发展最为突出的因素，是急需深入分析和破解的难题。近年来，供应链金融在农业、电商、工业制造等领域得到了快速发展，有效地解决了中小企业融资难、融资贵等问题。供应链金融在军工领域的应用能够为军工供应链上下游企业提供更加便捷、更低成本的融资服务，特别是能够对军民融合企业实现精准融资服务，解决军民融合企业的融资难题。随着军民融合的深度发展，国家出台各项政策推动军民融合领域金融模式创新，部分地区对军工领域供应链金融模式进行了先行先试，推出了军工订单融资、军工应收账款融资等金融产品，但现有的军工供应链金融模式存在融资效率低、业务范围小、社会资本参与度低等问题。本文梳理了现有的军工供应链金融发展现状，通过分析军工供应链的结构，界定了军工供应链金融的概念，重塑了政府支持下军工供应链金融的合作结构，引入了军工供应链金融服务平台和政策性担保机构等主体，并在此基础上对军工供应链金融运行模式进行了创新，以期能够更好地发挥政府支持作用，吸引

＊作者简介：周雪亮，张纪海，北京理工大学，管理与经济学院。

更多社会资本为军民融合中小企业提供融资服务，促进军民融合深度发展。

一、军民融合产业融资研究现状

随着军民融合的深度发展，国内对军民融合金融支持研究越来越多，湛泳等[1]通过实际数据分析，证明了军民融合中小企业比军转民企业在资本市场融资方面困难更大。纪建强等[2]分析了国防工业军民融合融资机制存在的问题及原因，构建了国防工业军民融合融资机制，并提出了具体实施路径。董小君等[3]结合我国军民融合的发展特点及现实需求，提出了我国军民融合多元化资金支持体系。王少华等[4]提出了一种多元化的军民融合投融资模式，并阐述了其运行机理。黄鳞等[5]依据融资平台设计了军民融合产业园区融资总体模式。张莹[6]通过深入分析军工产业科技金融平台的主导模式、各类型业务平台，并提出相关发展建议。徐亚超[7]分析了军工产业领域开展供应链金融的意义，重点对中航信用金融服务平台的业务模式进行了详细论述。刘立民等[8]认为应加大对军民融合中小企业扶持力度，发展知识产权质押、供应链融资等多元化融资模式。赵苡然等[9]研究认为应拓展军民融合产业融资途径，强化服务手段，降低信贷风险。闫畅[10]提出要发挥开发性金融和政策性金融的作用、创新业务品种，减低军民融合中小企业融资门槛、减低信息不对称性等政策建议。董晓辉[11]提出要强化金融促进军民融合发展的作用，一是要建立多元化的融资体系，二是搭建金融服务平台。周全等[12]提出要建立多层次政策性金融体系、发展多层次资本市场、创新信贷模式及完善军民融合贷款担保体系等。纪建强等[13]从风险方面分析了国防知识产权抵押融资的风险来源并提出了相应的防范措施建议。

综上所述，政府在军民融合产业融资过程中起到了重要作用，加强政府引导、发挥政策性金融的作用、降低军民融合企业和金融机构之间的信息不对称性、搭建金融服务平台、建立专项担保机构，充分发挥政策性金融的引导作用，吸引更多社会资本参与军民融合企业融资。

二、军工供应链金融研究和发展现状研究

（一）军工供应链金融的基本概念

首先，分析军工供应链的结构，军工产品主要服务于国防建设，作为国家公共产品集中采购，另一部分由军贸公司采购集中出口，因此军工企业的生产是以国防建设为主的高度计划性和具备部分市场化的特色，其中军方或者军贸公司对军工企业的采购必须服从国家整体计划性和政策性的要求，具有高度的政府强制性和计划性，军品生产应该将国家安全和国家利益放在第一位，弱化经济利益，国家对军品生产实行高度垄断[14]。军工供应链一般是以某个军工核心企业为中心，军工核心企业以主机装配工作为主，该企业统筹某军工产品的生产、部装、总装和外协等工作[15]，军工产品生产过程中大部分研制和装配工作由军工主机生产企业完成，部分关键零部件是由军工背景的各级辅机和配套供应商（军民融合企业）生产制造，大部分零部件生产和小部分装配作业分包给外协企业（军民融合企业）完成。军工产品的特殊性决定了其供应链的特殊形式，军工产品由国家安排直接对接军方，所以其供应链与其他产品供应链相比相对较短。军工供应链结构示意图，如图 1 所示。外协企业和军工背景的配套企业与军工主机生产企业建立业务联系，参与军

工产品生产任务，军工主机生产企业作为是军工供应链中的核心企业，主导整条军工供应链的生产供应和管理过程。外协企业主要是民营企业参与军工生产的供应商（如金属原材料和零部件供应商等）为主，该类型企业属于军民融合企业，该类型企业经营完全市场化运营；军工各级辅机生产和配套生产企业主要是军工集团控股或参股的各级供应商为主，该类型企业具有军工背景，通常以保障军品生产为主，同时结合自身优势向民用市场领域提供市场化产品服务，具有部分市场化运营的特点，也属于军民融合企业。所以，无论是外协企业中的各级供应商还是军工各级配套供应商都属于军民融合企业，具有保障军工生产和向民用领域市场化运营的双重属性，并且中小企业占比较大。

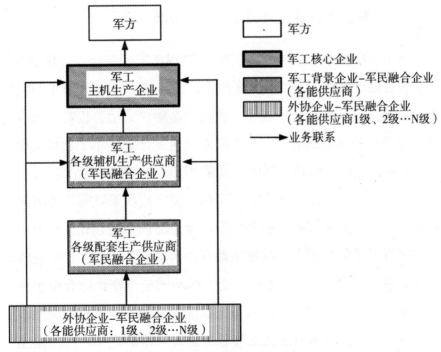

图1 军工供应链结构示意图

然后，界定军工供应链金融的概念，供应链金融以供应链中的核心企业为中心，在整合供应链体系内的企业信息、物流信息、资金信息等资源的基础上，为整个供应链资金流提供相应的解决方案。针对军工供应链的特点，本文认为军工供应链金融是指以军工供应链为基础，以军工主机生产企业为核心，将参与军工产品生产的各个环节的不同参与主体进行综合授信，综合考虑军工供应链上的资金需求者和金融供给者之间的供给与需求，以军工供应链上的真实贸易为依据，结合担保和企业信用评价等主体的合作参与，针对军工供应链上各个环节的参与主体，充分考虑各个生产环节的特点，科学合理设计相关金融产品，对有融资需求的参与主体提供与之相适应的金融服务，满足军工供应链上各个环节不同供应商的融资需求，推进军工供应链整体稳定运转的系统性金融解决方案。

（二）军工供应链金融研究和发展现状

军工供应链金融发展方面，汪洪[16]提出军民融合领域开展供应链金融有助于缓解中小企业资金压力。赵伟超[17]分析了某航空制造企业的供应链金融模式，在采用供应链金融模式后，提高了供应商的交付率和质量。现阶段，学者们对供应链金融在军工领域应用提出了对策性建议，但缺少具体模式和方法等方面的研究。

军工供应链金融发展方面，目前主要在应收账款融资方面开展较多，四川省在军民融合领域供应链金融方面具有领先性，由中国人民银行组建的以服务应收账款融资的金融服务平台"中征应收账款融资服务平台"，构建了核心企业带动供应链军民融合中小企业融资模式。中航信用平台开展军工供应链金融的业务相对成熟，以军工供应链企业之间贸易信息共享为基础，形成了"N（中小企业）+N（金融机构）+N（军工核心企业）"的军工供应链金融科技平台服务体系。目前阶段由于相关体制机制尚未建立健全，航信平台主要以提供应收账款融资为主，订单融资和存货融资等融资服务较少，存在运行模式和金融产品创新度低，军民融合领域的业务开展范围小等问题。

综上所述，相关学者在军民融合产业融资方面的研究取得了丰富的研究成果，但融资模式和政策建议研究相对宽泛，难以落地实施，针对军工供应链金融模式的研究相对较少，实际操作层面军工供应链金融模式运行效率低，影响范围小，迫切需要对军工供应链金融发展模式进行优化设计。

（三）军工供应链金融发展存在问题分析

军工供应链金融是以供应链实际交易为背景的金融服务模式能够提高中小企业的信用，通过建立军工供应链金融服务平台能够有效地解决信息不对称性问题，但目前的军工供应链金融发展主要存在以下问题，一是政府支持力度不够，缺乏针对性的政策性扶持，比如政策性融资补贴、政策性担保、风险补偿等方面；二是现有的军工供应链金融手续复杂、成本较高，金融产品创新力度不足；三是金融机构参与度低，由于军工行业保密性等多方面的限制，同时又缺乏相应的风险分担机制，导致了金融机构在参与军工供应链金融服务时存在较大顾虑；四是缺乏军民融合融资专项担保机构，由于普通担保机构对军民融合行业缺乏一定了解，往往在为其担保时会一定程度上提高服务费，导致了军民融合企业寻求担保时的成本增加，担保难度加大。

三、政府干预军工供应链金融合作的博弈分析

在政府干预军工供应链主体合作的关系中，由于军工供应链回

款周期长对军工中小企业造成了资金困难，限制了企业发展，作为资金需求方的军工中小企业可以采用供应链金融的方案向金融机构提出融资申请，质押凭证主要订单合同，应收账款、存货或者其他质押物等。金融机构在得到政府的风险分担的情况下，与军工中小企业开展军工供应链金融合作，根据军工中小企业提供的融资凭证（订单、存货、应收账款、知识产权等），对军工中小企业进行评估、审核等，审核通过后会向军工中小企业提供融资合作，进而双方产生信贷合作关系，同时政府部门还会出一定的政策或者协调相关部门帮助金融机构进行军工行业培训和建立保密制度等工作，进一步减低金融机构的合作成本。在政府的支持下，一旦违约风险发生，金融机构处理军工供应链金融质押物的成功率会提高，同时政府和金融机构会对违约的中小企业采取相关处罚措施和对其声誉造成影响，提高了军工中小企业的违约成本。具体来说，在政府干预信贷环节中，军工中小企业在与军工核心企业产生贸易合作后，可以利用订单合同、货物凭证、应收账款凭证、知识产权或其他类型质押物向金融机构进行融资"合作"，可以提高自身财务效率，融资过程会产生一定的搜寻成本等合作成本，在融资合同到期后向金融机构归还本金和相应的利息，同时军工中小企业也可以选择"不合作"。当金融机构选择进行军工供应链金融"合作"时，通过获得利息作为收益，同时会付出相应的合作成本。如果违约发生金融机构会承担一定比例风险，政府会分担大部分的风险，政府对军工中小企业进行处罚，并且会协助金融机构进行质押物处置，来保障金融机构的收益。

（一）基本假设

基于政府干预军工供应链金融合作的主体关系，本文提出相应假设，构建了金融机构和军工中小企业关于军工供应链金融信贷合作的两方演化博弈模型，政府虽然不直接参与信贷合作，但是会为金融机构分担相应的风险，并出台相关政策帮助金融机构降低合作成本，同时在违约发生后，政府为规范市场发展会对军工中小企业进行处罚，并且帮助金融机构对质押物进行处置。

假设 1：博弈主体包括金融机构（FI）和军工中小企业（MB）两类主体，群体成员均为不完全理性且风险中性。

假设 2：在政府干预军工供应链金融信贷合作环节的主体博弈系统中，金融机构和军工中小企业均有"合作"和"不合作"两种策略选择。

假设 3：金融机构的群体中采取不开展军工供应链金融合作策略的个体所占的比例为，$X(t)$（$0 \leq X(t) \leq 1$），则采取开展军工供应链金融合作策略个体的比例为 $1-X(t)$，中小企业采取不进行军工供应链金融合作个体所占的比例为 $Y(t)$（$0 \leq Y(t) \leq 1$），采取进行军工供应链金融合作的比例为 $1-Y(t)$，其中 t 表示时间参数，在博弈系统中不同选择策略的个体在中群体中的占比是随时间的变化而变化。

根据假设，构建了金融机构和军工中小企业的支付收益矩阵，如表 1 所示。表中各个参数解释如下：E_1 表示金融机构不进行军工供应链金融合作的基础收益；E_2 表示军工中小企业不进行军工供应链金融合作时的基础收益；C_1 表示金融机构进行军工供应链金融合作的投入成本，如军工行业知识培训，保密制度建立等，b_1 表示政府协调帮助金融机构进行培训和保密工作制度的使得金融机构合作成本降低量；C_2 表示金融机构进行军工供应链金融合作的审核、评估和管理监督成本；C_3 表示军工中小企业进行军工供应链金融合作的搜寻成本（如向第三方服务平台提供的服务费、谈判成本等）、质押成本；λ 表示政府风险补偿比例，其中 $0 < \lambda \leq 1$，δ 表示军工中小企业融资后的按时还款的履约率，其中 $0 \leq \delta \leq 1$；m 表示军工供应链金融合作的融资利率；e 表示金融机构的吸储利率；qK 表示政府的支持能够帮助金融机构在中小企业违约的情况下的质押物处置收益，q 表示质押物处置成功率；U 和 G 表示在中小企业违约时，政府部门会对其做出相应的惩罚，包括行政处罚损失 U、声誉损失 G；s 表示双方达成军工供应链金融合作，金融机构通过扩展其他业务获得的间接收益。r 代表双方达成军工供应链金融合作，军工中小企业获得融资后能够更好地发挥财务杠杆效应带来的间接收益；i 表示军工中小企业投资收益率；g 代表军工中小企业没有通过及时获得军工供应链融资的情况下，因财务现金流问题带来的损失。

表1　政府干预军工供应链金融信贷环节中双方主体支付收益矩阵

策略选择	金融机构（FI）	军工中小企业（MB）
（不合作、不合作）	E_1	E_2-g
（不合作、合作）	E_1	E_2-C_3-g
（合作、不合作）	$E_1-(C_1-b_1)-C_2$	E_2-g
（合作、合作）	$E_1+A(m-e)-(1-\delta)(1-\lambda)(A+Am)-(C_1-b_1)-C_2+s+(1-\delta)qK$	$E_2+Ai+r-\delta(A+Am)-C_3-(1-\delta)(U+G)]$

（二）博弈模型分析

基于传统演化博弈理论的基本原理，可以分别求出金融机构和军工中小企业不同策略选择下的期望收益，假定金融机构（FI）采取"不合作"（不开展军工供应链金融）军工供应金融融资策略时的期望收益为 F_x，金融机构采取"合作"军工供应金融融资策略时的期望收益为 F_{1-x}，金融机构的平均期望收益为 F，则可以求得式（1）-（3）：

$$FI_x = Y(t)E_1 + [1-Y(t)]E_1 \tag{1}$$

$$FI_{1-x} = Y(t)[E_1-(C_1-b_1)-C_2] + [1-Y(t)]\{E_1+A(m-e)-(1-\delta)$$
$$(1-\lambda)(A+Am)-[(C_1-b_1)-C_2]+s+(1-\delta)qK\} \tag{2}$$

$$\overline{FI_A} = X(t)FI_x + [1-X(t)]FI_{1-x} \tag{3}$$

在演化博弈系统中，博弈主体的模仿速度决定了不同策略个体占总群体比率的动态变化速度，模仿速度取决于两个因素，一是模仿对象占总群体比例，二是模仿对象策略收入超过平均收益的幅度。基于上述分析可以求得金融机构采取"不合作"策略的复制动态方程为式（4）：

$$F(X) = \frac{dX(t)}{dt} = X(t)[FI_x - \overline{FI_A}] = X(t)[1-X(t)]\{(C_1-b_1)+C_2 \tag{4}$$
$$+[1-Y(t)][-s-A(m-e)-(1-\delta)qK+(1-\delta)(1-\lambda)(A+Am)]\}$$

假设军工中小企业（MB）采取"不合作"（不采用军工供应链金融方案进行融资）策略时的期望收益为 MB_Y，军工中小企业采取"合作"策略时的期望收益为 MB_{1-Y}，军工中小企业的平均期望收益为 $\overline{MB_A}$，可以求得式（5）-（7）。

$$MB_Y = X(t)(E_2-g)+1-X(t)(E_2-g) \tag{5}$$

$$MB_{1-Y} = X(t)-(E_2-C_3-g)+1-X(t)[E_2+Ai+r-\delta(A+Am)-C_3-(1-\delta)$$
$$(U+G)] \tag{6}$$

$$\overline{MB_A} = Y(t)MB_Y + 1-Y(t)MB_{1-Y} \tag{7}$$

同理，可以求得军工中小企业采取"不合作"策略的复制动态方程为式（8）

$$F(Y) = \frac{dY(t)}{dt} = MB_Y - \overline{MB_A} = Y(t)[1-Y(t)]\{C_3+[1-X(t)] \tag{8}$$
$$[-g-r-Ai+(1-\delta)(U+G)+\delta(A+Am)]\}$$

联立式（4）和式（8）得到博弈系统的复制动态方程组，如公式（9）所示：

$$
\begin{cases}
\dfrac{dX(t)}{dt} = X(t)\big[1-X(t)\big]\big\{(C_1-b_1)+C_2+[1-Y(t)] \\
\qquad\qquad [-s-A(m-e)-(1-\delta)qK+(1-\delta)(1-\lambda)(A+Am)]\big\} \\
\dfrac{dY(t)}{dt} = Y(t)\big[1-Y(t)\big]\big\{C_3+[1-X(t)] \\
\qquad\qquad [-g-r-Ai+(1-\delta)(U+G)+\delta(A+Am)]\big\}
\end{cases}
\tag{9}
$$

令复制动态方程组式（9）中的 $\dfrac{dX(t)}{dt}=\dfrac{dY(t)}{dt}=0$，可以求得复制动态稳定状态，包括 4 个无条件的均衡点为 BN_1（0,0），BN_2（1,0），BN_3（0,1），BN_4（1,1）和一个动态均衡点 BN_5（X''，Y''），其中：

$$x''=1-\{C3/[g+r+Ai-\delta(A+Am-(1-\delta)(U+G)]\}$$

$$y''=1-\{[(C_1-b_1)+C_2]/[s+A(m-e)+(1-\delta)qK-(1-\delta)(1-\lambda)(A+Am)]\}$$

当 X''，$Y''\in[0,1]$ 时，BN_5（X''，Y''）是该博弈系统中的动态均衡点，（X''，Y''）是方程组式（10）的解。

$$
\begin{cases}
(C_1-b_1)+C_2+[1-Y(t)][-s-A(m-e)-(1-\delta)+(1-\delta)(1-\lambda)(A+Am)]=0 \\
C_3+[1-X(t)][-g-r-Ai+(1-\delta)(U+G)+\delta(A+Am)]=0
\end{cases}
\tag{10}
$$

（三）博弈模型稳定性分析

由复制动态方程求出的动态均衡点不一定是博弈系统演化稳定策略（ESS）。参考国外学者费里德曼（Friedman）演化博弈系统稳定性判断方法，博弈系统的演化稳定策略可以根据雅克比矩阵 J 的局部稳定性分析进行推断，分别求出雅克比矩阵 J 对应行列式记为 $\det(J)$ 和 J 的迹 $\mathrm{trace}(J)$，根据判断法则，若均衡稳定点对应雅克比矩阵的 $\det(J)>0$，且 $\mathrm{trace}(J)<0$，则为演化稳定策略（ESS）；若 $\det(J)>0$ 或 $\mathrm{trace}(J)=0$，则为鞍点；其他为不稳定点。复制动态方程（9）的雅克比矩阵 J 如式（11）所示：

$$J=\begin{bmatrix} \dfrac{\partial F(X)}{\partial X(t)} & \dfrac{\partial F(X)}{\partial Y(t)} \\ \dfrac{\partial F(Y)}{\partial X(t)} & \dfrac{\partial F(Y)}{\partial Y(t)} \end{bmatrix} \quad (11)$$

其中：

$$\frac{\partial F(X)}{\partial X(t)}=[1-2X(t)]\{(C_1-b_1)+C_2+[1-Y(t)][-s-A(m-e)-(1-\delta)qK \\ +(1-\delta)(1-\lambda)(A+Am)]\}$$

$$\frac{\partial F(X)}{\partial Y(t)}=-X(t)[1-X(t)][-s-A(m-e)-(1-\delta)qK+(1-\delta)(1-\lambda)(A+Am)]$$

$$\frac{\partial F(Y)}{\partial X(t)}=-Y(t)[1-Y(t)][-g-r-Ai+(1-\delta)(U+G)+\delta(A+Am)]$$

$$\frac{\partial F(Y)}{\partial Y(t)}=[1-2Y(t)]\{C_3+[1-X(t)][-g-r-Ai+(1-\delta)(U+G)+\delta(A+Am)]\}$$

依据雅克比矩阵可以分别求出 J 对应的 $\det(J)$ 和 $\mathrm{trace}(J)$ 如式（12）和式（13）所示：

$$\det(J)=[1-2X(t)][1-2Y(t)][1-2X(t)]\{(C_1-b_1)+C_2+ \quad (12) \\ [1-Y(t)][-s-A(m-e)-(1-\delta)qK+(1-\delta)(1-\lambda) \\ (A+Am)]\}\{C_3+[1-X(t)][-g-r-Ai+(1-\delta) \\ (U+G)+\delta(A+Am)]\}-\{X(t)[1-X(t)]Y(t) \\ [1-Y(t)]\}[-s-A(m-e)-(1-\delta)qK+(1-\delta)(1-\lambda) \\ (A+Am)][-g-r-Ai+(1-\delta)(U+G)+\delta(A+Am)]$$

$$\mathrm{trace}(J)=[1-2X(t)]\{(C_1-b_1)+C_2-[Y(t)-1][-s-A \quad (13) \\ (m-e)-(1-\delta)qK+(1-\delta)(1-\lambda)(A+Am)]\} \\ +[1-2Y(t)]\{C_3+[1-X(t)][-g-r-Ai+(1-\delta) \\ (U+G)+\delta(A+Am)]\}$$

将博弈系统中 $BN_1(0,0)$、$BN_2(1,0)$、$BN_3(0,1)$、$BN_4(1,1)$ 和 $BN_5(X'',Y'')$ 等五个均衡点分别带入公式 $\det(J)$ 和 $\mathrm{trace}(J)$ 计算公式，判断该均衡点在此博弈系统中的稳定性。金融机构和军工中小企业是否进行军工供应链金融合作主要考虑双方合作进行军工供应链金融合作来带来的溢出价值。可以将金融机构和军工中小企业博弈系统稳定性条件转化为两方在合作后的溢出价值是否大于0，根据博弈系统的收益矩阵，金融机构采取开展军工供应链金融合作策略的溢出价值表达式为：$[E_1+s+A(m-e)+(1-\delta)qK-(1-\delta)(1-\lambda)(A+Am)-(C_1-b_1)-C_2]-(E_1)$；军工中小企业采取进行军工供应链金融合作的溢出价值表达式为：$[E_2+r+Ai-\delta(A+Am)-(1-\delta)(U+G)-C_3]-(E_2-g)$ 根据各个变量的取值范围，博弈系统可以分4种情形进行分析，如表2所示。

表2　均衡点分析条件汇总表

类型	合作价值条件	满足条件
情形 1	金融机构和中小企业合作溢出价值均大于0	$s+A(m-e)+(1-\delta)qK-(1-\delta)(1-\lambda)(A+Am)>(C_1-b_1)-C_2$ $r+Ai-\delta(A+Am)-(1-\delta)(U+G)>C_3-g$
情形 2	金融机构和中小企业合作溢出价值均小于或等于0	$s+A(m-e)+(1-\delta)qK-(1-\delta)(1-\lambda)(A+Am)\leqslant(C_1-b_1)-C_2$ $r+Ai-\delta(A+Am)-(1-\delta)(U+G)\leqslant C_3-g$
情形 3	金融机构的合作溢出价值大于0，军工中小企业的合作溢出价值小于0，	$s+A(m-e)+(1-\delta)qK-(1-\delta)(1-\lambda)(A+Am)>(C_1-b_1)-C_2$ $r+Ai-\delta(A+Am)-(1-\delta)(U+G)<C_3-g$
情形 4	金融机构的合作溢出价值小于0，军工中小企业的合作溢出价值大于0，	$s+A(m-e)+(1-\delta)qK-(1-\delta)(1-\lambda)(A+Am)<(C_1-b_1)-C_2$ $r+Ai-\delta(A+Am)-(1-\delta)(U+G)>C_3-g$

注：以情形1满足的条件为例，金融机构采取开展军工供应链金融合作的溢出价值为：$[E_1+s+A(m-e)+(1-\delta)qK-(1-\delta)(1-\lambda)(A+Am)-(C_1-b_1)-C_2]-(E_1)$，如合作溢出价值大于0，整理后得到，$s+A(m-e)+(1-\delta)qK-(1-\delta)(1-\lambda)(A+Am)-(C_1-b_1)-C_2$，以此类推。

情形1：当金融机构和军工中小企业的开展军工供应链金融合

作溢出价值均大于 0 时，即当 $s+A(m-e)+(1-\delta)qK-(1-\delta)(1-\lambda)(A+Am)>(C_1-b_1)-C_2$ 且 $r+Ai-\delta(A+Am)-(1-\delta)(U+G)>C_3-g$ 时，$BN_1(0,0)$、$BN_2(1,0)$、$BN_3(0,1)$、$BN_4(1,1)$ 和 $BN_5(X'',Y'')$ 都为金融机构和军工中小企业演化博弈系统的均衡点，在此条件下均衡点的稳定性分析如表 3 所示。

表3 情形1条件下，博弈系统的均衡点稳定性分析表

均衡点	对应 det（J）的符号	对应 J 迹的符号	稳定性判断
$(0,0)$	+	−	ESS
$(0,1)$	+	+	不稳定
$(1,0)$	+	+	不稳定
$(1,1)$	+	−	ESS
(X'',Y'')	−	0	鞍点

根据表 3 的分析可知，如果金融机构和军工中小企业进行军工供应链金融的合作，能够为两方带来的合作溢出价值均大于 0，则演化博弈系统中存在 $BN_1(0,0)$ 和 $BN_4(1,1)$ 两个演化稳定点，并且博弈系统中的其他演化均衡点都有向这两个点演化的趋势，由表 3 可知，当博弈系统向 $BN_1(0,0)$ 的稳定点演化时，$BN_1(0,0)$ 代表含义为金融机构和军工中小企业不进行军工供应链金融合作的比例 $X(t)$ 和 $Y(t)$ 均为 0，即双方进行军工供应链金融合作，博弈系统经过多个演化周期后的稳定策略为（合作，合作）；$BN_4(1,1)$ 代表的含义为金融机构和军工中小企业采取不进行军工供应链金融合作的比例 $X(t)$ 和 $Y(t)$ 均为 1，即双方不进行军工供应链金融合作，博弈系统经过多个演化周期后的稳定策略为（不合作，不合作），在满足此限定条件下，博弈系统经过多个演化周期后的演化路径如图 2 所示。

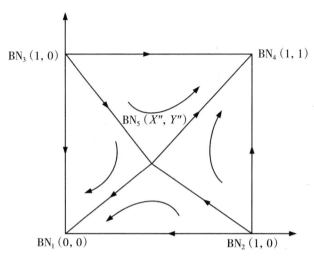

图2　情形1条件下博弈系统的演化路径

情形2：当金融机构和军工中小企业的开展军工供应链金融合作溢出价值均小于或等于0时，即当 $s+A(m-e)+(1-\delta)qK-(1-\delta)(1-\lambda)(A+Am) \leqslant (C_1-b_1)-C_2$ 且 $r+Ai-\delta(A+Am)-(1-\delta)(U+G) \leqslant C_3-g$ 时，$BN_1(0,0)$、$BN_2(1,0)$、$BN_3(0,1)$、$BN_4(1,1)$ 都为金融机构和军工中小企业演化博弈系统的均衡点。当 $s+A(m-e)+(1-\delta)qK-(1-\delta)(1-\lambda)(A+Am) < (C_1-b_1)-C_2$，$r+Ai-\delta(A+Am)-(1-\delta)(U+G) \leqslant C_3-g$ 时，不满足 $BN_5(X'',Y'')$ 中 $0 \leqslant X'',Y'' \leqslant 1$ 的条件；当 $s+A(m-e)+(1-\delta)qK-(1-\delta)(1-\lambda)(A+Am) = (C_1-b_1)-C_2$，$r+Ai-\delta(A+Am)-(1-\delta)(U+G) = C_3-g$ 时，则 $BN_5(X'',Y'')$ 和 $BN_1(0,0)$ 两点重合，由此可知 $BN_5(X'',Y'')$ 不再是博弈系统的均衡点，在此条件下，均衡点的稳定性分析如表4所示。

表4　情形2条件下，博弈系统的均衡点稳定性分析表

均衡点	对应 det（J）的符号	对应 J 迹的符号	稳定性判断
(0, 0)	+	+	不稳定点
(0, 1)	−	N	鞍点
(1, 0)	−	N	鞍点
(1, 1)	+	−	ESS

根据表 4 的分析可知，金融机构和军工中小企业进行军工供应链金融合作为双方带来的合作溢出价值均小于或等于 0 时，则演化博弈系统中仅存在 1 个演化稳定点（ESS），即 BN₄（1，1），并且博弈系统中的其他演化均衡点都呈现出向该点演化的趋势，由表 4 可知，在满足次限定条件下，经过多个演化周期后金融机构采取不开展军工供应链金融合作的比例 $X(t)$ 为 1，军工中小企业采取不进行军工供应链融资的比例为 $Y(t)$ 为 1，博弈系统稳定策略为（不合作，不合作）。

情形 3：当金融机构开展军工供应链金融合作溢出价值大于 0，军工中小企业进行军工供应链融资的溢出价值小于 0 时，即 $s+A(m-e)+(1-\delta)qK-(1-\delta)(1-\lambda)(A+Am)>(C_1-b_1)-C_2$ 且 $r+Ai-\delta(A+Am)-(1-\delta)(U+G)<C_3-g$ 时，BN₁（0，0）、BN₂（1，0）、BN₃（0，1）、BN₄（1，1）都为金融机构和军工中小企业演化博弈系统的均衡点，当 $r+Ai-\delta(A+Am)-(1-\delta)(U+G)<C_3-g$ 时，不符合 BN₅（X''，Y''），$0 \leq X''$，$Y'' \leq 1$ 的条件，则 BN₅（X''，Y''）不是博弈系统的均衡点，在此条件下，博弈系统均衡点的稳定性分析如表 5 所示。

表5　情形3条件下，博弈系统的均衡点稳定性分析表

均衡点	对应 det（J）的符号	对应 J 迹的符号	稳定性判断
(0，0)	–	N	鞍点
(0，1)	–	N	鞍点
(1，0)	+	+	不稳定
(1，1)	+	–	ESS

根据表 5 的分析可知，金融机构和军工中小企业采取军工供应链金融的合作为金融机构带来的合作溢出价值大于 0，为军工中小企业带来的合作溢出价值小于 0，则演化博弈系统中仅存在 1 个演化稳定点（ESS），即 BN₄（1，1），并且博弈系统中的其他演化均

衡点都呈现出向该点演化的趋势，在满足此限定条件下，经过多个演化周期后金融机构采取不开展军工供应链金融合作的比例 $X(t)$ 为1，军工中小企业采取不进行军工供应链融资的比例 $Y(t)$ 为1，博弈系统稳定策略为（不合作，不合作）。

情形4：当金融机构采取开展军工供应链金融合作的溢出价值小于0，军工中小企业采取进行供应链融资的溢出价值大于0时，即 $s+A(m-e)+(1-\delta)qK-(1-\delta)(1-\lambda)(A+Am) < (C_1-b_1)-C_2$ 且 $r+Ai-\delta(A+Am)-(1-\delta)(U+G) > C_3-g$ 时，$BN_1(0,0)$、$BN_2(1,0)$、$BN_3(0,1)$、$BN_4(1,1)$ 都为金融机构和军工中小企业演化博弈系统的均衡点，当 $s+A(m-e)+(1-\delta)qK-(1-\delta)(1-\lambda)(A+Am) < (C_1-b_1)-C_2$ 时，不符合 $BN_5(X'',Y''),0 \le X'',Y'' \le 1$ 的条件，则 $BN_5(X'',Y'')$ 不是博弈系统的均衡点，在此条件下，博弈系统均衡点的稳定性分析如表6所示。

表6　情形3条件下，博弈系统的均衡点稳定性分析表

均衡点	对应 det（J）的符号	对应 J 迹的符号	稳定性判断
(0, 0)	−	N	鞍点
(0, 1)	+	+	不稳定
(1, 0)	−	N	鞍点
(1, 1)	+	−	ESS

根据表6的分析可知，如果金融机构和军工中小企业进行军工供应链金融的合作，能够为金融机构带来的合作溢出价值小于0，为军工中小企业的合作溢出价值大于0时，则金融机构和军工中小企业在供应链金融的演化博弈系统中仅存在 $BN_4(1,1)$ 这1个演化稳定点，并且博弈系统中的其他演化均衡点都呈现出向该点演化的趋势，由表6可知，在满足此限定条件下，经过多个演化周期后金融机构采取不开展军工供应链金融合作的比例 $X(t)$ 为1，军工

中小企业采取不进行军工供应链融资的比例 $Y(t)$ 为 1，博弈系统稳定策略为（不合作，不合作）。

综合上述四种情况，在政府支持下，当金融机构和军工中小企业的开展军工供应链金融合作的双方溢出价值均大于 0 的情况下，博弈系统存在两个稳定点（ESS），分别是 BN_4（1，1）和 BN_1（0，0）两个点。在其他三种情形下，当博弈系统中的任何一方在进行军工供应链金融合作时溢出价值小于 0 时，博弈系统稳定点只有一个稳定点（ESS），即 BN_4（1，1）。所以，只有当博弈双方在军工供应链金融合作中的溢出价值大于 0 时，博弈系统才会出现向 BN_1（0，0）演化的趋势，即博弈主体金融机构采取不开展军工供应链金融合作的比例 $X(t)$ 为 0，军工中小企业采取不进行军工供应链融资的比例 $Y(t)$ 为 0，即博弈主体双方进行军工供应链金融合作，选择（合作，合作）的行为策略。

（四）算例分析

为了更直观、系统地说明博弈系统各个参数对博弈结果的影响，本文针对主要的影响因素，运用商业数学软件，即 Matlab（版本：R2020a）软件进行数值模型的方法进行深入探讨。分析如下：

1. 军工供应链金融融资额度 A 的影响分析

假设博弈系统中的 C_1=1，b_1=0.3，C_2=0.3，s=6，m=6%，e=3%，δ=0.8，λ=0.65，r=3，g=5，i=1.2，C_3=2，U=10，G=200，q=0.6，K=30，金融机构采取不开展军工供应链金融合作初始比例为 0.7，军工中小企业采取不进行军工供应链融资合作的初始比例为 0.5，军工供应链融资演化博弈模型，演化结果如图 3 所示。

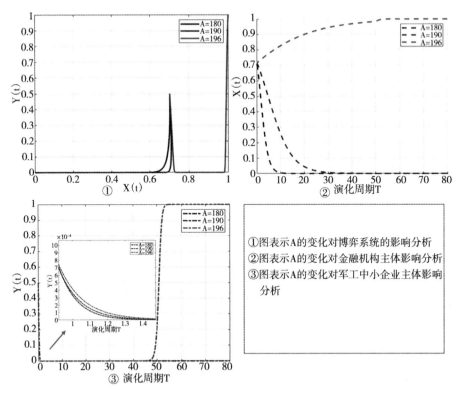

①图表示A的变化对博弈系统的影响分析
②图表示A的变化对金融机构主体影响分析
③图表示A的变化对军工中小企业主体影响
　分析

图3　融资额度对博弈系统演化结果的影响

从图3可以看出，当博弈系统的融资额度 A 分别取 180、190、196 时，博弈系统呈现不同的演化结果，当 A=196 时，博弈系统最终稳定于 BN_4（1，1）点，即金融机构采取不开展军工供应链金融合作的比例 X（t）=1，军工中小企业采取不进行军工供应链融资的比例 Y（t）=1，双方主体最终不会选择融资合作，演化过程中表现为金融机构选择不开展的比例随着演化周期的变化持续上升为 1，而军工中小企业采取不进行融资合作的比例会先下降到接近 0，然后随着演化周期增加军工中小企业采取不进行融资合作比例不断上升，最后稳定于 1，随着 A 的增加，表明当融资额度超过某一值后，经过多个演化周期后金融机构最终采取不开展军工供应链金融合作的比例为 1，而军工中小企业受到金融机构的影响，当金融机构所有个体最终选择不开展融资时，在演化初期军工中小企业的采取不合作的比例会先降低，但经多个演化周期后军工中小企业采取不进行融资合作的个体比例不断上升最终稳定于1。当A=180、190时，博弈系统最终稳定于BN_1（0，0）点，即金融机构采取不开展军工供应链金融合作的比例X（t）=0，军工中小企业采取不进行军工供应链融资的比例Y（t）=0，双方主体最终会选择进行融资合作，但是随着融资额度A的增加，由图4中的②图和③图可知，金融机构达到稳定状态的速度会减低，而军工中小企业最终达到稳定的速度受到A的变化影响较小，当放大③图后可以看出当A越小时，演化到稳定状态的速度会略快。仿真结果启示：在政府增信模式下，金融机构和军工中小企业开展军工供应链金融合作时，融资额度越大金融机构承担的风险也就越大，所以对放款额度把控较为严格，而军工中小企业作为资金急迫需求方，当能够获得融资时，融资额度的小幅度变化对其影响较小，影响军工中小企业的主要是金融机构的合作意愿，所以在实践中军工供应链金融合作应在不同时间供应链生产节点分配合理的贷款额度，促成双方开展军工供应链金融合作。

2. 政策性风险补偿基金风险分担比例 λ 的影响

假设博弈系统中的C_1=1，b_1=0.3，C_2=0.3，s=6，A=180，m=6%，e=3%，$δ$=0.8，r=3，g=5，i=1.2，C_3=2，U=10，G=200，q=0.6，K=30，金融机构采取不开展军工供应链金融合作的初始比例为0.5，军工中小企业采取不进行军工供应链融资合作的初始比例为0.5，军工供应链融资演化博弈模型，演化结果如图4所示。

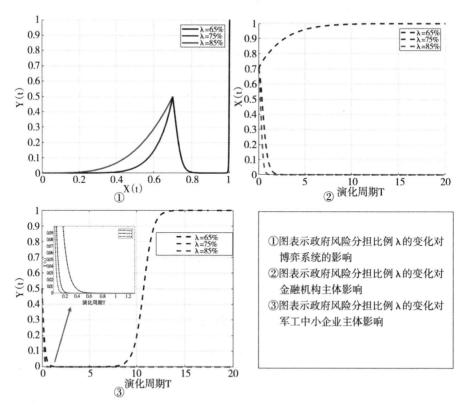

图4　政府风险分担比例对博弈系统演化结果的影响

从图4可以看出，当博弈系统的政府风险分担比例λ分别取65%、75%、85%时，博弈系统呈现不同的演化结果，当λ=65%时，博弈系统最终稳定于BN_4（1，1）点，即金融机构采取不开展军工供应链金融合作的比例$X(t)$=1，军工中小企业采取不进行军工供应链融资合作的比例$Y(t)$=1，双方主体最终不会选择融资合作，演化过程中表现为金融机构选择不开展的比例随着演化周期的增加不断地上升为1，而军工中小企业在演化初期的不合作比例会不断减低接近于0，然后随着演化周期增加军工中小企业不融资比例不断上升，最后稳定于1。在相同初始条件下随着λ的增加，即λ=75%、85%时，博弈系统最终稳定于BN_1（0，0）点，即金融机构采取不开展军工供应链金融的比例$X(t)$=0，军工中小企业采取不进行军工供应链融资的比例 $Y(t)=0$，双方主体最终会选择进行融资合作，并且随着政府风险分担比例 λ 的增加，由图4中的②图和③图可知，金融机构达到稳定状态的速度会越快，而军工中小企业最终达到稳定的速度受到 A 的变化影响较小，当放大③图后可以看出当 λ 越大时，演化到稳定状态的速度会略快。仿真结果启示：在政府增信模式下，当金融机构不开展军工供应链金融时，政府部门适当的提高风险分担比例，能够直接改变金融机构和合作意愿，而影响军工中小企业融资的主要是金融机构的合作意愿，所以在实践中，政府部门应积极提高军工供应链金融的风险分担比例，同时地方性的政府风险补偿基金也应积极与上级政府的风险补偿基金合作，实现中央、省级和地方风险共担，降低地方政府的负担，也能提高了政府风险分担比例，进一步提高金融机构的合作积极性，促进地方的军工产业发展。

3. 政府处罚 U 变化的影响

假设博弈系统中的 $C_1=1$，$b_1=0.3$，$C_2=0.3$，$s=6$，$A=180$，$m=6\%$，$e=3\%$，$\delta=0.8$，$\lambda=0.65$，$r=3$，$g=5$，$i=1.2$，$C_3=2$，$U=10$，$G=200$，$q=0.6$，$K=30$，金融机构选择不开展军工供应链金融合作的初始比例为0.5，军工中小企业采取不进行军工供应链融资合作的初始比例为0.5，军工供应链融资演化博弈模型，演化结果如图5所示。

从图5可以看出，当博弈系统的政府处罚 U 分别取10、50、90时，博弈系统最终稳定于 $BN_1(0,0)$ 点，即金融机构采取不开展军工供应链金融合作的比例 $X(t)=0$，军工中小企业采取不进行军工供应链融资合作的比例 $Y(t)=0$，双方主体最终会选择进行军工供应链金融合作。由图6中的②图和③图对比可知，随着融资利率 U 的增加，对金融机构达到稳定状态的演化速度影响较小，但是对军工中小企业的达到稳定状态的演化速度影响较大，主要原因是 U

的增加使得军工中小企业的合作溢出价值减少，所以演化到稳定状态的速度会越慢。仿真结果启示：为了提高中小企业违约成本，政府在为军工中小企业提供增信服务的同时，也会制定一些惩罚措施，惩罚越大，可能会使得军工中小企业惧贷，所以在实际合作中应该针对实际情况制定合理的惩罚措施，在军工中小企业可以承受的范围内，既能防止军工中小企业出现故意违约的情况，也能不抑制其进行军工供应链金融合作的积极性。同时，由于军工供应链具有复杂性和特殊性，还款时间不太容易把控，可能会与合同规定时间出现偏差，在对军工中小企业惩罚时应根据实际情况弹性处理。声誉损失往往比政府处罚对军工中小企业造成的影响更大，声誉损失 G 与政府处罚 U 的情形基本相同，本文不再讨论。

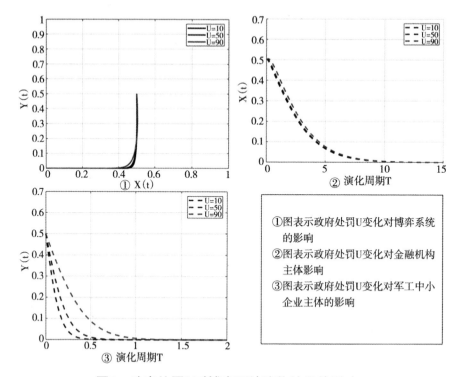

图5　政府处罚U对博弈系统演化结果的影响

综述可以看出，融资额度、政府的风险分担比例和惩罚机制对军工供应链金融合作具有重要影响，政府风险分担比例越大，军工供应链金融合作的概率越大，同时为了抑制风险的发生应建立适当的惩罚机制，推动军工供应链金融良性发展。

四、军工供应链金融发展模式优化研究

本文充分结合了军工供应链结构的特点，通过优化军工供应链金融参与主体的合作结构，引入了政策性担保机构和军工供应链金融服务平台等主体，在此基础上设计了模式运行层面的军工供应链金融运行模式，并阐述其运行机制，以期能够充分发挥政府调控支持作用和政策性资金引导作用，提高军工供应链上各级中小企业的金融服务效率，更好地解决参与军工供应链上的军民融合中小企业融资难、融资贵等问题，助力军民融合产业深度发展。

（一）军工供应链金融参与主体的合作结构优化

针对军工供应链金融现有的发展模式存在的问题，优化了军工供应链金融参与主体的合作结构，如图6所示，通过引入政府部门的参与，通过政府部门提供相关政策、行政干预、组织协调、资金等方面的支持，加强了政府部门的支持作用，政府部门的调控能够充分调动各相关主体参与的积极性，同时提供的政策性担保分担了金融机构的融资风险，能够吸引更多社会资本参与军工供应链金融。军工供应链金融的参与主体形成两个层面的合作网络结构，包括政府支持层和模式运行层，政府支持层负责调控、引导和提供政策资金等任务，主要包括政府单位（国务院、中央融委办公室、国防科工局等部门）和资金支持单位（财政部、国家融资担保公司、省级融资担保公司）等；模式运行层负责落实和执行具体运行模式，主

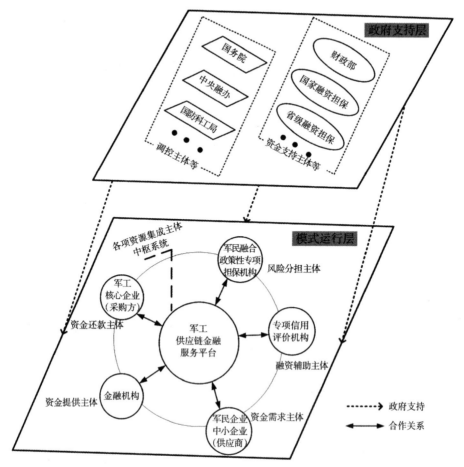

图6　军工供应链金融参与主体的合作结构示意图

要包括军工供应链金融服务平台、军工核心企业（采购方）、军民融合中小企业（各级供应商）、金融机构、军民融合政策性专项担保机构（隶属省级融资担保公司）、信用评价机构等主体。军工供应链金融合作结构是以政府支持层为抓手，以模式运行层面为军工供应链金融具体模式运行载体，将军工供应链金融的相关主体通过一定的行政机制、组织协调机制、合作机制和监督机制等建立了合作网络结构，各参与主体在军工供应链金融服务平台上实现融资需求汇集、资金供给资源汇集、信息资源汇集、政策支持汇集等，在军工供应链的不同阶段为军民融合中小企业提供金融服务，产生了资金流动、信息流动、产品流动、服务流动，从而实现了资金的优化配置，解决军民融合中小企业的融资难题。

政府支持层是军工供应链金融直接经济利益相关主体之间合作的抓手，主要包括调控主体和资金支持主体两大类，负责为军工供应链金融"搭台子"，即通过行政方式支持、组织协调方式支持、政策支持、资金支持等形式，支持军工供应链金融服务平台开展业务和构建军民融合政策性担保专项担保机构（隶属省级担保公司），为模式运行层的军工供应链金融模式具体实施模式营造可运行环境，政府支持层对军工供应链金融模式能否高效运行起到了决定性作用。政府支持层各相关主体的作用关系示意图，如图7所示。

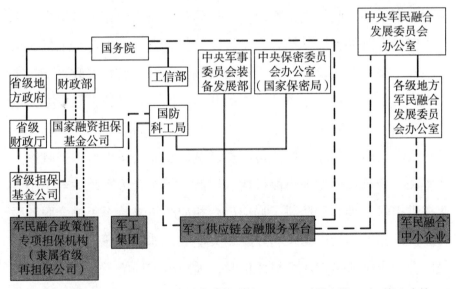

图7　政府支持层各相关主体的作用关系结构示意图

行政方式支持方面，主要是指国务院通过行政方式支持省级地方政府、工信部、财政部、国防科工局等单位参与构建军工供应链金融服务平台和政策性专项担保机构，同时中央融委办公室通过行政方式支持各地方融委办公室为军民融合中小企业融资做好相关工作。组织协调方式支持方面，一是国防科工局、装备发展部、中央保密委员会办公室（国家保密局）通过组织协调方式支持敏感信息脱密后进入服务平台，消除各方主体对涉密内容的顾虑；二是国防科工局组织协调军工核心企业积极参与军工供应链金融，及时进行贸易信息确认和按期还款等工作；三是中央融委办公室通过组织协调等方式支持军工供应链金融服务平台的构建；四是财务部和省财政厅通过组织协调方式支持国家融资担保公司和省级担保公司开展军工供应链金融方面的担保工作；五是国家融资担保公司通过组织协调方式支持各省级担保公司成立军民融合政策性专项担保机构；六是各级地方融委办公室组织协调军民融合中小企业参与供应链金融的融资活动。政策支持方面，一是国务院应出台相关政策支持军工供应链金融的发展，结合金融科技等信息技术，支持军工供应链金融服务平台的建设；二是中央融委办公室应出台相关政策支持军工供应链金融服务平台各项工作的开展，同时各级地方融委办公室应出台相应的政策支持军民融合中小企业的融资活动；三是财政部、省财政厅、国家融资担保公司、省级融资担保公司出台相关政策支持军民融合政策性专项担保机构以较低的担保费为军民融合中小企业提供担保；四是国防科工局应出台相应政策支持军民融合服务平台建设及相关辅助机构顺利开展相关业务，如信用评价机构在为军民融合中小企业做信用等级评估时，国防科工局给予一定的政策支持，在保证信息安全的条件下，使评估工作开展的更全面、更科学、更合理，同时国防科工局还应出台相关政策调动军工核心企业参与军工供应链金融的积极性，做好相关合作状态信息确认和按时还款等工作。资金支持方面，财政部向国家融资担保公司提供资金支持以及地方财政部门也应向省级担保公司提供资金支持，从而确保军民融合专项担保部门能够在融资风险发生后向金融机构提供资金代偿。

模式运行层集成了与军工供应链金融的直接经济利益相关主体，是军工供应链金融模式具体运行的载体，主要负责"唱戏"，即通过制定军工供应链金融运行模式为军民融合中小企业提供融资服务，如订单融资、存货融资和应收账款融资等。模式运行层面各直接利益相关主体合作关系结构示意图，如图8所示。

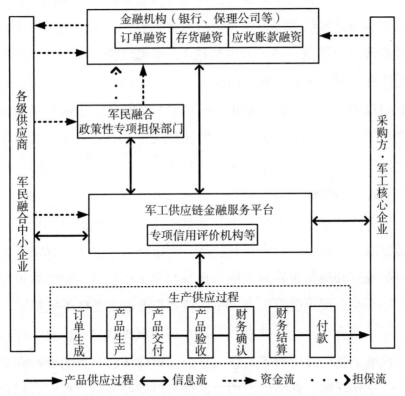

图8　模式运行层面各直接利益相关主体合作关系结构示意图

模式运行层面的直接经济利益相关主体具有不同的作用，主要分为以下几个方面：

军民融合中小企业是资金需求主体，随着国家军民融合的深度发展，军工供应链配套任务向民企开放的规模越来越大，军民融合产业得到了快速发展，在为军工供应链配套过程中，企业资金占用较大，应收账款多，回收周期长，造成企业运营资金紧张，产生了融资需求。军民融合中小企业的主要任务包括：一是配合信用评价机构对企业进行信用等级评估，并将评估的数据信息上传到服务平台；二是在实际融资运作中，军民融合中小企业通过向供应链金融服务平台提出供应链融资需求申请，并将与采购方的真实贸易信息等上传至服务平台，等待服务平台进行信息确认；三是经服务平台确认贸易信息和信用等方面符合融资要求后，向军民融合中小企业推荐若干资金供应主体（金融机构），军民融合中小企业根据自身情况选择合适的金融机构，由服务平台向金融机构推荐融资，达成贷款协议后，由政策性专项担保机构做贷款担保，金融机构向特定账户拨放贷款；四是贷款完成后军民融合中小企业负责向服务平台支付一定比例的服务费，向金融机构支付一定的利息，向担保机构支付一定的担保费。

军工核心企业（采购方）是还款主体，军工核心企业在军工供应链金融模式运行中具有重要作用，军工核心企业为了保证军工供应链的稳定和减低采购成本应积极参与军工供应链金融，帮助军民融合中小企业缓解融资压力。军工核心企业的主要任务包括：一是在与军民融合中小企业建立贸易合作后，负责将订单信息、存货状态、应收账款结算流程等信息与平台进行确认；二是为中小企业融资提供信用保障，在金融机构对其进行融资服务后，按照合同要求按时还款到指定账户。

金融机构资金供应主体，金融机构在军工供应链金融模式运行中具有关键性作用，军工领域蕴含巨大的融资市场需求，军工供应链金融能够帮助金融机构拓展军工领域市场，提高资金使用效率。

金融机构的主要任务包括，一是审核服务平台推荐的企业融资申请信息；二是向军民融合中小企业提供订单融资、存货融资和应收账款融资等服务；三是与军民融合政策性专项担保机构形成风险共担机制，自身承担 15%~20% 的融资风险。

军民融合政策性专项担保机构是军工供应链金融最重要的参与主体之一，主要负责与金融机构建立风险共担机制，由于军工行业的特殊性，军民融合中小企业在向金融机构申请融资时，金融机构往往认为军工行业存在较大风险，想贷但不敢贷的现象比较严重，虽然军工供应链金融风险较低，但金融机构对涉足军工领域还是存在较大顾虑，为了消除金融机构融资顾虑，本文引入了军民融合政策性专项担保机构为金融机构在参与军工供应链金融过程中提供担保服务，金融机构能够将大部分融资风险转移至政策性担保机构，从而提高金融机构参与的积极性。军民融合政策性专项担保机构和金融机构之间风险共担关系示意图，如图 9 所示。军民融合政策性专项担保机构在省级融资担保公司下设立，主要任务包括一是担保军民融合中小企业融资总额度 80%~85%（具体担保比例依据企业信用等级和融资额度情况决定），军民融合政策性专项担保机构的担保资金来源是国家融资担保公司和省级融资担保公司各承担 50%，金融机构自身承担 15%~20% 的风险；二是协同金融机构审核融资材料，并向省级融资担保公司和国家及融资担保公司上报相关融资材料信息。如果军工供应链金融运行过程中发生风险，使得国家融资担保公司和省级融资担保公司没有足够资金支付担保代偿补偿备付金时，财政部和省级财政厅应分别向国家融资担保公司和省级融资担保公司提供资金支持。

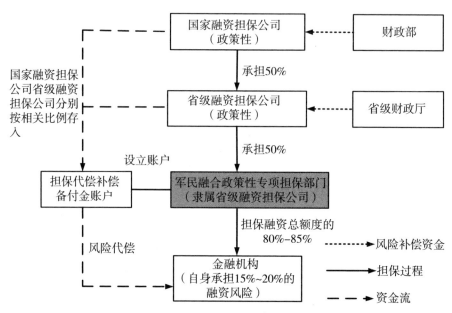

图9 军民融合政策性专项担保机构和金融机构之间风险共担关系示意图

专项信用评价机构是融资辅助者之一，主要辅助军工供应链金融服务平台对军民融合中小企业的生产经营状况进行评估。传统的信用评价机构对军工领域了解不全面，评价结果往往偏低，同时由于军民融合中小企业存在相关保密性和产品特殊性的特点，金融机构缺乏一定的信息对军民融合中小企业的还款能力做出正确评价，导致金融机构在对军民融合中小企业放款时，会因产生信用歧视，使得金融机构在对军民融合融资时提高门槛和贷款利率，一定加大了军民融合中小企业的融资难度和成本。为了消除金融机构对军民融合中小企业的信用歧视，需要通过专业的信用评价机构结合企业的业务类型、业务规模、财务状况、所处军工供应链的位置、固定资产和流动资产的等方面对企业信用等级做出综合性评价，并将评价结果与服务平台进行数据信息交互，评价结果是融资过程中的重要参考指标之一。信用评价机构还需要对军民融合中小企业经营状态进行动态跟踪，对突发事件相关联的企业进行及时更正信用评价等级，防范出现系统性风险。

军工供应链金融服务平台是各项资源的集成主体，在军工供应链金融运行过程中发挥了中枢系统的作用。由于军工行业的保密性和产品特殊性等问题，如果仅仅依靠平台自身的影响力，很难完成军工供应链金融运行过程中所需各种信息集成工作，所以军民融合供应金融服务平台需要在政府部门的引导和支持下开展相关工作，政府加强对军工供应链金融服务平台的支持，能够有效地提高军民融合中小企业、军工核心企业和金融机构等主体参与军工供应链金融的积极性，军工供应链金融服务平台能够解决金融机构和军民融合中小企业之间的信息不对称问题，金融机构加入军工供应链金融服务平台能够降低融资风险，同时能够拓展市场和扩大服务范围，提高自身资本的营销率；军民融合中小企业加入军工供应链金融服务平台融资能够提高融资效率，减低融资成本；军工核心企业加入军工供应链金融服务平台能够提高信息共享和高效性和安全性；专项信用评价机构加入军工供应链金融服务平台能够拓展客户数量，增加收入来源；军民融合政策性专项担保机构加入能够充分发挥政策性资金的引导作用，吸引更多社会资本助力军民融合中小企业发展。军工供应链金融服务平台的主要任务包括：一是汇集军民融合中小企业和军工核心企业脱密后的真实贸易信息（订单信息、存货状态信息、应收账款信息等），并负责确认贸易信息的真实性；二是汇集军民融合中小企业的信用等级数据信息，并积极与信用评价机构做好企业信用等级的动态跟踪评价，一旦发现问题及时向相关合作主体进行通报；三是汇集金融机构等资金供给主体资源，并向金融机构提交军民融合中小企业融资需求信息和信用等级等方面的数据信息及协调金融机构为军民融合中小企业提供融资服务；四是将军民融合中小企业的融资信息与政策性专项担保机构等主体进行数据信息交互，并接受军民融合政策性担保部门的监督。

（二）军工供应链金融运行模式创新研究

根据军工供应链的特点，军民融合中小企业的融资需求均发生在军工供应链生产阶段，包括订单融资、存货融资、应收账款融资等3种类型，融资需求均属于应收类融资，所以融资模式基本相同，不同点在于军民融合中小企业与军工核心企业的合作处于不同状态时，第一步需要确立的合作状态信息不同。军工供应链金融运行模式示意图，如图10所示。

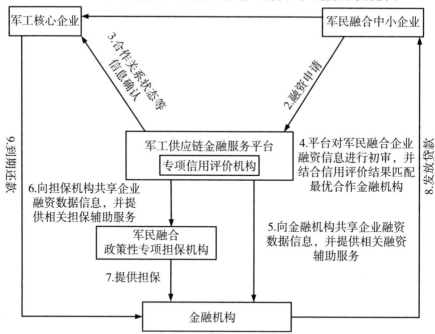

图10　军工供应链金融运行模式示意图

军工供应链金融模式运行过程主要包括以下几个步骤：

第一步，军民融合中小企业与军工核心企业确立业务合作关系，双方签立订单合同关系，军民融合中小企业进入产品生产状态（可申请订单融资，一般为合同总额的 20%~30%）；军民融合中小企业向军工企业提交产品，产品进入军工核心企业库房等待验收状态（可申请存货融资，一般为存货价值的 60%~80%）；军民融合中小企业提供的产品经军工核心企业验收合格，进入产品应收账款结算状态（可申请应收账款融资，一般为确定付款总额的 90% 及以上）。

第二步，军民融合中小企业根据自身的资金需求向军工供应链金融服务平台提出融资申请，并提交相关融资申请材料。

第三步，军工供应链金融服务平台向军工核心企业确认其与军民融合中小企业的合作关系状态，并且军工核心企业对还款进行确权。

第四步，军工供应链金融服务平台对军民融合中小企业提供的融资信息和材料进行初审，并结合专项信用评价机构的评价结果匹配最优可合作的金融机构。

第五步，军工供应链金融服务平台向金融机构共享融资企业数据信息，并提供相关融资辅助服务。

第六步，军工供应链金融服务平台向军民融合政策性专项担保机构共享融资企业数据信息，并提供相关担保辅助服务。

第七步，军民融合政策性专项担保机构审核企业数据信息，并且根据企业的信用评价等级和融资额度等提供相应比例的担保，一般担保比例为 80%~85%。

第八步，政策性担保机构向金融机构提供融资担保后，金融机构向军民融合中小企业发放贷款，同时金融机构自身承受 15%~20% 的风险。

第九步：军工核心企业在合同期限内还款至监管账户。

军工供应链金融模式运行前各相关主体需要做相关准备工作，

各相关参与主体在军工供应链金融服务平台应提前在平台进行注册，形成"N（军民融合中小企业）+N（金融机构）+N（军工核心企业）+N（政策性担保机构）"的军工供应链金融服务体系。军民融合中小企业需要把企业的经营状态等信息，在国防科工局、国家保密局和装备发展部的组织协调下将敏感信息脱密后录入平台数据库；专项信用评价机构辅助平台对军民融合中小企业的信用进行综合性评价，评价结果录入平台数据库；金融机构需要提前将融资要求、融资偏好等方面的信息录入平台数据库，方便平台对企业融资材料进行初审并匹配最优合作军民融合中小企业；军民融合政策性担保机构需要提前将担保要求等录入平台数据库，方便平台对企业融资材料等信息进行初审并提供担保辅助服务；军工核心企业需要与平台对接好合作状态信息确认方式，并确认还款账户。

军工供应链金融模式运行过程中应做好协调监督等工作，军工供应链金融服务平台需要做好协调军工核心企业还款和对军民融合中小企业的信用等级做好动态跟踪评价，一旦发生突发性情况需要及时将相关信息通知相关主体做好风险应对预案；军民融合政策性专项担保机构需要对担保做好监督审查工作，防止系统性风险的发生；军工核心企业也应积极履行承诺到期按时还款等。

军工供应链金融模式运行后应做好服务评价和违规处罚等工作，军民融合中小企业对金融机构的融资服务做相关评价，评价信息录入平台数据库，平台可以对金融机构的服务进行等级排名，激励金融机构为军民融合中小企业提供优质的金融服务；平台对军民融合中小企业的订单完成效率、产品验收合格率等信息纳入企业信用等级评价指标，进一步激励军民融合中小企业认真履行自身义务；军民融合政策性担保机构监督审查平台提交的军民融合企业的融资材料和企业的真实运营情况，一旦发现平台有包庇、军民融合中小企业与军工核心企业合谋骗担保等行为，可以通过合同规定要求平台及相关企业进行赔偿，并终止相关担保工作。

五、结论与建议

本文通过梳理军民融合领域融资及军工供应链金融领域研究和实际发展现状，分析了军工领域供应链金融存在的问题，通过梳理军工供应链的结构，界定了军工供应链金融的概念，进一步构建了政府干预军工供应链金融合作的博弈模型，在此基础上对军工供应链金融的合作结构进行了优化，引入了军工供应链金融服务平台和军民融合政策性担保机构等主体，在此基础上对军工供应链金融运行模式进行了创新，以期能够充分发挥政府部门的支持作用，促进军工供应链金融市场可持续发展，解决军民融合中小企业融资难、融资贵等问题，进而促进军民融合深度发展。

军工供应链金融能够加大金融机构向军工领域的投资，增强军民融合中小企业的竞争力，促进军民融合产业发展，但是，现阶段我国军工供应链金融处于起步后的加速快跑阶段，本文提出以下几个方面的建议：

（一）加快军工供应链金融的推广和实施力度

军工供应链金融是在真实贸易背景下开展的融资活动，降低了融资风险，能够对军民融合中小企业提供针对性强、效率高、成本低的融资服务，为金融机构进一步加大对军民融合产业的融资服务打开了突破口，因此，军工供应链金融应该以市场需求为导向，在政府部门大力支持下不断创新军工供应链金融产品和服务，加大军工供应链金融的实施力度。

（二）加大对军工供应链金融发展的支持力度

军工供应链金融需要政府部门、军民融合中小企业、军工核心企业、政策性担保机构、军工供应链金融服务平台等多方主体的合作，因此促进军工供应链金融的发展需要政府部门做好引导和协同作用，提供相关政策支持，积极引导和协调相关主体之间的合作，保障军工供应链金融模式的高效运行。同时，政府部门应加大对军民融合中小企业融资的担保力度及贴息支持力度，进一步减低军民融合中小企业的融资成本和金融机构的融资风险。

（三）提高军工供应链上核心企业参与的积极性

军工核心企业是军工供应链金融模式运行的重要参与主体，军工核心企业在信用提供、合作状态信息确认、还款等几个方面发挥着重要作用，军工核心企业由于担心参与供应链融资可能会增加其连带责任、额外工作量等问题，因而军工核心企业不愿意参与军工供应链金融的相关业务，政府部门应积极协调和引导军工核心企业开拓创新，调动军工核心企业参与的积极性，促进军工供应链金融的发展。

参考文献

[1] 湛泳，赵纯凯.资本市场发展、军民融合与产业结构优化升级 [J].南开经济研究，2016（05）：36—54.

[2] 纪建强，陈晓和.国防工业军民融合融资机制构建与实现路径研究 [J].科技进步与对策，2013，30（21）：96—100.

[3] 董小君，钟震.军民融合融资模式：从财政主导到多元化资

金支持 [J]. 国家行政学院学报，2018（02）：87—91+137.

[4] 王少华，牛振喜，刘天航 . 陕西省军民融合多元化投融资模式研究 [J]. 西北工业大学学报（社会科学版），2015，35（02）：19—23.

[5] 黄麟，孟斌斌 . 军民融合产业园区融资模式创新研究 [J]. 科学管理研究，2019，37（03）：77—81.

[6] 张莹 . 军工科技金融服务平台研究 [J]. 中国市场，2020（08）：43—45.

[7] 徐亚超 . 金融科技与供应链金融：融合趋势及企业实践 [J]. 航空财会，2019，1（02）：14—20.

[8] 刘立民 . 金融支持军民融合深度发展的思考 [N]. 金融时报，2018-02-12（009）.

[9] 赵苡然，陈力 . 加快构建国家军民融合金融支持体系的几点建议 [J]. 国防，2017（03）：36—39.

[10] 闫畅 . 新时代金融支持军民融合的思考和建议 [J]. 中国国情国力，2018（08）：14—16.

[11] 董晓辉 . 集群创新驱动下国防科技工业军民融合发展机理与路径研究 [J]. 社会科学，2020（02）：52—59.

[12] 周全，程向阳，韩贺洋 . 金融促进军民产业创新融合 [J]. 科学管理研究，2018，36（06）：94—97.

[13] 纪建强，黄朝峰，张继东 . 国防知识产权抵押融资风险及其防范 [J]. 未来与发展，2015，39（03）：7—12.

[14] 吴宗波 . 军工企业供应商管理策略研究 [D]. 清华大学，2009.

[15] 孔祥斗 . 军工产品生产外协管理技术研究 [D]. 哈尔滨工业大学，2006.

[16] 汪洪 . 探索军民融合供应链金融服务模式 [J]. 北京观察，2020（08）：37.

[17] 赵伟超 . 国有航空制造企业供应链金融研究 [D]. 西南财经大学，2019.

国防经济史：内容与结构探讨*

陈 波

国之大事，在祀与戎！国防经济涉及国家、双边、地区和全球的安全与发展等多重议题。金戈铁马，国富兵强，曾经是多少国家的理想，也是人类社会绵绵不断的追求。一部人类文明史，也是人类追求安全与发展的国防经济史。

一、责任与挑战

"别让时间的长河由于缺乏一个记录，而将那些格外重要的事业引入忘却之乡，泯灭得无影无踪。"公元 550 年的拜占庭帝国，累年战争后，繁华与强盛已是旧日的回忆。历史记录者普洛科皮乌斯在他八卷的《战史》开端，刻意模仿着古希腊文体，在羊皮纸上留下了上述卷首语。

历史何其漫长，多少年沧海桑田。古往今来，国防经济作为一个历史范畴，在一定历史条件下产生，也随人类社会、战争与经济

---

*作者简介：陈波，中央财经大学国防经济与管理研究院院长、教授、博士生导师。

的发展而不断演进发展。漫长的原始社会的大多数时间内，人类大多处于分散、隔绝的封闭状态，没有阶级，没有国家，更没有国防。原始社会末期，由于国家之间经济利益冲突加剧，原始战争产生，氏族公社逐渐演变成国家并随之产生了国防。[1]随着生产力的不断发展，特别是在人类掌握炼铜技术之后，公元前3500年左右，四大古代文明发源地（两河流域、尼罗河流域、印度河流域和黄河流域）先后从原始社会过渡到封建主义社会，世界上金属时代的国防经济也随之拉开序幕。

　　西罗马帝国灭亡之后，西欧陷入了群雄逐鹿的局面。东罗马帝国恢复统一的目标没有实现，自己却因长期战争耗尽国力而衰落。后来法兰克王国的查理大帝东征西讨所建立的帝国也仅限于西欧，而且是昙花一现，旋即分崩离析。日耳曼人的入侵，不仅瓦解了罗马帝国，而且毁灭了罗马人的文明，欧洲从此进入了政治混乱、生产衰退、文化落后的中世纪。中世纪是欧洲历史上的黑暗时代，伴随社会制度、经济制度的不断变化以及社会生产力的不断提高，中世纪西欧的国防经济不断发展变化，从原始的民众武装到自由农民步兵，再到常备步兵，从军事首领扈从队到领主骑士，再到雇佣骑兵，从公社工匠独立的武器锻造到国家建立兵工厂的统一制造，千年风云变迁，在世界历史上写上了浓墨重彩的一笔。而与西欧这一黑暗时代相对应，世界历史上先后出现的拜占庭帝国、阿拉伯帝国、奥斯曼（土耳其）帝国等也都如星光灿烂，国防经济多姿多彩。

　　随着技术，尤其是在武器和船舶制造方面逐渐占上风，西欧人在世界各大洋上开始获得了以往一向为欧亚大草原的游牧民族所享有的机动性和优势，西方开始崛起，从世界历史的观点看，早期真正具有重要意义的是最初伊比利亚人的海外扩张。欧洲早期海外扩张活动受物质利益驱动，与技术革新紧密相关。重商主义的兴起、火药革命及航海技术的大发展既是葡萄牙和西班牙开展海外扩张的动因或条件，又在后者的不断进展中不断发展，从而使得本阶段的国防经济表现出一系列明显的时代特征。

16世纪到18世纪，西北欧人和同一时期的俄国人开始朝太平洋方向的陆上扩张，这是一个野蛮抢夺殖民地、建立海外商品市场的过程。这一时期荷兰向海外殖民扩张，在17世纪建立世界范围内的殖民帝国。英国积极向海外殖民扩张，并与荷兰、法国进行了激烈的争夺，到18世纪中期成为世界上最大的殖民国家。新航路开辟后，人类的经济活动由于世界市场的出现而第一次被广泛地联系在一起。西欧列强纷纷踏上殖民扩张的道路，随着它们在世界各地建立殖民据点，拓展海外贸易，对殖民地财富、资源、劳动力进行暴力掠夺，攫取利润，在给殖民地人民带来深重的灾难的同时，也为其资本主义发展提供了资本的原始积累，国防经济在这种扩张的过程中不断拓展。

18世纪的工业和技术革命深刻地影响了世界，影响了人类的生活方式，自然也对国防经济领产生重大影响，它不仅仅推动了新兴技术的运用，还使得武器兵制、国民经济动员、军费筹措等发生调整与转变。

第一次世界大战是19世纪末20世纪初资本主义世界向垄断资本主义即帝国主义时期过渡、亚非拉殖民地基本上被列强瓜分完毕，新老殖民主义矛盾激化、各帝国主义经济发展不平衡的背景下，为重新瓜分世界爆发的一场帝国主义战争。战争给人类带来了重大损失，战争重新划分了世界格局，使得兴起于欧洲东部和中部地区的沙皇俄国、德意志帝国、奥匈帝国以及兴起于亚洲西部、曾一度向欧洲东南部和非洲北部扩张并且横跨欧亚非三洲的奥斯曼帝国覆灭，战争也是国防经济一次世界性的实践。

第二次世界大战（简称"二战"）是一次自 1939 年至 1945 年所爆发的全球性军事冲突，整场战争涉及全球绝大多数的国家以及所有的大国，最终分成了两个彼此对立的军事同盟——同盟国和轴心国。这次战争是历史上最大规模的战争，整整有超过 1 亿多名军事人员被动员并参与这次军事冲突。主要的参战国纷纷宣布进入总体战状态。第二次世界大战也是自有纪录以来涉及最多大规模民众死亡案例的军事冲突，是人类历史上死亡人数最多的战争。

随着第二次世界大战的结束，因反法西斯的需要而联合在一起的诸大国，也随着共同敌人的消失而陷入了对战后秩序的主导权的争夺。而当中两个超级大国——美国和苏联之间，从意识形态到国家利益的分歧而导致的全方位对抗，则成为主导从二战结束到 20 世纪 80 年代末、20 世纪 90 年代初的这一历史时期的结构性力量。冷战时期，美国和苏联同时为当时世界上的两个"超级大国"，为了争夺主导世界的霸权，美、苏两国及其盟国展开了数十年的对立。在这段时期，虽然分歧和冲突严重，但对抗双方都尽力避免导致世界范围的大规模战争（世界大战）爆发，其对抗通常通过局部代理人战争、科技和军备竞赛、外交竞争等"冷"方式进行，即"相互遏制，却又不诉诸武力"，这一时期的国防经济也深深打上了"冷战"的烙印。

后冷战时期，虽然世界总体局势趋于缓和，但是世界各地局部冲突内战不断，危机此起彼伏，从 20 世纪 90 年代末的国家之间的海湾战争、科索沃战争，到 20 世纪初的阿富汗战争、伊拉克战争、车臣战争，还有中东地区的内战和冲突，都使得后冷战时期世界处处留有战争的印记。现代战争以局部战争为主要形式，这些战争的发生除了是国家和社会对传统安全的诉求外，更多的是受到经济利益的驱使和导向。而战争的发生也使得参战国甚至世界的经济格局发生了相应的变化。冷战后的世界政治、经济、军事格局均发生了很大的变化，国防经济也发生了很大的变化。

在数千年的历史长河中，人类不仅创造了灿烂的文明，而且也创造了多姿多彩的国防经济。以史为鉴，可以知兴衰，在中华民族崛起的过程中，以更宽的视野来看待人类、看待世界，挖掘、整理国防经济这份历史遗产，从中汲取历史的经验教训，开启未来，是沉甸甸的责任，也是担当。从研究现状看，我国学者在艰苦的环境下，对国防经济史实特别是中国国防经济史进行了艰苦的探索和梳理。但这些研究仍存在两个突出问题：一是缺少对世界国防经济史的深入挖掘和整理，国防经济与国防和经济都密切相关，但在人类文明史上却显有其身影；二是对中国国防经济史的研究也缺乏将其置于广阔历史视域下特别是世界历史下的对比研究，国际学术界鲜有中国这方面的系统研究成果。这也是我们选择这一冷门"绝学"进行数年努力的原因。

二、思路与结构

战争改变历史，纵观社会发展史，人们的需要包括物质文化的需要和保障社会安全的需要。物质文化的需要靠发展社会经济来满足，保障社会安全的需要则要靠发展国防经济来满足。但相比研究的重要性，近年来国防经济史在中国的研究近乎绝迹，《国防经济史》总体上就是研究国防经济这一特殊领域发展变迁及演化规律。国防经济史的研究虽然具有史的性质，但却不是一般的历史科学，它是政治、经济、国防相互交叉、相互作用的发展过程。

在迄今为止的人类文明史中，受战争工具发展，国防经济经历了三次重大的质的变化：第一次是从冷兵器到火器的发展演变，第二次是从火器到机械化兵器的发展演变，第三次是由机械化兵器向信息化兵器的发展演变。结合技术和人类社会的发展演变，本研究总体上分金属时代、火药时代、工业时代、后工业时代等四个部分分别对各时代的国防经济情况进行系统研究。主要研究内容为：

第一篇　金属时代　主要对从公元前 3500 年到公元 1500 年人类社会的国防经济情况进行研究，这一时期人类大致处于冷兵器时代，重点研究古埃及、古西亚、古印度、古希腊、古罗马和西方中世纪阶段比较有影响的是西欧诸国、拜占庭帝国、阿拉伯帝国、奥斯曼帝国、基辅罗斯和莫斯科大公国的国防经济情况。相对应，在这一时期重点对古中国和隋、唐、宋、元等朝代的国防经济情况进行研究。

第二篇　火药时代　主要对从 1500 年到 1763 年人类社会的国防经济情况进行研究，这一时期人类大致处于热兵器时代，也是西方社会兴起较快的一个阶段，重点对早期扩张时期，特别是哈布斯堡王朝时期，葡萄牙、西班牙的国防经济和殖民争霸时期伴随西方社会兴起，荷兰、英国、法国、俄国的国防经济情况进行研究。相对应在这一时期重点对明朝和清朝前期时间段我国的国防经济情况进行研究。

第三篇　工业时代　主要对从 1763 年到 1947 年人类社会的国防经济情况进行研究，这一时期人类大致处于工业革命时期和世界大战这个阶段，重点对工业革命时期有代表性的英国、法国、普鲁士、美国、俄国、日本，第一次世界大战时期的德意志、奥匈帝国、奥斯曼帝国、英国、法国、俄罗斯、意大利、美国，第二次世界大战时期美国、苏联、英国、法国、德国、意大利、日本等有代表性国家的国防经济情况进行研究。相对应在这一时期对晚清和北洋军阀时期我国的国防经济情况进行研究。

第四篇 后工业时代 主要对从 1947 年后，人类进入核、信息化时代和当代人类社会的国防经济情况进行研究，这一时期还正在演变当中，重点对冷战时期有代表性的美国、苏联、欧共体、东欧、亚洲诸国的国防经济情况进行研究，并对后冷战时期国防经济分国防人力、国防支出、国防工业、国防经济法规、军火贸易、经济制裁、经济动员、反恐经济、战争经济等情况进行总括性研究。

三、难点与问题

史学著作的一个难点在于如何把握不同时代和同时代不同国家、不同领域的国防经济情况，为此本史探索从纵、横两个维度入手，纵向把握好主要阶段的国防经济情况，横向重点研究同时代各领域国防经济情况。在研究视角上，国防经济史所研究的，除了与社会经济、政治制度有关的管理形式、管理制度之外，主要还在于国防经济各要素自身发展的历史过程和特点。纵向上看，国防经济是一个历史范畴，它与国家、国防等范畴一样，在一定的历史条件下产生、发展，也将在一定的历史条件下消亡；从横向上看，国防经济至少涵盖军队军力、国防经费、国防生产（工业）、国防贸易等内容。因此在研究路径上总体以时间为纬、以当期代表性国家（地区）为径，在具体国防经济部分又根据当时的国防经济现实情况大致分国防经费、国防生产、国防贸易等内容展开。

世界是一个地球村，全球化时代，地球越来越近，我们希望写一本全球性的国防经济史，然而正如不少史学家所遇到的，我们首先必须回答并确定这样几个问题：一是如何断代。结合全球一般通史、经济史和军事史特别是军事革命史的发展，本史探索将国防经济史分为金属时代、火药时代、工业时代、后工业时代这 4 篇来写；

二是地域选择。鉴于国际社会国家众多，如何既考虑到面，又照顾到点，的确是一个绕不过的话题，本史主要选了当时有影响国家，从这里大致也可以看到其时国防经济的代表性情况；三是内容选择。考虑国防经济涵盖内容的面非常丰富，如何选材、如何取舍也是一个难题，本史注重以国际化为基本视角，注重对如国际学术界普遍关注的国防支出、国防工业、国防采办、国防人力等国防经济基本方面作为关注的重点，但又不机械，注重根据当时当地的实际情况和特色情况，灵活选材和确定重点。作为基础性史学之作，本史也适当注意与国外一些同类著作主要以介绍欧美国防经济情况为主、中国一些国防经济同类著作主要以介绍中国国防经济实践政策为主等均有所区分。作者认为，史学最重要的是要尊重历史，要客观对待自己的历史，也要客观看待别人的历史。

参考文献

[1] 库桂生，姜鲁鸣 . 中国国防经济史 . 军事科学出版社，1991：2.

国防预算跨期平衡机制设计框架体系研究[*]

毛 飞

随着现代化战争形态的深刻变化，战斗力生成模式发生了根本性转变，许多军事建设项目都是跨多个年度持续进行的，国防需求的波动性特征导致国防经济建设呈现了一定的寿命周期性特征，只有保持国防投入的周期波动适应性和适度弹性，才能保证国防资源配置的动态有效性。基于动态平衡视角建立的国防预算跨期平衡机制，不仅有助于纠正年度预算的短期化、静态化和不连续性问题，更为重要的是作为具有中国特色的结果导向型国防预算制度的重要内容，对于加强国防和军队建设资源的宏观调控、推动规划计划与预算的紧密衔接具有重要作用。国防预算跨期平衡机制，是保证国防财政资源可持续性的前提下，以国防和军队建设需求为主导，着眼解决国防投入稳定性问题，在预算编制、执行等环节建立的滚动的、跨年度的、总量式的、预算收支余额在风险可控区间的一种动态平衡机制。为有效发挥国防预算跨期平衡机制作用，为国防投入滚动规划的稳定性和可实现性提供重要制度支撑，必须从机制运行

---

* 作者简介：毛飞，陆军勤务学院财务审计系副教授，研究方向：国防资源配置。

模式、预算平衡标准、预算平衡周期、余额控制区间、平衡调节基金以及平衡机制实施的时机等若干方面做出具体设计。

一、机制运行前提

建立国防预算跨期平衡机制在理论上有两个假设前提，事实上这也是平衡机制正常运转的重要条件。

其一，国防预算收支当期难以平衡。如果国防预算当期能够实现自动平衡，那么也就没有必要构建国防预算跨期平衡机制。事实上，国防预算收入与支出是不可能自动平衡的。我们的研究表明，经济发展状况与国家安全形势在短期内没有直接相关关系，因此基于经济发展和中央财政状况确定的国防预算拨款和基于国防需求确定的国防支出预算，两者在缺少制度干预的情况下是不可能自动平衡的。大多数情况下，国防预算收支总是存在差额。

其二，长期中，国防预算收支可以实现均衡。短期中，社会经济发展变化弹性较国家安全形势变化要大，因此国家安全形势与经济发展状况之间的函数关系不明显，但从长期来看国家安全为经济社会发展提供了稳定的外部环境，越稳定的安全环境，经济社会才可能越稳定，经济发展才可能越快，因此国家安全与经济发展在长期中存在一定函数相关。正因为如此，基于经济状况确定的国防投入与基于国防需求确定的国防支出预算，两者才能实现大体平衡。正是因为在一个较长的时间阶段，国防预算投入与国防支出是总体均衡的，才能有可能将某一年份国防预算超收用于弥补另一个年份的国防预算超支，从而建立跨期平衡机制，达到以丰补歉的目的。

二、基本运行模式

国防预算跨期平衡机制的运行模式，简单地讲就是"以丰补歉、动态平衡、余额可控"。

具体而言，如图1所示。图中的收入线表示（可）获得的国防费资源，也可称国防预算收入，这是基于财政经济状况的国防预算收入。图1表明，由于经济周期等方面原因，国防预算收入可能呈现上下波动特征。支出线，在基线筹划中指的是（国防部门）支出限额。这里假定国防需求稳定，不存在波动，相应的要求国防投入稳定增长，因此图中支出线是一条直线。当然，现实情况中国防需求是有波动的，国防经济运行也可能呈现周期性状态，这里只是为了便于对平衡机制基本运行模式的说明，在模型上进行了抽象简化。

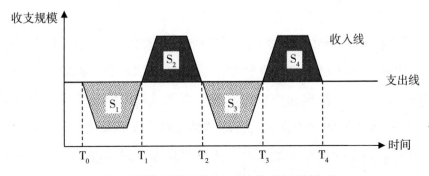

图1　预算跨期平衡机制的基本运行模式

建立国防预算跨期平衡，不是单纯地强调以收定支的年度预算平衡，而是以支出政策确定支出预算，追求中期的预算平衡。在这种平衡机制下，年度内可能会出现预算收入与预算支出不相匹配的情况，即允许支出线（支出限额）突破可得资源（预算收入）。在国防需求一定，支出预算给定的前提下，当预算收入大于预算支出时，不强求超收部分在当年全部安排支出，而是将超收部分结转下年使用，或用于削减往期超额支出、化解国防财政风险；当预算收入不足当年预算支出，不强求大幅度削减当年支出，而是在精准预测、科学分析形势的情况下，对超额支出分年度弥补。具体而言 T_0-T_1 时期（第 1 个预算年度），经济周期处于下行区间，财政收入下滑，国防预算收入减少，为了保证满足国防需求，国防费投入一定，因此预算收支出现了负数，即超额支出（财政经济中被称为赤字）S_1。T_1-T_2 时期（第 2 个预算年度），经济周期上行，财政收入大幅增加，国防预算收入可以得到一定增长，国防预算收入超过国防预算支出，出现了盈余，即超额收入 S_2。此时，$S_1+S_2=0$。显然，尽管在某一个预算年度来看，预算收支是不平衡的，但从多个预算年度来看，收支是平衡的。这即是跨期平衡机制的基本运行模式。

三、预算平衡标准

预算平衡标准，即评判国防预算收支平衡的标准或尺度。其实，预算平衡标准古已有之。在较早的古典经济学中有一种叫作"健全财政"的思想。根据这一思想，预算平衡就是"收支平衡、略有节余"，用现代经济学语言表达，即"预算收入 = 预算支出"。而且这一恒等式，无论是在年度之内，还是跨越多个时期或是某个经济周期内，都是成立的。但从理论发展和制度设计的角度讲，为实现跨期平衡，预算平衡的标准应有所放松：第一，不是当年度预算收入 = 当年度预算支出。因为如果基期年要求预算收支相等，从国防投入"滚动"规划的角度看，就意味着往后推的每一个年度预算收支都要求相等。这在现实中难以实现，也违背跨期平衡机制设计的初衷，不符合机制运行的基本前提。第二，也不是某一阶段（多个时期）预算收入 = 某一阶段（多个时期）预算支出。因为，长期来看，国防预算收入与国防预算支出只能是总体均衡，无论将该阶段时期数设定为 3 年规划期，还是设定为某一经济周期，或者是国防需求波动周期，甚至是经济周期与国防需求波动周期的公倍数，都难以出现绝对的收支相等，即使出现了也是偶然现象。

由跨期平衡机制总量动态平衡特征决定，跨期平衡机制中预算收支平衡标准如下式所示：

$$MBRE_i = \sum_{t=1}^{i}(MBR_t - MBE_t) \leq \Delta_0 \qquad (1)$$

其中 $MBRE_i$ 表示第 i 时期国防预算收支余额，MBR_t 表示第 t 时期国防预算收入，MBE_t 表示第 t 时期国防预算支出，Δ_0 表示设定的余额控制数。根据这一公式，如图 1 所示，应当有：$S_1 < \Delta_0$，$S_1 + S_2 < \Delta_0$，$S_1 + S_2 + S_3 < \Delta_0$，$S_1 + S_2 + S_3 + S_4 < \Delta_0$，等等。上式表明，国防预算跨期平衡机制中预算平衡标准是以国防投入滚动规划滚动到的基数年国防预算收支余额加上历史余额不超过设定的某个警戒区，即余额控制数。这意味着每一年预算收支在考虑历年超支结余数后的余额都处于可控区间。

四、余额控制区间

（一）余额控制区间的内涵

余额控制区间，准确地讲，其实是预算收支平衡余额控制区间。它是指预算收入与预算支出相抵后的节余或超支逐年滚动累积形成的余额的合理变动范围。累积余额可以是节余，也可以是超支，在数量关系上可正可负，但要求在数量大小上不得超过某一区间，如式（1）中的 Δ_0 设定余额控制区间的目的，是为了防止预算收支节超过大，难以控制从而造成收支失衡。如果余额为正，且超出区间范围，即节余过多，则意味着国防拨款过大，造成了资金沉淀和资源浪费，不利于国防建设可持续发展；如果余额为负，且超出了区间范围，即严重超支，则意味着国防建设发展"过速"，国防需求超出了财政可承受能力范围，不利于国家经济建设。显然，无论是余额为正还是为负，只要是超出了控制区间，就意味着有可能损害了国防建设与经济建设的协调发展。

（二）余额区间边界的确定

预算收支平衡余额控制区间大小与财政经济风险度呈正比、与国防建设发展自由度呈反比：余额控制区间设定得越大，国防需求波动接受的程度也越高，需求得到满足的可能性也越大，相应的国防建设发展自由度也越高，但另一方面，财政兜底的压力也越大，财政经济面临的风险也越高。相反，余额控制区间设定得越小，对收支平衡标准"卡"得越严格，只要中央财政拨款充分考虑了各项公共支出需求，财政拨款就是科学合理的，相应的财政经济面临的风险也就越低，国防需求获得满足的概率将降低，提出的任务需求受到的牵制将更大。因此，科学设定预算收支平衡余额控制区间边界取决于财政经济风险与国防建设发展自由度的对比。理论上讲，区间边界应当设定在财政经济风险上升带来的成本与国防建设发展自由度提高带来的收益相等的位置。如图2所示。实践角度看，这一位置的测定需要采取渐进的方式，综合财政经济状况和国防建设发展等多方面现实因素，对合理区间进行不断探索。但作为一种制度安排，余额控制区间一经确定不应随意变动，保持跨期平衡机制运行的稳定性。但同时也应注意，由于制度环境不可能一成不变，余额控制区间范围也不可能永远静止不动，它将根据实际情况适时进行动态调整。这里还需要说明的是，区间边界的设定应当区分预算收入超过预算支出的"节余警戒线"以及预算支出超过预算收入的"超支警戒线",两条线因为制度环境决定因素及其决定机理的不同,在绝对值上并不一定完全相等。

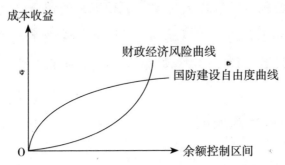

图2　余额控制区间与财政经济风险和国防建设自由度之间关系

(三)区间超出部分的处理

预算收支平衡余额控制区间边界其实就是一条警戒线,超出部分是不被允许的。对于超支部分,即预算支出超出预算收入的余额超过"超支警戒线"部分,意味着国防建设这一超额需求部分所带来的国防安全收益已经不能抵补国民经济发展的机会成本,得不偿失,除非情况特殊,一般必须调整国防需求,重新调整任务项目排序,并撤销相关任务项目,将国防预算支出超过预算收入的部分控制在警戒线以内。这里的特殊情况主要是指应急应战状态下的急速膨胀的必须开支。事实上,战时情况下,国防投入的相关制度建设应当纳入战时体制,整个国防投入滚动规划制度建设都会有一个大的调整变化。此外,设置"超支警戒线"还有助于防止道德风险。因为,当预算收入超出预算支出的余额纳入跨期平衡机制予以制度化确认后,容易引发国防和军队建设部门的"道德风险",因为允许存在一定超支余额,跨期平衡机制成为扩大开支、增列项目、调整预算的制度借口,国防和军队建设部门将为追求军事能力的提升而盲目扩张国防需求，大上快上任务项目，搞"政绩"工程，产生不必要的预算支出，这一行为常态化后将逐步推动超支额的扩大。对于节余部分，即预算收入超出预算支出的余额超过"节余警戒线"部分，意味着预算资源投入过多，沉积下来的资金已经超出了作为准备弥补未来预算超支的机动部分。因此，必须将超过"节余警戒线"部分返回中央财政，重新调整中央财政预算。

五、预算平衡周期

国防预算跨期平衡周期，是指国防预算收支余额在控制区间内的变化周期。理论上讲，经济增长是周期性的，国防需求因为一些武器装备、大型工程建设项目具有寿命周期性从而国防需求波动也具有一定的周期性特征，但由于经济增长与国防需求波动两种波的频率、波长都不一样，因此两者不可能完全契合，但两种波的叠加确会产生一种新的波动，这种波动在满足一定条件时具有一定周期性。因此，理论上看，国防预算的收支余额会出现规律性变化。如图 3 所示。余额波动在 0-T_1、T_1-T_2、T_2-T_3 三个时期表现出明显的周期性波动特征。因此这种时期阶段就被称作预算平衡周期。当然，实践中余额波动不可能表现得如此完美，上述模型只是一种理论抽象甚至是理论假设，是否存在及其特征刻画还有待实证检验。其理论意义和实践价值在于为我们的制度设计（比如预算稳定调节基金）提供帮助。

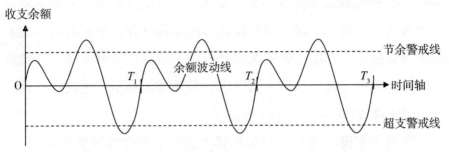

图3 预算平衡（余额变动）周期六、平衡调节基金

我国政府早在 2007 年就已经开始借鉴国外政府经验设立了用于平衡预算收支的储备性基金，即预算稳定调节基金（Budget Stabilization Fund）。经过多年的运行和不断地调整完善，预算稳定调节基金功能不断健全。尤其是 2014 年发布的《国务院关于深化预算管理制度改革的决定》（国发 45 号），以及 2015 年开始实施的新的《预算法》将这一制度以法规的形式确定下来。这对于构建国防预算平衡调节基金具有重要借鉴意义。

（一）平衡调节基金的概念

国防预算平衡调节基金，是用于解决国防预算超支或节余的储备性基金。其运行机理是，当预算收支余额是超支，可以调用国防预算平衡调节基金用以弥补，当预算收支余额是节余时，可将节余部分调入用于补充国防预算平衡调节基金。

（二）平衡调节基金的功能

根据新《预算法》第 41 条规定，"各级一般公共预算按照国务院的规定可以设置预算稳定调节基金，用于弥补以后年度预算资金的不足"。相似的，国防预算平衡调节基金主要是在资源供给不能满足国防支出需求时，能够保证国防支出"不少支"；在国防拨款过多时，能够吸纳留存适当资源。显然，国防预算平衡调节基金就像一个自动稳定器，不仅可以有效调节国防预算收支余额波动，起到稳定国防投入的作用，更重要的是有助于缓解中央财政压力、降低财政经济风险，稳定国防支出需求，保证国防和军队建设始终处在一个稳定可持续的良好发展环境。

这里还要说明的是，国防预算平衡调节基金与预备机动资金，虽然在形式上看，都属于储备性经费，但其功能定位是不同的。预备机动资金，主要用于当年预算开支过程中不确定性的突发性事件，是机动预留性、以备不时之需的解决具体问题的经费，属于短期性临时性的在预算执行过程中的预算调节工具；而国防预算平衡调节基金，是在总预算编制过程中，保证国防支出需求，保证国防投入滚动规划能够正常"滚动"的制度安排，属于长期性的财政储备手段。

（三）平衡调节基金的规模

平衡调节基金的性质是储备基金，规模过小不足于有效发挥平衡基金的调节作用；规模过大，因为平衡调节基金本身来源于财政拨款，却没有用于公共服务，存在着经济建设的机会成本，同时这部分资源没有在当期用于国防和军队建设，存在着当期国防和军队建设的机会成本，事实上，规模过大还容易引发国防和军队建设部门的道德风险，刺激预算资金的低效使用冲动从而造成国防支出需求的不合理扩张。正因为如此，国务院在《关于进一步做好盘活财政存量资金工作的通知》（国办发（2014）70号）中对预算稳定调节基金规模做出了明确规定，"预算稳定调节基金编制年度预算调入后的规模一般不超过当年本级一般公共预算支出总额的5%。超过5%的，各级政府应加大冲减赤字或化解政府债务支出力度"。

我们的研究表明，科学合理确定国防预算平衡调节基金规模，应使其保持在预算收支平衡余额控制区间最高警戒线的两倍。如图4所示：

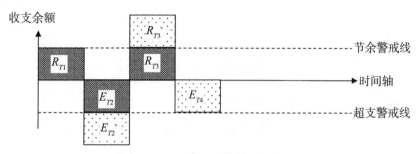

图4　平衡调节基金规模的确定

其中，RT1 代表 T1 时期预算收支节余，且在节余控制区间，未超节余警戒线[1]；$(E_{T2}+E_{T2}^{`})$ 代表 $T_2$ 时期预算收支超支，其中 $R_{T1}=E_{T2}^{`}$，表示在 T_2 时期进行了余额累积相抵，因此 $(E_{T2}+E_{T2}^{`})-R_{T1}=E_{T2}$，$E_{T2}$ 在超支警戒线内；$(R_{T3}+R_{T3}^{`})$ 代表 T_3 时期预算收支节余，其中 $R_{T3}^{`}=E_{T2}$，表示在 $T_3$ 时期进行了余额累积相抵，因此 $(R_{T3}+R_{T3}^{`})-E_{T2}=R_{T3}$，$R_{T3}$ 在超支警戒线内；$R_{T3}=E_{T4}$，表示在 T_4 期累积余额相抵，此时的余额曲线 $=0$（与时间轴重合）。据此，实际余额变动曲线是图中实阴影部分，显然，余额均在控制区间，预算收支处于动态平衡。而实现这一平衡的机制即为平衡调节基金，其运行过程如根据图 4 所示：假设平衡调节基金起始规模为 X，以 T_1 时期为跨期平衡机制运行的起始点，将该时期的节余 R_{T1} 调入平衡调节基金，此时平衡调节基金规模为 $(X+R_{T1})$；进入 T_2 时期，弥补超支 $(E_{T2}+E_{T2}^{`})$ 后，国防支出在控制区间的超额需求有了经费保障，即 $(E_{T2}+E_{T2}^{`})=(X+R_{T1})$，则要求 $X=E_{T2}$；进入 T_3 时期，节余 R_{T3} 调入平衡调节基金，此时平衡调节基金规模为 $(E_{T2}+R_{T3})$；进入 T_4 时期，国防预算超支部分 E_{T4} 被累积余额 R_{T3} 弥补，此时平衡调节基金规模为 E_{T2}，即回到开始设定的参数 X。显然，此过程中，平衡调节基金的规模最高时达到（$E_{T2}+R_{T1}$）或者（$E_{T2}+R_{T3}$）。由于节余警戒线和超支警戒线大小并不完全相等，根据平衡基金运行过程不难发现，只有当平衡调节基金规模设定在2倍于最高警戒线数值时，平衡调节基金才能顺畅有效运行。

（四）平衡调节基金的来源

根据国家新修订的《预算法》，政府预算稳定调节基金主要有两个来源渠道，一是"各级一般公共预算年度执行中有超收收入的，只能用于冲减赤字或者补充预算稳定调节基金"，二是"各级一般公共预算的结余资金，应当补充预算稳定调节基金"。国防预算平衡调节基金的来源，一方面来自于国防预算收支累积余额，另一方面来自于专门调入资金。其中，前者来源属于动态的年度性的，后者来源属于基金启动性的，可以是中央财政拨给，也可以是来源于国防和军队内部，比如历年结余经费。

参考文献

[1] 前文述及，超出警戒线部分要求重新调整收支预算，因此这里不考虑超出警戒线部分。

国防专利转民用的价值评估研究*

桂泽宇　董晓辉

习主席强调，要做好国防科技民用转化这篇大文章，发挥国防科技转化运用最大效益。《"十三五"科技军民融合发展专项规划》《关于推动国防科技工业军民融合深度发展的意见》等规划政策对国防科技民用转化提出了明确要求。近年来，国家知识产权局与军委装备发展部先后确定江苏、福建等 15 个省（区、市）作为知识产权军民融合试点地方，通过加强军民科技资源共享和加快军民两用技术转化，推动实现知识产权领域军民资源整合、要素融合和优势聚合。《2019 年深入实施国家知识产权战略加快建设知识产权强国推进计划》进一步提出，开展《国防专利条例》修订工作以及推动制定相关政策以提高国防知识产权转化质量和效率。国防专利价值评估是推动国防知识产权转化运用的关键环节，对推动知识产权领域军民融合、完善国防科技创新体系具有重要战略意义[1]。

---

*作者简介：桂泽宇，国防科技大学文理学院硕士研究生，主要研究方向：国防科技创新与成果转化；董晓辉，国防科技大学文理学院教授，主要研究方向：国防科技创新与经济社会发展。

一、国防专利转民用价值评估的需求分析

国防专利虽然主要应用于军事需求，但技术的通用性使得国防专利很大程度上能在民用领域进行转化并服务于经济社会建设。推动军用领域内的高新技术转化运用到民用领域，将技术转化为现实生产力已经成为世界主要国家推动国防和经济建设发展的重要手段[2]。

（一）技术转让

国防专利技术转让是指出让方将其拥有的国防专利申请权或国防专利权通过出售、投资、合作等多种形式转让给单位或个人的一种法律行为。国防专利技术转让的目的在于使受让方可以对国防专利技术进行二次研发、产品设计和生产销售等一系列生产经营活动，将其转化为具有应用价值的产品或服务以实现国防专利蕴含的技术经济价值。根据《2019 中国科技统计年鉴》的国防专利统计数据，国防专利基本上以科研单位、大专院校和企业为主要权利人，地区分布也主要在经济发达地区以及军工企业密集分布的省份，具体数据与比较内容见图 1—图 4 所示。国防知识产权局从 2015 年开始组织开展国防专利密级审核工作，2017 年先后解密 3000 余项国防专利，2018 年又集中脱密了 4038 项国防专利，为推动国防专利向民用领域转化提供了大量的优质技术创新资源。具有军民两用价值的国防专利技术无论在国防领域还是民用领域都有广阔的应用空间，国防专利技术在转向民用领域后会迅速带动相关产业快速发展，民用产业的兴起也将反向为国防科技创新提供更多的资金、人才、技术支持。技术转让促进了生产要素在军地间相互流动，以市场化的竞争方式

激活了国防军工企业和科研人员的发展动力和创新活力。当前,大量"沉睡"的国防专利无法实现其技术经济价值,这就需要通过准确评估国防专利价值来满足国防专利技术成果转化的市场需求。

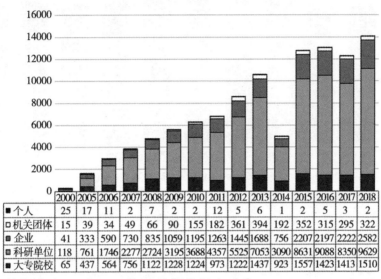

	2000	2005	2006	2007	2008	2009	2010	2011	2012	2013	2014	2015	2016	2017	2018
■个人	25	17	11	2	7	2	2	12	5	6	1	2	5	3	2
□机关团体	15	39	34	49	66	90	155	182	361	394	192	352	315	295	322
■企业	41	333	590	730	835	1059	1195	1263	1445	1688	756	2207	2197	2222	2582
▨科研单位	118	761	1746	2277	2724	3195	3688	4357	5525	7053	3090	8631	9088	8350	9629
■大专院校	65	437	564	756	1122	1228	1224	973	1222	1437	923	1557	1423	1413	1510

数据来源:《2019中国科技统计年鉴》。

图1 2000—2018年国防专利不同类别申请人申请数量

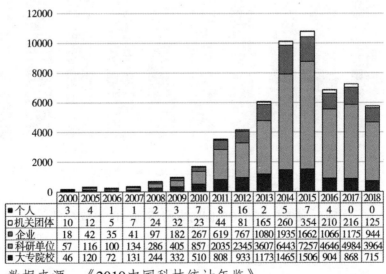

	2000	2005	2006	2007	2008	2009	2010	2011	2012	2013	2014	2015	2016	2017	2018
■个人	3	4	1	1	2	3	7	8	16	2	5	7	4	0	0
□机关团体	10	12	5	7	24	32	23	44	81	165	260	354	210	216	125
■企业	18	42	35	41	97	182	267	619	767	1080	1935	1662	1066	1175	944
▨科研单位	57	116	100	134	286	405	857	2035	2345	3607	6443	7257	4646	4984	3964
■大专院校	46	120	72	131	244	332	510	808	933	1173	1465	1506	904	868	715

数据来源:《2019中国科技统计年鉴》。

图2 2000—2018年国防专利不同类别申请人授权数量

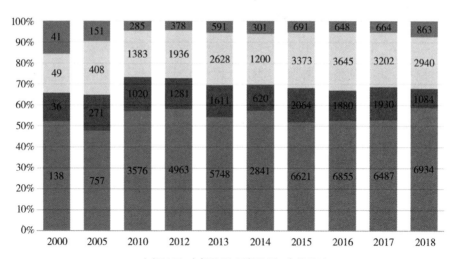

数据来源：《2019中国科技统计年鉴》。

图3　2000—2018年国防专利不同地区申请数量

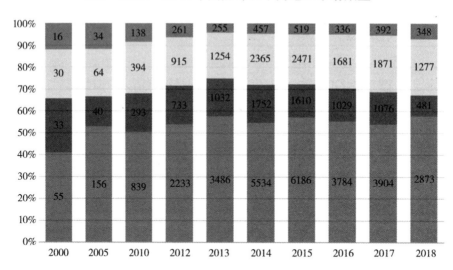

数据来源：《2019中国科技统计年鉴》。

图4　2000—2018年国防专利不同地区授权数量

（二）作价入股

国防专利作价入股是指权利人对其拥有的国防专利进行量化评

估并将其作为资本要素进行作价入股，与其他资本要素相结合参与到企业生产经营活动中，进而实现国防专利资本化运营的一种实现方式。通过作价入股不仅可以弥补取得国防专利的资产成本，在成功转化后还能获取额外的经济收益。美国军民两用知识产权作价入股发展较为成熟，国防部、商务部等政府部门以及相关行业机构制定具体法规政策并负责进行管理，从事国防知识产权评估的第三方咨询评估公司按照财务会计准则委员会发布的财务和审计规则对各类作价入股的专利技术进行评估，政府管理部门会对涉及国家安全与国防利益的专利申请、使用及专利评估进行严格监管和控制[3]。随着我国军工企业混合所有制改革与军工资产证券化进程的加快，在非公有制经济参与国防军工研发生产和推动国防科技工业进入民用产业领域的双重驱动下，国防知识产权价值评估的现实需求明显增多。目前，国防专利作价入股实践大多在企业设立阶段通过技术入股的方式开展，对于专利这类非货币财产作价出资的价值评估活动主要依据《公司法》和《资产评估法》的规定和程序开展。《国防法》中对国防知识产权作价入股仅有强制性的审批管理规定，但针对国防专利这类特殊资产的作价入股方式和价值评估方法却尚未制定专门法规。因而在实践层面上存在入股条件不够明确、出资比例难以确定、价值评估方法标准缺失、权利归属与利益分配不清等现实难题，这就需要通过规范与加强国防专利的价值评估工作来逐步解决。

（三）质押融资

国防专利质押融资是指权利人将其合法拥有的且处在有效期内的国防专利权向银行或其他金融机构进行质押，为国防专利实现二次研发与成果转化获取资金并按期偿还本息的一种融资方式。此类融资是通过金融体系为企业进行资金融通，满足国防军工科研体系实现国防专利转化需求而形成的。由于国防专利在投资来源、创造主体、产权模式、权利获取方式、交易市场及应用领域等多方面存在不确定性和高风险性，目前因市场、法律、政策、观念等多方限制尚未取得实质性的进展。西方发达国家的资本和证券市场较为成熟，在知识产权质押融资的长期管理和应用实践中积累了丰富经验。以美国为例，政府并不直接参与质押融资事务管理，仅为参与各方提供政策和资金支持，主要通过协调企业、银行、担保机构、咨询服务机构组织来共同推动融资活动开展 [4]。目前，我国国防专利质押融资面临一系列困难。首先是国防专利质押融资行为缺乏专门的法律依据。国防专利质押融资只能参考普通专利适用《物权法》《担保法》等法律条款的规定，企业、银行、担保机构以及金融服务机构都不愿承担政策上的风险。其次是国防专利权利归属不够清晰。目前在确定国防专利权利归属的法律条文之间存在相互矛盾的规定，尚无具体管理部门能够代表国家行使相关权利。再次是国防专利的价值难以评估。普通专利价值评估所采取的市场法、成本法和收益法在对国防专利进行评估时难以普遍适用和有效实施。最后是质押的国防专利变现困难。国防专利很难通过公开市场交易进行及时变现，而随着时间流逝其技术经济价值会迅速丧失。因此，需要从系统视角全面完善国防专利评估的政策机制，为国防科技成果高效顺畅转化提供支撑。

（四）诉讼赔偿

专利权是在一定期限内通过法律给予专利权人独占使用专利技术的权利，当这一权利受到不法侵害时，专利权人可以就侵权行为或侵权对象提请法律诉讼。我国国防专利诉讼区分民事诉讼和行政诉讼，民事诉讼案件主要以国防专利合同纠纷、权属纠纷、侵权纠纷为代表，行政诉讼主要是国防专利行政相对人对国防专利行政管理部门的决定、裁决等行政行为不服而提起的行政诉讼[5]。国防专利诉讼赔偿便是通过对国防专利权人进行救济或对侵权人实施惩处以补偿侵权行为所造成经济损失的法律行为。专利诉讼赔偿实际上成为维护专利权利、体现专利价值的重要手段[6]。2019年国家知识产权局公布的知识产权主要统计数据显示，全年共授予发明专利45.3万件，而专利侵权案件就达到了3.9万件，较上年同比增长13.7%。就国防专利转民用过程中涉及的专利诉讼案件而言，法院对专利侵权行为的判决和执行最终将转化为对损害赔偿额度的计算，准确评估侵权行为带来的经济损失额在国防专利诉讼案件中就产生直接的需求。在国防专利诉讼案件损害赔偿执行过程中，由于专利权人因侵权行为受到的实际经济损失难以准确计算或者缺乏有效依据，司法实践通常选择适用赔偿额度较低的法定赔偿。国防专利的整体特殊性和个别差异性使得法定赔偿额度不能反映出国防专利的真实价值，而过低的法定赔偿额也起不到保护国防专利的目的。国防专利诉讼赔偿中如何选定侵权损害赔偿额的计算标准，需要以国防专利的准确评估价值作为前提，否则实践中侵权损害赔偿额严重偏低将极大制约国防专利的转化应用。

二、国防专利转民用的价值影响因素

国防专利转民用的价值影响因素涉及经济因素、技术因素、法律因素、风险因素等多个领域，不同影响因素在价值评估活动中对国防专利价值的影响程度和作用方式不尽相同，在分析某一具体价值影响因素时必须将国防专利与普通知识产权的差异性充分考虑。

（一）经济因素

成本一定是影响价值的重要因素，尤其是国防专利在研发阶段并不充分考虑经济收益，因而在研发阶段投入的成本往往占据的成本份额较大。除国防专利技术的研发成本外，国防专利的转化成本、国防专利权利的获取成本以及后续的使用和维护成本均应纳入经济因素。

但更值得注意的是，国防专利处在一个供给和需求都极为特殊的市场，市场供求关系和盈利能力是影响其价值的主要因素。如果一项国防专利技术在民用市场有着广阔的市场前景且目前无同类技术或产品能够进行替代，那么对该技术的评估往往会给出一个较高的市场价格；如果该国防专利技术在市场中有同类技术或产品，但该技术相对于其他技术而言有领先优势，那么通过市场差异化竞争能够迅速占领某一细分市场，对这一类技术进行评估通常根据细分市场的规模给出一个相对合理的评估价格；如果该国防专利技术在市场上已经有类似产品或者该技术在民用市场上相当成熟，那么该技术难以通过产品本身取得市场竞争优势，对这一类技术的评估价值就会较低。如果该国防专利技术既无明显优势，在市场上有很容易找到类似的替代技术，那么该技术就没有转化的必要，对这一类技术的评估价值可能就是零。无论高估还是低估国防专利技术的最终价值，技术的市场供求关系都是极为重要的参考指标，这是决定是否具有投资和转化价值的关键因素。

（二）技术因素

技术因素主要是指技术的创新性和技术的成熟度。创新性是评估一项知识产权技术最核心的技术参考指标，是该项知识产权技术区别于或者领先于现有技术的根本所在。虽然知识产权技术在授予前进行的实质性审查实际上就验证了技术本身的创新性，但技术本身的创新性只有在转化为真正的产品才能检验其价值。因此国防专利技术在转为民用过程中，评估过程不仅要考虑到技术本身的创新程度，而且还要考虑实现其转化为民用产品的可能性和转化应用的现实条件，即技术的成熟度。

技术的成熟度是指一项技术将其转化为产品所经历的从构思、设计、试制、定型到完成工业化生产的各个阶段的距离。技术的不同发展阶段对的人力、物力、财力的需求程度是不同的，所面临的技术转化风险也不一样，因而在不同阶段技术所反映的价值也不尽相同。能够转为民用产品的国防专利往往不是仅有一项知识产权技术，通常在军用领域是已经成功实践的成熟产品，技术的成熟度已经在军用领域进行了初步验证，因而转化的风险主要在于民用市场产品的成熟度和适用性，产品越成熟、适用性越广则评估价值越高，具体如图 5 所示。

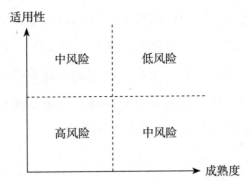

图5 国防专利在成熟度、适用性上的风险分布

（三）法律因素

国防专利的价值与其法律状态息息相关，法律状态关注的是现时的法律状态，影响价值评估的核心是国防专利的产权状态。除此

之外，跟法律状态相关的重要信息还包括：国防专利发明人身份、申请权和署名权归属、所有权归属、知识产权登记状态以及知识产权应用方式（包括技术转让、许可使用、合作开发、技术服务、质押融资等）。国防专利是否有过诉讼历史也是事关国防专利价值评估的关键因素，若涉及过无效宣告程序或经历过侵权诉讼纠纷都将明显降低其评估价值。

此外，国防专利的价值还与其权利的行使方式有关，主要包括技术转让、许可使用、合作开发、技术服务、质押融资、侵权赔偿等。不同的行使方式反映出知识产权技术的市场地位和发展前景，知识产权权利的行使主要体现在使用权的差异，具体有独占使用、独占许可、排他许可、普通许可和其他许可等形式。独占使用是指知识产权所有人仅自己使用而不授权他人使用该项知识产权技术；独占许可是指知识产权的权利人在拥有知识产权所有权的情况下放弃对该知识产权技术的使用权而仅授权一个企业或个人使用该知识产权技术；排他许可是指知识产权的权利人在行使使用权时仅允许特定被许可人使用该知识产权技术；普通许可是指知识产权的权利人可以授权除被许可人以外的第三人使用该知识产权技术。国防专利行使使用权的本质差异在于技术应用的市场垄断地位不同和被许可使用人数量的差异，技术的垄断性越高，可以使用该技术的人越少，评估价值越高；反之，则评估价值越低。

（四）风险因素

风险存在于将知识产权技术转化并实现工业化生产过程之中。此时由于技术方案本身的不成熟使得转化风险极高，技术的领先和创新程度并不能给予该知识产权较高的评估价值，预期收益面临的不确定性增大会降低评估价值。而在技术实施过程中有了重大突破或者工业化生产的配套条件逐渐成熟，其转化的技术风险将会迅速降低，实施难度的降低和应用范围的扩大对其评估价值极为有利。但技术的不断成熟也意味着该技术的潜在替代技术即将出现，如果该技术的可替代方案越多，技术发展路径越广，那么该技术的评估价值实际上会因为被其他替代方案进行分摊而明显降低。

除此之外，权利风险也会对国防专利的价值评估产生较大影响。普通知识产权在申请过程中通常会有针对性地检索分析与该技术相关的其他类似知识产权技术，侵权风险在知识产权申请前会得到有效降低。但国防专利在授权时由于授权机关、应用领域以及审核程序上的差异，使得国防专利并没有进行充分的信息检索和同类知识产权技术比较，因而在转为民用时会存在明显的侵权风险。当前我国在知识产权法律制度还不完善、法律意识还相对比较淡薄的情况下，知识产权的评估价值往往会因为面临侵权风险而导致降低，甚至会因为知识产权保护不到位而实际上失去原有的价值。

三、国防专利转民用价值评估的现实难点

目前，我国四川绵阳、山东青岛、陕西西安、北京中关村等地已经建立了国防知识产权转化应用平台，旨在整合军工科研院所、军民融合企业、科技服务机构等科技要素资源以实现技术、市场和资本的有效对接，为入驻的国防专利技术提供评估、定价、融资、二次研发等各类科技中介服务。但也应看到，国防专利价值评估还存在着运行机制不够规范、服务体系不够专业、配套制度不够完善等一系列问题。

（一）国防专利评估运行机制亟待规范

价值评估是推动国防专利转化的基础工作，在国防专利进行创造、转化和保护的各个环节中发挥着重要作用。建立规范有效的国防专利价值评估机制就是对开展价值评估的各个环节、要素、资源与参与主体进行组织协调，并将评估链条和运行体系进行完善的过程[7]。

在组织管理方面，由于国防专利价值评估涉及军地多个管理部门和实施主体，国防专利自身的特殊属性使得这一行为不能由资产评估机构主导开展。目前，在宏观层面还缺乏对国防专利价值评估管理工作的统筹协调，缺少强有力的管理机构进行主导和推动实施。国内部分地区开展了积极探索，但仅形成零散的政策规定和实施细则以指导国防专利转化，由于差异性较大且无成熟的实践案例难以实施推广。

在工作开展方面，评估职能分散影响了国防专利管理和价值评估工作的顺利推进。在国防专利的创造主体与管理部门之间还缺乏独立开展国防专利价值评估业务的层级机构，而承担价值评估业务的职能部门多以附属职能或指定人员兼管形式存在，这就使得国防专利价值评估工作存在主观动力不足和运行效率低下的弊端。在缺乏专门机构或主管领导推动的情况下，国防专利创造主体和管理主体都缺乏开展价值评估的主动性。

在评价效果方面，国防专利转化在不同地区、不同行业的转化流程和转化效果上存在较大差异。例如，四川绵阳地区军工产业较为密集，在推进科技成果、科技资源市场交易以及国防专利评估转化方面形成了一套特有的评估转化流程，能够有效对接军地需求实现快速转化。但在军工产业并不发达的地区，由于缺少军地共享的信息发布平台和协调组织机构，成果转化难以通过标准化流程进行复制，管理部门与企业需要付出巨大的时间和经济成本来推动国防专利评估转化。

（二）国防专利评估服务体系有待优化

国防专利评估服务体系是整合军地资源、深化服务保障、协助成果转化的重要平台，其作用在于对接军地市场信息、提供技术评估服务、开展专利运营推广。目前，我国虽已建立了覆盖全国的科技中介服务机构网络，但在国防专利价值评估上发挥的作用效果并不明显。

缺乏专业化的评估机构和人才。我国直接从事科技中介服务的机构已经超过 6 万个，从业人员达 110 万人，但能为国防专利转化提供价值评估服务的机构和人员却相当缺乏 [8]。国防专利价值评估活动主要通过国防专利代理机构开展，当前我国共有 34 家国防专利代理机构（如表 1 所示），而目前国内具备国防专利代理资格的机构大多只承担本系统内或单位内的知识产权事务管理和服务职能，代理机构之间存在明显的行业分割和体制壁垒。评估机构和从业人员的法律素养和业务水平良莠不齐，难以提供专业规范、准确可靠的国防专利价值评估服务。

表1 国防专利代理机构目录

类别	机构
军队单位	军委后勤保障部专利服务中心 陆军研究院五所专利服务中心 中国人民解放军海军专利服务中心 中国人民解放军空军专利服务中心 中国人民解放军火箭军专利服务中心 中国人民解放军防化研究院专利服务中心 国防科技大学专利服务中心

续表

类别	机构
国防科工单位	核工业专利中心 上海航天局专利中心 成飞（集团）公司专利中心 中国兵器工业集团公司专利中心 中国航天科工集团公司专利中心 中国航空专利中心 中国船舶专利中心 中国航天科技专利中心 中国工程物理研究院专利中心
国有企事业单位	中国有色金属工业专利中心 首钢集团公司专利中心 工业和信息化部电子专利中心 湖南省国防科学技术工业办公室专利中心 中国和平利用军工技术协会专利中心 贵州国防工业专利中心 陕西电子工业专利中心
高校及科研院所	中南大学专利中心 电子科技大学专利中心 南京理工大学专利中心 华中科技大学专利中心 哈尔滨工业大学专利中心 中国科学院西安专利中心 北京理工大学专利中心 西北工业大学专利中心 大连理工大学专利中心 重庆大学专利中心

资料来源：国家军民融合公共服务平台网站（http：//jmjh.miit.gov.cn/）。

缺失标准化的评估服务流程。国防专利价值评估服务机构大多分属于不同制度体系和行业领域，提供的价值评估服务在标准依据和实施流程上存在很大的差异。其中国防专利转化对专利检索、信息咨询、专利评估、投融资、孵化培育、运行转化等服务的专业化水平要求较高，若无规范化的评估服务流程和执行标准，中介机构需要投入极大的时间成本和经济成本进行需求分析与资源整合，国防专利转化主体间将始终存在结构性的供需矛盾。

缺少系统性的评估规范标准。我国专利价值评估主要依据《资产评估法》《资产评估准则——无形资产》等法律规范，但缺少专门法规来指导国防专利价值评估实践。国防专利有着保密性和不完全市场化的特点，使得成本法、收益法、市场法等传统价值评估方法在操作层面并不能有效适用。不同行业领域或单位在实践中往往根据其个体要求和需求特点开展国防专利价值评估，由于缺乏规范系统的评估方法和标准依据，评估行为往往存在较大的主观随意性，难以得到全面准确且被普通认可的评估结果[9]。

（三）国防专利评估配套制度不够完善

国防专利解密制度、权利归属与利益分配制度以及推广转化制度对国防专利价值评估有着重要影响。在国防专利民用转化流程体系还不完善的情况下，相关配套制度措施的缺陷和不足将产生明显的制约效应。

国防专利解密制度激励不够充分。国防专利解密制度是推动国防专利评估与转化的重要配套制度，但国防科工领域内"重保密、轻解密"的现状普遍存在，这大大降低了国防专利转化对推动技术进步的激励作用。国防专利解密申请条件较为苛刻，权利人主动申请解密的意愿不足并最终导致成果的转化率偏低。随着技术的快速更迭，许多国防专利在保密期内或尚未完成解密过程便失去了转化应用的价值。

权利归属和利益分配制度不够合理。国防专利在立项和研发阶段受政府财政支持不存在资金短缺情况，但通过作价入股、质押融资等活动进行民用转化时就必须解决权利归属和利益分配不相适应的问题。国防专利产权主体的模糊使得研发主体自身难以实现成果转化，无论采用何种方式均存在成果转化风险[10]。而利益分配制度不合理则抑制了科研人员开展转化与创新的积极性，若无清晰的产权归属与合理的利益分配制度保障科研人员利益，推动国防专利转化将始终存在效率约束。

国防专利推广转化制度不够灵活。国防专利推广转化需要为供给和需求方实现有效对接，但现有渠道的转化路径较为单一且分散。在引导和促进国防专利推广转化上，政府缺乏有效整合渠道资源的能力，现有平台的服务功能单一、供需对接不畅、运行效率较低等缺点较为明显。行政指令式的推广转化方式受到体制内在阻力较大，缺少诸如奖励、补偿、股权激励等市场经济手段来鼓励和调动单位和个人对国防专利推广转化的主动性。在国防科工领域与民用科技领域的体制阻碍尚未打破前，国防专利转化对政府的行政依赖仍将长期存在。

四、国防专利转民用价值评估的优化路径

在国防专利民用转化过程中进行有效价值评估，需要依托国防专利评估管理部门建立标准化的评估流程，聚合科技中介服务机构搭建专业化的服务平台，出台体系化的政策制度来提高价值评估的质量和效率，进而满足不断发展变化的国防专利转化需求。

（一）构建统一领导、军地协调、顺畅高效的组织管理体系

强化对国防专利转化的统一领导。中央军民融合发展委员会的成立是对国防体制机制进行改革创新的重大举措，在国家层面实现了对军民融合发展的集中统一领导。中央军民融合发展委员会对国防专利转化工作进行统一部署，推动国防知识产权管理工作逐步纳入到国家知识产权战略体系和管理体系中。省级军民融合发展委员会要完善国防知识产权管理基础建设，为国防知识产权管理和转化实现供需对接、创业孵化、技术保障、管理咨询、投资融资等具体内容提供专业化的引导服务。

强化军地相关职能部门的协调。在立法层面加强军地协调，推动建立军民通用标准体系，在法律法规制定过程中明确国防知识产权归属适用条款和规定细则。在管理层面推动制度创新，协调地方政府、军队职能部门、金融机构、中介机构等各方不同利益诉求，为实现国防知识产权创造、运营、评估、转化、保护全产业链条一体化管理制定相应的运营管理和科技金融政策。在执法层面加强军地合作与管理协同，将国防知识产权纳入到国家知识产权行政管理与司法保护体系中，充分发挥国家知识产权局对国防知识产权纠纷处理与监督管理职权。

强化评估机构管理与服务职责。发挥价值评估在国防知识产权转化中的价值发现和价值管理功能，推动实现市场配置资源条件下国防知识产权的高效供需对接。完善国防知识产权价值评估机构的行业自律与执法监管，加大对从业机构和人员违规违法行为的惩处力度，加大宣传力度以提升对价值评估功能的认可度。创新评估方法和提升技术水平，充分利用大数据、云计算、人工智能等新兴技术在国防知识产权价值评估领域的推广和应用，增强评估的有效性

和准确性。

（二）构建需求牵引、市场运作、平台支撑的工作运行体系

建立跨区域、跨部门供需对接机制。发挥中央和省级军民融合发展委员会的集中领导和统筹协调作用，为不同行业领域间的军事和民用需求及时进行对接。以国防知识产权转化项目为中心建立跨区域、跨部门、临时性的工作小组，协调利益相关方开展项目实施和管理监督。通过军地联席会议制度推动国防科技成果转化政策落地，不断扩展线上对接、线下转化渠道，为技术先进、市场成熟的国防专利项目匹配优质合作伙伴和创新资源。

建立评估服务和人才市场准入机制。规范国防知识产权评估机构认证标准，推动制定评估目的、适用原则、法定程序、评估方法、评估行为国家与军队通用标准。提高执业资格门槛，建立国防知识产权评估师执业资格认证和注册登记制度，统一组织实施全国资格考试和职业教育培训。加强业务指导和监督管理，定期对从业人员开展评估政策法规学习和业务流程规范培训，提高从业人员的职业道德素质和业务能力水平。

建立国防知识产权运营服务机制。继续深化国防知识产权运营和推广制度体系，在国防知识产权创造、运用、管理、运营、保护等不同阶段根据需求导向、应用场景不同提供全产业链条价值评估服务。规范国防专利技术检索分析、市场应用分析、可实施性分析等评估服务标准，为构建国防知识产权技术转让、授权许可、质押融资、作价入股、风险投资等运营服务体系提供技术支撑。全面加强国防知识产权保护，探索形成包括民事诉讼、行政诉讼、行政调解、仲裁、行政处理等在内国防知识产权纠纷处理机制。

（三）完善有效激励、系统完备、衔接配套的政策制度体系

突出引导、激励、扶持的政策导向。强化科技军民融合宏观统筹与规划，建立军地高效互联的科技创新协调制度，实现军地科技创新资源的市场配置与集中管理。完善军民科技成果双向转化引导和保障服务，简化管理流程、降低准入门槛、扩大融资渠道，鼓励区域性的军民科技政策制度先行先试。打造科技创新公共服务平台，健全科技创新奖励与税收优惠政策制度，鼓励各类创新主体参与国防知识产权评估与转化。设立一批国防科技成果转化项目基金，为军工院校和科研院所开展成果转化推广提供金融扶持政策。

完善国防专利评估的政策体系。加强国防知识产权评估立法工作，修订《国防专利条例》《资产评估法》并出台国防专利价值评估行政法规制度。健全国防知识产权资产管理与保护制度，将国防知识产权价值评估与司法保护纳入管理职能，制定价值评估实体规范和程序规范相结合的制度规范体系。建立国防科研项目和技术合同登记信息披露制度，及时发布国防专利解密与成果转化信息。

健全国防专利评估的政策环境。规范国防专利定密、解密统一标准，区分专业领域、技术类别、重要程度来细化对保密期限、解密条件的具体要求。制定鼓励国防专利转化的考评体系，将国防专利创造、实施、转化、应用情况纳入到科研和管理人员的考评指标。完善职务发明补偿制度以及健全成果转化激励机制，激发科研人员积极参与国防专利转化的动力。推进知识产权证券化改革、探索知识产权融资风险担保机制，解决专利评估所面临融资难、变现难、风险难以控制等方面的问题。加强知识产权司法保护力度，建立国防知识产权诚信体系与失信联合惩戒制度，完善国防知识产权纠纷调解、仲裁以及诉讼处理机制。

参考文献

[1] 肖哲媛 . 军民融合中国防专利价值评估问题与对策 [J]. 中国发明与专利，2019（12）.

[2] 胡龙虎，赵晨 . 对构建国防知识产权价值评估机制的思考 [J]. 国防，2018（05）：82—86.

[3] 王烨，张福勇，李斌 . 美国国防知识产权作价入股有关做法及启示 [J]. 军民两用技术与产品，2014（03）：51—53.

[4] 宋加山，王玙，秦国祯，王越敬，赵荣权 . 我国国防知识产权质押融资模式与政策研究 [J]. 科技进步与对策，2019（12）：125—130.

[5] 周姝 . 论国防知识产权之纠纷处理机制 [J]. 西安政治学院学报，2015（03）：95—98.

[6] 尹志锋，梁正 . 我国专利侵权诉讼赔偿额的影响因素分析 [J]. 中国软科学，2015（12）：12—24.

[7] 张翀，郑绍钰 . 加快建立我国国防专利价值评估机制 [J]. 国防科技工业，2012（11）：55—56.

[8] 中研普华研究院 .2020-2025 年中国科技中介行业全景调研与发展战略研究咨询报告 [R]. 深圳：中研普华研究院，2020.

[9] 冯媛 . 军民融合创新的国防知识产权制度供给与设计 [J]. 情报理论与实践，2016（6）：43—46.

[10] 周长峰，刘燕 . 军民两用技术知识产权权利归属与利益分配问题研究 [J]. 管理现代化，2019（03）：55—57.

基于军民融合联盟链网模式的利益分配研究[*]

孙兆斌

党的十九大报告明确提出，要按照军民融合的理念和要求改造那些不合时宜的建设模式和管理流程，以机制创新和制度改革为抓手，以供给侧结构性改革为主线，深化国防科技工业改革，增强供给结构对需求的适应性。党的十八大以来，虽然我国工业生产领域军民融合的深度与广度日益提升，但与发达国家相比仍存较大差距，武器装备科研生产等重点领域的企业间合作主要靠感情维系、关系协调、觉悟推动，融合范围窄，利益摩擦多，激励导向偏；海洋、空天、网络信息等新兴领域的融合尚处于研究探索阶段。

在工业生产军民融合领域，供给侧的结构性改革必须兼容两个功能性目标，一是要让参与军民融合发展的市场主体（企业）有基本的获得感，满足基本的参与约束条件，这是合作机制搭建的起码要求和底线目标；二是合作生产、协同创新的长期目标，应当指向合作主体的技术进步、能力拓展、深度融合和长期竞争力的提升，满足军民融合合作模式内部的激励相容条件。因此，利益分配或动力机制的选择和设计越来越成为合作模式有效运行的关键。

＊作者简介：孙兆斌，武汉学院金融与经济学院。

一、军民融合联盟链网模式及利益分配研究文献梳理

（一）军民融合联盟链网模式

目前，我国学界关于国防科技领域军民融合具体模式的探索，取得了较为丰富的成果，主要包括：许嵩的"创新战略联盟""民口军工集团""借壳参军"模式；苗野的"军民结合示范基地""动员中心和保障基地""产业基地和园区""战略合作协议"模式；成卓的"共建共享基础设施＋设施周边产业集聚""军工主机系统集成＋配套民营企业""军民颠覆性技术创新""军工科技园区＋孵化转化""驻军重镇保障社会化"模式等。本文认为，上述丰富多彩的模式在外部形态上存在共性，即都是基于特定功能性目标依法结成的"企业联盟链网"，链网形成的基础是契约，运行的关键是利益分配。利益分配模式的选择，不仅影响到利益主体的短期公平感，而且决定着链网的可持续发展和长期竞争力。

所谓军民融合联盟链网，是指以特定项目研发或产品生产为纽带的若干微观主体通过联盟结成链网，依靠链网生成的技术、资金和市场优势，获取超额收益的合作生产模式。Nagel（1992）认为动态联盟能迅速实现联盟企业资源的有效集成与整合，其目的在于迎合快速变化的市场机遇；Nalebuff Barry 和 Brandenburger Adam（1996）认为，供应链企业之间的竞合能把饼做大；Carnarinha Matos（1999）认为，没有一家企业有足够的时间和资源迅速重组，并调整自身的设计与生产以抓住稍纵即逝的需求机遇，因此组建动态联盟链网成了各企业的理性选择；

我国军民融合联盟链网主要包括以下三种模式：

一是形成"战略发展联盟",即两个或两个以上的企业或其他组织为实现共同的战略目标而采取的相互合作。战略发展联盟的主体对象十分广泛,如北斗卫星导航系统的研发以北斗航天集团为主,战略发展联盟单位包括国防科技工业局、中国航天科技集团公司、中科院遥感与数字地球研究所、智慧物联信息技术研究院、北京航空航天大学、国防科工局重大专项工程中心、中国智慧城市产业联盟、公安部信息安全等级保护评估中心、中国卫星导航定位协会等;具有光谷特色的国家级品牌军民融合联盟"武汉光谷军融产业技术创新战略联盟",是由中船重工709所、武汉中原电子集团有限公司、武汉高德红外股份有限公司等53家单位发起而成立的联盟,意在通过深度融合,促进资源共享和互惠互利,提升联盟群体竞争力。

二是进行"企业裂变",即充分利用母公司雄厚的技术与资金优势裂变出全资的子公司从事军民融合研发与生产。既包括军工集团裂变出生产民品的独立核算的子公司,如中国飞机强度研究所裂变出西安力利科技产业总公司;也包括民营企业裂变出生产军品的独立核算子公司,如长虹裂变出四川电子军工集团有限公司等。

三是建立"供应链网",在军工产品的供应流程中,存在从研发、制造、筹措、储备到配送等多个阶段与环节,由供应商、制造商、分销商、零售商组成的销售网络把军品与民品送到部队用户与普通消费者手中,最终连成一个由军企与地方各级供应商、销售商形成的功能关系网链。

(二)联盟链网模式中的利益分配问题

张延锋(2003)分析了战略联盟价值创造的源泉,然后从价值创造的角度分析了合作者进入战略联盟的条件和进行利益分配的几个基本规则;戴建华(2004)运用风险因子来修正基于夏普里

（Shapley）值法的分配额；Ilaria（2004）从供应链中间产品转移定价的角度，分析了三阶段供应链收益共享契约，认为合作机制可以使各决策方达到渠道协调，但对相邻节点企业分配系数的确定没有进行进一步的描述；马士华（2006）虽然引入技术创新激励指数对 Shapley 值进行了修正，但没有指出如何计算技术创新；孙世民（2008）运用理想点原理法对创新能力、风险承担和合作程度等因素进行了 Shapley 值修正，并用技术人员比例、研究与开发（R&D）资金投入比例等来衡量技术创新能力；杜人淮（2016）认为国防工业融合水平包括深度水平（研发、试验、生产、服务）与广度水平（资源共享、产品通用、组织结合）。

目前，我国联盟链网重在对其管理进行研究，主要关注链网中的采购与库存优化、合作伙伴的选择、各链网之间的利益分配等问题。对于链网结构中的利益如何分配，传统上有三种分配方法，即产品定价法、斯塔克伯格（Stackelberg）分析法以及 Shapley 值分配法。

一般地，产品定价法规定与军方合作的企业利润大都按照成本加成 5% 的比例取得；Stackelberg 分析法认为谁在军民融合联盟链网中处于从属地位，谁就只能获得保留利润，链网中所有的剩余利润都将被主导企业得到；Shapley 值分配法则依据各合作企业在联盟链网经济效益产生过程中的重要程度来分配利益。显然，产品定价法容易诱发企业造假，故意提高成本而获得超额利润，其真实成本因信息不对称往往难以被军方识别；Stackelberg 分析法存在价格领袖制缺陷，若主导企业行使权力过于强势，可能导致处于从属地位的企业积极性受挫，链网容易断掉；Shapley 值虽是一种短期看来较为公正的分配方法，但没有考虑通过关键因素的修正推进和引导合作机制的长远发展问题，没有考虑影响联盟链网等合作机制长期竞争力提升的重要因素的修正。

二、军民融合联盟链网模式中的 Shapley 值利益分配及其修正

军民融合联盟链网强调军民合作伙伴间既竞争又合作的竞合共赢思想。通过链网合作关系，实现资源的集成和优化利用，提高军品质量，节约生产和交易成本，从而产生超额的收益来分享合作成果。

（一）Shapley 值法的基本原理

Shapley 值是由 Shapley 于 1953 年提出的用于解决多人合作问题的一种数学方法。当若干人合作从事某种经济活动时都会得到一定效益，合作中人数的增加不会引起效益减少，即全体个人的合作将带来最大效益，Shapley 值法是分配这个最大效益的一种方案，其定义如下：

设集合 $I=\{1, 2, \cdots, n\}$，表示 n 个人组成的集合，如果对于 I 中的任一子集 s（表示 n 个人集合中的任一组合）都对应着一个实值函数 $v(s)$，满足：

$$v(\Phi)=0 \tag{1}$$

$$v(s_1 \cup s_2) \geqslant v(s_1)+v(s_2), s_1 \cap s_2=\Phi \ (s_1 \cap s_2 \in I) \tag{2}$$

我们称 $v(s)$ 为定义在 I 上的特征函数，表示合作的效益。（1）和（2）式体现了整体大于局部之和的系统思想，意味着企业合作的收益比不合作时多，合作不会损害个体利益，且所有企业都选择合作时利益最大，最大合作收益记作 $v(I)$。

在合作 I 的基础上，假设第 i 个伙伴从最大合作收益 $v(I)$ 中应得的收益为 $\varphi_i(v)$，则合作问题的分配向量可表示为 $\psi^T(v)=[\varphi^1$

(v)，$\varphi_2(v)$，$\cdots$，$\varphi_n(v)$]。显然，该合作成功必须满足如下条件：

$$\sum_{i=1}^{n} {}_i(v) = v(I) \quad 且 \ _i(v) \geqslant v(i)，i=1，2，\cdots，n \quad\quad （3）$$

（3）式意味着合作所分得的收益 $\varphi_i(v)$ 不低于单打独干的收益 $v(i)$。在合作 I 条件下，用 Shapley 值法确定的每一合作伙伴所得利益分配为：

$$\varphi_i(v) = \sum_{s \in s(i)} \frac{(|s|-1)!(n-|s|)!}{n!} [v(s) - v(s/i)] \quad i=1，2，\cdots，n \quad\quad （4）$$

（4）式中，$s(i)$ 是集合 I 中包含合作伙伴 i 的所有子集，$|s|$ 是子集 s 中元素个数，$v(s)$ 为子集 s 的收益，$v(s/i)$ 表示从子集 s 中去掉合作伙伴 i 后获取收益。$v(s) - v(s/i)$ 表示局中人 i 对联盟 s 的贡献，由于 s/i 与 n/s 共有 $|s|-1)!(n-|s|)!$ 种排列，故 $(s) - v(s/i)$ 出现的概率为 $|s|-1)!(n-|s|)!/n!$，即局中人 i 所做贡献的期望值 $\varphi_i(v)$ 正好就是 Shapley 值。

（二）基于技术创新、融合深度与融合广度三个修正因素的测度

1. 企业技术创新的测度

崔总合认为，企业技术创新要从 R&D 投入、R&D 产出、创新组织与管理三个维度测量；孙世民则认为，技术人员比例、R&D 资金投入比例是衡量技术创新能力的最佳维度；杜人淮主张用联盟链网中军民两用技术占所有技术的比例确定。综合并拓展三人观点，本文认为，企业技术创新的简化指标可用联盟链网中 R&D 投入与主营收入之比、新产品销售收入占主营收入之比、技术人员占比、军民两用技术占比四项指标综合衡量，由于这四项指标均是正向指标，故又可简化为一项指标，即四个指标的均值。

2. 军民融合深度的测度

杜人淮认为，军民融合深度主要包括研发、试验、生产、服务

四个方面的水平；哈尔滨工程大学的研究则认为，军民融合深度包括军品科研生产、军队人才、军队保障、国防动员社会化四项指标。综合并拓展现有的许多主张，本文认为，应选用生产水平、服务水平、军队保障水平、国防动员社会化水平等四项指标来刻画军民融合深度。其中，生产水平可用联盟链网中企业收入占其总收入的比率确定；服务水平可用民企参与军工企业武器装备研制生产服务占比与军企提供民用或军民两用产品科研生产服务占比的平均水平表示；军队保障水平可用军民通用物资储备、军队医疗保障、武器装备采购、武器装备维修、战略交通运输力量五个社会化平均水平确定；国防动员社会化水平可用联盟链网中动员人员、资金与物资三个平均水平确定。同样，要衡量联盟链网中企业军民融合的深度，可取其上述所有指标的平均值。

3. 军民融合广度的测度

陈玉英认为，刻画军民融合广度主要有威尔逊（Wilson，1967）的最大熵引力模型与康弗斯（Converse，1949）的断裂点模型。在这两个模型中，需要重点解决以下两个问题：一是确定模型中经济变量指标的选择；二是确定有效的广义距离。但要解决这些问题有若干障碍，如指标选择具有黑箱效应；在军民融合发展实践中，无法有效衡量联盟链网企业间的广义距离；确定距离衰减因子的主观性太强等。杜人淮认为军民融合广度水平主要包括资源共享、产品通用、组织结合等三项水平。为方便测度，本文认为，应当选用横向联系广度、资源共享、产品通用、组织结合等四项指标来刻画军民融合广度。其中，横向联系广度可用链网企业中民营企业（军工企业）与军工企业（民营企业）有业务往来的数量刻画；资源共享可用链网中军民两用技术的数量占比刻画；产品通用可用链网中军品通用物质与服务产品占比刻画；组织结合可用链网中股份制企业或混合所有制企业占比刻画。如果简化一点，可取其上述四项指标的平均值。

根据本文作者在其他相关研究中的模拟分析，结果显示，经三因素修正的 Shapley 值分配法确实能起到激励相容的作用。该方法的实践运用，定能促进联盟链网合作主体的技术进步、能力拓展、深度融合和长期竞争力的提升，对此，我们充满信心和期待。此外，我们还发现这两种方法修正数值差别不大，分配的格局并不随修正方法的改变而改变。二者的区别在于：理想点原理法只是简单给出增加或减少的结果，对增减过程的描述并不清晰；加权绩效修正法则不仅可以清楚刻画各项因素与利益分配最终结果的关系，而且增加与减少的额度也一目了然，因而更具说服力。

（三）对技术创新、融合深度与融合广度的 Shapley 值修正

1.Shapley 值修正矩阵

在 Shapley 值的基础上，设利益分配修正因素集合为 $J=\{1, 2, \cdots, m\}$，集合 I 中第 i 个企业关于第 j 个修正因素的测度值为 a_{ij}（$i=1, 2, \cdots, n$；$j=1, 2, \cdots, m$），则修正矩阵为 $A=(a_{ij})_{n\times m}$。由于在利益分配修正矩阵 A 中的修正因素往往具有不同的量纲，为消除不同量纲带来的不可测度性，需要对测度值进行归一化处理：

$$a_{ij}^* = \frac{a_{ij}}{\sum\limits_{i=1}^{n} a_{ij}} \qquad （5）$$

（5）式中，a_{ij} 为正向型指标，对于负向型指标需要通过取倒数转化为正向型。归一化处理后的利益分配修正矩阵记为 $A^*=(a_{ij}^*)_{n\times m}$。

2. 加权绩效法的 Shapley 值修正

所谓加权绩效修正法主要考虑各修正因素权重，根据谁收益多得到收益也越多的绩效原则进行修正。Shapley 认为各企业分配所获

得的收益是相同的，即各企业在总收益中的分配权重是相等的，归一化处理后都是 $1/n$。因此，收益分配修正的中心矩阵 B 为：

$$B=\frac{1}{n}\begin{pmatrix} 1 & 1 & \cdots & 1 \\ 1 & 1 & \cdots & 1 \\ \cdots & \cdots & \cdots & \cdots \\ 1 & 1 & \cdots & 1 \end{pmatrix}_{n\times m} \qquad (6)$$

从而得到修正后的分配向量为：

$$\psi^{*}(v)=\begin{pmatrix} {}^{*}_{1}(v) \\ {}^{*}_{2}(v) \\ \cdots \\ {}^{*}_{n}(v) \end{pmatrix}=\begin{pmatrix} {}_{1}(v) \\ {}_{2}(v) \\ \cdots \\ {}_{n}(v) \end{pmatrix}+v(I)(A^{*}-B)\begin{pmatrix} \lambda_{1} \\ \lambda_{2} \\ \cdots \\ \lambda_{m} \end{pmatrix} \qquad (7)$$

式中，λ_j 代表第 j 个修正因素的权重，可通过层次分析法或集值赋权法确定，由于：

$$\sum_{i=1}^{n}\sum_{j=1}^{m}(a_{ij}^{*}-\frac{1}{n})\lambda_{j}=0 \qquad (8)$$

故修正后的利益分配总和等于修正前的利益分配总和，符合分配方案要求。

3. 理想点原理法的 Shapley 值修正

所谓理想点原理方法，即事先虚拟一个创新能力最强、军民融合最深最广的理想企业作为分配利益调整的标杆，再将联盟链网中各企业与该标杆企业进行对比，并根据对比结果确定各自分配利益的调整系数。

由（5）式可以看出 $0 \leqslant a_{ij}^{*} \leqslant 1$，因此定义 m 个修正因素的理想点为 $A^{\#}=(1, 1, \cdots, 1)_{m\times 1}$。显然，集合 I 中距理想点越近的企业越贴近理想企业，其利益分配修正系数越大。根据 Zadeh 中的定义，可得到各企业到理想点 $A^{\#}$ 的海明距离为：

$$d_i = 1 - \sum_{j=1}^{m} \lambda_j a^*_{ij} \tag{9}$$

对 d_i 进行归一化处理得到：

$$d^*_i = \frac{d_i}{\sum_{i=1}^{n} d_i} = \frac{d_i}{n-1} \tag{10}$$

Shapley 认为各企业距理想企业的距离是相等的，归一化处理后都是 $1/n$。因此，利益分配修正系数 k_i 为：

$$k_i = \frac{1}{n} - d^*_i \tag{11}$$

从而得到修正后的实际分配向量为：

$$\psi^*(v) = \begin{pmatrix} \varphi^*_1(v) \\ \varphi^*_2(v) \\ \cdots \\ \varphi^*_n(v) \end{pmatrix} = \begin{pmatrix} \varphi_1(v) \\ \varphi_2(v) \\ \cdots \\ \varphi_n(v) \end{pmatrix} + v(I) \begin{pmatrix} k_1 \\ k_2 \\ \cdots \\ k_n \end{pmatrix} \tag{12}$$

由于 $\sum_{i=1}^{n} k_i = 0$，修正后的利益分配总和等于修正前的利益分配总和，符合分配方案要求。

三、案例分析

假设在军民融合联盟链网中有供应商 E、制造商 F、军工企业 G 三家企业。如单干则三家企业各获利 3 万元、4 万元、5 万元，如 E 与 F 两家联盟可获利 10 万元，E 与 G 两家联盟可获利 12 万元，F 与 G 两家联盟可获利 17 万元，若 E、F、G 三家联盟可获利 24 万元。

（一）平均分配及其弊端

按照平均分配的思想，每家各得总利润的 1/3，合计得到 8 万元。但这种大锅饭式的分配方案不能调动三家企业的积极性，因为 F 与 G 两家企业认为分配的总利润 16 万元小于两家企业联盟产生的效益

17 万元，因此不愿加入军民融合联盟链网，从而导致链网的解体。

（二）Shapley 值分配

将 E、F、G 三家企业的合作记为 I={1，2，3}，并记各自独立经营获利 v（1）=3 万元，v（2）=4 万元，v（3）=5 万元，则企业 E 参与的所有合作形式的集合为 s={1，1∪2，1∪3，1∪2∪3}。

由题意，v（1∪2）=10，v（1∪3）=12，v（2∪3）=17，v（1∪2∪3）=24。

按 Shapley 值法可求出军民融合联盟链网企业 E 的分配利益 φ_1（v），其计算如表1所示。

表1　军民融合供应链网中企业E的分配利益计算表

链网中含 E 的子集	s	1	1∪2	1∪3	1∪2∪3
子集的收益	v(s)	3	10	12	24
链网中除去 E 的子集收益	v(s/1)	0	4	5	17
E 对子集的贡献	v(s)−v(s/1)	3	6	7	7
含 E 子集的元素个数	|s|	1	2	2	3
含 E 子集的概率	(|s|−1)!(n−|s|)!/n!	1/3	1/6	1/6	1/3
含 E 子集所做贡献期望值	(|s|−1)!(n−|s|)!/n!*[v(s)−v(s/1)]	1	1	7/6	7/3

将表1中最后一行相加，得到 φ_1（v）=5.5 万元，同理可得 φ_2（v）=8.5 万元，φ_3（v）=10 万元。

容易验证：

1.φ_1（v）+φ_2（v）+φ_3（v）=24，即按照 Shapley 值法分配法没有改变总利润的分配数量；

2.φ_1（v）>3，φ_2（v）>4，φ_3（v）>5，表明加入军民融合联盟链网的收益要大于其单打独干收益；

3.φ_1（v）+φ_2（v）=14>10，φ_1（v）+φ_3（v）=15.5>12，φ_2（v）+φ_3（v）

=18.5>17，表明三家企业加入军民融合联盟链网后得到的收益比单独一家或任意两家联盟得到的收益多，从而提高了企业加入军民融合联盟链网的积极性。

（三）技术创新、军民融合深度与广度测度值的确定

在上述案例中，集合 I 中有 3 个企业 E、F、G，集合 J 中有技术创新、拓展军民融合深度与广度 3 个修正因素，修正矩阵为 $A=(a_{ij})_{3\times3}$。

1. 企业技术创新的确定

要衡量企业技术创新对军民融合影响，需要确定企业通过技术创新新增收益 π_i，可用企业超过同行业的平均利润表示，假设同行业的平均利润率为 π，该企业投资为 w_i，企业利润为 P_i，则有：

$$\pi_i=P_i-w_i\pi \tag{13}$$

假设 E、F、G 三家企业分别投资了 30 万元、40 万元、50 万元，且三家企业行业平均利润率分别为 6%、6.5%、6.8%，则企业 E 通过技术创新新增收益为 a_{11}=3–30×6%=1.2 万元，企业 F 为 a_{21}=4–40×6.5%=1.4 万元，企业 G 为 a_{31}=5–50×6.8%=1.6 万元。

2. 军民融合深度的确定

要衡量企业军民融合的深度，可通过企业涉军的利润占其总利润的比率来确定。当然，为了不让军工企业占便宜与吃亏，其比率可取联盟链网的均值。假设供应商 E 深度为 a_{12}=30%，制造商 F 深度为 a_{22}=20%，则军工企业 G 深度为 a_{32}=25%。

3. 军民融合广度的确定

要衡量企业军民融合的广度，可通过链网企业与军工企业的链网长度来分析。具体说来，如果某企业与军工企业有直接的业务往来，则其广度定义为 1；如果某企业与军工企业没有直接的业务往

来，但其上下游企业有直接的业务往来，则其广度定义为 2；如果某企业及其上下游企业与军工企业均没有直接的业务往来，则其广度定义为 3。同样，为了不让军工企业占便宜与吃亏，其广度取链网长度的中位值 2。考虑到广度是一种反向型指标，需要取倒数转化为正向型指标。假设供应商 E 广度为 2，制造商 F 广度为 3，则 $a_{13}=1/2$，$a_{23}=1/3$，$a_{33}=1/2$。

（四）基于加权绩效法的 Shapley 值修正

由（5）和（6）式得到：

$$A=\begin{pmatrix} 1.2 & 0.3 & 1/2 \\ 1.4 & 0.2 & 1/3 \\ 1.6 & 0.25 & 1/2 \end{pmatrix},\ A^*=\begin{pmatrix} 2/7 & 2/5 & 3/8 \\ 1/3 & 4/15 & 1/4 \\ 8/21 & 1/3 & 3/8 \end{pmatrix},\ B=\frac{1}{3}\begin{pmatrix} 1 & 1 & 1 \\ 1 & 1 & 1 \\ 1 & 1 & 1 \end{pmatrix} \quad (14)$$

假设专家认为技术创新、军民融合深度与广度权重分别为 $\lambda_1=0.5$，$\lambda_2=0.3$，$\lambda_3=0.2$，由（7）式得到：

$$\psi^*(v)=\begin{pmatrix} \psi_1^*(v) \\ \psi_2^*(v) \\ \psi_3^*(v) \end{pmatrix}=\begin{pmatrix} 5.5 \\ 8.5 \\ 10 \end{pmatrix}+24\times\begin{pmatrix} -1/21 & 1/15 & 1/24 \\ 0 & -1/15 & -1/12 \\ 1/21 & 0 & 1/24 \end{pmatrix}\begin{pmatrix} 0.5 \\ 0.3 \\ 0.2 \end{pmatrix}=\begin{pmatrix} 5.61 \\ 7.62 \\ 10.77 \end{pmatrix} \quad (15)$$

显然，按照加权绩效法重新分配后的总利润还是 24 万元，但供应商 E 虽然因技术创新不足，但因为军民融合较深较广，故比原 Shapley 值多了 0.11 万元；制造商 F 技术创新一般，但由于军民融合深度和广度均不够，比原 Shapley 值少了 0.88 万元；军工企业 G 由于技术创新好、军民融合广而多分配到 0.77 万元。

（五）基于理想点原理法的 Shapley 值修正

由（10）式和（11）式得到：

$$
\begin{pmatrix} d_1^* \\ d_2^* \\ d_3^* \end{pmatrix} = \begin{pmatrix} 927/2800 \\ 211/600 \\ 533/1680 \end{pmatrix}, \begin{pmatrix} k_1 \\ k_2 \\ k_3 \end{pmatrix} = \begin{pmatrix} 19/8400 \\ -11/600 \\ 27/1680 \end{pmatrix} \tag{16}
$$

由（12）式得到：

$$
\psi^*(v) = \begin{pmatrix} \psi_1^*(v) \\ \psi_2^*(v) \\ \psi_3^*(v) \end{pmatrix} = \begin{pmatrix} 5.5 \\ 8.5 \\ 10 \end{pmatrix} + 24 \times \begin{pmatrix} 19/8400 \\ -11/600 \\ 27/1680 \end{pmatrix} = \begin{pmatrix} 5.55 \\ 8.06 \\ 10.39 \end{pmatrix} \tag{17}
$$

显然，供应商 E 比原 Shapley 值多分配了 0.05 万元；制造商 F 比原 Shapley 值少分配了 0.44 万元；军工企业 G 比原 Shapley 值多分配了 0.39 万元。

（六）加权绩效法与理想点原理法的比较

相同点：两种方法修正数值差别不大，即供应商 E 与军工企业 G 比原 Shapley 值分配多了，而制造商 F 则比原 Shapley 值分配少了。

不同点：加权绩效法可以清楚看出是哪一项因素导致其利益增加还是减少了，而理想点原理法只是简单给出一个增加或减少结果，其增减过程并不清晰。

四、小结

如果在联盟链网契约中增加对技术创新、融合深度、融合广度的激励，就能够引导链网中各企业积极开展技术创新，激发民参军、军转民的热情，加强军民企业间合作力度，提高企业的长期竞争力，实现链网的可持续发展，真正将军民融合深度发展落到实处。

当然，军民融合联盟链网的利益分配是一个十分复杂的问题，现有的各种利益分配决策方法均存在一定的问题。特别是，用

Shapley 值及其修正算法来分配联盟链网中的企业利益也存在一些问题。比如，Shapley 值法的应用需要有军民融合联盟链网中企业间各种组合的具体效益值才能确立分配权重。实际上，如果难以获得各种组合效益的实际数值，也可通过模糊数学、层次分析、专家赋权等方法比较各企业各项竞争力来近似估算各种组合的可能效益，从而得出 Shapley 值法所需数据。

军民融合联盟链网的正常运行，毫无疑问，既需要各级政府的协调指导，更需要公共事业部门和社会中介机构在军企与民企之间搭建桥梁，提供相关信息。但是，由于公共事业部门和社会中介机构不属于一般的生产性企业，对于它们如何分配联盟链网利益，本文没有涉及。可能的方法之一是，从联盟链网的利润总额中预留出一定的中介服务份额，份额的多少取决于社会的平均中介服务价格和中介方与生产方之间的讨价还价水平等。

参考文献

[1] 阿维纳什·迪克西特，苏珊·斯克丝，戴维·赖利. 策略博弈. 中国人民大学出版社，2012.

[2] 张维迎. 博弈与社会 [M]. 北京大学出版社，2013.

[3] 孙世民，张吉国，王继永."基于 Shapley 值法和理想点原理的优质猪肉供应链合作伙伴利益分配研究". 载于《运筹与管理》，2008（12）.

[4] 崔总合，杨梅. 企业技术创新能力评价指标体系构建研究 [J]. 科技进步与对策，2012（4）.

[5] 杜人淮，马宇飞. 国防工业军民融合水平测度与对策研究 [J]. 科技进步与对策，2016（5）.

[6] 哈尔滨工程大学 . 关于军民融合发展水平评估指标体系的思考 [J]. 中国军转民，2013（8）: 66—73.

[7] 陈玉英 . 城市休闲功能扩展与提升研究 . 河南大学博士学位论文 [D]，2009.

[8.Carnarinha Matos L. M，etc. Hierarchical Coordination in Virtual Enterprise Infrastructure[J]，Journal of Intelligent and Robotic System，1999，26：267—287.

[9] Ilaria G. PierpaoloP. Supply chain coordination by revenue sharing contracts [J]，International Journal of Production Econmics. 2004，89：131—139.

[10] Nagel R. N. Etc 21st Century Manufacturing Enterprise Strategy [R] Iacocco Institute，Lehigh University，Bethehem，1992.

[11] Nalebuff Barry，Brandenburger Adam. Coopetition[M]. ISL Frlag A. B，Oskarshamn，1996.

军民融合发展制度框架的经济学理论基础[*]

孟斌斌　史　良　戚　刚

一、军民融合发展基本制度框架——四梁八柱

《关于经济建设和国防建设融合发展的意见》提出要健全"统一领导、军地协调、顺畅高效的组织管理体系，国家主导、需求牵引、市场运作相统一的工作运行体系，系统完备、衔接配套、有效激励的政策制度体系"，在下文中简称为"三大体系"。

十九届中央军民融合发展委员会第一次全体会议强调军民融合深度发展要聚焦重点、以点带面，并提出了基础设施建设、国防科技工业、武器装备采购、人才培养、军队保障社会化、国防动员等6个传统领域和海洋、太空、网络空间、生物、新能源、人工智能等6个新兴领域。

党的十九大报告强调"形成军民融合深度发展格局，构建一体化的国家战略体系和能力"。

---

[*]作者简介：孟斌斌，军事科学院国防科技创新研究院；史良，国防科技大学文理学院；戚刚，军事科学院国防科技创新研究院。

从微观到宏观不同层面，构成了军民融合发展的四梁八柱。

二、高新技术扩散—产业网络演化——体发展的理论框架

从微观、中观、宏观三个层面研究如何有效统筹安全与发展。可以先从国防高新技术通过技术扩散形式将隐性知识外化角度来看，国防高新技术的扩散是当前有效拓展我国生产可能性边界的关键。只有通过扩散路径，技术创新才可能会促进高质量发展，这是生产可能性曲线向外扩张的基础。国防高新技术扩散使得创新性知识在不同创新主体、不同领域、不同行业、不同地区、不同国家间转移和流动，使得创新成果产生经济效益、军事效益和社会效益，提升战斗力和生产力，优化产业结构，提升经济增长潜力，具体情况如图1所示。

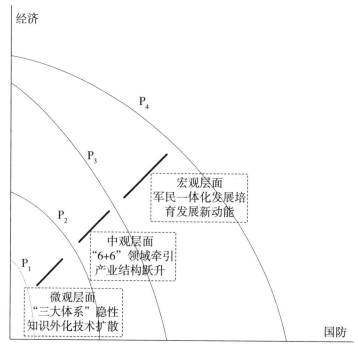

图1　国防高新技术培育发展新动能机理（生产前沿的扩张）

微观层面，通过加速技术扩散，有效利用全球创新主体的成果，提升经济主体吸收和应用高新技术的能力，激发增长潜力，使得我国发展的生产前沿从 P_1 扩展到 P_2。《关于经济建设和国防建设融合发展的意见》提出，要健全"统一领导、军地协调、顺畅高效的组织管理体系，国家主导、需求牵引、市场运作相统一的工作运行体系，系统完备、衔接配套、有效激励的政策制度体系"（下文简称为三大体系）[1]。军民一体发展的三大体系，是微观层面军地各类主体在围绕知识、技术的互动中形成的非正式规则制度化，是从制度演化角度来剖析如何使隐性的、非正式的合约和规则显性化、规则化，形成正式化的"组织管理–工作运行–政策制度"三大体系力量，促进国防高新技术在军地间相互扩散，助力彼此发展。

中观层面，统筹经济建设与国防建设融合发展中先后提出"6+6"领域，引导产业结构跃迁。第一个"6"包括基础设施、国防科技工业、武器装备采购、人才培养、军队保障社会化、国防动员等六大传统领域[2]，第二个"6"涵盖海洋、太空、网络、生物、新能源、人工智能等六大新兴领域[3]，共同助力我国产业网络构建和结构跃迁升级。从国家产业布局角度来剖析如何精准聚焦资源，促进我国在全球产业森林中分别向产业链龙头、供应链纽带、价值链枢纽跃迁。这体现为我国的生产前沿由 P_2 扩张到 P_3。

宏观层面，从军民一体发展角度来理解一体化国家战略体系和能力"牵引"军民高质量发展。党的十九大报告擘画"构建一体化的国家战略体系和能力"的宏伟目标，引领高质量发展从一体化国家战略体系和能力的构建这一发展目标角度，剖析国防实力与经济实力同步提升时要走什么样的路。要在一体化国家战略体系的引导下，聚焦高国防转换能力来构建发展新动能。不能再"急功近利"式的继续进行房地产投资、加工组装、原材料出口等低端化国防转换能力式经济增长，而应该兼顾安全与发展，通过"国内国际双循环"新发展格局，有为政府和有效市场紧密结合，共同推动国防高新技术充分发挥其军民两用属性，技术溢出进入社会生产环节中培育发展新动能，这个过程体现为我国的生产前沿由 P3 扩张到 P4。

综上所述，本文探索构建"高新技术扩散—产业网络演化——一体发展"机理分析框架，如图 2 所示。

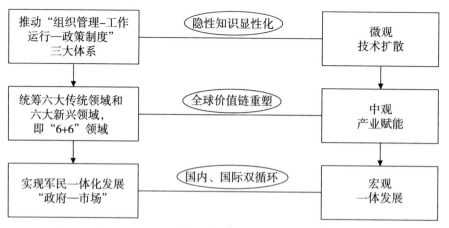

图2　"技术扩散–产业赋能—一体发展"机理分析框架

三、军民融合"三大体系"外化技术转化应用的隐性知识

"组织管理—工作运行—政策制度"三大体系，通过显性化策略扩散传播隐性知识，构建多元激励机制调动各方积极性，促进经济领域、国防领域与高新技术相关的人才、资金、信息等资源要素的交流共享，加强军队和地方科研院所、高校、企业之间联合协作、协同创新、资源共享。军民融合"三大体系"是消除隐性知识壁垒、加速高新技术扩散的基础性工程。"三大体系"包括"组织管理体系、工作运行体系、政策制度体系"。我国正处在体制转轨、社会变革的重要历史时期，国防建设和经济建设两大体系尚未实现

资源要素的按需流动，军民一体的国民经济大循环尚未打通。"三大体系"的构建，正是逐步把国防经济和民用经济分割状态下各自隐性知识显性化，并作为基础性机制固化下来的过程。军民两大体系中存在的内含性组织知识具有默会性、情境性、文化性等特点，难以规范化、难以言明和模仿、不易交流与共享。经济体系层次拥有的隐性知识是在对政府、军队、军工集团、配套民企、科研院所、金融机构等各类利益主体的知识有效转化、整合和长期实践的基础上形成的，涌现出单个利益主体所无法具有的知识特质，这些军民两大体系层面的隐性知识难以清晰说明，但却在经济运行中发挥着重要作用。军民融合横跨国防建设和经济建设两大系统，涉及党、政、军各方力量，涵盖企业、区域、领域、国家四大维度，包括微观、中观、宏观三个层次。军民融合"三大体系"构建既要深入调研、访谈、倾听，鼓励各类主体共享经验，群化（Socialization）隐性知识，也要积极利用先进技术手段，通过知识挖掘、专家系统、知识图谱等人工智能新理念新方法，外化（Externalization）隐性知识，从而在最大公约数的基础上，形成系统的显性知识体系，固化到"三大体系"之中。从这个视角来看，构建"三大体系"是全局性、基础性的奠基工作，是激发高新技术扩散，实现创新驱动的供给侧结构性制度改革基础。利用军民融合各群体智慧，促进组织创新，从而解决军民融合发展培育新动能这一系统复杂问题。

四、军民融合"6+6"领域引导产业结构跃迁

"6+6"领域以国家产业政策形式，推动相关领域国防高新技术向民用产业领域的扩散和转移，加强利用民用领域高新技术发展高精尖武器装备，统筹和引导军地产业演化方向，特别是通过六大

新兴领域产业助力提升我国产业在全球价值链中的地位。一个国家在全球产业网络中的演进路径取决于高新技术的发现。Hidalgo R（2007）基于全球贸易数据刻画了产业网络，并阐明了一个国家在全球产业网络中演进规律 [4]。在全球经济运行体系中，不同产业间投入产出关系和产业生产要素结构相似度共同决定着全球产业网络。全球产业网络又被学者称为产业森林、产业空间。全球产业网络中的每一个节点代表一个产业；两个节点间存在连线则意味着这两个节点所代表的产业之间存在投入产出关系，即外围节点为中心节点提供原材料；节点大小代表该产业的年贸易量；连线间距刻画产品的相似度。全球的产业网络呈现以下特点：产业网络的边缘节点稀疏而中心节点繁密，边缘的节点所代表的产业产量小，而中心的节点所代表的产业产量大。在经济全球化的当下，不同发展阶段的国家往往处于全球产业分工中的不同位置。发达国家往往占据了高级工业品等高附加值、技术密集、资本密集的产业；落后国家则占据着原材料等低附加值、劳动密集的产业。而不同国家所处的位置由最原始的自然要素禀赋和国家产业政策导向共同决定 [5]。高新技术的扩散，使得一个国家可以在产业深林中从低附加值向高附加值跳跃，从而逐渐靠近产业森林的中心地带，进而掌握关键核心要素。绝大多数的亚非拉国家，一直困在农产品和原材料等低附加值的产业中，一直处于全球产业森林的外围；而亚洲四小龙则抓住发达国家劳动密集型产业的转移，逐步吸收高新技术，从而向高附加值的产业升级，向产业森林的中心地带靠拢。

把军民融合发展上升为国家战略，把"6+6"领域军民融合发展作为产业政策重要内容，是我国在市场机制有待进一步健全、法律制度有待进一步完善的环境下，面临以美国贸易战为典型代表的激烈国际竞争背景下，发挥"后发优势"的重要路径和手段。传统领域和新兴领域军民融合发展涉及的国防建设和高新技术发展是两个典型的市场失灵领域。由于国防建设和高新技术研发领域的信息不对称、不完全竞争、外部性、公共品等特征，其投入成本和潜在收益不能够通过市场价格来体现，导致资源误配。单独依靠市场力量不仅会存在上述市场失灵现象，还会自我强化进入路径依赖的非最优均衡。这种自我强化的均衡往往成为重大技术创新的阻碍。这种情况下，国家不仅仅需要客服市场失灵，还要动员组建、指引激励、监督导正各类市场主体，跳出市场自发的"静态均衡"，促进高新技术发展特别是重大技术变革，创造新市场，引导国家向产业链高端演化[6]。

"6+6"领域军民融合发展是国家对投资和创新活动的"预见性"战略，是在我国既定政府组织类型和结构的前提下，是在充分考虑战略风险和机会成本，统筹各部门决策而形成的基于部门创新体系的最优发展方向。政府作为投资引导者和市场创造者直接进入"6+6"领域涉及的基础研究、应用研究和科技成果转化应用等直接性科研生产活动，加强"军政产学研用"等公共部门和私人企业的协同，同时这些政府行为作为信号显示机制，以政府信用为担保实现风险共担，引导各类资金、要素汇聚，加强高新技术研发和商业化各个环节方向性的指导和协调[7]。最终，通过塑造和创造"6+6"领域军民融合深度发展的新技术、新部门、新业态和新市场，变革技术经济范式[8]，从而在全球产业森林中避免锁定在全球价值链低端，实现动态性跃迁。

五、"军民一体化国家战略体系"牵引高质量发展

党的十九大报告提出要构建一体化的国家战略体系和能力。一

体化的国家战略体系和能力是牵引我国发展的总体设计，是对未来中国发展道路的战略指引，牵引着中国高质量发展总方向。积极培育战斗力与生产力相互促进的发展商业模式，坚持科技创新和建设一体化国家战略体系和能力在我国社会主义现代化建设全局中核心地位，加速实现科技强军和科技强国的伟大目标，构建培育我国安全与发展一体化新动能的长效增长机制。实现一体化国家战略体系和能力目标，通过"政府—市场"协同，同步实现生产力和战斗力的双重提升，积极构建"国内国际双循环"的新发展格局，培育国防建设和经济建设协调发展所需要的新动能。

安全困境中的军备消费矛盾。大国之间的安全困境使得国家必须保持军事力量并使得国家在对抗中不处于劣势地位，通常情况下这种军事力量不会使用，即"备而不用"。这种备而不用的军备投入，会带来常备军和军费消费的矛盾。这种矛盾随着军事活动越来越专业化，变得越来越突出。无论是武器装备还是专业的军事人员，都存在着比例越来越高的专门化投资。交易成本经济学大家威廉姆森提出资产专用性理论认为[9]，资源在用于特定用途之后，再用于其他的目的就会使得其价值降低。军备消费对军事能力建设是必要的，但是军备消费中的精神磨损对国家的整体财富积累来说是无谓损失。军备消费的精神磨损是国防科技进步和军备闲置双重因素造成的，只要人类社会以和平发展为主旋律，只要大国安全困境存在，只要国防高新技术持续不断进步，军备物质磨损缓慢与精神磨损剧烈的矛盾就是各个大国必须面对的关键议题。总结来看，军备力量消费的矛盾会伴随国防高新技术的进步以及战争方式、规模的不断演化，变得不断加剧。特别是现如今以威慑性战争为主要表现形式的条件下，军备力量既要消耗大量本可以用于经济社会发展的可循环利用资源，还会长期处于闲置状态，这种矛盾需要找到持久有效的解决办法。

破解矛盾需要打通国防高新技术向发展新动能转化的国内大循环。依托强大国内市场，贯通生产、分配、流通、消费各环节，形成需求牵引供给、供给创造需求的更高水平动态平衡，促进国民经济良性循环。技术可能会给经济社会发展带来一些问题，但技术同时也在随时随地解决问题，人类恰恰拥有管理和控制技术的能力，运用技术必须在一定的边界范围内。"科技向善"也成为大型国防高新技术拥有者们的共同愿景。国防高新技术在履行完其杀伤力生成的职责之后，转向提升生产力的新动能就成为必然。破解矛盾的最佳选择就是促进国防高新技术向发展新动能转化，关键是如何促使其重新对经济社会发展做出新的贡献。在社会再生产过程中，实现对过时即将被淘汰的军备进行改造并生成对经济社会发展有益的新型生产力，推动国防高新技术在满足国家安全需求的情况下继续开发成为新的发展动能。

从人类社会发展的历史经验和现实趋势来看，国防领域新技术催生带动新兴产业进而培育发展新动能，是需要我们高度关注和深入研究的重大理论和现实问题。既有大国博弈的要求，又有当前周边环境的要求，更有海外利益拓展的要求。培育发展新动能很重要，要有新动能就要有新产业，新产业中技术又是核心。新动能，涉及技术溢出或者产业转型升级，主要是科技和产业领域，统筹战斗力和生产力的重点、核心和关键很大程度上就在于此。

国防高新技术培育发展新动能的一般过程。国防高新技术从基础研发到投入应用，一般会经历很长一段时间，这期间需要持续不断的大量资源投入，这些资源原本可以用于经济社会发展产生可以循环利用的产品等物资，生成更大效益。但与此同时，由于当前的国际国内客观形势要求，投入资源产出的军事装备很可能长期处于

"备而不用"状态，这种矛盾只有通过将国防资源"逆向开发"[10]，即国防高新技术培育发展新动能的方式解决。把满足安全需要并且从经济社会发展中提炼出来的国防资源，通过某种技术创新和经济手段重新投入社会进行再生产。国防高新技术培育发展新动能的一般过程主要涉及三个方面，一是用来培育发展新动能的资源不是一般资源，是首先用于安全领域的依托国防高新技术所生成的国防资源，包括知识、物质和劳动等产品资源；二是这种国防资源本就是从民用资源投入后产出的，因此培育发展新动能的过程其实是国防资源形成的"逆向"过程；三是国防资源的逆向开发是需要通过经济社会发展系统的"回炉再造"，实现对此系统的再投入，并不是单纯地在空间、时间上转移就能实现的。

提升一体化国家战略体系和能力，运用国家战略资源，重塑国家安全和发展战略体系，达成国家战略目标。具体体现为国家的经济能力、军事能力、科技能力、组织动员能力、制度变革能力、战略谋划能力以及民族凝聚力等。一体化国家战略体系和能力由一体化国家战略体系输出和生成，最终是为了应对国家面临的各种内外部挑战。军民一体发展是一个逐步走向深入的过程，军民一体化指"军"与"民"在实现深度融合时所体现出的高度协同性、兼容性、互动性的良性状态。在这种状态下，经济和国防两大体系能够充分实现建设规划统筹、发展进程同步、资源配置均衡、要素有效互动、政策制度兼容、组织实施统一。在经济建设和国防建设融合发展大框架下，重塑国家安全和发展战略体系的过程。通过战略体系重塑，大幅提升国家的经济发展、科技创新、新兴领域竞争、军事战略威慑、动员应急、国际规则主导等战略能力，进而实现国家发展和安全统筹谋划、经济建设和国防建设整体推进、经济力量和国防力量一体运用，达成国家大体系集成效益和国家战略收益最大化。

六、美国国防高新技术培育发展的成效

美国发布的《国防技术转移计划报告（1995–2018）》(《National Economic Impacts from the DoD SBIR/STTR Program 1995–2018》) 对其成效进行了评估。

美国国防高新技术培育新动能主要的成效体现在产出、就业、劳动收入、增加值、税收等方面。根据 TechLink 技术转移中心的一项研究统计[11]，美国国防高新技术转让项目产生了重大经济影响，从 2000 年到 2017 年间，仅仅国防部专利许可协议这一单一渠道为美国经济创造了约 580 亿美元的总贡献（包括销售、创造就业机会和其他下游影响）。美国科罗拉多大学博尔德分校利兹商学院的商业研究所（BRD），利用国民经济"投入—产出"模型对新产品和服务销售产生的总体经济影响进行了分析，国防高新技术对发展新动能的影响主要表现在产出、就业、劳动收入、增加值、税收等五大方面[12]。该团队研究了 16959 份合同和 4412 家企业，分析了 1995—2012 财年期间启动实施的国防部中小企业技术转移计划第二阶段合同，发现国防高新技术转移给美国经济带来了重大影响。1995—2012 年国防部中小企业技术转移计划的总体经济影响预计高达 3470 亿美元，这意味着国防部的小企业研发项目投资取得了 22：1 的回报率。重大的经济产出包括：创造了 15082951 个工作岗位，相当于每年 65578 个岗位；劳动总收入 1110 亿美元，相当于每份工作产生收入 73461 美元；以及上缴给联邦政府、各州政府和当地政府 39 亿多美元的税收。

在总体经济影响（产出）方面。产出是一定时期内生产的所有产品或服务（包括中间产品和服务）的总值，无论其是否用于未来

的生产或消费活动。国民经济产出概念是宏观经济学不可或缺的一部分。产出与经济影响分析的联系十分密切，是经济影响研究中引用最多的概念之一，它表示总体经济影响。

在增加值方面。增加值是企业的产出和中间投入成本之间的差。换句话说，增加值是产品的销售价格和生产成本之间的差。当一家公司从其他公司购买物资和服务用于产品生产，产品价值超过所消耗的物资和服务的总和。这种在生产过程中产生的价值增长被称作"增加值"。根据国民经济"投入—产出"模型的预测结果，增加值等于企业的销售收入总额（加上或减去库存调整）减去企业购买的、用于生产待售商品的物资和服务的成本。产出和增加值之间的主要差别在于：产出包括中间财的价值，而增加值则不然。许多经济学家更喜欢将增加值作为一种经济手段，这是因为：在宏观经济层面上，产出乘数需要计算投入价值。

在就业方面。就业是根据产出预估层次得出的就业岗位数量预测数据，并且用"工作年"（一项全日制工作，持续一年）进行表示。研究团队发现，在本项研究中，从 1995 年到 2017 年的 23 年期间，国防部中小企业技术转移合同产生的就业总量为 1508295 个工作年，相当于每年 65578 个岗位，其中主要包括：直接影响 360508 个工作年（相当于每年 15674 个岗位），间接影响 453365 个工作年（相当于每年 19712 个岗位），诱导影响 694422 个工作年（相当于每年 30192 个岗位）。

在劳动收入方面。劳动收入包括向员工支付的薪水（周薪和月薪，包括津贴）和经营者收入（自雇人士获取的收入）。研究团队发现，在本项研究中，国防部合同产生的劳动总收入为 1108 亿美元，其中主要包括：直接影响 430.3 亿美元，间接影响 321.5 亿美元，诱导影响 356.3 亿美元。按照每份工作的劳动收入或平均薪水划分，在直接影响类别，薪水为 119357 美元；在间接影响类别，薪水为 70904 美元；在诱导影响类别，薪水为 51302 美元。

在税收方面。研究人员对国防部中小企业技术转移计划提供的 160 亿美元研发资金及后续产生的 1210 亿美元的销售收入产生的税收，包括它们在整体经济中的直接、间接和诱导影响，进行了分析。税收包括社会保障税和医疗保健税等社会保险税（由雇主、雇员和自雇人士缴纳）、个人所得税、机动车许可税、房地产税、企业所得税、分红税和企业间接税，主要由特种消费行为税、房地产税、各种费用、许可证和营业税等构成。由联邦政府、各州政府和当地政府收取的税收总额预计达到 394.2 亿美元，其中包括：由研发活动和后续商业活动直接产生的 134.8 亿美元的税收收入，间接影响产生的 112.2 亿美元，以及诱导影响产生的 147.2 亿美元。

基本结论

微观层面，关注军地各类主体的以技术扩散为核心的学习行为、研发竞争、装备采购等；中观层面，关注市场结构变化和产业动态演化，涉及国防工业改革、国家产业布局等；宏观层面，关注国家经济社会发展重点和导向。从整体上来分析以富国和强军相统一的高质量发展为导向的国家资源统筹配置问题。微观个体围绕新技术在投资、研发、生产、销售等全寿命链条各个环节的交互，促使中观产业结构调整演化，进而使得各类增长模式在宏观层面上涌现出来，形成军民一体化的国家战略体系和能力。这三个层面涉及的各个议题既是安全与发展一体化本身必须层层破解的，又是新旧动能转换要面临的，是我国发展壮大必须同时破解的体系化难题，要全盘考虑、系统解决。基于此，本文提出国防高新技术扩散—产业网络演化——一体化国家发展概念性框架，试图把这几者纳入同一个逻辑体系，探索其内在规律。

参考文献

[1] 于川信.最大程度凝聚经济建设和国防建设融合发展合力 [N].解放军报，2017-06-14（007）.

[2] 姜鲁鸣.推动经济建设和国防建设融合发展 [N].学习时报，2015-11-12（007）.

[3] 陈立新.向新兴领域要国防动员力 [N].解放军报，2020-07-09（007）.

[4] Anonymity：Professor Mazzucato delivers prestigious Raúl Prebisch lecture and meets President of Argentina. University of Sussex. c2017[2017-2-13]. http：//www.sussex.ac.uk/spru/newsandevents/2016/talks/prebischlecture.

[5] 刘凤良，章潇萌.中国经济增长进程中的动能切换与结构转型 [J].中国人民大学学报，2016，30（5）：2—11.

[6] Poole，Marshall Scott，and Andrew H. Van de Ven，eds. Handbook of organizational change and innovation[M]. Oxford University Press，2004.

[7] 杨守云，赵鑫，王一乔.高技术产业集聚对产业效率的影响——基于威廉姆森假说与开放性假说的检验 [J].科技进步与对策，2019，36（20）：69—76.

[8] 周建设.国防科技资源的逆向开发 [J].未来与发展，1991（02）：25—29.

[9] 淦述荣，马曙辉，周子彦.TechLink 技术转移的做法、成效

及启示 [J]. 飞航导弹，2018（03）：1—5.

[10] National Economic Impacts from the DoD SBIR/STTR Program 1995–2018[EB/OL].https：//www.sbir.gov/sites/default/files/DOD_SBIR%20Economic%20Impacts_1995–2018_03OCT19_releasedbyDOPSR_upload_SBIR_16OCT19.pdf，2019–08–18/2021–02–01.

国防支出对经济增长的影响机制
——来自冷战结束前后七国集团的证据

吕昊天

一、引言

世界经济实际上并未从 2008 年的金融危机中完全恢复，而 2020 年各国经济又受到了疫情的严重打击。在经济持续不景气的情况下，当前国际局势可能处于冷战结束以来最为紧张的水平。为此处于战略对立的国家都开始增加国防支出，美国已经连续两年将国防预算恢复到 7000 亿美元以上，我国的国防支出也达到了 1.4 万亿人民币。鉴于主要国家国防支出的增长趋势和国防安全的需要，国防支出的增长已成为无法避免的客观需要。由此需要回答的问题是国防支出和经济增长之间的相互作用关系，如果国防支出对经济增长的影响是负面的，那么国防支出计划实际上是在经济效益和安全效益之间做权衡；如果影响不存在或者是正面的，那么国防支出计划实际上是在私人消费和公共品消费之间做权衡。国防支出对经济

＊作者简介：吕昊天，北京大学经济学院经济学系经济学博士研究生。

增长影响的性质不但决定国防支出是否可能完全根据国防安全需要制定，也同时决定了国防支出的最优税收机制的性质。在国防支出的数额和重要性不断增加的情况下，就需要明确国防支出影响经济增长的具体作用机制。

国防支出对经济增长的影响主要有两种。在不考虑其非经济因素的外部性的情况下，首先国防支出会对资本、劳动力和人力资本等生产要素形成挤占，将生产部门的资源投入到军事部门当中意味着国防可以被当作一种缺乏经济效益的"无用消费"。另一方面国防支出对经济存在积极的外部性，国防工业所需要的大量基础性的研究会给生产技术带来溢出作用（Atesoglu，1993；Gonzalez & Mehay，1990），不能单纯因为生产要素出于国防支出需要没有被投入到生产中就认为这种举措将带来确定性的负面效果。通过经验事实确定国防支出和经济增长的关系存在困难，因为既有二战后军事力量削减促进经济发展的案例（Albrecht，1979; Alexander，1994），也有冷战刚结束时十年大裁军没有带来预期经济收益的失败案例。如果生产要素的投入及其价格由竞争性市场决定，那么国防品不进入一般消费性市场的特殊性决定了国防支出形成的生产要素挤占对竞争性市场均衡的影响不是简单的"占用（需求）增加——价格上涨"模式。要素占用对于均衡状态下稳态增长率的影响，以及该影响是否会随着国防支出大小的变化而发生变化就需要通过更为细致的理论分析框架和均衡分析进行研究。

二、文献综述

绝大多数的研究都把重点放在了实证检验方面，通过传统线性计量模型和为用于计量研究而构造的 Feder（1983）模型，在因果关系是否存在的问题上使用了 Granger 检验（Joerding，1986；Chowdhury，1991）。但是由于样本的选取和观察时间段之间的差别以及计量模型构造上的差异，这些研究方法比较类似的研究并没有得到统一的结果。有认定国防支出和经济增长之间不存在明显关系的（Adams，F. G.，etc.，1991；Alexander，1990；Biswas，Ram，1986；Mueller，Atesoglu，1993），自然也有结论各自支持国防支出对于经济增长有显著的影响，认为国防支出具有正面影响的（Benoit，1973，1978；Macnair，1995；Scheetz，1991）的人数并没有比反对这一点（Deger，1986；Lebovic，Ishaq，1987）的人的数量少多少。除此之外，已有的一部分研究遵循凯恩斯的框架进行检验，Rasler（1988）利用经典凯恩斯需求模型进行计量分析认为国防开支的影响是负面的，Lim（1983）以哈罗德 - 多马模型为基础，Mintz（1990）以乘数加速数模型为基础分别进行计量分析也得到了类似的结论，Stewart（1991）虽然不认为国防支出的影响是负面的，但是非国防支出的部分的正面作用却更为明显。也有一部分文献认为国防支出的影响并不是确定性的，在不同的条件下这种影响会发生改变。Frederiksen 和 Looney（1983）对 Benoit 的样本进行了进一步的分析发现在其中 24 个"资源丰富"的国家当中国防支出的影响是积极的，但是在受到"资源约束"的国家当中国防支出的影响就是负面的。而 Landau（1993）则认为国防支出的比例和其影响相关，军事负担并不沉重的国家会受到国防支出的积极影响，而当军事负担变得沉重时，国防支出的影响就变为消极的。

国内有关国防支出和经济增长这一问题的文献所使用的研究思路和方法与国外文献是类似的。技术上比较有代表性的研究包括在经典凯恩斯模型框架（姜鲁鸣 & 王碧波，2007）或者 Solow 模型扩展出的 Feder 两部门模型框架下（陈炳福，2006），假设国防支出对资本的挤出效应和对全要素生产率的溢出作用分析国防支出对经济增长的具体影响。相近的研究思路也意味着这一领域的国内研究有着较为一致的结论。库桂生（1995）通过我国与西方主要军事大国的国防预算和经济发展数据进行统计对比，指出我国国防预算占比较低，关于我国国防支出增长过快从而影响经济发展的说法不成立。黄瑞新（2009）用类似的研究方法进一步指出不同时期国防支出最为适宜的占 GDP 的比重是不同的，在金融危机下，可以加速军费补偿性增长节奏。姜鲁鸣（2004）则根据政府和军队之间的博弈模型描述国防预算规模的决定机制。博弈结果显示，随着军队方面参与博弈的主体增加，政府支出保持不变时军队获得的总国防经费反而会下降。因此我国现阶段的国防支出过低，总体规模缺乏应有的效率，结构也明显缺乏弹性。陈炳福（2006）在 Feder 两部门框架基础上，通过实证数据检验发现国防支出对中国经济的长期增长有积极作用。而统计上通过简单回归分析容易得到的中国国防支出"忍耐"时期国防支出对经济增长的负面效应并不是国防比例过高导致的（姜鲁鸣 & 王碧波，2007）。从有代表性的国内关于国防支出和经济增长问题的研究不难看出，无论国防支出对经济增长具有怎样的影响，都可以确定我国的国防支出有着进一步上涨的空间。

在国防支出与经济增长的关系问题上使用凯恩斯框架是并不合适，因为国防支出在凯恩斯框架内无非是一类特殊的政府支出。如果在模型中赋予这类特殊支出单独的财政乘数，那么我们在理论上就没有得到任何有经济学意义的进展，无非是单独在需求层面上对某类财政支出进行了单独核算而已。所以国防支出和经济增长的关系必须要从供给侧，从长期经济增长率入手，而传统上以 Solow 模型为框架，不考虑微观个体决策和要素市场均衡的模型也不适合作为分析框架。国防品的生产无论如何都需要占用生产要素，除非强行假定占用生产要素生产非消费品具有溢出效应，否则无须证明国防支出对经济增长的负面作用。所以一个好的分析国防支出和经济增长的理论框架应当考虑国防部门究竟是以什么形式影响消费部门市场的，生产要素因为国防部门的引入其出清是否发生改变等问题。

三、理论模型

（一）基本设定

1. 偏好与市场结构

国防支出对经济增长产生潜在负担的路径容易预计。在不考虑税收效率损失的情况下（只收取总量税），由于国防是典型的公共品，并且在和平时期武备水平的效果很难被一般消费者所认知，因此任何水平的国防支出都可以被视为是对原本消费部门生产要素的浪费。如果单纯从生产要素占用这个角度去分析国防支出对经济增长的影响，那么就有理由认为国防支出的决定是单纯的政府行为而并非消费者效用最大化问题的产物，此外国防支出的生产中的若干生产要素必须和一般消费品形成竞争关系。

考虑一个分散化经济体中的代表性消费者，由于国防品的决定与消费者行为无关，因此其优化问题依旧可以表示为 CRRA 偏好下的连续优化问题：

$$\max_{c}\int_{0}^{+\infty}e^{-pt}\frac{c(t)^{1-\sigma}-1}{1-\sigma}dt \tag{1}$$

$$s.t.\dot{k}=rk+w-c-T$$

参照 Romer（1990）的内生经济增长分析框架，假定最终消费品部门是竞争性的，而中间品市场是垄断竞争性质的。人力资本总量为，资本以中间品的形式进入国防品和最终消费品的生产，其生产中资本品的细分程度分别由军事人力资本 H_M 和研发部门人力资本 H_A 决定，余下的 H_Y 作为最终消费品的生产要素。即政府先决定国防品的生产水平 M，国防生产部门根据所要求的国防品生产水平在竞争性要素市场中选择最优的要素使用数量以最小化给定国防品生产水平下的支出。这意味着国防品生产天然对消费部门在人力资本和中间品使用上具有挤出效应。

2. 中间品厂商行为

首先考虑面向一般消费品市场生产的中间品厂商，由于最终消费品市场是竞争性的，将最终消费品价格单位化为 1，则最终消费品厂商的优化问题为：

$$\max H_Y^\alpha L^\beta \int_0^{AY} x(i)^{1-\alpha-\beta} di - wL - \int_0^{AY} p(i)x(i)$$

该问题中 A_Y 为消费品市场生产技术，$p(i)$ 为中间品 $x(i)$ 的对应价格，其余参数满足求解的一般条件。该优化问题关于任意一种中间品 $x(i)$ 的一阶条件，即为所对应的中间品厂商在垄断竞争市场中面临的需求曲线：

$$1-\alpha-\beta H_Y^\alpha L^\beta x(i)^{-\alpha-\beta} = p(i) \# \tag{2}$$

设每 η 单位未被消费的最终产品可以转化为一单位中间品，即：

$$\dot{K} = Y(t) - C(t)$$

$$K = \eta \int_0^{AM+AY} x(i)di = K_M + K_Y$$

设资本回报率为 r，则面向消费品市场的中间品厂商优化问题为：

$$\max_x p(i)x - r\eta x$$

带入需求曲线（2），可以得到一阶条件为：

$$(1-\alpha-\beta)^2 H_Y^\alpha L^\beta x^{-\alpha-\beta} - r\eta = 0 \# \tag{3}$$

解出中间品厂商的垄断产量 $\bar{x}$，垄断定价 $\bar{p}$ 及其利润 π。

$$\overline{x}=\left[\frac{(1-\alpha-\beta)^2}{\eta}\right]^{\frac{1}{\alpha+\beta}}r^{\frac{-1}{\alpha+\beta}}H_Y^{\frac{\alpha}{\alpha+\beta}}L^{\frac{\beta}{\alpha+\beta}}\# \tag{4}$$

$$\overline{p}=\frac{\eta r}{(1-\alpha-\beta)}\# \tag{5}$$

$$\pi=(\alpha+\beta)\overline{p}x=(\alpha+\beta)(1-\alpha-\beta)^{\frac{2-\alpha-\beta}{\alpha+\beta}}(r\eta)^{\frac{\alpha+\beta-1}{\alpha+\beta}}H_Y^{\frac{\alpha}{\alpha+\beta}}L^{\frac{\beta}{\alpha+\beta}}\# \tag{6}$$

3. 国防支出的决定

一个国家的武备水平由下列方程决定：

$D=F(M,S)$

其中 S 为战略战术、训练水平等单纯受军队内部影响的要素向量，它和影响经济增长的各种因素关联程度并不大（尽管人事和训练费用在国防支出中占比并不是忽略不计的），政府决定国防支出的唯一目标是实现给定的可生产的国防品（武器装备、专用基础设施）数量，在国防支出水平单纯由政府决定的情况下，国防部门对要素的使用情况由以下最小化问题决定：

$$\min w_H H_M+\int_0^{A_M}p(i)x(i)\# \tag{7}$$
$$s.t. \int_0^{A_M}x(i)^r di=M$$

其中 M 为给定的国防品生产数量，w_H 为雇佣军事人力资本的工资水平，由于人力资本市场出清，因此军事人力资本的边际收益必然和研发部门的人力资本边际收益 w_H 相同。假设军事部门生产技术 A_M 和军事人力资本 H_M 之间满足：

$$\frac{dA_M}{dH_M}=\delta_H A_M$$

即假定军事人力资本投入得到的军事技术增长率保持 δ_H 水平不变（递增或递减不会改变任何结论，只会增加计算的复杂程度），将初始的军事生产技术标准化为 1，可得军事生产技术的决定方程：

$$A_M=\exp\{\delta_H H_M\}\# \tag{8}$$

（二）市场均衡

1. 军事人力资本投入

由于中间品市场必然出清，这就意味着任何中间品厂商，无论它将自己的产品卖给了什么部门，它的行为必须满足等式（4）到（6），所以优化问题（7）中的 $x(i)$ 和 $p(i)$ 也必然满足：

$$x(i)=\bar{x}, p(i)=\bar{p}$$

因此优化问题（7）实际上相当于计算给定国防品生产数量时需要多少军事人力资本，即求解：

$$\mathrm{esp}\{\delta_H H_M\}\bar{x}^r = M$$

带入等式（4），两侧取对数有：

$$\delta_H H_M + r\left(\frac{1}{\alpha+\beta}\ln\left(\frac{(1-\alpha-\beta)^2}{\eta}\right)-\frac{1}{\alpha+\beta}\ln r+\frac{\alpha}{\alpha+\beta}\ln H_Y+\frac{\beta}{\alpha+\beta}\ln L\right)=\ln M\#$$

令 $m=\ln M-\dfrac{\gamma}{\alpha+\beta}\ln\left(\dfrac{(1-\alpha-\beta)^2}{\eta}\right)-\dfrac{\gamma\beta}{\alpha+\beta}\ln L$，于是可以计算出军事人力资本：

$$H_M=\frac{1}{\delta_H}\left(m+\frac{1}{\alpha+\beta}\ln r-\frac{\alpha}{\alpha+\beta}\ln H_Y\right) \tag{9}$$

等式（9）这一结果是很容易理解的，由于劳动投入数量是不变的，因此的变化只由需要生产的国防品数量的对数水平决定。不难看出军事人力资本的投入数量与均衡的中间品生产水平成反比，资本回报率和最终消费品部门的人力资本投入数量是如何决定的，就如何反向决定军事人力资本投入水平。

2. 最终消费品部门人力资本投入

国防支出会对人力资本和中间品等要素形成挤占，如果在技术上不存在溢出效应，那么国防支出和经济增长之间的关系就没有从实际产出角度分析的必要，这种单纯挤占生产要素行为的引入带来的负面效果显而易见。假设国防支出对消费部门生产技术具有溢出效应，那么消费品市场技术的运动方程为：

$$\dot{A}_M = \delta_Y H_A A_Y + G(M) A_Y$$

由于国防支出的溢出作用 $G(M)$ 不影响竞争性市场中参与者的行为，设对应消费部门的中间品厂商专利价格为 P_A，负责专利研发的人力资本边际产出和回报率就为：

$$w_H = P_A \delta_Y A_Y \# \tag{10}$$

而每单位资产用于购买专利所获得的回报必然等于其当期资本回报，可得计算当期专利价格：

$$\frac{1}{P_A} \pi(t) = r(t) \Rightarrow r(t) P_A = (\alpha + \beta) \overline{px} \# \tag{11}$$

人力资本市场均衡，意味着 w_H 必然和人力资本在最终消费品部门的边际产出相同，因此有：

$$P_A \delta_Y A_Y = \alpha H_Y^{\alpha-1} L^\beta A_Y x^{-1-\alpha-\beta}$$

带入需求函数（2）和等式（11），即可计算投入到消费品部门作为生产要素的人力资本数量 H_Y：

$$H_Y = \frac{\alpha}{\delta_Y(\alpha+\beta)(1-\alpha-\beta)} r = \Theta r \# \tag{12}$$

将 H_Y 的结果取对数，带入等式（9），令 $m^* = m - \frac{\alpha}{\alpha+\beta} \ln\Theta$，可得 H_M 和资本回报率 r 之间的关系：

$$H_M = \frac{1}{\delta_H} \left(m^* + \frac{1-\alpha}{\alpha+\beta} \ln r \right) \# \tag{13}$$

（三）均衡增长路径

考虑稳态下的经济增长率，此时经济体处于平衡增长路径（Balanced Growth Path）中，各经济变量应该满足：

1. 消费部门生产技术 A_Y，消费部门资本 K_Y 和消费品产出 Y 的增长率为常数。

2. 中间品厂商的最优产量不随时间改变，同理专利价格 P_A、中间品厂商利润 π 和资本回报率 r 为常数。

3. 总人力资本 H 在各部门之间的划分比例 H_A，H_M，H_Y 是不变的。

首先考虑资本的增长率，由于 $K_Y = \eta A_Y \bar{x}$，$Y = H_Y^\alpha L^\beta A_Y x^{1-\alpha-\beta}$，而 $\bar{x}$，L，H_Y 在均衡增长路径上为常数，显然有：

$$\frac{\dot{K}_Y}{K_Y} = \frac{\dot{A}_Y}{A_Y} = \frac{\dot{Y}}{Y}$$

由于产品市场出清：

$$Y = C + \dot{K}_Y$$

$$\Rightarrow \frac{C}{Y} = 1 - \frac{\dot{K}_Y}{Y} = 1 - \frac{\dot{K}_Y}{K_Y}\frac{K_Y}{Y}$$

在定义的均衡路径上，资本增速为常数，资本增速和总产出增速一直表明 K_Y/Y 也为常数，这表明消费和总产出之比也为常数，因此有：

$$\frac{\dot{C}}{C} = \frac{\dot{Y}}{Y} = \frac{\dot{K}_Y}{K_Y} = \frac{\dot{A}_Y}{A_Y} = \delta_Y H_A + G(M)$$

利用等式（12），（13）计算研发部门使用的人力资本数量：

$$H_A = H - \frac{1}{\delta_H}\left(m^* + \frac{1-\alpha}{\alpha+\beta}\ln r\right) - \Theta r \# \tag{14}$$

令 $\Lambda = \dfrac{\alpha}{(\alpha+\beta)(1-\alpha-\beta)}$，有最终的均衡经济增长率：

$$g = \delta_Y H - \frac{\delta_Y}{\delta_H}m^* - \frac{\delta_Y}{\delta_H}\frac{1-\alpha}{\alpha+\beta}\ln r - \Lambda r + G(M) \# \tag{15}$$

等式（15）给出了均衡经济增长率和资本回报率之间的关系，而根据消费者优化问题（1），在均衡经济增长路径上经济增长率还需要满足 Euler 方程，即：

$$g=\frac{\dot{c}}{c}=\frac{r-\rho}{\sigma}\#\qquad(16)$$

联立方程组就可以计算出最终的均衡经济增长率：

$$g=\delta_Y H-\frac{\delta_Y}{\delta_H}m^*-\frac{\delta_Y}{\delta_H}\frac{1-\alpha}{\alpha+\beta}\ln(g\sigma+\rho)-\Lambda(g\sigma+\rho)+G(M)$$

$$(1+\Lambda\sigma)g+\frac{\delta_Y}{\delta_H}\frac{1-\alpha}{\alpha+\beta}\ln(g\sigma+\rho)=\delta_Y H-\frac{\delta_Y}{\delta_H}m^*-\Lambda\rho+G(M)\#\qquad(17)$$

（四）国防支出与经济增长率

等式（17）左侧为均衡经济增长率自身和其对数水平的线性组合，因此改写等式（17）：

$$\Phi(g)=\delta_Y H-\frac{\delta_Y}{\delta_H}m^*-\Lambda\rho+G(M)\#\qquad(17.1)$$

实际上是加上一组常数，因此对等式（17.1）两侧取全微分有：

$$\frac{dg}{dM}=\frac{1}{\Phi'(g)}\left(-\frac{\delta_Y}{\delta_H}\frac{1}{M}+G'(M)\right)\#\qquad(18)$$

由于 $\Phi'(g)>0$，因此国防支出和均衡经济增长率之间的关系取决于其对人力资本挤占效应 $\frac{\delta_Y}{\delta_H}\frac{1}{M}$ 和溢出效应 $G'(M)$ 的大小。在军事人力资本可以直接影响军事生产技术增长率的情况下，可以发现国防支出对人力资本的挤出效应随着军事支出水平增加而减少，这一方面是指数函数性质导致的，另一方面国防支出越高，占用的人力资本也会更多，其边际变动涉及的人力资本投入变化也就越小。从等式（18）中我们可以得到的重要且反直观的结论就是，国防支出越小的经济体，其扩大国防支出所产生的挤出效应反而越大。

此外在均衡路径上，国防支出对经济增长的负面影响只通过挤占人力资本实现，并没有涉及挤占中间品或资本使用成本。这是因为本文的模型框架中军事部门只是负责根据消费品部门的价格把政府指定数目的国防品生产出来的部门，并没有自身的利润最大化问题，其产品不出售给消费者，自然就不会对原有消费部门的各要素价格产生扭曲。如果在国防部门形成了市场势力集团，它们的行动逻辑是实现最大化垄断利润，政府作为一个消费者进入国防品这一垄断市场，那么国防支出对经济增长的影响就会涉及资本和劳动等要素价格因为国防支出而扭曲的问题。

四、实证检验

理论模型的结论并没有给出可证伪的关于国防支出和经济增长的结论，但这并不妨碍利用实证数据对理论进行检验，原因在于只要国防支出对均衡人力资本配置或者技术进步情况的影响方式发生了变化，我们就应该能够在数据中观测到国防支出对经济增长的影响出现和模型结论中一致的变化。而冷战的结束恰恰我们提供了观测国防支出对技术进步影响发生变化是否会对经济增长产生预期影响的机会。冷战结束前后，由于战争压力的锐减，主要军事国家（主要是北约的主要国家）的军事规模都有不同程度的缩减，1986到1999年期间，世界军费开支减少了34%，全球国防工业的就业人数从1700万人下降到不到900万人，士兵人数从2900万人减少到2200万人（BICC，2003），这表明国防支出在利用现有技术进行国防品的消费形成威慑和开发新技术之间的配置结构必然在某种程度上发生了变化。国防技术和民用部门之间的作用形式也发生了根本上的转变，尤其是网络通信技术、生物工程以及计算机科学领域的军民之间的界限正在逐步模糊，这也就意味着因为和平保障的到来，军事技术不用再保持战备状态下的封闭状态，军事技术的溢出作用可能会增加。军事部门和非军事部门的事实都表明，冷战结束后出现了理论模型中溢出效应增加且"无用消费"性质的军事支出减少的情况，如果我们能够观测出国防支出对经济增长的积极影响增加（或者负面影响降低）并且国防支出确实在同时对技术进步速度影响产生了变化，那么本文理论模型的结论就得到了验证。七国集团长期以来作为重要的经济集团，都在冷战时期面临苏联的军事压力和战争风险（除日本外都是北约主要成员国，而日本则在远东同样面临来自苏联阵营的军事威胁），冷战结束前后国防开支对技术进步的影响就有很大可能发生变化，因此它们是非常好的验证本文理论的实证研究对象。

（一）数据与研究方法

1. 国防支出数据

准确国防支出数据的获取一直较为困难，这首先是因为自发公开且按照统一价格（现价或不变价格）计算国防支出占 GDP 比重的行为是 21 世纪以来才开始常态化的。以中国为例，最早对国防支出结构及其在财政支出所占比例的公开是在 1998 年的国防白皮书中，更早的国防支出数据是没有被国防统计文件公开的。如果要研究冷战结束前后国防支出对经济增长影响的变化就会遇到官方数据长度不足的问题。此外不同国家对国防支出的定义和统计口径也不相同，并且还存在着军费数据被统计官方修饰的问题。所以涉及多个国家比较的国防支出问题应当使用由第三方提供的统计数据。本文使用美国军备控制与裁军署（Arms Control and Disarmament Agency，ACDA）所编写的年刊《世界军费开支与武器转让》（World Military Expenditure and Arms Transfers，WMEAT）中的"军事负担"数据（指当年军费开支占 GDP 的比重），相比于斯德哥尔摩国际和平研究所（Stockholm International Peace Research Institute，SIPRI）提供的国防支出数据，WMEAT 提供了更多冷战期间的数据（WMEAT 提供 1963 到现在的世界上几乎全部有国防支出的国家和地区的数据，而 SIPRI 只记录了 1988 年之后的数据，这对于研究冷战结束前后变化显然不足）。并且作为北约的"领袖"，其政府部门出版的官方报告关于北约成员国及其重要盟友的国防支出具有较高可信度。此外，德国因为冷战结束实现统一，各项统计指标出现剧烈变动，甚至缺失统一前的某些重要经济指标（劳动力数据、固定资本形成额），WMEAT 对其也在国防支出上做出了统计处理。本文着重考察七国集团从 1963 年到 2014 年的国防支出和经济增长之间的关系，而对于同一年份的国防支出数据，不同年份的 WMEAT 给出的结果会存在差别，本文尽量选取年份靠后或者出版物合集中的数据以尽量保证准确性。

2. 经济指标

尽管为了计算国防支出占 GDP 的比重，WMEAT 也给出了各国的按照不变价格和可变价格计算的 GDP（绝大多数直接来自世界银行），但由于计算固定资产形成总额占 GDP 的比重也需要使用 GDP，因此使用和固定资本形成额来源一致的经济数据保证计算比例的两个值统计口径是相同的。利用 CEIC 数据库进行查询，如果官方统计局（包括台湾省统计局）能够提供与国防支出相同长度的 GDP、固定资产形成额和人口的统计数据，则使用官方统计局的数据，否则优先使用世界银行的 GDP 和人口数据。如果世界银行也无法提供和国防支出相同长度的数据，则使用 OECD 提供的国民经济核算预测序列数据。由于德国 1970 年以前的固定资产形成额数据缺失（在德国官方统计年鉴中只给出了 1970 年以前的实际 GDP 增长数据），只有德国的数据时间跨度和其他国家不一致。关于全要素生产率和劳动力增长的数据则来自 EIU 国家数据库，同样由于德国缺乏 1991 年统一之前的数据，为了研究冷战结束前后的影响只得放弃这部分对德国的考察。

3. 主要研究方法

本文的理论得到验证所需要的条件是，如果认为冷战结束前后国防支出对技术进步产生的影响有明显变化，那么国防支出对于经济增长的影响就应当按照理论的预期发生改变，即首先考虑国防支出对经济增长的影响是否在冷战前后发生了变化。这种需要检验某事件前后影响的问题看似应当使用双重差分法，但实际上双重差分并不适用于本问题，如果考虑国防支出对经济增长的影响满足以下方程：

$$\beta = \beta_0 + \alpha_1 Treat + \alpha_2 Post + \alpha_3 Treat \times Post$$

由于不存在没经历过冷战结束的国家，$Treat$ 项全都取 1（相当于常数项），$Post$ 项和交叉项完全相同，β 受冷战结束影响实际上相当于国防支出对经济增长的影响在冷战结束后出现拐点，所以用拐点回归构造本文的主回归方程：

$$g_{it} = \alpha MB_{it} + \beta ac_t * MB_{it} + X_{it}\gamma + \lambda_t + \varphi_i \# \tag{4.1}$$

等式（4.1）中 g 表示经济增长率；MB 表示军事负担，即国防支出占当年 GDP 的比重；X 是控制变量矩阵，在本回归方程中为人口增长率和固定资产形成额占 GDP 的比重（近似的资本增加率）；λ 和 φ 分别为时间固定效应和个体固定效应；ac_t 为标志冷战结束前后的虚拟变量，1991 年之后取 1。

（二）实证结果

1. 初步结果

从表格 1 中七国集团冷战前后军事负担和 GDP 增长率的描述统计变化可以很容易地发现，除了日本的国防支出占比没有明显变化之外，其他六国的国防支出比重都有明显地下降，同时所有国家的经济增长速度都下降了。这容易让人产生国防支出和经济增长正相关的认知，但是控制时间固定效应和国家固定效应之后，即对方程（4.1）不带虚拟变量 ac_t 和主回归方程（4.1）进行回归，得到结果在表2当中给出。

表格1　冷战前后的描述统计

Country	In Cold War		After Cold War	
	Military Burden	GDP Growth Rate	Military Burden	GDP Growth Rate
Canada	2.32	3.80	1.34	2.60
France	4.16	3.72	2.55	1.60
Germany	3.48	2.85	1.51	1.31
Italy	2.62	3.68	1.74	0.63
Japan	0.94	5.77	0.99	0.87
United Kingdom	5.01	2.65	2.62	2.15
United States	6.64	3.39	4.02	2.62

表格2　控制变量后的国防支出对经济增长的影响

变量	GDP增长率	GDP增长率
军事负担	−0.944***	−0.845***
	（0.156）	（0.164）
军事负担*冷战结束		0.319*
		（0.162）
人口增长率	−0.148	−0.204
	（0.301）	（0.301）
固定资产形成率	0.126***	0.123***
	（0.0329）	（0.0328）
时间固定效应	是	是
国家固定效应	是	是
变量个数	357	357
拟合优度	0.721	0.725

　　无论是否考虑冷战结束的影响，在控制时间固定效应和国家固定效应之后，七国集团中国防支出对经济增长率的影响都显著为负，这和描述统计给出的直观结论完全相反，但却符合预期。如果国防支出主要用于在现有技术条件下扩充军事实力以应对战争威胁，那么国防支出实际上就是单纯地对生产要素进行占用，对经济增长的影响自然是负面的。军事负担和冷战是否结束虚拟变量的交叉项回归系数显著为正说明冷战结束后国防支出对经济增长的负面作用显著降低了，这首先验证了我们的猜测和主回归方程的有效性，即冷战结束前后国防支出对经济增长的影响发生了变化。

　　2. 国防支出影响的具体变化与因果推断

　　国防支出对经济增长的影响在冷战前后发生了改变，意味着一旦考虑国防支出每年对经济增长影响的大小不同，那么在1991年前后国防支出对经济增长的影响就会出现结构性的跳动，即考虑回归方程：

$$g_{it} = \sum_{k=1963}^{2014} \alpha_k ME_{ik} + X_{it}\gamma + \lambda_t + \varphi_i \# \tag{4.2}$$

　　等式（4.2）中 ME_{ik} 是军事负担和时间的交叉项，当 $t=k$ 时取 MB_{it}，否则取0，其余各项均和等式（4.1）一致。图1给出了（4.2）的回归结果，很容易发现在1991年（含）之前，国防支出对经济增长的影响大多显著为负，而在1991年之后国防支出对经济增长的影响均不显著，这既说明了国防支出对经济增长的影响在冷战结束后发生了结构性的变化，冷战后国防支出对经济增长的负面影响整体上下降了，同时也解释了冷战结束后十年大裁军结果令人失望的原因。在冷战结束后，国防支出对经济增长的影响已经不显著，此时削减国防开支并不能带来预期的对经济增长的积极作用。

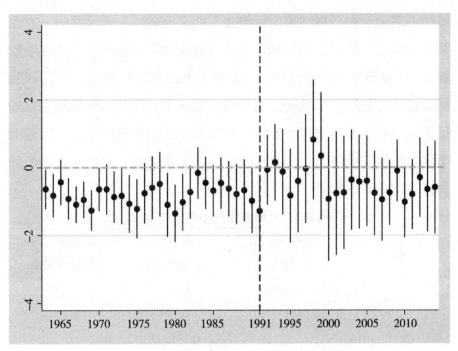

图1　a_k的统计量变化，竖线为95%置信区间

确认冷战结束前后国防支出对经济增长的影响发生变化之后，验证本文提出的理论只需要证明国防支出在冷战后对技术进步速度产生了更积极的影响。因此使用类似工具变量的做法，检验全要素增长率受国防支出的影响是否在冷战结束前后发生了改变即可（类似工具变量是因为国防支出在理论上稳态下满足排他性限制，只通过影响人力资本配置影响均衡增长率，在现实中因为经济未处于稳态所以可能不满足排他性限制。此外二阶段回归中 TFP 的系数没有意义，TFP 是根据 GDP 增长率测算出的，其存在目的在于测量影响技术进步速度之外国防支出对经济增长的影响）。构造两阶段回归：

$$TFP_{it}=\psi_1 MB_{it}+\psi_2 \alpha c_i{}^* MB_{it}+\mu_t+\zeta_i$$
$$g_{it}=\theta \widehat{TFP}_{it}+\beta MB_{it}+X_{it}\gamma+\lambda_t+\varphi_i \tag{4.3}$$

回归方程（4.3）中，TFP_{it} 为全要素增长率，一阶段回归是控制时间固定效应和国家固定效应之后检测国防支出和全要素增长率之间的关系是否在冷战结束前后发生了明显变化。二阶段回归一方面是为了验证一阶段的回归估计是否有效，如果 θ 不正显著并且系数接近 1（全要素生产率每增长 1% 总产出必然增长 1%），那么证明一阶段估计的结果不准确；另一方面是为了观测技术进步因素之外国防支出对于经济增长的影响。为了获得更为准确的结果，用劳动力增长数据替换掉了（4.1）中的人口增长率数据，表格 3 给出了回归方程（4.3）的结果。

表格3　全要素生产率与国防支出

变量	不考虑冷战 TFP增长率	一阶段回归 TFP增长率	二阶段回归 GDP增长率
军事负担	−0.004	0.115	−0.300***
	（0.172）	（0.174）	（0.109）
军事负担*冷战结束		0.395***	
		（0.148）	
TFP 增长率			1.014***
			（0.240）
劳动力增长率			0.791***
			（0.130）
固定资产形成率			0.0823***
			（0.0230）
时间固定效应	是	是	是
国家固定效应	是	是	是
Observations	203	203	203
R-squared	0.479	0.501	0.898

在不考虑冷战结束因素的情况下，国防支出和全要素增长率之间统计不出相关性，但是考虑冷战结束之后，国防支出对全要素增长率的影响显著为正，并且在二阶段回归当中，TFP 的系数为正并且接近 1，扣除技术进步因素后国防支出对经济增长的影响依旧为

负，但系数小于不考虑技术进步的情况。这进一步证明了本文的理论，即国防支出因为在冷战后对技术进步的促进作用增加了从而在冷战后对经济增长的负面作用减小。这样我们就从七国集团冷战前后的实证数据中验证了国防支出对经济增长的影响机制，在不考虑技术进步的情况下，国防支出由于占用了民用部门的生产要素会对经济增长产生负面影响（在理论模型中稳态下不认为国防支出会通过这种形式影响经济增长率，但现实中经济体不总是处于稳态）。而由于国防支出在冷战结束后对技术进步有显著的正向影响，从而让国防支出对经济增长的负面作用减少了，这在因果推断上完全证明了理论模型部分的准确性。

3. 稳健性检验

首先要检验拐点附近的主要控制变量和是否在拐点前后出现大幅变化，图 2A-2D 分别显示了七国集团控制变量均值随时间的变化，它们在 1991 年前后的变化都是连续性的，这样使用拐点回归的前提假设就得到了满足。然后是通过改变断点时间进行稳健性检验，把（4.1）和（4.3）重新进行回归，如果国防支出在断点改变的情况下影响变化不显著，那么就证明冷战结束这个事件带来的国防技术对技术进步影响的变化是稳健的，表格 4 是分别将拐点转移到 1990 年和 1992 年的情况。无论是全要素增长率还是经济增长率，更换后的拐点都没有发现国防支出的影响发生显著性的改变，这说明 1991 年这个事件点的设置是有意义的。

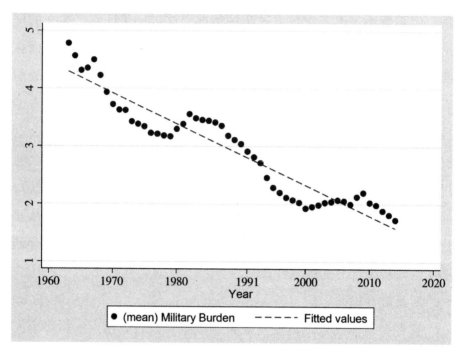

图2A　军事负担均值变化

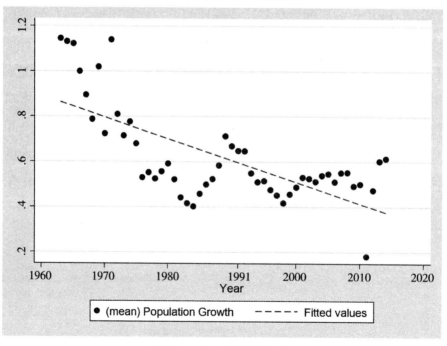

图2B　人口增长率变化

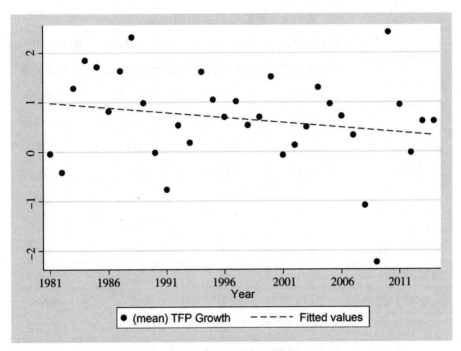

图2C　TFP增长率变化

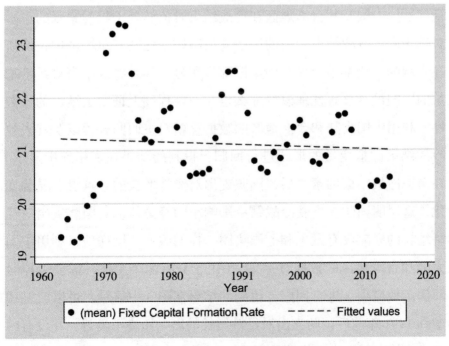

图2D　固定资本形成率变化

表格4　　更换拐点的回归结果

变量	断点1990 TFP增长率	断点1992 TFP增长率	断点1990 GDP增长率	断点1992 GDP增长率
军事负担	−0.173	−0.155	−0.874***	−0.869***
	（0.149）	（0.148）	（0.164）	（0.1640）
军事负担 * 冷战结束	0.256	0.157	0.221	0.2472
	（0.165）	（0.168）	（0.159）	（0.166）
人口增长率			−0.194	−0.1828
			（0.303）	（0.302）
时间固定效应	是	是	是	是
国家固定效应	是	是	是	是
变量个数	271	271	357	357
拟合优度	0.559	0.556	0.723	0.723

　　此外还可以通过观测受冷战结束影响小的经济体来证明结论的稳健性。中国及其台湾地区在冷战结束时依然处于较为紧张的军事对峙当中，冷战结束带来的国防支出结构变化及其对经济增长的潜在影响的变化都不会像七国集团那样明显。如果冷战结束对经济增长的影响没有显著性地改变那么也在一定程度上证明了结论的稳健性。利用中国大陆和台湾地区的数据重新对主回归方程以及其去掉冷战结束虚拟变量的形式进行回归，得到的结果在表格5中显示。在考虑冷战结束因素之后，国防支出对经济增长的影响没有显著变化，这说明国防支出受冷战结束影响小的经济体，其国防支出对经济增长的影响没有发生和七国集团一样的改变。同样地，利用中国大陆和台湾地区的数据对（4.2）（由于只有两个个体，需要去掉时间固定效应项）进行回归，得到的结果在图3中显示。可以明显观察到1991年前后国防支出对经济增长的影响始终不显著，并没有因为冷战结束而发生结构性的变化。

表格5　中国大陆和台湾地区冷战结束前后国防支出的影响

变量	GDP增长率	GDP增长率
军事负担	−0.114	0.100
	（0.343）	（0.397）
军事负担*冷战结束		−0.814
		（0.762）
人口增长率	−4.362**	−4.333**
	（1.718）	（1.715）
固定资产形成率	0.703***	0.729***
	（0.1354）	（0.1373）
时间固定效应	是	是
个体固定效应	是	是
变量个数	104	104
拟合优度	0.693	0.700

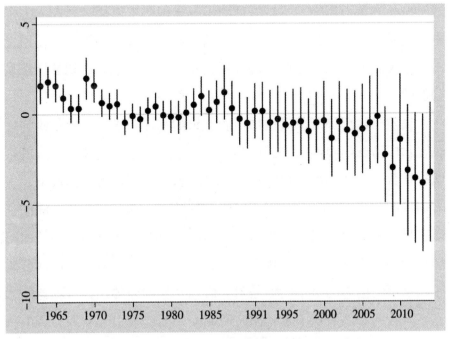

图3　中国大陆和台湾地区国防支出影响的时间变化

五、结论和政策建议

本文通过以内生经济增长理论为主要框架的模型分析了国防支出和经济增长的关系。在军事部门不进入消费部门市场竞争，单纯作为政府购买的公共品部门进入中间品和人力资本等生产要素市场的情况下，国防支出对稳态增长率的负面作用只通过占用人力资本实现，与中间品占用无关。国防支出对稳态增长率的边际负面作用随着国防支出的增加而减少，考虑技术溢出效应，国防支出在理论上对经济增长的影响是不确定的。七国集团冷战结束前后的经济表现证明了本文理论部分对国防支出作用于经济增长机制的推断，由于冷战结束前后国防支出对技术进步的影响发生了显著变化，国防支出在冷战后对技术进步具有显著的促进效应，从而降低了自身对经济增长的负面影响。这恰好证明了本文国防支出通过影响人力资本和技术溢出效应作用于经济增长的结论。通过更换拐点和使用受冷战结束影响小的个体的经济数据，有理由认为本文得到的结论是稳健的。

当前国际局势形成了增加国防支出的刚性需求，七国集团的数据显示国防支出对经济增长的影响取决于国防技术对技术进步的影响。在数据支持国防支出对我国经济增长影响不显著的情况下，一方面说明我们目前占 GDP 不到 2% 的国防支出还有进一步上涨的空间，另一方面说明我国的国防支出结构以及军事技术向民用技术的转化还能够得到进一步地优化。尽管研究军事技术需要占用部分属于消费部门的人力资本，但是由于研究开发的外部性，市场竞争状态下其投入必然有所不足，国防研究需要能够吸引部分人力资本从事于具有外部性的基础性研究当中。因此在适当增加国防投入的同时，更应该考虑进一步促进军民技术融合，以国防工业带动整体工业，争取实现国防技术和生产技术之间的相互促进，形成国防支出带动经济增长，经济增长为国防支出提供物质基础的良性循环，推动同步提升国防实力和经济实力。

参考文献

[1] Adams F, Behrman J, Boldin M. Government Expenditures, Defense, and Economic Growth in the LDC's : A Revised Perspective[J]. Conflict Management and Peace Science, 1991（11）: 19—35.

[2] Albrecht, U. Arms Conversion Research : A Literature Review with Recommendations for Research[M]. Nomos, Baden - Baden, 1979.

[3] Alexander W. The Impact of Defense Spending on Economic Growth : A multi-sectorial Approach to Defense Spending and Economic Growth with Evidence from Developed Economics[J]. Defense Economics, 1990（2）: 29—35.

[4] Benoit E. Defense and Economic Growth in Developing Countries[M]. Lexington, MA : Lexington Books, 1973.

[5] Benoit E. Growth and Defense in Developing Countries[J]. Economic Development and Cultural Change, 1978（26）: 271—280.

[6] Biswas R, Ram R. Military Expenditures and Economic Growth in Less Developed Countries : An Augmented Model and Further Evidence[J]. Economic Development and Cultural Change, 1986（34）: 361—372.

[7] Chowdhury. A Causal Analysis of Defense Spending and Economic Growth[J]. Journal of Conflict Resolution, 1991（35）: 80—97.

[8] Deger S. Economic Development and Defense Expenditure[J].

Economic Development and Cultural Change, 1986（35）: 179—196.

[9] Feder G. On Exports and Economic Growth[J]. Journal of Development Economics, 1983（12）: 59—73.

[10] Frederiksen P, Looney R. Defense Expenditures and Economic Growth in Developing Countries[J]. Armed Forces and Society, 1983（9）: 633—645.

[11] Joerding W. Economic Growth and Defense Spending : Granger Causality[J]. Journal of Development Economics, 1986（21）: 35—40.

[12] Landau D. The Economic Impact of Military Expenditures[C]. Washington, DC : World Bank, 1993.

[13] Lebovic J, Ishaq A. Military Burden, Security Needs, and Economic Growth in the Middle East[J]. Journal of Conflict Resolution, 1987（31）: 106—138.

[14] Lim D. Another Look at Growth and Defense in Less Developed Countries[J]. Economic Development and Cultural Change, 1983（31）: 377—384.

[15] Macnair E, Murdoch J, Pi C, T. Slander. Growth and Defense : Pooled Estimates for the NATO Alliance[J]. Southern Economic Journal, 1995（61）: 864—860.

[16] Mintz A, Huang C. Defense Expenditures, Economic Growth and the 'Peace Dividend' [J]. American Political Science Review 84, 1990（84）: 1283—1293.

[17] Mueller M, Atesoglu H. Defense spending, Technological Change, and Economic Growth in United States[J]. Defense Economics, 1993（4）: 259—269.

[18] Rasler K, Thompson W. Defense Burdens, Capital Formation,

and Economic Growth[J]. Journal of Conflict Resolution，1988（32）：61—68.

[19] Stewart D. Economic Growth and the Defense Burden in Africa and Latin America：Simulations from a Dynamic Model[J]. Economic Development and Cultural Change，1991（40）：189—207.

[20] 库桂生.中国国防预算评析 [J]. 国防，1995（3）：6—7.

[21] 姜鲁鸣.中国国防预算制度非均衡态分析 [J]. 经济研究，2004（11）：107—118.

[22] 姜鲁鸣，王碧波.国防建设与经济建设协调发展的资源均衡配置——均衡态下的国防支出增长机制研究 [J]. 财经研究，2007，33（3）：87—100.

[23] 黄瑞新.论军费与经济适度同步增长的长期趋 [J]. 军事经济研究，2009（5）：8—11.

[24] 陈炳福.中国的国防支出需求和政策研究 [D]. 天津：天津大学，2006.

美国军民融合战略研究*

陈炳福　杨　洋

　　在大国经济中，国防经济是大国经济运行中的重要组成部分。如果我们将国民经济简化为两个部门：民用经济和国防经济，则在资源有限的情况下，民用经济与国防经济之间存在稀缺资源的替代。因此，任何一个大国都寻求民用经济与国防经济之间的融合，我们可称之为军民融合，以节约稀缺的经济资源。 在美国，"军民融合"一词，最早出现于 1992 年美国国会制定的《国防科技和工业基础，国防再投资和军转民法》，同时期出现的另一与此相关的词是军事技术的"军民两用"。更早之前，有军事技术的"溢出"和"军转民"等，这都是两部门经济交融发展的不同形态，为方便讨论，本文将上述不同阶段都统称为军民融合。

---

　　*作者简介：陈炳福，海军勤务学院教授，管理学博士，研究方向：国防经济学、军人待遇、国防科技创新。曾在 Conflict Management and Peace Science、Defence and Peace Economics、《经济研究》《世界经济》《世界经济与政治》《数量经济与技术经济研究》《中国军事科学》等国内外顶级学术期刊发表论文 100 余篇，相关专著被英国牛津大学图书馆、日本国会图书馆，澳大利亚国家图书馆收藏，论文被美国兰德公司、国防部等机构和近 20 个国家和地区学者所引用。

一、美国军民融合的演进

因美国发达的市场经济体系，军事系统的供给和保障大多由市场完成，形成了自然而然的两部门经济的交融。因此，美国的军民融合有其特定的外延，美国民用经济与国防经济之间的融合，主要定位在军事科技工业和军事装备的采办领域。

（一）国防科技的溢出效应

20世纪50年代以来，世界各国，无论是普通公众还是决策部门都将国防部门与民用部门在技术上的联系，定位在军事技术向民用部门的转移和应用上。通常军事技术在民用部门的影响被称为"溢出效应"（spillover effect），即知识从先进的军事领域向不先进的民用商业领域的流入。在溢出效应概念下，国防经济与民用经济的关系呈现如下特点：

（1）由于国家安全具有至高无上的优先选择权，因此国防经济优先而专有地分配军事财政资源，在有限的国家资源（资金、知识、人力等）分配中军事需要压倒了商业需要。

（2）国防研发和军品生产完全与民用或商用研发和民用经济体系相分离，国防品的生产表现为专用性和非通用性。

国防科技的溢出效应在初期的军民融合关系中可用下式表示：

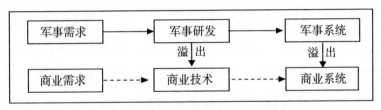

图1　军民融合的溢出效应模式

在解释民用和军事技术上，溢出效应考虑的是国防工业本质上要比民用部门有更高的技术，溢出过程很自然，溢出进行中不需额外的投资。由于国防技术的溢出是国防科技工业在军事方面投资的副产品，它带有偶然性和不确定性，因此，在国防经济和民用经济相分离的两部门经济中，国防科技的溢出效应对民用经济的影响往往较小，不为人们所重视。相反，由于两部门经济的分隔性，过高的国防研发必然会招致人们对国防科技对民用经济负效应方面的批评和讨论，如挤出民用研发支出、降低国家经济竞争力等。

（二）国防科技的军转民

在大量的经济资源不断投向国防经济的同时，要求国防经济实施军转民（Defense Conversion）的讨论越来越多。早至20世纪60年代，一些西方国家，尤其是美国和英国学者，就军事活动中的技术和工业转向民用需要展开了讨论。20世纪90年代随着苏联的解体和冷战的结束，世界军费支出出现了实质性的下降，国防资源的大量闲置，要求为闲置的优质国防资源寻求出路。在这些潮流的冲击下，国防科技工业发展出国防资源的军转民[1]。

国防科技的军转民，是指国防部门将其所有的或发明的技术向民用经济实施的一种转让，它包括信息、资料、硬件、人力资源、服务、工具、设备或与国防部门研发活动有关的科学和技术开发的其他资源。

与国防科技溢出效应理论相同，国防科技的军转民假定的是国防技术要优于民用商业技术，并且存在闲置资源。不同的是，国防科技的军转民，是将国防科技资源主动地大量转向于民用经济的生产和研制，并且假定国家经济资源在商业上的应用要比军事上的应用更为有效。

从内容上看，国防科技军转民，既包括科技产品和工艺的转换，也包括人力资源、专利许可和专利产权的转换。军民融合的军转民关系可用下图表示：

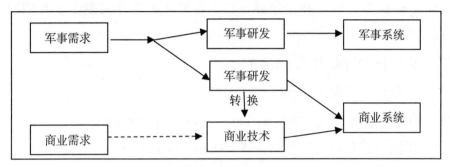

图2　军民融合的军转民模式

（三）军民融合和军民两用

在军转民的同时，美国国会开始大量地关注军用技术与民用技术、国防工业基础和民用工业基础的通用性和融合性，1993 年美国国防授权法明确声明支持军民融合（Civil-Military Integration），要求国防部修改采办政策，以鼓励民用和国防工业基础的融合[2]。随后，美国国会技术评估办公室对美国军民融合潜力进行评估，提出了"军民融合"的概念。军民融合是"将国防技术和工业基础与范围更广的商业技术和工业基础归入统一的国家技术和工业基础的过程。在军民融合下，通用技术，流程，劳动力，设备，材料和 / 或设施既满足国防需求也满足商业需求"[3]。

与"军民融合"基本同义的另一词是"军民两用"（dual-use），自 1992 年由 Ali 等学者提出后[4]，得到美国政府、军方和学术界的更多认同，美国官方将"军民两用"定义为能够满足军事和非军事应用要求的产品、服务、标准、流程或采办实践[5]。并将"军民两用"付诸政策实践。

Barattino 在 Alic 的定义基础上，明确地将军民两用分为两部分内容。一是技术机会，即军事或民用部门对不同军民两用技术应用的选择。二是技术联系，即政府和工业界在技术发展中的潜在关系。Barattino 认为，政府和产业界在技术发展中的潜在关系主要有四种模式[6]：

国防技术的溢出（Spin-off）；

商业技术的溢入（Spin-on）；

军事/工业合资（Military/Industry Joint Ventures）；

国防基础对民用经济的支持（Defense Infrastructure Support）：

a. 军事牵引型（Military Pull）；

b. 军事支持型（Military Support）；

下面我们来详细阐述这四种模式。

1. 国防技术的溢出模式

国防科技与民用经济最初的联系就是国防技术的溢出。军事需要产生了对国防科技的需求，国防科技活动在完成军事需要的过程中，某些对民用经济同样有效的技术（军事技术的副产品）会通过各种途径外溢出来，流入民用经济，被商业市场所使用。国防技术的溢出模式已如图1所示。这种模式呈现如下特征：

（1）国防科技活动的单一目标就是满足国家的军事需要。国防科技活动及资源的分配都是为了满足国家军事战略和目标的，为实现这一目标，军事技术可能产生潜在的商业上的溢出技术，但商业化的潜力并不成为分配国防资源的要素之一。在该种模式中，军事技术的商业化应用是被动的，不确定的。

（2）国防采办制度障碍了国防科技的商业应用。由于溢出模式国防科技活动的最初焦点是为了产生军事系统，国防采办制度并不允许使用国防资金来生产商业化的产品，因此，生产军品的合同商会尽量将其军品的生产和民品的生产分离开来（多数生产商甚至将军品生产和民品生产划分成两种不同的部门），以保持各自的独立核算和政府的审计要求。这种制度会阻止军事溢出技术在民用生产的流动传播。

（3）军事技术的溢出存在一定的风险和经济成本。在国防技术的溢出模式中，由于军事和民用经济使用的是不同的规模和标准，对军事溢出技术的利用则意味着民用经济要接受军事标准和规格，如果对其进行改造，又会花费额外的成本，因此军事技术的商业化会同时伴随着一定的商业性风险和经济成本。

2. 商业技术的溢入模式

该模式反映的是在军事系统中，为节省国防开发资源，将尽可能地使用商业市场已开发的先进技术，即民用经济先进的商业化技术向军事部门的流入。溢入意味着商业市场向军事系统提供了可用的先进技术。该模式可用图3表示。

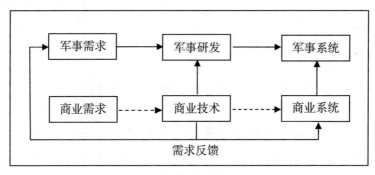

图3　军民融合的商业技术溢入模式

该模式反映了军事系统对商业技术的应用，其主要优点是节省国防开支，将部分国防科技支出由政府开支转移到商业性企业支出。同时军事系统能在第一时间利用到最新的技术。

该模式有如下特性：

（1）需放宽军用标准和规格，以适应民用技术在军事系统的应用；

（2）需要修改军事系统的相关采办制度条例，以吸引商业化卖主向国防系统出售技术。

（3）允许正常的技术升级，以适应竞争环境下商用技术的快速提升。

3. 军事／工业合资模式

军事／工业合资模式强调的是国防部门与工业部门都相信进行科技的合作投资要比各自独立的研发更为有效。在科技投资合作中，军事部门与工业部门合资的动机和出发点是不同的，军事部门最终目标是为开发军事技术，提升军力，而工业部门的最终目标是技术的商业化应用。这种目标与利益的不同是合作成功的重要基础。

该模式可用图 4 表示。

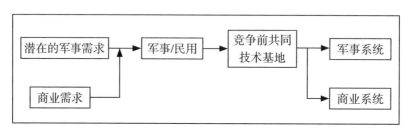

图4　军民融合的军事/工业合资模式

在图 4 中，通过科技合作建立一个竞争前的共同技术基地（Pre-competitive common Tech Base）是政府希望得到的结果，但对私营公司来说，这并不重要。政府希望以技术基地的形式，使公共资金投资的成果能得到广泛的扩散，而对合作的工业部门（公司）来说，他希望保护自己的投资成果，这时政府需要用国防合同或保护知识产权等来平衡企业的利益。该模式具有如下特点：

（1）由于合作资金的大量投入，增加了合作双方的风险。

（2）需要平衡合作双方的不同利益。

（3）合作领域集中在高风险、基础性或探索性的研究时更易成功。

（4）需要保护知识产权。

4.国防基础对民用经济的支持模式

国防基础对民用经济的支持模式是基于使用国防资产来支持国家高层次的需要。该模式有两个分支：一是军事牵引型，表示的是伴随着国防资金对目标工业的注入，刺激了民用经济的新商业技术开发，军事部门通过使用他们的产品从中获益。军事牵引型可看作是一种有限的国家工业政策形式，其背后伴随着国家较高的经济目标的驱动推力，如培育国内相关产业以应对国际竞争。二是军事支持型，通过国防工业基础能力的运作来直接支持一种新型商业性产品和服务的开发。该两种模式可用下两图表示：

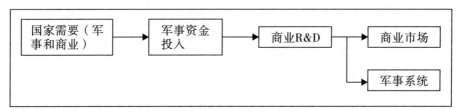

图5-1　军民融合的军事牵引型模式

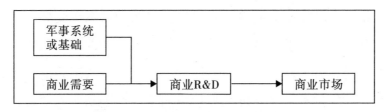

图5-2　军民融合的军事支持型模式

国防基础对民用经济的支持模式，具有如下特性：

（1）基于高层次的国家战略需要。为实现国家战略目标，如增强国家竞争力、打破某种军事高技术的外国垄断、减少对高技术产品的进口依赖等，会出现动员国防科技基础或进行大量的国防科技投入，通过国防科技的有组织运作，将军事部门实现的高技术转换到民用经济，这时国防科技成为执行国家战略的一种手段。

（2）实施支持的国防基础高于工业能力。如动用军事基础对民用经济商用卫星的发射等。

（四）美国军民融合新模式：主动出击，追求创新速度的融合

进入 21 世纪，国际商业和消费者高科技市场的出现大大取代了美国国防部作为全球研发活动的重心。私营部门而不是美国国防部正在开发最关键的技术，美国军方越来越多地依赖市场正在开发的尖端技术，获得武器系统的领先优势，而不是传统的国防合同路径。国防部门想要更充分地利用民用尖端技术，就必须以更符合商业市场规范的方式重新考虑其国防采办政策，并介入行业参与。这种新商业技术市场模式将改变国防部的采办战略，最终改变战争的性质 [7]。为适应高科技市场的变化，保持美国先进武器系统的绝对优势，美国军民融合出现军方主动出击、追求创新速度的新态势。主要做法有：

（1）追求速度，风险可控。改变过去研发—生产—成熟—定型的模式，即技术必须非常成熟，才能将完美的武器系统交到士兵手上。美军秉承这一追求卓越品质的理念保持了持久的战略优势。但在新技术发展和市场环境下，创新速度不断加快，人工智能、无人控制技术、信息技术，生物技术等领域的革命性创新不断涌现，军事大国之间尖端技术的竞争异常激烈，美国国防部认为，目前美军装备列装和采办流程已不适应商业化技术发展模式，过去需要数年、数十年发展才能形成战斗力的武器研发、生产、装备的模式会面临大国之间军事竞争失败的风险。美国国防部开始优先考虑武器的交付速度、对技术的持续适应和频繁的模块化升级。国防部主动出击，

投资民用经济技术创新企业，在风险可控情况下，以第一时间应用尖端技术。

（2）成立创新管理组织和创新实验组织。为快速融入民用经济高技术创新，美国国防部集合了民用经济商业技术创新企业、风险投资公司，先后成立了国防创新小组（Defense Innovation Unit）、国防创新委员会（Defense Innovation Board）和 MD5 国家安全技术加速器（MD5 National Security Technology Accelerator）等创新管理组织和创新实验组织。2015 年美国国防部为能更快获取利用对军方有用的新兴商业技术，在硅谷成立了创业组织（公司）：国防科技创新小组实验室（Defense Innovation Unit Experimental, DIUx），以加速开发和新技术利用。2017 年，该组织更名为国防创新小组（Defense Innovation Unit），以表示该组织在国防部内的永久性。2016 年，美国国防部成立国防创新委员会（Defense Innovation Board），创新委员会旨在将硅谷的技术创新和最佳实践引入美国军方，促进国防部更具创新性和适应性。2016 年，国防部成立 MD5 国家安全技术加速器，该组织旨在创建新的创新者社区以解决国家信息安全和网络安全问题。通过与国家研究型大学和风险投资界合作，重振民用军事技术合作。这三个组织功能不同，各有分工。国防科技创新小组是国防部成立的风险投资组合公司，对商业新技术进行风险投资，以便快速利用尖端技术；国防创新委员会是由国内顶级科技企业家、科学组成的咨询组织，为国防部提供技术创新咨询；MD5 侧重于人力资本创新，即开发和支持创新者和以人为中心的网络来解决国家信息安全和网络安全问题，为美国国防部培训和招募世界最顶级的信息安全人才。

（3）参与风险投资。美国国防部在 2018 财年的国防战略中承认，随着美国竞争者和对手进入推动创新的全球技术市场，美国的军事技术优势正在逐渐消失。美国国防部在硅谷成立国防创新小组，以加速商业技术在第一时间被战士使用，这反映了美军为满足当今战略和技术环境不断变化而对有效利用商业技术领域创新的迫切需求。国防创新小组与国际风险投资巨头合作，为创新型科技公司解决国防尖端问题提供非稀释性投资。其投资领域包括人工智能、网络系统、无人自治系统（Autonomy）、人类系统（Human Systems）和商业太空系统。国防创新小组的使命是主导国防部打破过去的军事技术优势范式，成为最新技术的快速适配器，而不是唯一技术开发者[8]。

（4）加速国防采办改革。军事技术竞争与过去几十年不同，当时美国国防部实验室开发了关键技术，通常专门用于军事用途。现在，国防部必须采用快速跟随者姿势，跟上商业技术创新周期的步伐。同样，在商业创新市场，美国的竞争者和对手也可以进入推动创新的全球技术市场。如果国防部的采办文化和流程没有重大变化，美国军方将持续失去其长期保有的技术优势。在 2016 财年的美国国防授权法中，国会成立了专门小组，检讨简化国防采办流程。此后各财年的国防授权法，都有不断的国防采办改革和要求，通过这种国防采办改革，使美国国防部与硅谷的公司建立更深厚的联系，加速商业技术进入军队，以确保美国战士在战场上的必要优势。

二、美国军民融合战略的内容

（一）美国军民融合战略的发端 [8]

20 世纪 90 年代初，国防科技军民两用战略在西方国家开始流行，其中既有国际环境格局变化的原因，又有经济、科技及新军事技术革命发展的原因。从美国来说，冷战时期，由于美国在与苏联的竞争中需要保持技术上的优势，因此，政府的科技政策带有明显的冷战思维，科技投资专用于国防科技，包括核武器的开发。国防科技服务并服从于军事需要的思想，仍是美国联邦科技投资的主导思想，政府的国家创新体系技术驱动的主要思想仍是基于先进的军事技术也可向民用经济溢出（溢出效应）的理念。

1993 年 2 月，时任美国总统克林顿和副总统戈尔发表了《为美国经济增长服务的技术：建立经济实力的新方向》的国情咨文，第一次向社会公众提出了军事技术"军民两用"的战略思想。这种战略强调：需要促进开发以及在商业领域中引入技术创新，以便推动美国的经济增长[9]。

1994 年 8 月，克林顿发表了有关国家科技发展的第 2 份文件：《科学和国家利益》，该文强调了需要政府潜心于促进商业部门的技术创新。这两个文件表明，为适应国际经济、科技新形势的发展变化，美国政府目前可能追求的是一个更为综合的科技发展政策。一方面，通过对民用科技的直接投资以支持国家的经济增长，推动私营部门的技术创新。另一方面，通过比过去更低的成本，在军事部门使用商业部门开发的管理标准，有效地满足国家安全的需求[10]。

美国国防部于 1994 年 9 月发表了反映国防科技投资新政策的《国防科学和技术战略》。该战略强调，为应对国防预算减少而必须维持美国军力的高技术水平的挑战，国防科技投资既应增强国家技术基础，又能减少军事采办成本，要发挥军事技术军转民的作用以及对军民两用技术的开发[11]。

1995 年，美国军方和国务院发表了推动美国国防技术军民两用战略发展的两个重要文件：国防部：《军民两用技术：有支付能力的主导性优势技术的国防战略》（DoD，1995）[12] 和国家经济委员会等机构的《永远第一：以军民两用技术保持美国的军事优势》，更加明确了军民两用战略在美国国家战略中的地位和作用[13]。这两个文件表明美国国防科技政策正在发生深刻的变化。军民两用技术战略代表了国防科技投资寻求商业行为运作的新模式，国防部寻求的是打破商业和国防工业之间的障碍，建立一个一体化的，达到"世界级"水准的，以市场驱动的，高效率地满足军事产品开发、采办、降低成本需要的军民兼容的国家工业体系。

（二）美国军民融合战略的目标

美国国防部要求相关机构在提供资金开展项目研究的选择上，应遵循如下标准：

（1）军民两用技术要注重于满足军事作战的需要。它包含两个方面的含义，首先是武器系统对新技术的引入应加快，以便确保美国军力的优势以及应避免技术上存在缺陷。其次，武器系统开发者与使用者之间要有更紧密的交互作用。科学家与军事指挥员之间的合作会节省开发成本。

（2）要有利于军事成本的下降。这种下降既包括采办成本的下降，也包括装备生命周期成本的下降。在国防部进行的任何投资中，可支付能力（affordability）是首要考虑的因素。

（3）增强国家工业基础。为提高军事部门和商业性部门的协同配合性，在国防经济和民用经济中有效地利用共同的技术和工业基地，国防项目的投资应以开发军民两用技术和工艺为主导，在促进以新技术为基础的国家工业提升或其他有利于国防建设的产业发展中，发挥重要的作用。国家工业基础的增强将使国防部门获得最佳的商业技术及市场管理经验，从而强化了技术军转民的过程。

（4）推动基础研究。基础研究对任何技术开发都有实质性的影响，是国家技术创新的摇篮。美国国防部择优向联邦实验室、大学和工业性公司提供资金，大力支持高质量的基础研究。由于基础研究的高风险性以及在短中期未能预知结果，私人一般不愿涉入投资，因此，支持长期基础研究以及推动年轻科学家和工程师的教育，已成为美国国防部的重要任务之一。

（三）国防科技军民两用战略的基本内容

1995 年，美国军方发表了推动美国国防技术军民两用战略发展的重要文件：《军民两用技术：有支付能力的主导性优势技术的国防战略》。在该文件中，国防部提出了以军品采办改革为基础，改革国防科技政策，军民两用技术实施新的商业化运作的军民融合战略。军民融合战略的实施包含一个基石，三大支柱。

（1）一个基石：军品采办改革

努力改革军品采办规则和条例，鼓励在军事系统中更多地使用商业技术。美国国会对此表现出极大的兴趣，立法进行变革，国会指示国防部长审查、制定和取消禁止使用商业化商品的法规。

美国国会在 1992 制订的《国防科技和工业基础，国防再投资和军转民法》中，对"军民融合政策"（Civilian-Military Integration Policy）要求，国防部通过以下目标的采办政策改革，确保实现国家技术和工业基础目标：①国防采办，在可行的最大范围内，要依靠商业化的国家技术和工业基础、商业化的国家技术和工业基础要求满足美国国家安全所需。②国防采办要减少那些在经济上依附于国防部交易而存活的技术和工业基础部门的依赖。③减少联邦政府在商业产品、流程和标准使用方面的障碍[5]。

国防部的采办改革主要侧重于：①减少军事规格和标准。建立了一个旨在支持军事和商业规范和标准（国防标准化计划）持续审查和整合的流程。如要用军事标准，则管理者必须要用书面证明为什么需要军事标准。允许既生产民品又生产军品的公司在全公司采用单一管理系统和统一的制造实践。②国防采办选择简化的商业化采办系统，优先采办和应用商业产品和流程。尽可能消除有特殊标准和规格要求的军品合同、技术和核算要求，这些要求阻碍了军民融合。美国国防部明确指示，军事部门必须使用具有民用性能、规格、标准的民品，而不是军事规格和标准的专用品，除非没有实际的替代方案来满足用户的需求。

除了国防授权法要求的国防部内部采办改革外，美国国会也加大了立法，要求联邦政府实施采办改革。1994 年的《联邦采办精简法案（P.L. 103—355）》和 1996 年《联邦采办改革法案（P.L. 104—106）》，扩大了商业项目的定义，放宽了商业项目的成本和定价数据要求，并对商业项目提出了更灵活的合同要求，这一改革为民用部门的产品更有效、便捷地进入国防部门奠定了法律基础。

由于国防采办政府直接影响军民融合，美国国会对国防采办保持了长期的兴趣，并且通常通过国防授权法案（NDAA）第八章，即"采办政策，采办管理和相关事项"，行使其立法权来影响国防采办。尤其是在近 3 年，国会更特别积极地进行国防采办改革立法。2016 财年至 2018 财年，国防授权法中与国防采办相关的平均有 82 项条款（总共 247 项），而前 10 个财政年度平均仅为 47 项条款（总计 466 项）[14]。

（2）三大支柱

第一支柱：军民两用技术投资。美国国防部希望从商业化的投资与合作中寻求到必要的军事利益。但对军民两用技术的投资，国防部是有选择的，首先，国防部会优先选择那些能确实保持美国军事技术优势的商业性基础研究。其次，国防部的投资将会投向那些具有军民两用特征并能满足军事需要的技术，而这些技术私营投资是不会单独开发的，需要军方进行科学基础投资和应用投资。过去的投资，已使美国国防部实现了超算、大数据分析、人工智能，无人自治系统、机器人、增材制造、超导材料、定向能和超音速等领域的优势。确保了美国军方能将技术投入作战，并保证了打赢未来的战争。美国国防部的最新技术创新投资重点[15]：

高超音速（Hypersonics）：巩固当前的样机设计和研究工作。

定向能激光武器：特别是在太空中开发用于太空防御的兆瓦级定向能武器。

人工智能（AI）：创建联合人工智能中心，协调国防部内部和跨联邦机构的人工智能工作。

其他重点领域包括：微电子、太空传感和和量子科学等。

第二支柱：军民一体化生产（integrated production）。军民一体化生产的目标是美国国防部实现以市场价格购买各种以商业化形式开发的装备、技术和产品。为实现这一目标，美国国防部寻求了以下途径：一是培育按市场化商业性行为运作的民用经济使用和生产国防技术；二是开发既能满足军事部门也能满足私营部门的新的制造技术。

第一种途径，由于有众多商业性行业使用国防技术，国防技术的开发与生产将会达到规模经济的要求，国防部从中获得成本节约的收益，此外，推动了国防技术在国民经济的转换。这种战略有许多成功的事例，如全球定位系统（GPS）、微波单块集成电路或多芯片模块项目等，这些项目以这种方式在与民用经济得到广泛的应用和传播。

第二种途径则强调了在开发和新制造技术中以竞争性价格小批量生产的军事和商业产品。

　　第三支柱：技术的嵌入和提升（insertion and promotion）。该层次的政策目标是尽可能地在军事系统中嵌入最好的商业化生产的材料、产品、部件、工艺和技术，以最低的军事成本提高国家的军事力。但技术的嵌入和提升会使国防部国防合同商承担一定的风险和成本，为避免在嵌入过程中产生更多的成本，一种方式是在最初的系统设计过程中，就要考虑军民两用部件的应用。

　　通过军民融合战略，美军缩短了武器系统的开发时间，并加快技术改进纳入新军事系统的步伐；降低了采办尖端技术的成本。商业组件、技术和子系统被合并到军事系统中，使军事部门不需从头开始进行专用技术的研究，以更低的成本满足军事功能需求；国防部能够保持其对国家安全突发事件迅速做出快速反应的能力。通过军民融合，迅速提升国家工业能力，实现民用经济与国防经济的共赢。

三、启示与建议

（一）切实推进我军装备采办体制改革

　　装备采办体制改革是军民融合的基石，军民融合需要军队和地方相互发力，共同推进。美军军队采办体制改革有很多外力的推动，国会是推动美军装备采办体制改革最主要力量。国会通过制定、修正国防部、联邦采办法规和制度，强制性地要求国防部采办体制引入商业竞争、选择商业创新技术、适应市场商业环境和新技术创新的变化；政府也通过总审计署不断监督问责军队装备采办政策、绩效和成本。在国会和政府的推动下，美国国防部不断改革采办制度，减少甚至消除装备的专用性、特殊性能和标准，装备采办遵循市场规律，甚至适应新技术创新的市场环境变化，主动出击，主动融合。

从我国来看，如果从 20 世纪 80 年代初的"军转民"算起，我国的军民融合起步应比美国更早，声势更大，但长期以来，我国的"军转民"仅仅是将国防科技工业过剩产能民用化，军队装备采办仍在固有的利益体系和系统中完成，军事装备专用性、军用标准仍占极大的份额，民用部门无法参与，更遑论国防经济与民用经济的实质性融合。因此，我国的军民融合因以军事装备采办改革为突破口，加速减少军事装备专用性和军事标准的应用，在中央军融委指导和监督下，通过外力，打破军队内部和军工集团的利益藩篱，切切实实推进军品采办制度改革，通过科技创新、军民装备制造的真正融合，实现军事能力的快速提升和国家工业基础的有效增强。

（二）创新军事科技管理文化，引入具有科技管理背景的顶级企业家人才

美国军民融合的最新趋势是国防部创新军事科技管理文化，主动出击，融入商业技术创新体系，追求第一时间将尖端技术用于部队，用于战场。除直接在硅谷成立创新风险投资机构外，美军也大量招募或借用高科技商界奇才，为军队提供智慧。如国防创新小组的领导层由硅谷著名企业家、风险投资家和相关领域顶尖科学家组成。现任主任 Michael Brown，曾为美国著名的赛门铁克和昆腾公司的董事长兼首席执行官，在国防部的召唤下，切割了与地方所有利益，服务于国家安全。其首要任务之一是说服硅谷的科技巨头能够而且应该与美国军方合作。又如国防创新委员会，其董事会成员大多由美国现今新技术领域的顶级企业家和科学家组成。其中，委员会主席施密特原为美国谷歌公司和其母公司阿尔法贝特（Alphabet）公司的首席执行官。美国军民融合过程中军事科技管理的创新文化同样值得我军学习和借鉴。2018 年，中央军委科技委在深圳成立国

防科技创新快速响应小组，为缩短创新技术在军队的利用进行了有益的探索。同样，在信息、生物、人工智能等新技术高速发展的市场环境下，军队可以借鉴美军经验，一方面引入具有新兴科技管理背景的顶级企业家人才，为军队建设服务；另一方面成立由新兴高科技领域顶级企业家和科学家组成的高端咨询委员会，为抢占军事技术优势提供战略咨询与建议。

（三）重构支持实现国家战略的军民融合产业和工业基础

军民融合模式多种多样，军民融合应重视从国家利益和国家战略出发，发展基于军事牵引型和军事支持型的军民融合战略。军事牵引型或军事支持型并不是回到改革开放前的"以军为主，全民支军"的工业体系。军事牵引型军民融合本质上是一种有限的国家工业政策，通过培育国内相关产业以应对国际竞争；军事支持型则是通过国防工业基础能力的运作来支持新型商业性产品和服务的开发。近期中美贸易战和中兴事件都给我们敲响了警钟。对一些关乎国家战略利益的产业和工业基础需要国家投资，要有国家的长远利益。换句话说，对一些具有国家战略利益和重大军事价值的产业或产品，因近期无法体现经济利益，企业不愿投资的，应由国家或国防部门投资研发，进行风险投资，重点攻关，如计算机芯片、操作系统等；军事支持型军民融合战略，需要充分利用我国现有一些工业体系完善的工业基地进行重构，既能支持国家关键产业和核心技术的发展，又能实现经济动员能力的快速转换。

（四）国防科技创新要着眼于对国家利益有重大影响的基础性研究的长期支持

在国家创新体系及国家经济的长期增长中，基础创新至关重要。

基础科学的创新是整个国家创新体系的基石，它决定着国家科技创新水平的高低和能力的强弱。20世纪下半叶以来，改变人类生产与生活方式的革命性技术大多出自美国国防部支持的基础研究，包括政府实验室、大学等开展的基础研究。美国国防科技创新的成功事例表明，国防科技创新应基于国家战略，支持对国家利益有重大影响的基础科学的研究，在国家战略新兴产业的培育中发挥基石作用。国防科技创新不是产业科技创新的竞争者，而是对产业科技创新投资的必要补充。美国军民科技融合的这一经验值得我们借鉴。军民科技融合不仅仅是军民科技互用，军用技术与民用技术的结合，更重要的是统筹军地资源，厘清军民科技创新边界。国防科技创新只有对基础性创新持续支持，对战略性产业长期培育、孵化，创造出明显的商业应用前景，才能吸引产业资本相应投资，这是美国军民科技深度融合得以成功的重要因素之一。

参考文献

[1] U.S. Congress, Office of Technology Assessment, Defense Conversion : Redirecting R&D, OTA–ITE–552, May 1993.

[2] U.S. Congress, 1992, H.R.5006 – National Defense Authorization Act for Fiscal Year 1993.

[3] U.S. Congress, Office of Technology Assessment, Assessing the Potential for Civil–Military Integration : Technologies, Processes, and Practices, 1994.

[4] Alic, John A., et al. Beyond spinoff : Military and commercial technologies in a changing world. Harvard Business Press, 1992.

[5] U.S. Congress, CHAPTER 148—National Defense Technology and

Industrial Base, Defense Reinvestment, and Defense Conversion, 1992.

[6] Barattino, William J. Making Dual-Use Work : Revising Government/Industry Relationships. No. NDU-ICAF-94-83. NATIONAL DEFENSE UNIV WASHINGTON DC, 1994.

[7] DoD, Summary of the 2018 National Defense Strategy, 2018.

[8]Defense Innovation Unit Experimental (DIUx), Annual Report 2017, https : //diux.mil/library

[9] Clinton W J, Gore Jr A. Technology for America's economic growth, a new direction to build economic strength[R]. EXECUTIVE OFFICE OF THE PRESIDENT WASHINGTON DC, 1993.

[10] Clinton W J, Gore Jr A. Science in the National Interest[J]. 1994.

[11]DoD, Defense Science And Technology Strategy, 1994.

[12] DoD, DUAL USE TECHNOLOGY : A Defense Strategy for Affordable, Leading-Edge Technology, 1995.

[13]White House National Economic Council, National Security Council, and the Office of Science and Technology Policy, Second to None : Preserving America's Military Advantage Through Dual-Use Technology, February 1995.

[14] Moshe Schwartz , Heidi M. Peters , Acquisition Reform in the FY2016-FY2018 National Defense Authorization Acts(NDAAs), January 19, 2018.

[15] Eric Schmidt, Statement of Dr. Eric Schmidt House Armed Services Committee, April 17, 2018.

美国金融反恐体系研究[*]

王沙骋　唐　岱　穆希腾

反恐是现代美军的主要任务之一，新冠疫情加重了人类对网络的依赖，金融反恐的地位也因此更加重要。金融反恐作为切断恐怖组织洗钱、恐怖融资和扩散融资的重要手段，最初是由美国财政部主导对国内银行业的可疑现金活动进行追踪和报备，后来逐渐将监察范围扩大到海外银行的资金流动。通过颁布相关法案加大对可疑现金流动的监察以及在各大部门设立相关的金融反恐机构，美国政府内部形成了跨部门的金融反恐合作和情报共享机制，做到对涉恐资金的实时监控，追踪溯源，及时冻结和精准打击。美国通过建立起一整套完善的金融反恐体系，切断恐怖组织的资金链，使其无法组织恐怖活动。美国金融反恐体系核心是军方和金融等机构的反恐

　　* 基金项目：中央财经大学 2021 年度一流学科建设项目"金融反恐前沿问题与对策"，四川省高校人文社会科学重点研究基地——反恐怖主义研究中心项目"三位一体"金融反恐机制研究，国际恐怖主义问题研究中心项目"恐怖组织融资的途径、规律及管控对策"。

　　作者简介：王沙骋，中央财经大学副教授，国防经济硕士生导师；唐岱，中央财经大学国防经济 2020 级研究生；穆希腾，中央财经大学国防经济 2021 级研究生。

情报的及时共享，是深度军民融合的一种体现。

一、美国金融反恐体系的发展历程

基于美军反恐的情报需求，"9·11"事件之前，美国财政部就已经颁布了相关法案对洗钱、恐怖融资等进行监管。在此阶段，恐怖融资还没有完全从洗钱中脱离出来，此时的金融反恐情报主要来自反洗钱。《银行保密法》（1970）要求美国的金融机构需协助美国政府部门发现和防止洗钱等非法资金活动。具体来说，该法案要求金融机构对票据的现金购买进行记录，如果每日总额超过1万美元，则要提交报告，并上报可能进行的洗钱等活动。《洗钱控制法》（1986）将掩盖犯罪收益的洗钱活动直接定性为犯罪，这类活动主要包括金融性洗钱交易、跨越美国边境运输货币的洗钱行为以及非法活动所得财产的货币交易等。该法案还将司法部、联邦调查局、财政部等政府机构列为实施控制洗钱措施的主要机构。该法案还修订了《银行保密法》的缺陷，使财政部拥有更大的自由裁决权，对每笔违反法案规定的现金交易罚款由2500美元提高到100000美元，这一修订加大了对违法现金交易的处罚。《阿农齐奥—怀利反洗钱法》（1992）扩大了银行的报告义务，根据该法案，金融机构及其官员、董事、雇员等被要求须履行以下义务：贯彻财政部反洗钱方案，按规定保留相关资金转移记录，报告有关的可疑违法、违规交易报告。其中金融机构提交可疑交易报告的要求具有历史性意义，该法案使得可疑金融犯罪活动的追踪更加透明化。1990年4月25日，美国财政部颁布《第105—08号指令》，决定成立金融犯罪执法网络局。该指令第2条明确指出建立金融犯罪执法网络局的目的是提供政策层面的、多渠道的信息收集与分析网络，以支持财政部侦察和起诉国内外洗钱、非法融资等。《洗钱控制法》（1994）加强了对金融机构以及相关从业人员的监管，还增加了上报跨境现金运送、境外银行和证券账户的义务，并将违反《银行保密法》法规的最高刑罚提高到10年监禁或高达50万美元的处罚金。这个阶段，金融机构为美军提供金融反恐情报做了充分的法律准备、装备和技术准备。

"9·11"事件后，金融反恐情报渐渐成为美军反恐的重要情报支撑之一。恐怖融资开始从洗钱中脱离，扩散融资情报也成为美军反恐的新需求，此时的金融反恐情报主要来自反洗钱、反恐怖融资、反扩散融资。为了更有效地防止和打击国内外恐怖主义，美国政府颁布了一系列金融反恐的相关法案，并在不同的部门中成立了金融反恐机构或办公室来加强对恐怖分子金融活动的监管。美国财政部启动了"恐怖分子资金追踪计划"，以识别、追踪和打击基地组织等恐怖分子及其网络。美国财政部通过追踪恐怖分子的资金流动，协助美国政府在更广泛的范围内对恐怖组织及其活动进行识别，并在绘制国内和世界各地的恐怖分子网络地图方面发挥着独特作用。《关于打击恐怖主义融资活动的行政指令》（2001年9月23日）授权美国政府可以识别和冻结实施恐怖主义行为或是有实施恐怖主义行为重大风险的外国个人和实体的资产，为破坏恐怖分子和恐怖组织的金融支持网络提供了行政支持。由于外国恐怖分子具有广泛的资金来源，该指令同时授权美国政府可以对那些向恐怖组织提供资金、技术支持、服务或协助的公司或代理商等的资产实行冻结。该行政指令为美国政府阻止恐怖主义资金流动提供了有力工具，同时也是美国领导国际社会努力制止恐怖主义的重要内容。《美国爱国者法案》（2001年10月26日）的目的是对威胁美国和世界范围的恐怖主义行为进行威慑和惩治。该法案的第三部分《打击跨国洗钱行动和恐怖主义融资法案》，表达了美国政府打击恐怖融资的新思路，对跨国洗钱和恐怖融资活动有了更为清晰的界定。法案第331条（a）规定，当美国财政部长察觉到有国家、境外金融机构、境外银行或金融交易与法案所规定的非法金融活动有关，就会被初步认定为涉及跨国洗钱或恐怖融资活动，并受到相应的金融制裁。鉴于《美国爱国者法案》在遏制恐怖融资方面取得的卓越成效，美国参众两院经过补充修改后，颁布了《美国爱国者再授权修订法案》（2006）。该法案扩大了美国政府对跨境洗钱和恐怖融资活动的侦察权限，并补增了以下条款：将违规未申报、无法提供合法来源的资金视为非法资产，并予没收；通过虚拟身份在国内外金融机构中转移资金所获取的收益一律予以没收。该法案中的"传票"条款和"冻结没收外国银行资金"条款对国际恐怖融资最具影响力，其中"传票"条款授权美国财政部长可以向任何在美开设代理账户的境外银行发送获取账户信息的传票，该传票包括了境外留存记录、境外银行资金流动记录等信息，这一条款加强了财政部对境外非法涉恐资金的监察。"冻结没收外国银行资金"条款授权美国财政部可以直接冻结、扣押和没收境外恐怖融资资金。《美国爱国者再授权修订法案》是对《美国爱国者法案》和《银行保密法》的补充和完善，该法案的颁布使得美国政府可以将其调查的范围由国内延伸至国外资金流动，实际上扩大了美国政府对国际资金流动的监察范围和美国行政机构的执法权力。

二、美军金融反恐的合作机构

以金融反恐情报共享为纽带，美军金融反恐的合作机构呈现国防部、财政部、司法部、能源部等多部门协同合作趋势。

（一）美国国防部

美国国防部国家安全局在全球范围内进行监测、收集和处理国内外情报和反情报目的的信息数据[1]。此外，其主要任务还包括保护美国的通信网络和信息系统等。通过和金融犯罪执法网络局合作，国家安全局在国内外获取恐怖组织或恐怖活动信息。美国国防部国防情报局是美国情报界全面搜集、分析与发布国外政经及军事情报的综合性情报机构之一，同时还是国防部最重要的军情机构。国防情报局为国防部和美国情报界的战场指挥人员、防务决策者和武装策划者提供军事情报，以支持美国的军事计划与运作以及武器装备采办系统。国防情报局发布的《全球核态势评估报告》是美国政府打击全球核扩散的重要依据，通过与财政部等多个部分合作，对支持扩散融资的金融机构实行制裁。2017 年 8 月，国防情报局称朝鲜已经掌握在洲际导弹上装载核弹头的技术，美国政府表示朝鲜的行为已经严重威胁到了美国国家安全。美国财政部随即对朝鲜实施了新一轮制裁，此次制裁涉及朝鲜八家银行和相关金融从业者，均涉及为朝鲜核试验提供融资支持。2020 年 6 月，美国国务院发布的《反恐国别报告 2019》中，朝鲜依旧是支恐国家。支恐国家将受到广泛的制裁：禁止与武器有关的出口和销售；控制军民两用物品的出口，对于能显著增强被列入恐怖主义名单国家的军事能力或支持恐怖主义能力的货物或服务，要求向国会通报 30 天；禁止经济援助；实行各种财政和其他限制[2]。

（二）美国财政部

美国财政部恐怖主义与金融情报局成立于 2004 年，致力于打击恐怖融资、洗钱、毒品卡特尔资金流动以及其他危害国家安全的非法金融活动。此外，恐怖主义与金融情报局下设恐怖主义和金融犯罪办公室、金融情报和分析办公室、外国资产管控办公室、金融犯罪执法网络局以及资产没收执行办公室，它们分别对恐怖融资有关行为进行数据收集、信息甄别、资产管控和资产冻结等活动。恐怖主义和金融犯罪办公室的主要职责是通过为整个金融机构制定措施和策略来打击洗钱、恐怖融资、大规模杀伤性武器扩散融资以及其他国内外非法金融活动。该部门根据 FATF（Financial Action Task Force，金融行动特别工作组）所制定的反洗钱和恐怖融资标准，在应对扩散融资和恐怖融资等威胁的具体努力中发挥重要作用。金融情报和分析办公室的主要职责是为财政部官员和包括美国总统在内的其他政府情报客户提供全方位的金融情报分析。该部门将反洗钱与恐怖融资作为主要目标情报，通过与金融犯罪执法网络局合作对境内外恐怖融资进行监察与管制。外国资产管控办公室的主要职责是通过利用金融情报和分析办公室提供的金融情报信息，管理和执行经济、贸易制裁，以支持美国的国家安全和外交政策目标。外国资产管控办公室对美国国家安全构成威胁的组织或个人实施制裁，如恐怖组织或支恐国家。恐怖主义与金融情报局成立后，外国资产管控办公室并入该部门，其职能逐渐演变为设计、实施制裁计划，以破坏恐怖组织、大规模杀伤性武器扩散等有组织犯罪集团的金融支持网络。金融犯罪执法网络局的成员主要来自 14 个联邦司法机构。金融犯罪执法网络局最初的主要职责是收集《银行保密法》所要求的美国各州所需提供的数据资料，向联邦和各州的金融部门提供洗钱与恐怖融资的战略分析和相关情报，以支持对国内外洗钱和恐怖融资的监测和调查。具体来说，金融犯罪执法网络局根据金融信息的来源，通过该网络的战略分析部门、行政管理部门和调查监管部门分别运用数据筛选、边际分析等技术提高国内外金融交易数据的分析和利用能力，并把处理后的数据和已知洗钱案和恐怖主义案件联系起来，推断出恐怖融资的发展模式和未来趋势以更好地提供信息服务。金融犯罪执法网络局通过与谷歌合作研发出该部门专用于金融情报收集的财政部搜索引擎，这一合作有效地加强了金融犯罪执法网络局对互联网中的非法洗钱和恐怖融资活动的监管和预防。资产没收执行办公室主要负责管理国库没收基金，并对基金使用情况进行监管。存入国库没收基金账户的资金主要来自违法企业、贩毒集团、恐怖融资等，该部门通过与国税局刑事调查部门、国土安全部、海关执法局和边境保护局等部门合作，从上述机构没收的资产纳入国库没收基金，并将资金再投资于未来的刑事调查，维持机构的日常运作。

（三）美国司法部

美国司法部在联邦层面进行监督、调查和起诉恐怖融资行为，其主要职责之一是利用职权对支持恐怖分子和恐怖活动的资金资助者进行调查和打击。为了推进这一任务目标，司法部推动其下属的联邦调查局于"9·11"之后立即成立了恐怖融资运作部，以确定和打击所有与恐怖融资有关的活动。恐怖融资运作部主要负责管理联邦调查局对恐怖融资的调查工作，并确保适当的金融调查技术被运用到所有的恐怖融资调查中，以保证调查结果的有效和准确。恐怖融资运作部还与国家联合反恐特别工作组密切合作，该工作组通过在美国104个城市的地方联合反恐特别工作组、外国合作伙伴和金融机构来协调联邦和各州地方执法机构的反恐工作。这些措施都减少了可用于恐怖主义活动的资金，并使得隐藏和转移与恐怖主义有关的资金变得更加困难。除了恐怖融资运作部，司法部的其他部门在恐怖融资调查中也发挥着关键作用。司法部缉毒局的毒品贩卖和洗钱执法行动旨在阻止毒品贩运和洗钱流向恐怖组织，烟酒、枪械和爆炸物管理局负责调查炸药和烟草产品的非法销售，并防止其资金流向恐怖主义活动。当调查产生足以提起刑事诉讼的证据时，美国检察官办公室与司法部的国家安全部门就会密切合作，利用多种联邦刑事法规起诉涉及恐怖融资的案件。

（四）美国能源部

美国能源部是与新兴的扩散融资最贴近的部门之一，协助政府其他部门打击国内外扩散融资。扩散融资与洗钱、恐怖融资一脉相承，出现晚于洗钱和恐怖融资。扩散融资中的扩散，指的是核武器、化学武器、生物武器、运载器、相关材料，除此之外还包括相关的技术、商品、软件、服务、专业知识的转让和出口。扩散融资指的是为核、化学、生物武器，以及它们的运载器和相关材料的转让和出口提供金融服务，主要包括为大规模杀伤性武器扩散的贸易筹集、转移、使用资金，也包括对从事扩散的个人或实体提供其他财政支持。在能源部的国家安全职能中，有一项重要的职能就是情报和反恐。能源部发布的《反核恐怖主义指引手册》提到的五大目标包括：通过减少未经授权敏感简易核装置信息泄露的威胁，支持能源部开展公共卫生、安全和共同防御活动；支持执行"国家打击恐怖主义战略"和"国土安全战略"中概述的保护家园免受核恐怖主义侵害的高级别政策指导；确定能源部识别和保护敏感信息的责任；建立对敏感信息传播的控制；确定向其他联邦机构提供适当级别的与未经授权敏感简易核装置有关的信息，以协助实现国家安全目标。能源部主要利用其在核武器技术与扩散、核能源开发、核废料处理等方面的技术优势，在保护其核武器与其他尖端武器的秘密的同时，与政府其他情报部门合作反恐，对涉及这些方面的情报进行分析研究，向能源部及其他国家安全决策部门提供情报分析报告和扩散融资相关情报。

三、美国金融反恐措施

美国政府制定了金融反恐策略以加强金融反恐体系的完善和跨部门间的合作。从情报共享、舆论监督等角度采取一系列金融反恐措施，确保金融反恐体系能有效运行。美国金融反恐策略主要分为以下步骤：一是在国内外运用其建立的情报和执法机构，对涉恐怖融资分子进行打击。二是根据相关法律对恐怖主义和恐怖组织有一个明确的界定，确定和公布世界恐怖组织名录，并对涉恐组织及其资金支持者的资产进行冻结。三是协助伙伴国家提高联合金融执法能力，通过不断完善跨国金融反恐体系，建立金融反恐跨国合作机制。具体措施如下：

（一）促进情报共享，切断恐怖融资途径

《美国爱国者法案》颁布以来，美国政府不断促进内部执法机关间的合作，以打击国内外恐怖融资活动。其中打击恐怖活动的部门间协作主要反映为政府部门与美国融合中心、联合反恐任务小组之间的合作[3]。融合小组作为促进不同部门之间情报共享平台，其主要职责是收集和共享与恐怖主义犯罪、刑事犯罪有关的情报信息，并实现部门间的情报共享，实现协作反恐的目标。作为联邦调查局直属的联合反恐任务小组，其主要职责是侦察恐怖袭击信息、搜集恐怖活动证据、对已知的或突发的恐怖事件做出反应和在国内外开展反恐业务训练等。作为反恐情报收集和执行机构，政府各级执法机构需要向该小组日常上报可疑恐怖活动线索，由内部专家对上报

的金融情报进行鉴别，以确定情报的真实性和可靠性，并据此作为后续行动的主要依据。

（二）扩大舆论宣传，源头遏制涉恐资金

在数字交易环境和数字货币技术日新月异的今天，良好的反恐舆论导向对金融反恐带来两个好处，一是从源头断绝普通民众对恐怖分子出于"同情"的财力资助，二是争取到了更多的组织和个人对恐怖融资的主动监管。为了获得民众反恐舆论的认同，美国政府也逐渐重视在非常规领域对恐怖主义极端组织的打击。美国的伊斯兰法学家对伊斯兰极端恐怖主义进行谴责，并在伊斯兰世界发出对该恐怖组织的制裁。制裁明确将参与恐怖活动的伊斯兰成员认定为违反伊斯兰教法，并认为伊斯兰世界依据教法有责任和义务协助政府部门保护所有平民的生命安全。美国官方采取的一系列舆论政策对伊斯兰恐怖组织极端势力对美国的错误宣传进行了回击，缓和了因"9·11"事件所引起的美国民众对伊斯兰世界的误解和矛盾。

（三）优化信息获取，改善金融反恐环境

互联网时代下，信息传播的方式也发生了巨大的转变，信息的有效性和即时性增加了政府部门收集和侦察金融反恐情报的工作难度。《授权进行数据监控活动以防止境内恐怖活动备忘录》授权国家安全局可以在互联网中收集通信信息、网络数据、通信元数据以及网络元数据等，并有权对其进行储存和分析。该备忘录所授权的美国总统监视项目包括代号为"恒星风"的大型监视计划，该计划主要包括主干道计划、码头计划、棱镜计划以及核子计划。主干道计划主要负责搜集和分析由运营商所提供的通讯数据信息，码头计划主要负责收集和分析网络元数据，棱镜计划主要负责收集和分析来

自于各种互联网巨头核心服务器所提供的网络信息，核子计划主要负责收集和分析电话通讯详细内容和关键词等数据信息。上述计划仅仅是美国所实施的网络与通信信息监控项目的小部分内容，这些计划的实施虽然在人权和公民隐私问题上存在较大争议，但在打击恐怖融资方面却卓有成效，为金融反恐争取到了宝贵的打击时间。

四、美国金融反恐体系建设展望

美国财政部 2020 年 2 月 6 日发布的《打击恐怖主义和其他非法融资的国家战略》是以 2018 年发布的《打击恐怖主义和其他非法融资的国家战略》和恐怖组织洗钱、恐怖融资以及扩散融资风险评估情况为基础形成的。数字时代和后新冠疫情时代，为了金融反恐体系与时俱进，美国政府将在以下 3 个方面加强金融反恐体系建设。

（一）提高监管透明度，缩小法律框架差距

由于美国在国际金融体系中扮演着核心角色，美国金融反恐体系中的任何过时规则或漏洞通常都可能削弱全球金融反恐的努力。加强相关法律建设的主要行动包括：一是要求政府在公司成立时和所有权变更后收集受益所有权信息。美国国会要求政府通过金融犯罪执法网络局收集法律实体的受益所有权信息[4]，并认为这是在加强国家安全、支持执法和澄清监管要求方面取得的重要进展。二是最大限度地降低通过购买房地产进行非法融资的风险。虽然大部分的房地产交易都涉及《银行保密法》监管下的银行或住宅抵押贷款机构和发起人，但目前美国仍存在 20% 的金融机构不具有该法案要求的义务，仍存在恐怖融资风险。匿名购买房地产可能会被滥用，就像匿名购买金融服务一样。财政部正致力于与国会的合作，最大

限度地降低此类非法融资风险。三是加大对非《银行保密法》义务范围内的金融机构和中介机构的监管。金融犯罪执法网络局发布的《规则制定建议公告》指出，《银行保密法》所涉及金融机构范围缺口仍显示出美国金融体系的脆弱性，这一漏洞可能会被不法分子利用[5]。金融犯罪执法网络局正在与管理预算办公室一起敲定一项拟议规则，这项规则将取消部分银行"反洗钱"豁免，这些银行包括全国约 669 家私人银行、非联邦保险信用合作社和某些州特许信托公司。四是改善政府监管框架，以扩大数字资产的覆盖范围。为了促进监管创新，更好地保护美国金融反恐系统免受新兴风险的影响，政府监督框架必须根据新兴技术进行更新。美国财政部和其他相关机构正在协作改善监管平台，以防止个人和实体利用数字资产进行恐怖融资等非法金融活动。

（二）继续提高金融机构监管框架的效率和效力

一是提高现有金融机构报告可疑资金活动的效率。《银行保密法》框架下评估效率取决于以下三点：原始数据的潜在价值和报告是否符合现有法律的要求；金融机构如何最优地部署它们的内部资源以更好地识别非法金融风险；金融犯罪执法网络局分析可疑资金数据的能力，以及随后根据这些数据向执法部门提供情报的能力。二是强调以风险为中心的监管方式。美国财政部和联邦金融管理局正致力于使银行监管更有效和更注重风险。对银行业，联邦金融管理局和财政部正在探索如何更新《银行保密法》的法规和实施工具，如联邦金融机构检查委员会审查手册，以提高监管的有效性。三是开展负责任的创新。为了加强监管效率，金融犯罪执法网络局和联邦金融管理局发布了"联合创新声明"，鼓励银行业等金融机构可在适当情况下负责任地实施创新方法，以更好地履行反洗钱、反恐怖融资、反扩散融资义务，同时仍然遵守《银行保密法》要求[6]。

（三）加强现行的反洗钱 / 反恐怖融资 / 反扩散融资运作框架

一是加强对重点非法融资威胁、漏洞和风险的沟通。这种分析和评估还有助于就新出现的非法融资类型或风险与私营部门进行定期接触。金融犯罪执法网络局已经对腐败、人口贩运和其他非法活动发布了 22 份公开建议[7]。联邦调查局和国土安全调查局也会定期与相关金融机构会面，对新类型或潜在非法活动确定需上报信息指标。这种参与会促使金融机构提交更具针对性的报告，其中包括执法部门要求的具体交易信息或身份信息，从而提高美国当局的金融反恐能力。二是扩大人工智能和数据分析的使用。数据分析的使用对执法有明显的价值，因为它可以帮助推动涉恐案件的调查效率。美国联邦税务警察在调查中会优先使用数据、模型、算法和数百万条交易记录来帮助识别税务不合规领域[8]，第一时间发现恐怖组织洗钱、恐怖融资、扩散融资的蛛丝马迹。利用后新冠疫情时代人类对网络的新需求，融入美国《国防部数据战略》(2020)、《国防部云战略》(2019)、《国防部数字现代化战略》(2019)、《国防部人工智能战略》(2018)，完善金融反恐信息共享环境。

五、我国金融反恐体系建设的政策指引

我国金融反恐体系自建立以来，不断吸收各国金融反恐的宝贵经验，在追踪恐怖组织资金来源和去向，掐断恐怖组织资金链中承担着重要责任。我国金融反恐体系建设上不断完善，逐步发展成为如今涵盖公安、司法、财政等多部门协调运作的监管协调体系。此外，法律制度在金融反恐领域也不断完善，《中国人民银行法》《金

融机构反洗钱规定》及《金融机构大额和可疑外汇资金报告暂行规定》等相关法律法规的实施，不断加强我国金融机构对涉恐资金的监管。通过借鉴国外金融反恐体系建设经验，我国在以下方面仍需努力。

（一）完善基于风险的金融安全监管机制

首先，金融监管机构应基于《金融机构反洗钱规定》及《金融机构大额和可疑外汇资金报告暂行规定》等相关法规，加大反洗钱、反恐怖融资以及反扩散融资的监管力度，对涉案可疑资金监管和及时冻结提供更大的执法权限。其次，金融监管部门需要开展内部资金管控和监管制度建设以保障金融安全，确保金融体系的资金能够安全运转。此外，我国仍需建立国家层面的恐怖融资风险评估指标体系和评估机制，成立由反洗钱行政主管部门、税务、公安、国家安全、司法机关以及国务院银行业、证券、保险监督管理机构和其他行政机关组成恐怖融资风险评估工作组，定期开展恐怖融资风险评估工作。

（二）完善互联网领域新型融资手段的监测和反制

随着区块链及互联网技术不断发展，新兴恐怖融资手段层出不穷，如比特币、门罗币等加密货币已被部分恐怖组织利用进行涉恐资金的筹集与转移。但由于目前各国监管制度的不一致以及加密货币自身的技术不确定性等多重原因，互联网领域对加密货币的监管存在漏洞。目前，反洗钱金融行动特别工作组（FATF）已认识到恐怖组织对加密货币的利用，并对各国、虚拟资产供应商以及非金融机构等提出一系列监管与组织建议。我国目前应积极响应，加强并完善互联网领域新型融资手段的监测和反制，多渠道打击恐怖融资，配合正在推出的数字人民币完善相关技术和监管。

（三）积极推进区域性双边及多边金融反恐合作

全球化趋势不断加强，恐怖融资跨境转移更加频繁，各国金融情报机构应随时向埃格蒙特小组通报可能影响国际合作的任何事态发展，并提供合适的联络方式以共同抵御风险，我国金融机构应当主动融入，构建其区域性金融反恐体系，努力扎实推进反洗钱监测双边及多边交流，充分利用"一带一路"倡议、亚太经合组织及上海合作组织等区域性组织，不断加强同其他国家金融情报机构开展金融情报合作。

（四）建立广泛的军民融合的金融反恐体系

金融反恐的重点是源头控制，利用金融大数据发现恐怖分子和恐怖组织的蛛丝马迹，这就需要我们建立广泛的军民融合的金融反恐体系。这里的"民"包括警方，不仅是国内警方，还包括国际刑警组织和他国警方。遂行反恐维稳是新时代中国军队的七大使命任务之一[9]，国内金融机构已经有完善的洗钱和恐怖融资监管机制，环境犯罪（非法伐木、非法土地清理、非法采矿和因涉及重大犯罪收益而进行的废物贩运）也涉及恐怖融资问题[10]。建立广泛的军民融合的金融反恐体系，能有效杜绝金融反恐的信息孤岛，最大可能地实现金融反恐。

参考文献

[1] National Security Agency. Mission & Values [EB/OL]. https://www.nsa.gov/about/mission-values/.

[2] U.S. Department of State. Country Reports on Terrorism 2019 [EB/OL]. https://www.state.gov/wp-content/uploads/2020/06/Country-Reports-on-Terrorism-2019-2.pdf.

[3] 除最初的联邦调查局和地方执法机关以外，联合反恐任务小组还吸纳了来自美国军方、国土安全部及其下属机构美国海岸警卫队调查处 (United States Coast Guard Investigative Service)、美国移民和海关执法局 (United States Immigration and Customs Enforcement)、美国海关和边境保护局 (United States Customs and Border Protection)、美国运输安全管理局 (Transportation Security Administration)、美国特勤局 (United States Secret Service) 等机构的成员。

[4] 由 2020 年国会通过的《实益所有权法案》提供法律支持。

[5] 参见美联储 2016 年 8 月 25 日发布的第 81 号法规 58425 中《客户识别程序》《反洗钱程序》《对缺乏联邦职能监管机构的银行实益所有权要求》内容。

[6] 联邦储备银行、金融犯罪执法网络局等发布的《打击洗钱和恐怖融资的创新努力联合声明》，详见 https://www.fincen.gov/news/news-releases/treasurys-fincen-and-federal-banking-agencies-issue-joint-statement-encouraging。

[7] 建议详见 https://www.fincen.gov/resources/advisoriesbulletinsfact-sheets/advisories。

[8]《美国联邦税务年度报告》，详见 https://www.irs.gov/pub/irs-

utl/2018_irs_criminal_investigation_ annual_report.pdf。

[9] 新时代的中国国防（2019 年 7 月）[EB/OL]. http://www.gov.cn/zhengce/2019-07/24/content_5414325.htm。

[10] Money Laundering from Environmental Crime（July 2021）[EB/OL].https://www.fatf-gafi.org/media/fatf/documents/reports/Money-Laundering-from-Environmental-Crime.pdf。

美国现役女军人的保障与支持制度及其启示[*]

严剑峰

一、引言

　　女军人由于自身存在的生理、心理、家庭与社会角色差异，在军队服役中既有其优势，在某些领域也有一定的劣势；她们既要完成军队中的岗位职责，可能又会面临一些婚恋、家庭等方面的特殊问题。为了保护女军人的权益，在 2021 年 6 月 10 日十三届全国人大常委会第 29 次会议表决通过的《中华人民共和国军人地位和权益保障法》中，就明确规定"女军人的合法权益受法律保护。军队应当根据女军人的特点，合理安排女军人的工作任务和休息休假，在生育、健康等方面为女军人提供特别保护"。2021 年 8 月 20 日公布的新修订的《中华人民共和国兵役法》也做了类似规定。但要使这条法律规定真正落地，还需要更为细化的、可操作、可实施的细则。

　　* 基金项目：国家社会科学基金重大招标项目：构建军民一体化国家战略体系和能力研究（20&ZD127）。
　　作者简介：严剑峰，上海财经大学国防经济研究中心主任，副研究员，博士生导师，主要研究领域为国防经济与管理。

为此，我们对美军的女军人保障与支持制度进行研究介绍，以期为我国女军人的权益保障制度建立与完善提供一定的参考借鉴。

二、美国现役女军人的保障与支持制度

（一）美国女军人的使用分布情况

为了吸引女军人参军服役，满足招募和保留足量服役人员的需求，美军长期致力于提高对女军人的保障与支持力度，提高女军人的生活质量和部队战斗力。据美国五角大楼 2017 年 5 月公布的数据显示，美国现役军人约为 134 万人，其中女军人 22.24 万人，约占 16.6%，而且所有岗位向女性开放。[1] 到 2020 年，在美国军队中，所有军兵种和军阶级别中都能见到女军人的身影，如：四星将军、海军作战副部长、空军军士长、海军预备役司令、战斗司令部指挥官、美国陆军司令部代理指挥官等。女军人占军队总人数比例达到 18%，女军人总数位居世界第一，各军种具体情况如表 1 所示：

表1　美国各军种女军人占比情况统计

	海军	海岸警卫队	陆军	空军	海军陆战队
军人	21%	14%	18%	22%	8%
现役	20%	15%	16%	21%	9%
预备役	25%	17%	25%	28%	4%
文职	20%	21%	19%	23%	9%
总计	21%	16%	18%	22%	8%

数据来源：根据美国国防部国防女军人咨询委员会（DACOWITS）年报整理。

可以看出，空军和海军中女性占比依然较其他军种更高，占比最低的是战斗任务最繁重且多位于国外战场的海军陆战队。军人和

文职中女性占比不相上下，但预备役中女性占比明显高于现役。

（二）国防女军人咨询委员会

为了专门保障女军人的权益，发现并解决女军人在参军服役过程中所面临的各种问题，美国国防部于 1951 年成立了国防女军人咨询委员会（Defense Advisory Committee on Women in the Services，DACOWITS），作为独立实体向国防部长就美国女军人的招募和保留、就业和军队性别融合、福利和待遇等事项提出建议，依法运作。

委员会成员由不超过 20 个人组成，任期 1—4 年，根据在处理与女军人或其他职场女性相关问题上的工作经验对成员进行选拔，包括学术界、行业内、公共服务部门等职业背景的杰出男女。职责包括：每年实地探访军事机构，审查和评估已有关于女军人的学术研究，制定年度报告，系统地提出相关建议。

从 20 世纪 50 年代开始的 70 年间，委员会向国防部长提出超过 1000 条建议，其中约 97% 都已全部或部分落实，特别是在 2015 年向女性开放所有军职的决定中发挥了重要作用。年度报告 70 年来从不间断，调查方法科学、数据来源广泛且可靠、深入探访并聆听女军人的需求、提出的建议严密翔实、及时监督建议执行情况并进行追踪和更新。这一委员会的存在和良好的运作为保障女军人的权益提供了极大的支持。

（三）基本保障制度

美军给予男、女军人平等的基本保障制度，主要包括：薪资体系、退伍制度、福利、其他援助等。

1. 薪资体系

薪资方面，美军依据军人职级和服役年限计算每个军人的工资，并在网站上提供在线计算器，军人通过填写自身基本情况即可获悉当前及未来预计薪资数量。

2. 退伍制度

美国在 2017 年颁布了《退伍军人法》（GI 法案），对军人退伍的相关问题进行了明确规定并制定了详细的保障制度。其中，关于退休金制度，有新旧两套系统独立运行：

（1）新混合退休系统（Blended Retirement System），于 2018 年 1 月 1 日生效，金额包括：匹配节俭储蓄计划（Thrift Savings Plan, TSP），提供基本工资的 5%；职业中期留任奖金；服役 20 年后，终身获得每月的年金，年金按照服役期间 36 个月基本工资最高值的 2% 计算得出。

（2）旧 High-3 系统，2006 年 1 月 1 日之前入伍的适用本系统，2006 年 1 月 1 日至 2017 年 12 月 31 日期间入伍的可自愿选择是否适用。不匹配节俭储蓄计划（TSP）；服役 20 年后，终身获得每月的年金，年金按照服役期间 36 个月基本工资最高值的 2.5% 计算得出。

美军还为退伍军人提供完善的社会保障福利、退伍伤残补贴，为低收入退伍军人和战争幸存者提供福利金，通过资格认定的还可以获得援助和出勤（A&A）或居家福利（二选一）。

3. 福利

福利方面，主要包括以下几种：

（1）医疗保健系统。

（2）住房贷款和补助金。包括：低息无抵押买房、装修贷款；伤残退伍军人特殊住房补助；无家可归者的收容所；老年退伍军人养老院、家庭护理、生活辅助。

（3）教育援助。单位为服役军人支付其在下班时间上大学的学费；为军人配偶支付大学学费或职业培训费用，包括多种奖金、助学金和无息贷款。对军人及其家属开放军人机会学院（Servicemembers Opportunity Colleges），这些学院具有以下特点：易转学分；减少获得学位所需的学分数；在美国、海外的军事设施及其附近，或军舰上进行授课；提供远程学习项目；提供与军队任职相匹配的学位。

（4）人寿保险、抚恤金。

（5）退伍再就业支持项目：职业探索、工作培训、引导找文职工作。

4. 其他援助

美国还为军人提供财政和法律援助；为其配偶提供工作和教育援助；为其子女提供儿童保育援助；为已婚军人协调服役地点；为军人家庭提供搬家援助；关心军人健康和保健，包括预防训练伤害、处理家庭暴力、压力管理和心理治疗等。

（四）针对女军人的特殊保障制度

1. 双军人家庭的岗位分配与同居政策

美军调查发现，在军队中，有很大一部分女军人的丈夫也是军人，2018年45%的现役已婚女军人的配偶也在军队服役。在这类双军人家庭中，如果双方长期不在同一地区服役，为了扮演好在家庭中的角色，女军人未来的离职率很高。为了提高现役军人的保留率，2016年3月，美国海军人力司令部出台新规，为了解决双军人家庭的团聚问题，在政策上和全球人员分配系统中优先保障双军人夫妻在同一单位任职，由一方提出申请即可，而且长期有效，非个人提出或无充分理由不得违背。[1]

海岸警卫队在2018年制定相关政策，为双军人家庭尽可能提供在同一地区服役或同居的机会。但同时男女双方应该知道，军队无法保证在整个服役期间都把他们部署在同一区域，需理解一定时间的分离以满足任务需求、促进个人发展。陆军和空军也分别于 2019 年、2020 年开始实施类似的双军人家庭政策。

2. 军备适配

女军人属于最后一批被完全允许直接加入战斗的少数群体，部分原因在于男性和女性在生理上的先天差异。女军人体格偏小、气力不足，想要完全适应所有战斗情境，不仅需要严格、科学的训练，还需要军队提供和女军人（甚至是每个人）相匹配的防护用具和战斗装备。

之前，在美国空军新兵招募过程中，身高低于 64 英寸（1 英寸 =2.54 厘米）或高于 77 英寸的申请者需达到能免于航空训练的资格要求，这影响了大约 44% 的 20 至 29 岁的女性申请者，被视为女性入伍的障碍。2020 年，美国空军取消了对飞行员的最低身高要求，根据飞行员的身体指标确定相匹配的飞机。

美国海军使用更新的驾驶舱测绘技术重新评估了所有海军和海军陆战队的飞机，从 2017 年开始不断调整对申请者的身体指标要求。如 2018 年起取消对"指尖接触（Thumb Tip Reach）"这一项目的测试要求，允许更多女性有资格加入飞行训练，减少不必要的准入限制。

近期，美国空军生命周期管理中心（Air Force Life Cycle Management Center）内的人力系统部门（Human Systems Division）正致力于将女性的身体指标测量结果纳入女飞行员所用飞行设备的设计过程。其他美军正在着手的项目还包括设计女军人适配的陆军空勤人员战斗服、孕妇飞行服、新一代固定翼头盔和新一代弹射座椅。美国空军还发起了一项让女军人在飞行中更方便排尿的设备设计竞赛。

3. 怀孕和生育政策

妊娠是女性独有的生理功能，抚养子女是每个家庭重要的责任。

但生育会对女性的身体和精神造成巨大的消耗，并且存在难以忽视的风险，因此各行各业都会针对女性职员的生育问题发布相关保障和支持制度。女军人由于其职业特殊性，在生育方面可能遇到更多的问题，难以平衡军人角色要求和社会家庭要求，更需要国防部门给予一定的支持。

（1）怀孕政策。

2019年国防女军人咨询委员会（DACOWITS）调查发现，军队中存在对怀孕女军人的偏见，她们会被指责任务过轻、被代班的同事埋怨、甚至被质疑怀孕只是为了逃避职责；同时，女军人生育后返回军队依然存在一定障碍。

美国每个军种都出台了保障孕妇及其未出生子女安全的政策，关注工作场所中存在的隐含危险。怀孕女军人会被调离部署部队进行重新分配，军校也不再要求其出勤。所有军种都不允许怀孕女军人在孕期的任何时段继续在部队执勤，即使有指挥官和医院的批准也不行。

仅美国海军和海军陆战队明令禁止任何对怀孕女军人职业生涯的不利影响。其中，仅海军陆战队出台书面政策，要求因怀孕而被重新分配的女军人应尽可能返回原来的部队或相同类型的部队；同时，海军陆战队还规定在怀孕期间不能上军校的女军人将会被选中参加下一阶段军校的学习，"学校或特殊任务的指令……将在怀孕和康复后再次分配"。这些规定为女军人提供了由同一单位领导评估其表现的机会，以保持其在晋升过程中的竞争力。

（2）护理假。

2017年起，美国开始实施新的军人育儿假计划（Military Parental Leave Program，MPLP），包括三种假期：

1）产假（Maternity Convalescent Leave）。新生儿父母享有6周

带薪假期。

2）第一护理人休假（Primary Caregiver Leave）。被指定为新生儿或新领养孩子第一护理人的军人享有 6 周带薪假期。第一护理人休假必须在新生儿出生或孩子领养 1 年内使用，且可在产假后连续使用。被指定的第一护理人也可以选择接受少于 6 周的休假。

3）第二护理人休假（Secondary Caregiver Leave）。被指定为新生儿或新领养孩子第二护理人的军人最多享有 21 天的带薪假期。第二护理人休假必须在新生儿出生或孩子领养 1 年内使用。注意，陆军和空军执行国会授权 21 天假期；海军和海军陆战队仅执行 14 天假期。

2020 年国防授权法案（National Defense Authorization Act, NDAA）第 571 条规定，允许军人不连续地休完护理假。这项规定提高了军人休护理假的灵活性，便于军人平衡服役要求和父母责任，更好地满足了女军人的需求。

但是，国防女军人咨询委员会（DACOWITS）指出美军护理假中存在的几项不足：首先，各军种第二护理人休假不统一、不公平，可能会损害士气、对双军人家庭造成严重影响；其次，第一、第二护理人由军队指定，这可能导致双军人家庭中的女军人不得不接受更长的假期，忽视男女双方的意愿，不利于家庭协商和个人职业生涯规划的落实，加深了对性别差异的刻板印象；最后，护理假适用对象不包括预备役女军人，预备役女军人若无法完成规定的年度训练将丧失服役和退休积分，影响未来职业发展。

（3）临时性现役转预备役项目。

陆军、空军、海军和海军陆战队设置职业间歇试点项目（Career Intermission Pilot Program），申请该项目的军人可以从现役暂时性转为个人预备役，以追求其在军队外的个人或职业发展，休息时间至少1年、至多3年，每月获得基本工资的2/30，其他福利保留。根据国防女军人咨询委员会（DACOWITS）调查显示，截至2020年，共有134名女军人申请该项目，其中95名女军人以家庭或育儿相关原因进行申请。

海岸警卫队则于2016年引入临时分离计划（Temporary Separation Program），其前身是1991年实施的新生儿护理计划，旨在为现役海岸警卫队军人提供6个月至2年的假期去追求个人利益，包括照顾孩子。调查显示，女军人重返现役的可能性比男军人高18%，表明该项目对于女军人平衡家庭需求和实现自身职业发展的支持作用。

（4）儿童保育项目。

对于军队中的单亲父母和双军人家庭来说，孩子的抚养问题更为棘手；近40%的美国现役军人有子女，而单亲军人中女军人占了35%。帮助处理儿童保育问题，有利于缓解女军人面临的家庭压力，减少其后顾之忧。

截至2018年8月，美国国防部运营的儿童保育项目，雇佣超过2.3万名护工为约20万儿童提供服务，主要包括四种类型：

1）儿童发展中心（Child Development Centers）。周一至周五工作时间（6：00—18：00）上门为婴儿至学龄前儿童提供保育服务，包括full-day服务和part-day服务。

2）家庭儿童保育（Family Child Care）。由认证儿童保育专家上门为婴儿至学龄儿童提供保育服务，时间安排非常灵活，包括：full-day服务、part-day服务、学年服务、夏令营、全天全周服务等。

3）24/7中心。设立保育机构，在夜晚或非日常工作时间为哨兵或轮值军人的婴儿至学龄儿童提供保育服务。

4）学龄服务（School Age Care）。设立保育机构，每学年为学龄儿童（幼儿园至 7 年级）提供保育服务，时间包括早晨上学前、下午放学后和所有假期，还会举办夏令营活动。

此外，国防部允许各军种为服役人员补贴一定的儿童保育费用，该费用直接支付给符合特定标准和执照要求的儿童保育服务提供商，由非营利组织——美国关爱儿童保育机构（Child Care Aware of America）进行管理，提供更方便、灵活的军人儿童保育服务。

（5）其他政策。

美军为怀孕女军人单独设计了制服，方便其日常行动，提供一定的防护。

美国在军队中设有母婴室，为女军人哺乳提供便利。美国海军还设置了怀孕和生育咨询岗；在海军官网加入哺乳界面，使女军人更方便地查询哺乳的相关政策和最佳做法；2018 年 11 月，海军利用媒体打击偏见，鼓励女军人哺乳；2019 年起，海军开始鼓励单位关注母乳喂养和哺乳问题，并将其加入评选年度海军健康促进奖（Blue H – Navy Surgeon General's Health Promotion and Wellness Award）的评选指标。海岸警卫队还为那些在临时值勤、任务中或因政府公务出差时需要支付母乳运输费用的军人提供经济援助。

4. 反性骚扰和性侵害政策

据 RAND 公司估计，仅 2014 年一年内美国约有 2.03 万名现役军人遭到性侵犯，4.39 万人遭受性别歧视，11.6 万人遭受性骚扰。2018 年，国防女军人咨询委员会调查发现，性骚扰在初级服役人员（通常指薪酬在 E-5 级及以下的人员）中更为常见。性侵害往往是不尽早阻止性骚扰行为的后果，从一开始的性笑话、性评论、低俗图片，发展到挑逗、咸猪手，再到威胁、勒索、性贿赂，最后变成动用暴力、强奸等极端性侵害行为，对受害人造成严重的身体和心理伤害，对军队形象和风气造成严重不良影响。

自 1980 年起，国防女军人咨询委员会（DACOWITS）就一直关注美国军队中存在性骚扰和性侵害问题。该委员会 2011 年重点调查性骚扰和性侵犯的流行程度、预防方案、报告程序以及对任务执行的影响；2013 年研究军事院校性侵犯报告的增加，审查了性骚扰和性侵犯预防项目的有效性；2014 年重点关注国防部各部门预防和应对性骚扰和性侵犯的举措；2015 年研究重点在于受害者举报性骚扰和性侵犯的激励和障碍，以及如何改良军事文化；2017 年委员会就利用社交媒体进行性骚扰和传播私密照片或视频的行为发布整改建议。

美国国防部成立了性侵犯预防和应对办公室（Sexual Assault Prevention and Response Office，SAPRO），并于 2004 年成立 SAPRO 特别工作组，于 2005 年 1 月向国会提交了一份关于全面预防和应对性侵犯的提案，该政策于 2005 年 10 月开始实施。具体措施包括：

（1）积极追究所有罪犯的责任——包括犯下罪行的人和没有采取任何行动来阻止他们的人。

（2）实施预防政策，如：禁止深交、室友不在场时禁止关门、夜晚锁门、限制自由、协助调整制服或设备时的动作限制等。经常举办关于性骚扰和性侵犯的培训。

（3）发挥各个层级的领导在反性骚扰和性侵害中的作用，支持在单位一级消除不恰当行为，就如何处理性别歧视和性骚扰等有损单位良好风气的行为发布直接指导。

（4）明确处理和解决非法歧视和性骚扰投诉的程序，扩大投诉渠道，保证投诉有效性。

（5）培养彼此尊重的军队文化，纳入培训课程，提高各单位凝聚力和任务执行力。

（6）对军人饮酒进行限制，严禁未成年人饮酒行为。

5. 反虐待政策

美国国防部确认了四种伴侣虐待类型：身体虐待、精神虐待、性侵害和忽视。在美国军队，36% 的现役女军人报告曾遭受伴侣的虐待。2017 年家庭支持项目（Family Advocacy Program）调查表明，每 1000 对军人夫妇的配偶虐待上报率为 24.5；2017 年军队中发生了 916 起伴侣虐待事件，涉及 756 名受害者，5 人去世。

美国国防部于 2011 年设立了安全热线，为军队性侵害的受害者提供寻求援助的地方。该热线由国防部监管，由性侵犯预防和应对办公室（Sexual Assault Prevention and Response Office）管理，由专门网络部门运营。军人可以全天全周通过网络、电话或全球范围内的自主移动应用寻求帮助，及时与附近的救援人员取得联系，并获得最合适的支持和服务。

美国海军将军队保护指令写入国家犯罪信息中心（National Crime Information Center）的保护指令文件，将军人家庭暴力案件同步通报给民事执法部门，通过加强军民合作，进一步确保遭受家庭暴力的军人的人身安全。

（五）总结

这么多年以来，美国国防部在保障和支持女军人方面已经取得了长足进步。在国防女军人咨询委员会（DACOWITS）的反复提议和严格监督下，于 2016 年 1 月 1 日实现美国军队所有职位对女军人的全方位开放，并在不断完善男女军人通用的基本保障制度的基础上，针对女军人推行双军人家庭同居、军备适配、怀孕和生育、反性骚扰和性侵害、反伴侣虐待等政策，有效促进女军人合法权益的保障、缓解女军人面对的家庭和工作矛盾、为女军人的职业发展提供支持。

但是，2020 年 5 月美国政府问责局（Government Accountability Office，GAO）的调查显示，女军人退伍的可能性比男军人高 28%；

在服役超过 10 年以上的军人中，女军人占比不断下降，导致有资格晋升到高级领导职位的女军人数少之又少。由此可见，在美国招募和保留女军人仍是十分不易的。

三、我国女军人支持与保障制度及完善建议

（一）现有相关保障制度

从目前的法规情况来看，我国女军人享受的特殊权益主要有以下几个方面。

1. 年休假、晚婚假、孕产假期

女军人年休假期，参照同等身份的男军人执行。

晚婚假：女军人年龄达到 23 周岁，可以结婚。结婚时，在国家法定 3 天婚假的基础上，增加晚婚假 7 天，共计婚假 10 天；女士官在驻地或部队内部找对象结婚的，需要符合有关规定，如年满 26 周岁，或达到中级士官等条件之一。

孕产假：军队女性人员在生育第一个子女时，享受孕产假 188 天；生育第二个子女 98 天；驻藏及其他海拔 3 千米以上的军队女性人员，在此基础上增加孕产假 120 天。

2. 关于双军人调动问题

女军人配偶同样为现役军人的，可以申请内部调动至同一个单位工作；双方是军队人员身份，包括一方是军官，另一方是士官、文职干部、文职人员的，任何一方都可以申请调至配偶所在单位工作。

3. 女军人经期受特殊保护

虽然军队没有专门出台对女军人特殊生理期间的权益保护法规，但国家《劳动法》有明确规定："不得安排女职工在经期从事高处、

低温、冷水作业和国家规定的第三级体力劳动强度的劳动。"女军人在经期时同样受到保护，一般单位不会安排考核、体能训练等高强度消耗运动。

4. 怀孕期间的权益保护

女军人怀孕期间：家在驻地的可以回家住宿，也可安排到公寓住房住宿；怀孕 7 个月及以上，一般不得安排其从事夜班劳动；在劳动时间内应当安排一定的休息时间；士官怀孕期间未选取高一级士官的，暂不安排退役，按原军衔等级确定待遇，并可定期增资。

5. 哺乳期的权益保护

女军人哺乳期间：一般不得安排夜间值班、执勤及从事禁忌工作；家在驻地的可以回家住宿，家不在驻地的可以安排到公寓住房住宿；哺乳期内满服役士官未晋选高一级士官的，暂不安排退役，参照上述怀孕期间规定；哺乳期通常为一年，即从婴儿出生之日起至一周岁时止，如有特殊情况经相关医院证明后，可适当延长。

这些规定充分考虑了女军人的实际情况和特殊需求，充分保障了女军人的权益。

（二）进一步完善女军人支持与保障制度的建议

1. 解决女军人的婚恋与生育问题

解决好女军人的婚姻与生育问题，对于军队人员稳定和激发部队战斗力具有重要的现实意义。但是，现实中，我军女军人在婚恋和生育方面，还面临一些现实问题：如女兵在部队找对象比较困难。在部队里，由于成文或不成文的规定，男女兵谈恋爱会受到一定的影响，女军人一般不敢在自己单位找对象，而别的单位又不认识，封闭式的管理几乎断绝了与外界的联系，所以在军营里 80% 的女兵都还是单身；结婚也要受到年龄限制，女军人 23 岁可以结婚，但是不能找本单位的，找本单位的就必须等到 25 岁；男军人要 25 岁才能结婚，找驻地或本单位的必须达到 28 岁。家庭分居给女军人怀孕生育和孩子教育带来很多不利影响。因为分居两地，很多已婚的女军人连怀孕都成问题，一年两次休假，如果今年没怀上，又要等上一年，由此出现军人家庭关系维系困难；即使生育了，孩子的养育和照顾也成了女军人及其家人的心病。

所以，我们可以借鉴美军的一些做法，鼓励女军人从本单位男军人中或驻地寻找配偶，由于军队单位的流动、军人职业的不稳定、军人业余时间少、长期的集体生活环境，这对于女军人从社会上找对象带来一定的不利影响，因此鼓励女军人从男军人中或当地驻地找对象，既可以解决女性军人的婚恋问题，也有利于部队人员的稳定。此外，还应该在岗位与工作地选择、住房保障、休假探亲和子女孕育、哺乳和教育等方面给予女军人以照顾和便利。

2. 加强对社会的宣传和引导

2010 年美国马里兰大学研究人员指出，"从某种意义上说，军队在性别平等方面取得的进展超过了家庭中的性别平等"。军队允许女性去做男性做的大部分事情，而社会（和军队）仍然希望女性在抚养孩子方面扮演主要角色，这使得现役女军人很难满足角色交叉的要求。

在中国传统文化中，儒家"三从四德"的思想理念奠定了女性较为弱势的社会地位，两性不平等观念深入社会规范和价值体系[9]。即使是现在，我国还有很多人包括女性自身默认女性的社会活动应被圈定在家庭之中，普通学校招考专业限制和一般职业岗位性别歧视依然普遍存在，高学历职场女性甚至会因晚婚晚育受到歧视。这种社会氛围从根本上抑制了有资质女性的参军意向，且短期内难以彻底转变。

但是，正如美国陆军营销部门（Army Enterprise Marketing Office）向其代理机构提供全方位指导、力求突出女性发挥的重要作用、使用能与女性共情的文字和图片进行宣传一样[7]，我军也可以在日常媒体宣传和征兵宣传过程中加大对女性入伍的宣传力度，特别是针对高中生、高等学校学生的宣传，让更多的女性及其家人了解军队和军人的职业发展前景，逐步消除社会对于女军人的刻板印象，强化社会对女军人的价值认同。

3. 放松职位限制，扩大军校招生

目前，我军中女军人总数占比低于10%。而军官中，女性军官的比例更低，呈现"三少二低一窄"的现象："三少"即女性任职高层次少，任正职少，任职主要岗位少；"二低"即我军女性总体比例偏低，各级领导中女性比例偏低；"一窄"即女军官分布面窄，也就是说，主管医疗、后勤、保障等工作及在专业技术岗位上工作的女军官较多，而主管人事、组织、行政、训练等军队主要工作的女军官较少，并且一些进入领导层的女军官，大多只能担任副职，主管一些非要害、非实权的部门。这使得女性军人在部队的发展通道不畅。

在2021年全军面向社会公开招考文职文员岗位计划表（仅为先笔试后面试岗位）中，总招考人数为22336人，"其他条件"一栏，明确要求"男性"的岗位招考人数是12715人，占比56.93%，而招考女生的岗位只有771个，还有390个岗位仅限军人配偶报考。类似的招考限制也一定程度地存在于除军医大学外的各种军校之中，为有志于加入军队的女性设置了壁垒。

在女性意识觉醒的社会背景下，我军应充分尊重女性的入伍意愿、走出女军人面临的职业发展困境。未来，可以从空军和海军开始，进一步扩大女性可选择的军职范围，从辅助作战部队逐步放开至直接地面作战部队，最终实现所有军职直接向所有女性开放，完善任职培训制度和专业岗位资格认证机制，从而吸引更多资质优秀的女性入伍，为女军人提供完善的职业选择和晋升空间，提高女军人的留任率。

4. 成立专家委员会，督促军队自查

如前所述，美国国防女军人咨询委员会（DACOWITS）每年对各军种进行走访、聆听女军人需求、收集整理分析学术研究、定期汇报调研结果、提出相关建议并监督落实，极大地推动了美国保障和支持女军人服役相关制度的发展和完善。

同时，美国军队自身也会对军人的入职、留任和离职原因进行调查统计，如美国空军 2019 年对女军人留任调查显示 [7]，女军人离开军队的前五大原因分别是：领导困难、工作压力大、军队气氛 / 士气、平衡家庭和工作困难、工作满意度。而留任的前五大原因为：工作安全稳定、爱国主义 / 服务意愿、薪酬和福利、工作满意度、任务和服役地点的选择。其中，调查还发现离任的女军人比男军人更可能认为自己的努力缺乏认可。这种细致的自查更利于及时地发现问题，切实地解决问题，从而真正满足女军人的需求。

想要真正切实解决女军人的问题，首先应当认真聆听女军人的想法和诉求，再由经验人士和专业人士寻找解决问题的办法，并监督军队进行落实、接受反馈和不断调整。因此，我军也可以成立相关专家委员会，和军队形成配合，共同促进女军人保障和支持制度的完善。

5. 完善其他相关保障和支持制度

除前述已有相关保障外，我军应根据女军人的具体诉求，借鉴前述美军现有的保障制度及其背后的发展理念，进一步增加和完善针对我国现役女军人的保障和支持制度。

目前我军的信息化转型尚未完成，仍像传统机械化战争一样对军人的体力、耐力、反应速度等有较高的要求，导致对军人性别的限制。我军可以在加快信息化转型的同时，根据女军人的身体特征适配对应军备，减少不必要的人才流失。

在怀孕和生育政策方面，我军应明确表示生育后符合身体素质要求规定的女军人可以无障碍回到原先所在单位，可以像美军允许临时现役转预备役一样为女军人提供更多、更灵活的项目选择。对比美国的护理假，我军产假比美军更长，但是男军人的陪产假较短，这对双军人家庭造成了很大的挑战，同时，由表 2 可知，对比其他国家，我军在产前假和育婴假方面仍有缺陷。

表2　五个国家军人护理假对比

国家	产前假	产假	陪产假	育婴假
中国		98 天（首胎 +90 天，领生育津贴）	15 天	
美国		84 天（带薪）	42 天（带薪，第一护理人）21/14 天（带薪，第二护理人）	
加拿大	56 天	126 天（无薪，领国家保险金）		最多 259 天
英国	包含在产假中	182 天（带薪）+203 天（无薪）	14 天（带薪）	孩子出生或领养一年内灵活休假，夫妻双方共享 259 天工资
澳大利亚	42 天	364 天	14 天（带薪）	

数据来源：DACOWITS 年报整理

此外，军人假期的使用可以更加灵活，可以混合带薪、部分带薪和无薪，甚至不需要严格与生育或收养孩子相关，例如可以允许女军人在遇到身体问题、心理问题或其他严重的家庭问题时进行休假，以履行维护家庭和照顾孩子的义务，有利于提高女军人留任率和幸福感、促进孩子身体和心理健康。

参考文献

[1] 侯金枝 . 美国女军人职业发展概览 [J]. 政工导刊, 2019（03）: 22—24.

[2] 马建伟 . 关注基层女军人婚恋情况 [J]. 基层政治工作研究, 2018（03）: 59—60.

[3] Chi W , Li B . Trends in China's gender employment and pay gap : estimating gender pay gaps with employment selection[J]. Journal of Comparative Economics, 2014, 42 : 708—725.

[4] Fondas N , Sassalos S . A different voice in the boardroom : how the presence of women directors affects board influence over management[J]. Global Focus, 2000, 1 : 13—22.

[5] Kumar A . Self-Selection and the forecasting abilities of female equity analysts[J]. Journal of Accounting Research, 2010, 48 : 393—435.

[6] Eagly A H , Johannesen-Schmidt M C , Engen M L V . Transformational, transactional, and laissez-faire leadership styles : a meta-analysis comparing women and men[J]. Psychological Bulletin, 2003, 129 : 569—591.

[7] DACOWITS. Annual Reports. https : //dacowits.defense.gov/Reports-Meetings/

[8] Military and Veterans. https : //www.usa.gov/military-assistance

[9] Attané I . The status of women in traditional Chinese society. The Demographic Masculinization of China : Hoping for a Son[M]. Heidelberg, Springer International Publishing, 2013, 91—98.

借鉴美军薪酬评估报告机制
完善我军工资制度的思考*

王　刚　高于舒　朱章黔

引言

　　为保持全志愿兵役制军队的作战能力，充分调动军人平时训练和战时参战的积极性，美军十分重视军人的薪酬保障，并将薪酬作为优化军事人力资源配置的重要工具。《美利坚合众国法典》第37编第1008节第2条规定：总统应每隔4年对军人薪酬制度进行评估，以便全面系统掌握军人薪酬现状，并针对性地对军人薪酬制度进行科学调整。军人薪酬评估报告机制的建立，既为保障军人薪酬制度的合理性明确了监察机制，以保证薪酬制度在吸引和保留军队所需人才方面发挥关键性作用；也为国家和军队领导人定期了解军人薪

　　*作者简介：王刚，1982年生，男，陆军勤务学院国防经济系国防经济理论教研室主任、技术八级教授，博士研究生。研究方向：国防经济等；高于舒，1991年生，女，陆军勤务学院国防经济系国防经济理论教研室十二级助教，硕士研究生。研究方向：统计分析等；朱章黔，1994年，男，陆军勤务学院国防经济系国防经济理论教研室十二级助教，硕士研究生。研究方向：统计分析等。

酬状况提供了管道，确立薪酬报告评估机制的权威性。根据我军目前人员生活待遇制度，虽然薪酬概念和制度架构还在形成之中，但工资是军人显性经济待遇的重要组成部分，已承载和具备薪酬的相应功能。因此，汲取美军薪酬评估报告机制在设计理念、比较对象选择、特殊津贴和奖金设置等方面的有益经验，可以开拓我们的视野和思路，为完善我军工资制度提供有益借鉴和启示。

一、树立工资功能评估的指向，更新军人工资制度设计理念

美国对军人薪酬制度的功能有清晰的定位，即将军人薪酬制度作为优化军事人力资源配置的有力工具和推进军事战略实施的强大抓手。美军认为军人薪酬是吸引和挽留高素质人才及塑造个人能力的一个关键性政策工具，它能最大限度地发挥个体人力资本，使美军获得军事优势；具有竞争性的、完善的薪酬体系以及充足的招募兵源是军队吸引和挽留所需人才的保证，而薪酬制度和招募体制的不协调将会导致人才危机。2002年美国国防部长拉姆斯菲尔德在财政年度国防报告中，就美国军队如何吸引和保留人才作了专题论述，他指出："美国武装部队继续面临着招募与保留人员的挑战。要想成功地解决这一问题，关键的一点是要保证服役人员恰当的生活质量。这个国家目前经济繁荣，对军队人员拥有的技术、经验与知识的需求也日益增多，这些发展意味着军队与社会之间对高素质人才的竞争将日益激烈。"

随着信息技术的不断发展和广泛运用，市场竞争日益激烈，组织中人员的价值取向和工作动机更趋复杂化。作为具有重要激励和约束效能的薪酬制度已不能再停留在简单的保障功能层面，其作为辅助组织战略实施的重要人力资源管理手段，应逐步纳入组织战略

的框架，成为确保组织发展战略实施的重要工具。薪酬制度的功能也不再简单停留在对人员贡献的承认和回报等经济分配关系协调的层面，更应该成为组织战略实施和价值观转化的基础性工作，并成为支持组织实施这些行动的管理流程和具体行动方案。因此，我军工资制度创新应立足于思想观念的突破，特别是须重新定位军人工资制度的功能作用，将军人工资制度作为优化军事人力资源配置、促进军事战略实施的有力工具来使用。

当前，应深入学习领会习主席强国强军一系列重大战略思想，贯彻新时代军事战略方针，从"2027年实现建军百年奋斗目标和21世纪中叶把人民军队全面建成世界一流军队"的战略高度，审视军事人力资源战略的发展目标、实施蓝图，进而从军人工资制度层面谋划和设计"如何有效支撑和服务军事人力资源战略实现"的建设性举措。理论层面上，要突破就工资谈工资的思维模式，站在民族复兴和富国强军的高度，把军人工资制度设计放在"确保国家安全有效供给"的平台来思考，有效保障军人成为社会最尊崇的职业。实践层面上，应从军队人力资源管理战略对军事劳动力的需求出发，保持军人在劳动力市场的竞争优势，利于吸引和保留所需的各类人才，并运用工资这一工具引导军人个体行为符合军队建设发展要求。应系统分析军人工资制度涉及的内外环境，统筹考虑各项影响因素，运用工资这一工具，明确决策层对军队建设的战略意图，弘扬军队提倡的核心价值观，鼓励军人勇于肩负职责和加大军事专用性技能的投入，引导军人行为向着军事人力资源战略需求的方向努力；并通过理顺军人工资关系，构建科学的工资体系，来增强工资对军人个体的激励性和导向性。

二、多维评估军地工资的状况，依法保证军人工资水平优势

美军认为，要想有效地吸引和保留高素质人员，激励军人努力工作，军队必须提供比地方工作收入有竞争力的薪酬待遇。军人薪酬比地方同类人员薪酬高，是源于军人在责任、劳动强度和潜在的危险等方面的超额付出与职业风险应得的补偿。在美军实施全志愿兵役制后，就注重从法律层面保障军人薪酬有明确的参照对象和比较标准。美军设计了军人薪酬 4 年评估机制，目的是及时了解劳动力市场薪酬水平变化、部队人员能力素质变化、军地可比性人员间的薪酬比较状况等，以便于国家和军队领导人定期、全面、系统掌握军人薪酬状况，及时纠正军地薪酬反差，发挥军人薪酬的应有的军事人力资源配置功能。

目前，我军工资参照对象明确的政策依据还是 1984 年中央书记处确立的"军队干部高于国家机关干部工资 20%"的政策。在此后的历次军人工资改革中，军人工资标准都是依据"高 20%"的政策，参照公务员工资标准来制订的。《中华人民共和国现役军官法》第三条明确规定："军队干部是国家公务员的组成部分"。因此，从一般意义而言，军官是履行军事职能的特殊国家公务员，他们共同承担着国家公共管理职责。经过多年的制度磨合，军人与公务员的工资制度大体相似，工资结构基本趋同，军队已经习惯将公务员工资收入作为参照系，并形成了一套具体的比较模式与方法。此外，按国家政策规定，军官退役安置、退休移交地方等都涉及与公务员比照套改的问题。因此，军人工资以公务员工资收入为参照系，总体来看，在保障军人的经济权益和理顺军人的流出机制中曾发挥重要作用。但随着我国社会主义市场经济体制不断完善，特别是 1993 年公

务员工资制度改革后，公务员的津贴补贴决策权下放给各级地方政府，基本工资占其收入的比重逐渐缩小，津贴补贴占其收入的比重越来越大。而"高20%"的政策自1985年我军工资改革以来，一直是按比国家公务员基本工资高20%的标准来执行的，造成军人工资收入水平名高实低，军事劳动的特殊性难以体现，单一的军人工资参照对象的弊端也日益显现。

当前，贯彻党的十九大报告中"让军人成为全社会尊崇的职业"指示要求，应从法制层面明确军人与其他社会成员的工资比较关系，其内容既应包括定性的界定，如军人经济阶层的定位、军人工资参照对象的确立、军地工资比较的内容等；也应包括定量的指标，如军地之间工资比例关系等。①军人经济阶层的定位。根据我国全面建成小康社会和扩大中等收入者阶层的现实国情，结合军人的素质和贡献，应将军人群体的平均工资水平定位于社会中等收入者阶层的中上水平。其中高科技、高职位、高贡献人员进入富裕阶层行列。②军人工资的参照对象。根据我国国情和军情，遵循军地工资比较的传统经验，针对军人的职业性质和工资体系现状，应以中央国家机关公务员和省直机关公务员工资收入为主体参照对象，并建立"士官工资与受过专科学校教育的地方人员收入进行比较；军官与具有学士学位、硕士学位的地方人员收入进行比较"的辅助参照系。③军地工资比较的内容。按照《中国统计年鉴》的解释，工资指劳动者在一定时期（通常为月）依靠劳动所得到的报酬，包括基本工资、津贴、补贴和奖金等。因而工资收入就是依靠岗位劳动所得报酬的总和，基本工资、津贴补贴和奖金等都属于工资收入。因此，根据军人与公务员的工资构成状况，应统一军地工资比较的计算口径，其包括基本工资、津贴补贴和奖金三部分。④军人工资水平的定位。由于目前公务员的基本工资与津贴补贴比例失衡，应摒弃"按照军人基本工资高于公务员的20%"的设计思路，将军人工资水平定位于比同职级中央国家机关公务员和省直机关公务员工资收入高20%。由于中央国家机关公务员和省直机关公务员的工资收入同样是按照中等收入者的收入来确定的，这也可保证军人能进入"中等收入者"阶层。同时，通过将士官工资与专科学历的地方人员收入进行比较、军官与具有学士学位或硕士学位的地方人员收入进行比较，来反向检验军人工资水平科学与否。但须注意军人工资水平的外部定位，应与其内部公平性有机统一起来。如果军队内部高职务、高技能、高贡献人员的工资水平与其劳动付出和贡献不符，而低技能、低职务和低贡献军人的工资水平偏高，也不利于高素质人才的吸引和保留，从而影响军队的建设发展。

三、明确薪酬评估工作的重点，充分发挥津贴奖金激励效能

特殊津贴和奖金是美军为招募、保留紧缺人才所设置的一种灵活的薪酬项目，是美军进行军事人力资源优化配置的具体手段。与全体军人实行统一的基本工资标准不同，特殊津贴和奖金是针对军队特殊群体发放的。尽管特殊津贴和奖金的支出约占薪酬总额的4.3%，但其运用优势在于，它能够有效且成本低廉地激励、引导军人个体行为，具有显性的激励效能。奖金一般发放次数有限，主要是为了奖励参军入伍、再次入伍或延长服役等行为。美军十分重视对特殊津贴和奖金运用效果的评估，在第10次军人薪酬4年评估中，对特殊津贴和奖金设立的目的做了进一步明确，即：应对军地相通性职业高收入的挑战；应对军事人力需求快速增长的挑战；补偿在艰苦或危险岗位上履职军人的超额付出；节省教育训练成本的有效措施；引导军人主动掌握特殊技能。着眼上述目标，评估组在对

当时美军特殊津贴和奖金进行全面分析后，将当时的 60 多项特殊津贴和奖金项目，整合为 8 个大类；允许各军种自行决定各类别特殊津贴和奖金的分配方案，以解决最关键、紧迫的用人问题。在第 11 次军人薪酬 4 年评估工作中，评估组强调采用系统化的方法评价特殊津贴和奖金对部队人员需求的影响，以帮助军事人力资源管理部门确定有效、经济的薪酬激励策略，优化经费分配效率和提高经费使用效益；并提出建立一套适用于多种岗位的职业津贴体系，而不是继续设立与具体岗位挂钩的特殊津贴。

当前，我军津贴体系和奖金的设置，应系统分析我军建设面临的内外环境，树立成本效益观念，科学设置津贴和奖金项目，凸显其吸引、招募和保留军队急需人才的功能；科学测算津贴和奖金设置的项目及标准，将有效的军人待遇经费用好；保留好急需的骨干人才，节省军队教育训练经费开支。应准确定位津贴和奖金功能，既应通过津贴和奖金，鼓励军人积极履职尽责和加大军事专用性技能的投入，引导军人行为向着军事人力资源战略需求的方向努力，增强津贴和奖金对军人个体的激励性和导向性；又要防止津贴补贴项目设置过细、标准设置过高，造成军人在经济利益上相互攀比等问题。

同时，我军的津贴和奖金项目的设置，应着眼解决一系列职业或任务类别的用人需求，对具体项目进行归并整合，使军队管理层能根据用人需求变化和任务重要程度，对特殊津贴和奖金的经费分配、适用标准做出修改。应根据"军种主建"要求，允许各军种根据自身用人状况、专业岗位特点，深入研究拟制津贴和奖金的设置方案，经军委主管业务部门调整、审核后，按规定程序报批后实施。应建立津贴和奖金项目定期审查评估机制，军委主管业务部门根据军队人才需求状况、作战新专业和岗位情况、军地可比性人员供需情况及其收入状况等因素，运用分析工具与模型为各军种现行津贴和奖金体系提供可靠的分析性预估，主要评估津贴和奖金方案如何影响特定技能或职业领域的人力资源供给，以及按何种成本影响人力资源供给，从而实现津贴和奖金项目的动态调整。

美国国防部RDT&E预算拨款结构研究及其启示[*]

刘硕扬　　张雨培

庞大的国防预算是维持美军战斗力，进而捍卫美国大国地位的经济基础。而在美国高额国防预算中，研究、开发、试验和鉴定（RDT&E）预算拨款，是美军保持其技术领先的经济支撑。在加快我国国防和军队现代化建设，实现富国与强军统一的时代条件下，认真研究美军 RDT&E 预算拨款结构，对于提高我国国防费使用效益和我军现代化建设水平具有重要的意义。

一、美国国防部 RDT&E 预算拨款的基本结构

美国国防部 RDT&E 预算拨款是指美国国防预算中用于研究、开发、试验和鉴定的拨款，其结构是指这部分拨款的主要组成部分及相互关系。研究美国国防预算 RDT&E 拨款结构最权威的文

*作者简介：刘硕扬，天津人，中国人民大学应用经济学院国防经济教研室副教授，硕士生导师，毕业于国防大学国防经济专业，经济学博士，主要研究方向有：国防经济、国防金融、军民融合、军费管理。电话：18610005150（微信同号）。邮箱：liushuoyang@ruc.edu.cn。张雨培，河南人，中国人民大学应用经济学院国防经济专业硕士在读。

献主要是美国国防部的预算申请法案。其中最为重要的是国防部副部长办公室（审计长），即 Office of the Under Secretary of Defense（Comptroller）发布的美国国防预算估计（NATIONAL DEFENSE BUDGET ESTIMATES）和"RDT&E PROGRAMS（R-1）"。R-1 每财政年度由美国国防部编制，提供给国会国防部监督委员会和负责公共事务的助理国防部长办公室，同时报送美国总统。

对于国防预算的研究，通常可以从预算规模和结构两个角度进行。2010 年以来，美国国防预算中 RDT&E 预算拨款一直保持较高水平（如图 1）。

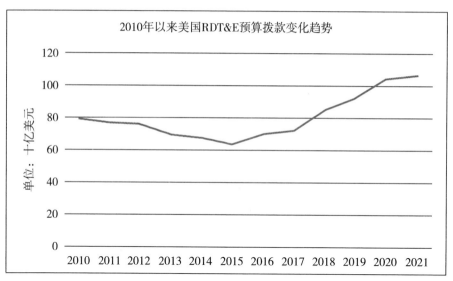

图1　2010年以来美国RDT&E预算拨款变化趋势[1]

限于篇幅限制，本文主要研究美国国防预算 RDT&E 预算拨款的结构问题。根据"RDT&E PROGRAMS（R-1）"等有关文件，美国国防预算中 RDT&E 拨款的基本结构可以分为按军兵种区分的拨款、按用途区分的拨款和按平时及应急作战和应急军事行动时的拨款，其中以按军兵种区分为主要的分类方式。

按军兵种区分的 RDT&E 是指按照美军现有军兵种结构，拨付给美军不同军兵种的 RDT&E 拨款。以《2020 财年国防防御预算 》(《Department of Defense Budget Fiscal Year 2020》) 中 的 RDT&E PROGRAMS 为例，2020 年美国国防部制定的 RDT&E 预算拨款总额为 1042.94 亿美元。其中，陆军为 124.01 亿美元，占全部预算拨款总额的 11.89%。海军为 204.31 亿美元，占全部预算拨款总额的 19.59%。空军为 460.66 亿美元，占全部预算拨款总额的 44.17%。与国防相关的预算拨款为 253.96 亿美元，占全部拨款总额的 24.35%。[2]

按军兵种区分的 RDT&E 拨款，具有以下鲜明的特点。

一是向主要作战力量倾斜。从历年美国 RDT&E 预算拨款情况来看，陆海空三军都是美国 RDT&E 拨款的主体。比如，2020 财年，美国三军所获得的 RDT&E 拨款占全部 RDT&E 拨款总额的 75.65%（其中陆军占 11.89%，海军占 19.59%，空军占 44.17%）。（如图 2）。

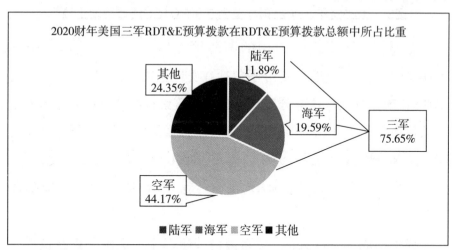

图2　2020财年美国国防部RDT&E预算拨款中陆海空三军所占比重[3]

二是在三军中向海空军高技术兵种倾斜。从历年美国三军获得的 RDT&E 拨款情况来看，不论是绝对规模还是相对规模，海空军所获得的数量都远远高于陆军（如图 3）。这反映出两个方面的问题，第一个方面是，海空军发展所需要的 RDT&E 经费远远高于陆军；第二个方面是，全面加强海空军建设是美国军事力量体系建设的重点。

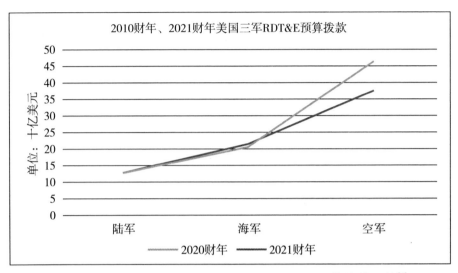

图3   2020财年、2021财年美国三军RDT&E预算拨款比较[4]

需要指出的是，在美国的国防预算体系中，除美国国防部RDT&E拨款外，还有一部分不包括在美国国防部RDT&E拨款中的RDT&E预算拨款。这部分拨款包括美国监察长办公室拨款、军人健康项目拨款、化学药剂及弹药销毁拨款以及国防海运基金。2019财年，这部分拨款总额为15.98亿美元，2020财年为16.11亿美元。[5]这反映出，多渠道筹集RDT&E经费，是美国国防部为满足RDT&E需求的惯用做法。

战争的成本是巨大的。[6]自海湾战争以来，美国一直在世界各地进行局部战争。为满足战争的经费需求，美国还建立了海外应急作战及行动预算补充拨款制度。比如，2017年，美国就公布了《海外紧急作战行动预算修订案》（Overseas Contingency Operations Budget Amendment）。这项2017财年总统《预算修订案》要求国防部拨款58亿美元支持美国正在进行的海外应急行动（OCO），其原因在于这些正在进行的海外应急行动，需要额外的资源来维持大约 8400 名士兵在阿富汗、伊拉克以及叙利亚所进行的战争的经费保障需求。此项《预算修订案》中，美国国防部除了安排了作战经费、紧急部队保护经费、作战及武力保护经费等项目外，还专门安排了相应的 RDT&E 经费。2017 年，美国通过《预算修订案》安排的 RDT&E 经费大约为 3.74 亿美元，比 2016 年增加了约 1.42 亿美元。其中，陆军约为 1.005 亿美元，海军约为 0.78 亿美元，空军约为 0.33 亿美元，与国防相关的项目约为 1.62 亿美元。[7]

二、美国国防部 RDT&E 预算拨款的主要用途

美国国防部 RDT&E 预算拨款的主要用途包括两个大的方面，一是科技预算，即为未来军事系统发展所必需进行的基础研究投入。二是侧重于应用现有的科学和技术知识，以满足当前或近期的业务需要的投入。具体来讲，其用途可以划分为以下 8 个方面：

（一）用于满足与国防相关的基础研究的需求

基础研究指通过系统的研究，更多地了解或理解事物发展变化现象的基本方面和可观察的事实，而不具体地应用于某一过程或某项产品的研究。基础研究包括所有旨在增加与长期国家安全需要有关的物理、工程、环境和生命科学领域的基本知识和理解的科学研究和实验。美国国防部十分重视对于基础研究的支持。比如，在 2018 财年的 RDT&E 预算拨款中，基础研究拨款为 22.29 亿美元，2019 财年为 22.27 亿美元，2020 财年为 23.2 亿美元。[8] 美国国防部之所以重视基础研究拨款，是因为他们认为，加强与国防相关的基础研究可以为国防领域技术进步提供基础。其主要作用包括两个方

面：首先，基础研究可以有效推动国防相关技术的后续应用研究和先进技术发展；其次，基础研究可以大幅加强通信等各领域的军事功能的创新和提升。

（二）用于满足国防相关的应用研究需求

应用研究拨款一直是美国 RDT&E 预算拨款的重点之一，长期以来一直保持在较高水平（如图 4）。

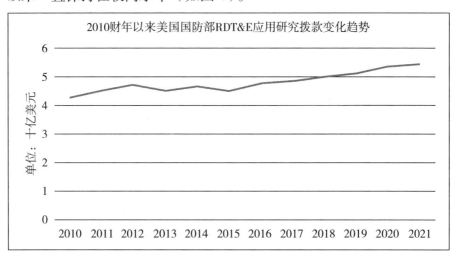

图4　2010年以来美国国防部RDT&E应用研究拨款变化趋势[9]

比如，2019 财年，RDT&E 应用研究预算拨款为 51.00 亿美元，2020 财年为 53.17 亿美元 [10]，远远高于基础研究拨款数额。按照美国国防部的定义，所谓应用研究是指知识的系统扩展和应用，通过设计、开发和改进有用的材料、设备和系统或方法，以满足国防领域的现实要求，应用研究先于系统特定的技术调查或开发。美国国防部认为，应用研究可以将有益的基础研究转化为解决广泛的军事需求的方案，使研究落到实处。应用研究的主要特点是，面向一般军事需求，以期开发和评估所提出的解决方案的可行性和实用性，并确定其参数。

（三）用于满足国防先进技术发展需求

大力发展国防先进技术，保持美国技术的优势，是美国国防部的重要战略。因此，美国 RDT&E 预算拨款十分重视满足国防先进技术发展的需求（如图 5）。

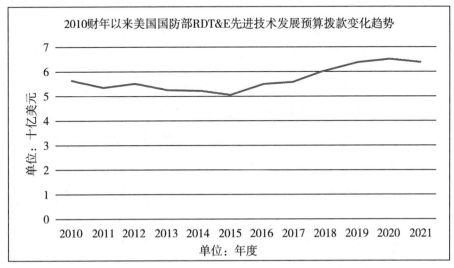

图5 2010年以来美国RDT&E先进技术预算拨款变化趋势[11]

国防先进技术与确定的军事需求直接相关，主要包括开发子系统和组件，以及组件和子系统或系统模型的概念和技术演示，将子系统和组件集成到系统原型中，以便在模拟环境中进行实地试验或测试。这类工作的主要目的是证明技术可行性，并评估子系统和组件的可操作性和可生产性，而不是开发用于服务的硬件。国防先进技术的发展意味着，当先进技术被应用于不同类型的军事设备或技术时，这些先进技术在被转化为军事应用或成本降低方面具有巨大的潜力。虽然国防先进技术的发展并不一定会导致随后的产品开发或列装采购，但也必须有发展目标，并在未来几年防御计划中得以体现。此外，国防先进技术还具有另外一个功能，即在成功应用于具有军事用途的项目后，该技术还可以转化为民用，提高国民经济发展的技术水平。

（四）用于满足国防先进组件的原型设计和开发需求

与其他用途的拨款项目相比，此项拨款在美国国防部 RDT&E 预算拨款中，往往是仅次于作战系统研发拨款的第 2 大拨款大项。比如，在 2020 年美国国防部 RDT&E 预算拨款中，此项拨款总额为 269.37 亿美元，在当年 RDT&E 预算拨款中排名第 2。[12] 美国国防部认为，此项研究之所以重要，根本原因在于可以通过此项拨款，为满足在高保真和现实的操作环境中评估综合技术、有代表性的模式或原型系统提供所需资金。此阶段包括具体的系统工作，帮助加快技术从实验室向业务用途的过渡，重点是在主要和复杂系统集成之前证明组件和子系统的成熟度，并提出尽可能减少风险的举措。

（五）用于满足国防相关系统开发和演示需求

系统开发和演示的功能在于对武器装备等产品在量产前进行验证，目的在于检验有关产品量产前能否满足验证的有关要求，判定主要的项目原型性能是否接近或达到计划的操作系统级别。这一阶段包括成熟的系统开发、集成、演示等环节，比如说进行现场火灾测试和评估等。正是由于这个阶段的工作地位重要，所以美国国防部 RDT&E 预算拨款对于满足这一阶段的经费需求也非常重视，拨款数额往往在整个 RDT&E 拨款中排在前列。比如，在 2018 财年，该项拨款为 147.34 亿美元，2019 财年为 155.77 亿美元，2020 财年为 177.65 亿美元。[13]

（六）满足 RDT&E 管理需求

RDT&E 管理需求包括为 RDT&E 工作的各项管理提供资金支持，

以维持或更新一般 RDT&E 所需的设施或业务等。此项资金主要用于检验试验范围、相关设施建设、实验室的维护和支持、试验飞机和船舶的操作和维护以及支持 RDT&E 计划的研究和分析等。实验室人员的费用，无论是在国防部内部还是承包商，都将分配以适当的管理项目，或酌情作为基础研究、应用研究或 ATD（先进技术发展）项目领域的一个项目。与重大研发方案直接相关的军事设施建设费用也属于这一部分。

（七）满足作战系统开发需求

作为美国国防部的 RDT&E 预算拨款，自然最重视作战系统的研发，因此，满足作战系统研发需求，就成为美国国防部 RDT&E 预算拨款的最核心部分。特别是近年来，美国用于作战系统研发的 RDT&E 拨款，一直排在所有 RDT&E 预算拨款的第一位。比如，2018 财年，此项拨款为 320.50 亿美元，占当年 RDT&E 拨款总额的 37.85%，2019 财年为 353.87 亿美元，占当年 RDT&E 拨款总额的 38.31%，2020 财年为 386.85 亿美元，占当年 RDT&E 拨款总额的 37.09%。[14]（如图 6）这种预算拨款安排反映了美国国防部对于 RDT&E 与战斗力的相互关系的认识与把握，也反映了美国国防部在 RDT&E 拨款中，把满足作战需求放在第一位的理念和行动。

（八）满足国防部软件和数字技术试点方案直接相关的投入

这部分资金用于这些软件和试点的敏捷开发、测试、评估、采购和修改以及日常的运作和维护，反映着美国国防部对于信息化时代技术和产品研发的重视与关注。

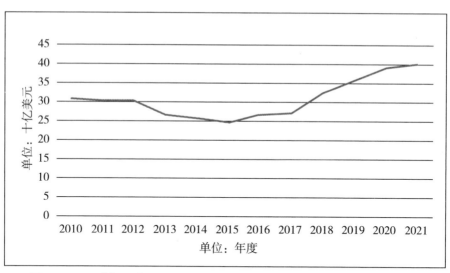

图6　2010财年以来美国国防部RDT&E作战系统开发拨款变化趋势

这8个方面，是美国国防部 RDT&E 拨款的8个主要用途方向，以 2021 财年为例，每个用途方向在整个国防部 RDT&E 预算拨款中所占比例如图 7 所示。

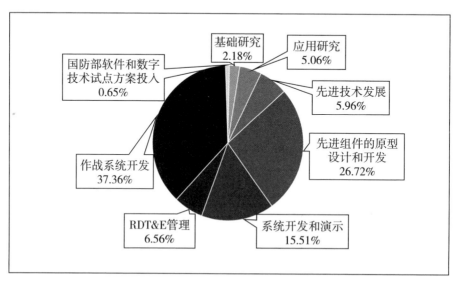

图7　美国国防部RDT&E预算拨款的主要用途中各自所占比例分配图（2021财年）

另外，需要指出的是，在每一个方向下，又具体安排了一系列非常详细的重大项目，拨款最终都是落实到具体的重大项目上。同时，重大项目的设立，又根据美军建设的实际需要不断调整更新。比如，在 2018 和 2019 财年的 RDT&E 拨款基础研究大方向下，美国国防部就安排了诸如材料科学技术、地面技术、下一代战车技术、先进武器技术等 32 个重大项目拨款。在 2020 财年的拨款中，美国国防部则安排了导弹技术、电子战技术、武器和弹药技术以及夜视技术等 19 个重大项目拨款。[15]

三、几点启示

通过对美国国防部 RDT&E 预算拨款结构的研究，我们可以得到以下几点启示：

（一）要与时俱进地调整优化我国国防 RDT&E 预算拨款分类

国防军队建设对于武器装备以及各类与国防军队建设密切相关的设施设备研发、试验以及鉴定的需求，是一个随着国防军队建设需要的变化而不断变化的函数。这种特性要求 RDT&E 预算拨款的分类，必须随着变量的变化而不断调整和优化。从分类的角度看，美国国防部 RDT&E 预算拨款涵盖了从基础研究到应用研究，从先进技术概念研究到其演进和验证研究，从先进元器件研究到系统集成研究的方方面面。特别是进入信息化时代以来，其拨款分类中又增加了为满足国防部软件和数字技术试点方案的拨款分类，充分体现了其拨款分类的时代性。当前，我国国防军队建设进入了一个全新的时代。党的十九届五中全会明确，要加快机械化信息化智能化融合发展，全面加强练兵备战，提高捍卫国家主权、安全、发展利益的战略能力，确保 2027 年实现建军百年奋斗目标。未来我国国防 RDT&E 预算拨款分类，应充分考虑实现这一目标对研发、试验、鉴定等方面提出的新要求，不断优化我国国防 RDT&E 预算拨款分类，使 RDT&E 预算拨款与我国国防军队现代化建设进程相一致，与确保实现 2027 年建军百年奋斗目标的要求相协调。

（二）始终把面向战斗力提升作为国防 RDT&E 预算拨款的出发点

美国国防部的 RDT&E 预算拨款始终把有效满足与作战密切相关的项目需求作为保障的重中之重。比如，按照拨款数额从多到少，2020 年美国国防部 RDT&E 预算拨款中各类拨款的排名是：作战系统研发、先进组件的原型设计和开发、作战系统开发、系统开发和演示、RDT&E 管理和支持、先进技术研发、应用研究和基础研究。2021 财年的排名也大体如此。[16] 从这个排名中不难看出，前 3 位都与作战和战斗力密切相关。新时代我军作战能力提升必然会对 RDT&E 预算拨款提出全新的要求，这个要求就是必须牢牢树立战斗力这个唯一标准，把有效满足壮大战略力量和新域新质作战力量，打造高水平战略威慑和联合作战体系，满足联合作战需求作为首要任务，并按照有效满足这一需求的目标，合理确定拨款规模和结构。

（三）坚持资金跟着项目走的基本原则

无论是研发项目还是试验鉴定项目，都离不开充足的资金作保障。因此，要保证各类国防军队建设的项目能够顺利推进，必须毫不动摇地坚持资金跟着项目走的基本原则。美军之所以能够在各类军事技术上始终保持全球领先的地位，一方面得益于其强大的技术基础，另外一个重要的原因是美国国防部始终坚持资金跟着项目走的原则，为其各类研发、试验和鉴定项目提供充足的资金保障。在这个方面，美军的一贯做法是资金直达项目，即直接把一系列重大项目分别落在各 RDT&E 拨款分类之下，保证了资金"一竿子插到底"。我们之前之所以出现过一些重大项目落实不好的问题，一个非常重要的原因就是"资金跟着项目走"的原则没有坚持好，一些项目立项了，但是相关资金却迟迟没有足量到位。因此，必须建立国防 RDT&E 拨款直通车，将相关资金需求直接纳入 RDT&E 预算，确保满足项目推进的资金需求。

（四）把应急作战有关经费需求纳入国防 RDT&E 预算体系

没有一场战争是重样的，战争需求是最难精准把握的。因此，美国自海湾战争以来，在维持其庞大的国防预算的基础上，还建立了应急作战、海外应急行动等紧急补充拨款制度，以满足战争及海外应急行动的资金需求。在这些拨款中 RDT&E 拨款是其重要的拨款类别。这反映出，即使是技术基础雄厚、平时准备周全的美国，也难以在战前在武器装备等方面完全满足作战需求，必须随着战争的进行而不断开展研发、试验和鉴定等工作。当前，我国国家周边安全形势异常复杂，不安全、不稳定因素在增多，战争威胁并未远离我们。我们应该吸取美国的经验和教训，在我国正常国防预算中，建立应急作战 RDT&E 基金，以满足应急作战时的相关紧急需求，平时采取稳健的策略，保证其保值增值，战时用来满足因作战而产生的紧急 RDT&E 需求。

（五）注重发挥国防 RDT&E 拨款对科技进步的促进作用

从一般意义上讲，绝大多数科学技术并没有严格的国防科学技术和民用科学技术的区分。同样的技术只会因其主要用途不同而被纳入军用技术和民用技术两大类别。仔细分析研究美国国防部RDT&E 预算拨款支持的各类项目可以看到，这些项目中，很多都具有天然的军民两用性质。比如，2020 财年美国国防部 RDT&E 预算拨款支持的基础研究类中有内部实验室独立研究项目、材料技术项目、传感器、电子生存项目以及航空技术等，应用研究类中有先进医疗技术、空间应用先进技术以及人力和人才培养先进技术等项目，都是典型的军民两用技术。根据美国国会研究局研究报告的数据，美国国防部 RDT&E 预算拨款是美国一些领域的高等教育机构的研发资金的重要来源。大约 60% 的航空航天和航天工程研发，58% 的电气、电子和通信工程研发，48% 的工业和制造工程研发，46% 的机械工程研发，44% 的计算机和信息科学研发经费，都来自美国国防部的 RDT&E 预算拨款。[17] 同时，美国国会研究局还建议美国国防部将"革命性研究作为国防部科技研究的一部分""将大约 1/3 的可用研究资金分配给探索性或潜在革命性的项目。其他 2/3 的资金用在已确定的产品需求上。"[18] 美国的做法提示我们，"十四五"时期，我国要促进国防实力和经济实力同步提升，必须充分考虑如何运用 RDT&E 预算拨款，同时促进国防科学技术发展和民用技术发展，达到一份投入两份产出的目的。

参考文献

[1] DOD："Department of Defense Budget Fiscal Year 2010, RDT&E PROGRAMS（R-1）"fy2010— fy2021, Office of the Under Secretary of Defense（Comptroller）.

[2] DOD："Department of Defense Budget Fiscal Year 2020, RDT&E PROGRAMS（R-1）"fy2020, Office of the Under Secretary of

Defense（Comptroller）.

[3] DOD："Department of Defense Budget Fiscal Year 2020, RDT&E PROGRAMS（R-1）" fy2020, fy202, 1Office of the Under Secretary of Defense（Comptroller）.

[4] DOD："Department of Defense Budget Fiscal Year 2020, RDT&E PROGRAMS（R-1）" fy2020, fy2021, Office of the Under Secretary of Defense（Comptroller）.

[5] DOD："Department of Defense Budget Fiscal Year 2020, RDT&E PROGRAMS（R-1）" fy2019, Office of the Under Secretary of Defense（Comptroller）.

[6] CRS："U.S. War Costs, Casualties, and Personnel Levels Since 9/11", Congressional Research Service IN FOCUS.

[7] DOD：Overseas Contingency Operations（OCO）Budget Amendment fy2017, Office of the Under Secretary of Defense（Comptroller）.

[8] DOD："Department of Defense Budget Fiscal Year 2020, RDT&E PROGRAMS（R-1）" fy2020, Office of the Under Secretary of Defense（Comptroller）.

[9] DOD："Department of Defense Budget Fiscal Year 2010, RDT&E PROGRAMS（R-1）" fy2010 – fy2021, Office of the Under Secretary of Defense（Comptroller）.

[10] DOD："Department of Defense Budget Fiscal Year 2020, RDT&E PROGRAMS（R-1）" fy2019, Office of the Under Secretary of Defense（Comptroller）.

[11] DOD："Department of Defense Budget Fiscal Year 2010, RDT&E PROGRAMS（R-1）" fy2010 – fy2021, Office of the Under Secretary of Defense（Comptroller）.

[12] DOD："Department of Defense Budget Fiscal Year 2020, RDT&E PROGRAMS（R-1）" fy2020, Office of the Under Secretary of Defense（Comptroller）.

[13] DOD："Department of Defense Budget Fiscal Year 2020, RDT&E PROGRAMS（R-1）" fy2018, Office of the Under Secretary of Defense（Comptroller）.

[14] DOD："Department of Defense Budget Fiscal Year 2020, RDT&E PROGRAMS（R-1）" fy2018, fy2019, Office of the Under Secretary of Defense（Comptroller）.

[15] DOD："Department of Defense Budget Fiscal Year 2020, RDT&E PROGRAMS（R-1）" fy2018, fy2019, fy2020, Office of the Under Secretary of Defense（Comptroller）.

[16] DOD："Department of Defense Budget Fiscal Year 2020, RDT&E PROGRAMS（R-1）" fy2020, fy2021, Office of the Under Secretary of Defense（Comptroller）.

[17] CRS："Department of Defense Research, Development, Test, and Evaluation（RDT&E）", Congressional Research Service.

[18] CRS："Department of Defense Research, Development, Test, and Evaluation（RDT&E）", Congressional Research Service.

美国国防预算制度分析与启示[*]

彭　艳

国防领域历来是竞争和对抗最为激烈的领域，也是最需改革创新的领域。当前，世界主要国家都在加快推进国防预算改革，以提高军队建设质量效益和谋求国际竞争优势。美国作为当今世界唯一的超级大国，是国防开支最多的国家，其国防开支总额约占全球国防开支的50%。第二次世界大战以来，为优化国防资源配置，美国国防部经过多次调整改革，形成了一套规范、高效的国防预算制度，并被世界许多国家所学习和效仿。深入研究美国国防预算管理的特点和规律，对于深化我国军费预算制度改革，提高我国国防资源配置效率，加快国防资源向战斗力转化具有十分重要的现实意义。

一、美国国防预算制度的发展沿革

19世纪以来，为应对美国社会面临的深刻危机，美国政府以财

---

*作者简介：彭艳，1982年，女，海军工程大学管理工程与装备经济系财务审计教研室技术八级副教授，博士研究生，研究方向：预算管理、装备经济等。

政制度改革为核心内容和政策先导，启动了一系列制度改革，国家治理能力得到了迅速提升。国防预算制度作为财政预算制度的重要组成，也随之步入改革发展的快车道，其发展沿革大体可以分为四个阶段：

（一）"收支预算"阶段

美国国防预算制度是随着美国联邦政府预算制度的建立而正式实施的，最初采取总和预算的形式，即各部门只提供预算支出的总和给预算部门，没有细节的支出项目，因而无法考察预算资金使用的有效性与合理性。为了克服这种缺陷，条目预算应运而生，即将预算支出进行详细分类，根据支出目的一一列出，每一项支出都有明确的去向和限额，以增加预算管理的效率和责任性。但是条目预算无法提供支出原因，也难以反映预算执行的效率和效果。

（二）"旧绩效预算"阶段

针对"收支型"国防预算存在的问题，1949年胡佛改革委员会提出实施绩效预算改革（也称旧绩效预算），即必须提交资金使用的目标或目的，以及达到这些目标或目的所需建设项目的成本，并且测量每个项目执行和完成的定量数据及指标。1950年出台的《预算和会计法案》要求美国联邦政府的各个机构（包括国防部）遵循这种预算方法，提交项目成本和绩效信息。这种预算方法虽能将年度预算中的产出与需要的资源相结合，但是它没有将长期发展战略考虑进来，因而无法衡量预算分配的科学与否。美国国防部采用这种预算方法后，由于缺乏长期的统一规划，各军种作为一个独立的作战单元直接向国会申请经费，自行组织分配和使用，军种间相互争夺项目与经费的现象非常普遍，造成了项目的重复建设和军费的严重浪费。

（三）"规划—计划—预算"（PPBS）阶段

1958 年美国出台《国防部改组法》，撤销了军种作战指挥权，增强了参联会职能作用。1961 年美国国防部部长麦克纳马拉将系统管理模式运用到国防预算系统，掀起了一场以预算改革为突破口的军事变革，核心内容是实行"规划—计划—预算"（PPBS）制度，即将资源配置融入战略目标、中期规划、预算计划制定全过程，目的是实现"目标执行"和"成果产出"紧密耦合，以提高国防资源配置的决策水平和产出成效。1986 年实施《戈德华特—尼克尔斯国防部改组法》后，参联会的作用进一步加强，确立了联合作战司令部作为资源需求方的地位，国防资源进一步向作战能力聚焦。经过这一系统改革，军种"山头主义"被打破，不同军种的预算案被整合为"一揽子"计划，预算统筹力度大大加强。

（四）"规划—计划—预算—执行"（PPBE）阶段

进入 21 世纪后，美国国防部提出从"基于威胁"转向"基于能力"的军事战略转型，为克服 PPBS 过于刚性、反应迟钝和灵活性不足等问题，强化规划、计划与能力需求的结合，2003 年 5 月时任美国国防部部长的拉姆斯菲尔德发布了《重大倡议决议 913》，组织对预算制度（PPBS）进行重大调整和改进，形成了规划—计划—预算—执行系统（PPBE）。PPBE 系统更加重视对于预算执行的评估过程，采用绩效度量准则检查计划执行情况，通过预算执行和绩效管理将国防经费分配过程和使用过程关联起来，以国防战略规划、计划确立国防经费绩效目标，通过项目绩效论证确定预算投入，经过预算执行形成绩效产出，运用绩效评估以检验所达到的绩效产出是否实现绩效目标，最后通过绩效反馈实施绩效改进。2007年美国国防部长办公室内部设立绩效预算任务小组（PBTF），正式将绩效管理纳入了国防部的PPBE系统，实现了规划、计划、预算、执行与绩效一体化管理。2014年11月，时任国防部部长哈格尔提出以第三次"抵消战略"为内涵的"国防创新"倡议，其中重要的一条就是创新国防预算管理，在国防预算削减的情况下，改进"规划—计划—预算—执行"系统，更加注重战略规划与优化资源配置，力求实现庞大的科技创新计划，让"巧妇"做好"少米之炊"。

纵观美国国防预算制度的改革历程，其根本方向是实施绩效预算制度，将预算分配与绩效管理紧密挂钩，实现预算与绩效的整合与统一，以不断提高国防资源的分配与使用绩效。

二、美国国防预算的编制程序

美国国防预算编制工作是"规划—计划—预算—执行"制度（PPBE）的核心决策程序和配置环节，涉及"规划、计划、预算"三个阶段，主要任务是协调国防部、参联会、各军种部和联合司令部将能力需求转化为项目计划，最终以国防预算的形式分配经费。

（一）规划环节——明确战略目标

（1）在制定国家安全战略时提出资源保障需求。美国设有国家安全委员会等国家最高安全决策机构，从战略层次上加强国家安全事务协调，确定国家安全战略及所需资源。国家安全委员会在总统领导下，会同中央情报局、国防情报局、参联会及国防部长办公厅等部门，根据获得的情报来研判美国面临的安全威胁，制定《国家安全战略》（NSS），主要阐明国家利益、国家安全目标及优先顺序，提出资源保障需求。

（2）在制定国防战略时提出资源配置建议。根据《国家安全战略》（NSS），由国防部组织制定《国家防务战略》（NDS）和《四年防务评估报告》（QDR）等国防战略文件，其中：《国家安全战略》（NSS）是国防部战略规划的基础性文件，主要阐述美国的安全环境、国防战略目标、实现目标的主要途径、国防能力和手段、国防管理风险等；《四年防务评估报告》（QDR）较《国家安全战略》（NSS）要翔实，主要阐述美军未来20年建设的蓝图，涉及力量结构优化、力量现代化计划、基础设施、国防预算、装备采办等方面内容，可看作是美军展望未来而滚动推出的军队建设规划。这些国防战略文件就美国国防力量建设提出了具体要求，目的是确立国防部的关键目标，提供关于能力发展和国防资源配置组合内容的建议。

（3）在制定军事战略时提出作战需求和资源配置建议。由参联会主席会同各军种部和联合司令部在《国家安全战略》（NSS）、《国家防务战略》（NDS）和《四年防务评估报告》（QDR）的指导下，制定不考虑财政限制的《国家军事战略》（NMS），提出未来几年战略设想和支撑国家安全目标下的作战需求及完成任务的主要手段；并根据《国家军事战略》（NMS）制定《联合规划文件》（JPD），阐述各个领域建设的资源需求和各项计划的优先顺序。国防部长办公厅会同参联会，根据《联合规划文件》（JPD）制定《防务规划指南》（DPG），提出防务政策、目标与规划，选定优先发展的计划和项目，并由参联会进行评估。国防部长办公厅还要会同参联会、各军种部和联合司令部等部门制定《未来年份防务规划》（FYDP），确定美国未来两年的主要国防规划和优先发展能力，为计划阶段工作提供依据和指导。

（二）计划环节——明确建设任务

各军种部和联合司令部根据《防务规划指南》（DPG）中提出的联合作战能力发展优先次序、兵力发展规划和资源配置方针等方面的指示要求，编制《计划目标备忘录》（POM），描述中期（未来6年）的建设重点、任务优先顺序及可供运用的国防资源。

各军种部和联合司令部的《计划目标备忘录》（POM）编制完成后，交由参联会审查，重点评估军力水平、能力建设和财力收支平衡等方面的情况，以确保其与《国家军事战略》（NMS）、《联合规划文件》（JPD）、《防务规划指南》（DPG）等规划文件的要求相一致。审查后，参联会主席针对各军种部和联合司令部的《计划目标备忘录》（POM）中存在的问题和可能发生的风险，发布《主席计划评估报告》（CPA），提出可选择的计划和预算建议，供国防部部长参考。国防部长办公厅在研究《主席计划评估报告》（CPA）后，发布《计划决定备忘录》（PDM），认可或调整各军种部和联合司令部编制的《计划目标备忘录》（POM）中的具体计划，为各军种部和联合司令部编制预算提供明确依据。

（三）预算环节——明确保障资源

各军种部和联合司令部依据《计划决定备忘录》（PDM）的指示要求，调整各自《计划目标备忘录》（POM）中的具体计划，概算各计划所需经费，并汇总形成各自《预算概算书》（BES）上报。《预算概算书》（BES）经参联会进行"是否符合《防务规划指南》（DPG）、《计划决定备忘录》（PDM）等法规文件要求"的合规性审查后，交由国防部副部长（主计长）审查。国防部部长主持下的国防规划与资源委员会对上述文件审议后，发布《计划决策备忘录》，确定下一财年预算框架。国防部办公厅与总统管理和预算局就财力资源需要与可能进行商讨，经协商无重大分歧后，发布《计划预算决定》，形成国防部和各军种部等部门签署的《重大预算问题书》，并发送到总统管理和预算局，成为《总统预算》的国防预算部分，由总统签署《总统预算》提交国会审议；最后由国会批准《国防授权法》和《国防拨款法》，以法案形式下达财年国防预算。

根据"规划—计划—预算—执行"制度（PPBE）要求，美军目前实行"两年预算制"。偶数年是预算年，奇数年是非预算年。在非预算年，各军种部和联合司令部只需提交《计划变更建议书》和《预算变更建议书》，提出上一年国防预算的调整意见，确定非预算年的计划和预算。例如，2014财年是预算年，各军种部提出详细的2016财年和2017财年国防预算。而在2015年即非预算年，军种部和联合司令部不再提出详细的2017财年国防预算，而是对2014财年编制的2017财年国防预算进行调整。

通过对美国国防预算编制各阶段工作的分析，可以看出：美国国防预算编制是在制定军事战略同时生成作战需求，通过规划牵引完成作战需求向建设需求的转化，并前置资源配置周期、前移需求审核论证关口，以促使战略与预算的紧密衔接。

三、美国国防预算的审查评估

在预算制度的权力结构、工作流程和技术方法这三大要素中，权力结构最终决定资源配置效率。因此，对预算的审查评估就显得极为重要。经国防实践检验和绩效管理引领，美国国防预算审查评估构建了以国家和军队高层为主导、专职机构为骨干、协调机构为支撑、军地智囊机构为补充的组织架构，形成了审查评估相融合、监督控制相支撑的制度机制和管理方法。

（一）统帅机关主导国防预算的审核评估工作——把方向

《美国联邦法典》中明确规定了总统、国防部长、参联会主席、军种部长和联合司令部司令在规划计划制定中的评估职能，这为国防预算审核工作提供了法制保障。总统就任 5 个月内主导制定《国家安全战略》（NSS），并组织国家安全委员会、国防部净评估办公室开展战略环境和能力净评估。第 1 年的 6 月前，为制定《国家防务战略》（NDS），国防部部长结合《四年防务评估报告》（QDR），组织国防战略审查、力量发展规划及预算评估、改革方案评估、重大项目建设绩效评估、战略管理绩效评估等工作，以对战略环境、安全目标和能力需求等进行全面评估。第 3 年的 4 月前，为制定《国家军事战略》（NMS），参联会主席组织军事战略评估、军事需求评估、4 年使命任务评估、联合战略评估、力量运用规划评估、作战准备评估、联合作战能力评估等工作，以对未来 20 年战略环境及风险进行评估。每年围绕总统国情咨文和国防部部长向国会报告，各军种部长和联合司令部司令组织相关机构持续收集信息，研判重要安全领域和战略方向形势动向，针对战略性突发情况及时组织专项预研和跟踪研究，并提供分析研判结论。

（二）专职机构主责国防预算的审核评估工作——保科学

美军围绕"规划—计划—预算—执行"系统的运行环节，按照有决策就有评估、谁决策谁主导评估、运动员裁判员相对分离的原则，建立了职能部门拟制决策方案、评估部门独立审查论证、高层领导机关权衡定案的审核评估机制。

（1）审核评估下位战略与总体战略的匹配性和科学性。参联会主席形成《国家军事战略》（NMS）文本后，先提交国防部部长审查，由净评估办公室牵头对其是否符合《国家安全战略》（NSS）与《国家防务战略》（NDS）、能否支持实现国家安全目标等提出评估意见，尔后呈报总统审批；军种战略、战区战略、重要安全领域战略在报国防部战略计划与政策部门审查的同时，报有关专职评估机构进行评估，确保上下位战略衔接协调。此外，参联会每年定期组织联合战略审查，根据战略环境评估结论，提出修订相关战略的意见建议。

（2）审核评估军事需求、兵力规模结构、项目计划安排和军费资源配置的适应性和有效性。规划编制前，联合需求监督委员会组织联合司令部资源、需求与评估部门，自下而上对未来作战能力需求、兵力规模结构需求和各领域建设资源需求进行评估，提出《综合优先清单》和《主席项目建议》报告，为参联会编制《联合规划文件》（JPD）提供需求牵引。《防务规划指南》（DPG）发布后，各军种和联合司令部修订《计划目标备忘录》（POM），国防部费用分析与规划评估办公室牵头，对各部门和单位提报项目的必要性、资源需求合理性、项目优先次序和可能风险等进行评估，为制定《计划决策备忘录》和《计划预算决定》提供关键支撑。计划编制过程中，战略计划与政策部门反复将计划文稿送参联会主席、各军种部部长和联合司令部司令审查评估，剔除不符合军事需求项目、避免重复建设，确保计划安排项目是军队急需、不可替代的项目。计划审定前，再次送参联会主席对项目及预算满足军事战略、作战需求等方面进行评估，《主席计划评估报告》作为独立附件随计划一并呈报审批，成为国会决策国防费拨款的重要依据。

（3）审核评估军事改革方案、建设项目可行性与预算经费的价值性和可行性。军种改革方案评估由军队改革与资源办公室牵头，国防部费用与规划评估办公室负责对军种请求项目的改革价值和可行性进行评估，形成《战略改革评估报告》和《项目预算评估报告》，为国防部部长审定军种转型路线图提供决策依据。参联会部队结构、资源与评估部负责重要资源配置和重大采办项目的评估并提供建议；各军种参谋部（海军作战部）的资源需求与评估部，以及6个区域性司令部的联合需求与资源评估部，负责对本军种和本作战区域的资源需求和建设项目做出评估。

此外，美国国防大学战略研究所和各军种分析中心，以及兰德公司、企业研究所、传统基金会、布鲁金斯学会、战略和预算评估中心、三角安全研究项目、新美国安全中心等军地智囊机构，承担军方部署的大量项目预算评估任务。

（三）绩效评估运用于国防预算的全过程——重成效

美军在国会监督指导下建立了国防预算支出绩效评估办法，形成了系统、科学的国防预算绩效管理机制。

（1）在规划环节明确绩效评估目标。通过颁布《国家安全战略》（NSS）、《国家防务战略》（NDS）和《四年防务评估报告》（QDR）等国防战略文件，明确国家安全、国防建设和军队各部门建设发展战略目标，将其作为国防预算绩效评估的基本依据。如2010年《4年防务评估报告》（QDR）确认了5个战略目标，国防部绩效预算任务小组（PBTF）又将这5个战略目标分解细化为20个战略目的，并将每个战略目的与所需要的资源类别联系起来，作为国防预算绩效管理的目标。

（2）在计划预算环节制定绩效评估计划。国防部发布未来6年的中期发展计划——《计划目标备忘录》（POM）后，国防部绩效预算任务小组（PBTF）以此为基础，制定可用于评估每个战略目的的完成情况的相关绩效指标，并为每个绩效指标提出可能实现的长期绩效目标，再将长期绩效目标分解为当前年度和下一年度有可能实现的年度绩效目标，最终汇总形成由国防部发布的《年度绩效计划》（APP）和《计划预算决定》。

（3）在执行环节加强绩效报告。国防预算进入执行阶段后，国防部费用分析与规划评估办公室持续跟踪评估经费使用情况，并于每季度会同审计部门对各单位和部门预算的绩效达标情况进行评估，向国会预算办公室报告国防费使用情况和审计报告。美国国会立法明确，如果一项重大军备项目采办费用超过 15% 必须提交国会审议，超预算 25% 则应立即停止计划，重启论证评估，并由国防部部长向国会做出合理解释，否则项目可能被取消。在每个财年中期，国防部部长要向总统和国会提交《财政年度实施报告》，汇报年度国防预算执行情况和下一年的预算安排意见，国会根据国防预算评估意见，修正拨款实际数额。

（4）对国防预算绩效管理状况实施行政问责。国防预算管理过程除接受国防部总监察长的内部审计外，隶属国会的政府问责办公室还会根据《年度绩效计划》（APP），对国防费使用情况进行全方位评估，对管理不善的项目负责人或部门领导将实施行政问责。

四、对完善我军预算制度的启示

预算是战略规划的重要环节，预算工作的科学化程度在很大意义上体现着战略管理的水平。因此，借鉴美国国防预算管理方面的经验做法，对优化和完善我军预算制度具有重要的启示意义。

（一）以规划计划牵引军事资源的配置方向

美军的战略管理主要基于对国家安全威胁的分析研判和国防战

略的审查评估，通过适时调整国防战略和军事战略、出台 4 年防务评估报告等举措，明确一个时期的战略指导、战略目标和战略任务，并论证测算军事需求；进而确定军队中长期建设发展规划、建设任务的优先次序和发展重点，编制财年国防预算方案，形成了战略规划与建设任务紧密耦合、战略和资源充分互动的运筹格局。因此，我军资源配置应重视战略规划的牵引作用，通过构建总体战略、专项规划、建设计划衔接配套的战略管理体系，从全局选择优先保障项目、理清资源保障先后顺序，编制发布年度重要资源统筹配置目录，聚焦军事资源保障重点，为编制和审核评估军费预算提供依据。

（二）以管控机制规范军费预算的运行路径

美国国防预算管控体系较为完善，战略审查、绩效评估、行政问责等手段作用发挥较好。国会设有政府问责办公室，对国防部财务、合同、采购、供应等活动进行监督；国防部国防规划与资源委员会、费用分析与规划评估办公室、国防合同审计局等机构，对资源分配和管理进行论证评估与审计监察；参联会部队结构、资源与评估部，对资源使用和部队结构提出评估分析建议，由国防部根据各方意见及时调整投向投量，做出增加、延缓或中止建设项目的决策。因此，我军预算管理应加强管控机制建设，可由中央军委战略规划办公室牵头，依托军事、技术、经济等领域专家组成的智囊团，在规划阶段审查战略规划、方针指南的可行性，论证财力需求与供给可能；在计划预算阶段评估建设计划、任务项目与上位战略的匹配性，审核评估预算编制的科学性；在预算执行阶段，全程跟踪问效，规范任务进度和财力保障；在任务完成后，对预算执行情况全面进行评估，并将评估结果作为于下一年预算分配的重要依据。

（三）以绩效管理提升军费预算的保障效能

美国国防预算管理是以国家安全战略、国防战略和军事战略目标为导向，将战略目标层层分解、细化为具体的绩效目标，根据绩效目标来编制预算，分配国防资源，并在预算执行后对照绩效目标进行系统评估，调控资源分配，以保证战略目标的实现。这一管理模式清晰反映了预算绩效的生成机理，有力提高了预算管理的整体效能。因此，我军预算管理应引入绩效管理模式，从规划计划制定、预算编制程序、预算执行评估、评估反馈与运用等制度入手，逐步建立起"预算编制有目标、预算执行有监控、预算完成有评估、评估结果有反馈、反馈结果有运用"的军费预算绩效管理制度体系。

参考文献

[1] 杰里.L.麦卡菲，L.R.琼斯.国防预算与财政管理 [M].陈波，邱一鸣，译.北京：经济科学出版社，2015.

[2] 郭中侯.世界典型国家国防费管理与启示 [M].北京：军事科学出版社，2013.

[3] 杨伶.美军军费绩效管理的实质：预算与绩效的统一 [A].汉江论坛：2015 应用科学国际会议暨军事经济研究中心年会论文集 [C].北京：海潮出版社，2015.

我国军民融合政策文本计量与优化路径研究*

夏后学　　王鹏程

一、引言

加快形成全要素、多领域、高效益的军民融合深度发展格局，逐步构建军民一体化的国家战略体系和能力，是以习近平同志为核心的党中央做出的重大战略部署。研究和阐释这一重大战略部署，对深入学习贯彻习近平新时代中国特色社会主义思想、推进落实国家安全战略等具有重要意义。

十九届六中全会审议通过的《中共中央关于党的百年奋斗重大成就和历史经验的决议》进一步强调，统筹发展和安全，加快国防和军队现代化。十八大以来，党中央、国务院坚持统筹国防与经济建设，持续推进军民融合深度发展，国防实力和经济实力同步提升，

* 基金项目：江苏省社科基金青年项目"应对重大突发公共事件的江苏军民融合科技资源平台化整合机制研究（20GLC013）"；国家社会科学基金重大招标项目：构建军民一体化国家战略体系和能力研究（20&ZD127）。
作者简介：夏后学，南京工业大学经济与管理学院副教授、博士；王鹏程，南京工业大学经济与管理学院本科生。

国家发展安全得到全面加强。随着外部发展环境深刻变化，特别是在百年未有大变局、疫情全球大流行、新一轮科技革命、大国间博弈加剧等叠加共振交织影响下，我国经济社会发展还可能面临一些新问题新挑战。立足新发展阶段，贯彻新发展理念，构建新发展格局，推动高质量发展，必须牢固树立总体国家安全观，推动形成军民一体化的国家战略体系和能力，提高国防与经济协调发展韧性，不断在前沿技术、新兴领域等竞争中谋取战略优势。

构建军民融合深度发展格局，形成军民一体化的国家战略体系和能力，离不开系统完备、衔接配套、有效激励的军民融合发展政策制度体系（游光荣等，2017）。长期以来，为破解军民二元分割结构难题，推动军民融合深度发展，提高军民融合发展效益，中央和地方相继出台一系列军民融合发展政策，包括指导意见、法律法规、规章条例以及一系列政策性、规范性文件，内容涵盖科技创新、产业发展、人才培养、技术标准、国防动员等相关领域。总的来看，现有国内文献对军民融合发展政策的定性阐述居多，相对缺乏政策可视化分析，尤其是在系统梳理并量化中央和地方两级军民融合发展政策方面，相关研究少见。在新发展阶段下，丰富这些方面的研究将有利于我们深刻解析军民融合发展政策的着力点，对推进军民一体化的国家战略体系和能力政策衔接等亦具有重要意义。

本文选取十八大以来中央和地方出台的重要政策文本，基于内容分析法，利用政策可视化研究工具和指数研究方法，通过分词提取、词频统计、语义网络分析等，从科技、产业、人才、标准等方面深度分析军民融合发展政策重点；在此基础上，运用 PMC 指数模型对相关政策开展进一步的适度评价，并提出新阶段军民融合发展政策的优化路径与建议。可能的研究贡献体现在以下两个方面：①综合运用文本挖掘、语义网络分析及 PMC 指数模型，探讨中央和地方层面代表性军民融合发展政策的着力点及其优化路径，为丰富政策可视化研究提供参考：②通过适度的政策评价，为促进政策有效衔接、推进新发展阶段军民一体化的国家战略体系和能力建设提供参考。

二、政策文本选取与语义网络分析

（一）文本选取

按照系统性、可得性、代表性等基本原则，基于科技创新、产业发展、人才培养、标准建设、国防动员等关键词，利用"北大法宝"数据库对文本主题及全文进行检索，选取十八大以来（2012–2021年）中央和地方出台的军民融合发展政策 76 份，用于文本挖掘和语义网络分析，22 份政策文本用于 PMC 指数运算，如表1。政策类型涵盖发展规划、指导意见、行动方案、实施意见、认定办法、行动方案等。所选政策文本涵盖内容全面且具有代表性，其中，"意见"计 10 份，"通知"计 12 份；中央及相关部委政策 5 份，省级政策文本 13 份，地市及其他政策本文 4 份。

表1　本文选取的政策名录

编号	政策名称	发文字号
P1	关于促进首台（套）重大技术装备发展的实施意见	苏工信装备〔2019〕189 号
P2	浙江省经信委 浙江省转升办关于加快推进全省军民融合产业发展的指导意见	浙转升办〔2017〕18 号
P3	江苏省军民融合产业示范基地认定办法的通知	苏经信国防〔2018〕465 号

编号	政策名称	发文字号
P4	安徽省人民政府办公厅关于推动国防科技工业军民融合深度发展的意见	皖政办〔2019〕27号
P5	关于印发《成都市促进军民融合产业加快发展的若干政策措施》的通知	成委厅〔2016〕85号
P6	福建省人民政府办公厅关于加快推动军民融合产业发展十一条措施的通知	闽政办〔2019〕30号
P7	杭州市人民政府办公厅关于加快军民融合产业发展的实施意见	杭政办函〔2018〕146号
P8	黑龙江省人民政府办公厅关于推动国防科技工业军民融合深度发展的实施意见	黑政办发〔2018〕53号
P9	关于印发《湖南省国防科技工业军民融合公共服务体系建设实施意见》的通知	湘经信军民结合〔2017〕794号
P10	湖南省人民政府办公厅关于印发《湖南省知识产权军民融合试点建设方案》的通知	湘政办发〔2018〕70号
P11	湖南省人民政府办公厅关于印发《加快推进国防科技工业军民融合深度发展的若干政策措施》的通知	湘政办发〔2018〕26号
P12	沈阳市人民政府关于印发沈阳市加快推进军民融合产业发展若干政策措施的通知	沈政发〔2018〕24号
P13	四川省人民政府办公厅关于推动四川国防科技工业军民融合深度发展的实施意见	川办发〔2018〕80号
P14	天津市人民政府办公厅关于推动国防科技工业军民融合深度发展的实施意见	津政办发〔2018〕11号

续表

编号	政策名称	发文字号
P15	浙江省人民政府办公厅关于加快军民融合产业发展的实施意见	浙政办发〔2018〕24 号
P16	工业和信息化部关于促进和规范民用无人机制造业发展的指导意见	工信部装 [2017]310 号
P17	国务院办公厅关于推动国防科技工业军民融合深度发展的意见	国办发〔2017〕91 号
P18	科技部、中央军委科学技术委员会关于印发《"十三五"科技军民融合发展专项规划》的通知	国科发资〔2017〕85 号
P19	国防科工局关于印发 2017 年国防科工局军民融合专项行动计划的通知	科工计〔2017〕604 号
P20	国防科工局关于印发《2016 年国防科工局军民融合专项行动计划》的通知	科工计〔2016〕204 号
P21	关于印发《关于推动中关村科技军民融合特色园建设的意见》的通知	中科园发〔2018〕58 号
P22	重庆市人民政府关于印发重庆市知识产权军民融合试点工作方案的通知	渝府发〔2018〕55 号

（二）分词提取与词频统计

首先，对政策文本进行清洗，构建政策文本挖掘数据库。通过ROSTCM6 软件对政策文本进行分词并统计高频词数，同时删除"建设""推动""推进""加强""给予"等无实际含义短语以及部分表示程度的副词，如"非常"等。以此为基础绘制高频词汇总表和词云图，如表 2 和图 1。

表2　政策文本高频词统计

编号	关键词	数量	编号	关键词	数量
1	军民融合	1417	26	体系	241
2	发展	1153	27	基地	238
3	科技	994	28	应用	234
4	国防	921	29	知识	227
5	企业	720	30	标准	222
6	技术	697	31	人才	222
7	军工	676	32	共享	220
8	单位	664	33	民用	214
9	项目	609	34	机制	211
10	创新	558	35	机构	203
11	军民	509	36	投资	200
12	服务	493	37	武器	199
13	国家	450	38	研究	192
14	装备	422	39	科工	190
15	工业	418	40	融合	187
16	重点	360	41	协同	170
17	资源	328	42	设施	169
18	科研	312	43	能力	168
19	政策	308	44	战略	166
20	管理	282	45	产权	165
21	成果	277	46	配套	165
22	领域	275	47	合作	164
23	平台	270	48	组织	164
24	重大	269	49	特色	161
25	转化	247	50	示范	160

图1　政策文本词云

词频统计结果显示，在所选取的政策文本文件中，"军民融合""发展""科技""国防""企业""技术""军工""项目""创新"等词汇的出现频率相对较高。不难发现，军民融合发展政策多用于促进军民产业融合、科技创新、成果转化、标准制定、人才培养等方面。同时，政策的作用层面涵盖国家、地方以及产业园区等。此外，为贯彻落实相关政策，在组织保障、资金支持、人才要素、技术指导、产权保护等方面亦出台一系列配套政策举措。

（三）语义网络分析

在频次统计的基础上，利用 ROSTCM6 软件、UCINET6 软件计算高频词的共现矩阵，对该矩阵进行标准化处理，进行网络中心性分析，绘制共现图、语义网络图并计算各节点的中心度，如图2、图3和表3。

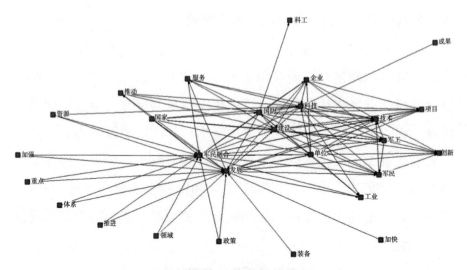

图2　政策文本高频词共现

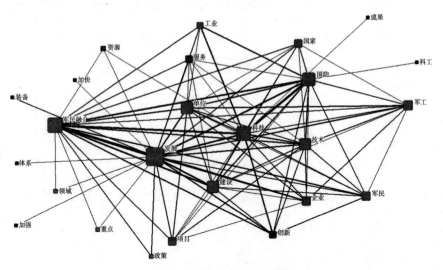

图3　政策文本语义网络

由分析结果可知，我国军民融合央地政策分析中网络中心度最大的是"发展"，其点度中心度为22，其次分别是"军民融合""科技""国防""技术""军工""企业"等。同时，政策文本语义网络的中心势为41.62%，表明网络相应节点之间存在一定的发散趋势，即我国军民融合政策在一定程度上存在地区差异，反映出不同地区政策各有侧重，需进一步强化政策协同效应。

在政策文本语义网络节点中，点度中心度最大的"发展"反映出政策文本的制定与实施在很大程度上聚焦"发展"，即推进军民融合战略促进经济社会发展，这在相关政策制定与实施过程中已有体现。而"军民融合"体现了政策文本的作用对象及着力点，进一步表明促进军民融合发展需重点关注"国防科工"领域，即在军民融合深度发展进程中，需以军工企业和民营企业融合发展为基础，发挥企业等市场主体作用，依托联合攻关项目、重大科研载体促进政策落地。

表3　政策文本部分节点的网络中心度

编号	关键词	Degree	NrmDegree	编号	关键词	Degree	NrmDegree
1	发展	22.00	48.89	14	服务	7.00	15.56
2	军民融合	18.00	40.00	15	工业	5.00	11.11
3	科技	16.00	35.56	16	资源	3.00	6.67
4	国防	15.00	33.33	17	重点	2.00	4.44
5	建设	13.00	28.89	18	领域	2.00	4.44
6	技术	13.00	28.89	19	政策	2.00	4.44
7	单位	13.00	28.89	20	加强	1.00	2.22
8	军工	10.00	22.22	21	装备	1.00	2.22
9	企业	9.00	20.00	22	科工	1.00	2.22
10	军民	9.00	20.00	23	成果	1.00	2.22
11	项目	8.00	17.78	24	体系	1.00	2.22
12	国家	8.00	17.78	25	加快	1.00	2.22
13	创新	7.00	15.56	26	平台	0.00	0.00

三、PMC 指数运算

PMC（Policy Modeling Consistency）指数是基于 Estrada 于 2010 年提出的 Omnia Mobilis 假说建立的政策评价模型。该模型认为事物之间存在广泛联系和运动特性，构建政策评价模型应尽可能广泛地选取变量且不应认为某一相关变量是不重要的。基于此，各一级变量下所设二级变量数目不应添加限制条件且各变量所设权重应当相同，模型采用二进制方法平衡所选变量（张永安，郄海拓，2017）。除上述特征之外，PMC 指数模型可以用于分析某项政策文本的内部一致性，在此基础上分析该政策文本的优劣势所在并通过可视化手段直观呈现各项政策文本的总体得分和单项评价结果。借鉴以往研究，本文通过以下五个方面构建 PMC 指数并对相关政策文本开展量化分析。

（一）政策文本选择

本研究对上述政策文本进行筛选和清洗，选择近五年（2017–2021 年）我国军民融合发展政策文本进行量化分析，样本源自中央及国家部委、省级管理部门、地市管理部门等出台的系列政策，具有优良的代表性、层次性等基本特点。在进一步清洗和筛选之后，选出军民融合发展政策 22 份，政策名录如表 1。

（二）变量分类与参数识别

如上所述，本文以我国军民融合发展政策为研究样本，运用多重技术方法对政策文本进行量化分析并提出政策优化路径。本文从性质、时效、层次、领域、主体、客体、评价、功能、保障、公开等方面构建军民融合政策量化分析框架，包括 10 个一级变量，且各一级变量根据研究需要下设二级变量，如表 4。变量设置完成后，对 PMC 指数模型涉及的参数进行设定。参考已有文献做法，本研究采取二进制方法设定二级变量参数以确保各二级变量处于同等重要地位且平衡各变量对评价结果的影响（张永安和耿喆，2015）。在对政策文本进行评分过程中，根据政策文本内容进行打分，其内容涉及一、二级变量时计为"1"，否则计为"0"，二级变量具体评分标准如表 4。

表4　军民融合政策适度评价变量分类

一级指标		二级指标									
$X1$	政策性质	$X1:1$	预测	$X1:2$	监督	$X1:3$	描述	$X1:4$	建议	$X1:5$	导向
$X2$	政策时效	$X2:1$	长期	$X2:2$	中期	$X2:3$	短期				
$X3$	政策层面	$X3:1$	国家级	$X3:2$	省级	$X3:3$	地市级				
$X4$	政策领域	$X4:1$	经济	$X4:2$	政治	$X4:3$	社会	$X4:4$	环境	$X4:5$	科技
$X5$	政策主体	$X5:1$	政府部门	$X5:2$	军口部门	$X5:3$	民口部门	$X5:4$	其他		
$X6$	政策客体	$X6:1$	政府部门	$X6:2$	民口企业	$X6:3$	军工企业	$X6:4$	非营利组织		
		$X6:5$	高校及科研院所	$X6:6$	其他						
$X7$	政策评价	$X7:1$	依据充分	$X7:2$	目标明确	$X7:3$	方案科学	$X7:4$	规划详实		

续表

一级指标	二级指标									
$X8$ 政策功能	$X8:1$	产业融合	$X8:2$	创新融合	$X8:3$	标准制定	$X8:4$	成果转化	$X8:5$	人才培养
	$X8:6$	产权界定	$X8:7$	信息融合						
$X9$ 保障激励	$X9:1$	法律法规	$X9:2$	税收激励	$X9:3$	补贴激励	$X9:4$	知识产权	$X9:5$	人才支持
	$X9:6$	专项基金	$X9:7$	行政审批						
$X10$ 政策公开	$X10$									

（三）建立多投入产出表

多投入产出表通过搭建可供选择的数据分析框架，全面衡量待评价的政策文本（丁潇君和房雅婷，2019）。参考已有研究文献，结合我国军民融合发展政策的多样化和区域性特征，本文将二级变量导入多投入产出表。因设定的二级变量综合反映政策文本所涵盖的内容，故多投入产出表亦可存储大量相关政策文本信息，如表5。

表5　多投入产出表

一级	二级				
$X1$	$X1:1$	$X1:2$	$X1:3$	$X1:4$	$X1:5$
$X2$	$X2:1$	$X2:2$	$X2:3$		
$X3$	$X3:1$	$X3:2$	$X3:3$		
$X4$	$X4:1$	$X4:2$	$X4:3$	$X4:4$	$X4:5$
$X5$	$X5:1$	$X5:2$	$X5:3$	$X5:4$	
$X6$	$X6:1$	$X6:2$	$X6:3$	$X6:4$	
	$X6:5$	$X6:6$			

一级	二级				
X7	X7：1	X7：2	X7：3	X7：4	
X8	X8：1	X8：2	X8：3	X8：4	X8：5
	X8：6	X8：7			
X9	X9：1	X9：2	X9：3	X9：4	X9：5
	X9：6	X9：7			
X10	X10				

（四）PMC 指数计算

第一，根据多投入产出表对研究所设定的一级变量和二级变量进行排列；第二，参照二级变量参数设置标准，按照公式（1）对各二级变量进行赋值，公式中 t 表示一级变量的序号，j 表示二级变量的序号；第三，根据公式（2）计算各一级变量的值，公式中 n 表示各一级变量下设二级变量的个数；第四，按照公式（3）计算各政策文本的 PMC 指数，在此基础上根据评分标准划分政策文本等级。本研究参照以往研究的做法（丁潇君和房雅婷，2019；杜丹丽和原琳，2019），对政策文本适度评价结果进行"优秀"、"良好"等级划分，如表6。

$$X_{t:y} \sim N\,[\,0,1\,]$$
$$t=1,2,3,4,5,6,7,8,9,10,\cdots,\infty \tag{1}$$
$$j=1,2,3,4,5,6,\cdots,\infty$$

$$X_t\left(\sum_{j=1}^{n}\frac{X_{tj}}{n}\right)$$
$$X_t \sim R\,[\,0,1\,]$$
$$n=1,2,3,4,5,6,\cdots,\infty \tag{2}$$

$$PMC = \begin{bmatrix} X_1\left(\sum_{i=1}^{5}\dfrac{X_{1i}}{5}\right) + X_2\left(\sum_{j=1}^{3}\dfrac{X_{2j}}{3}\right) + X_3\left(\sum_{k=1}^{3}\dfrac{X_{3k}}{3}\right) + \\[2ex] X_4\left(\sum_{l=1}^{5}\dfrac{X_{4l}}{5}\right) + X_5\left(\sum_{m=1}^{4}\dfrac{X_{5m}}{4}\right) + X_6\left(\sum_{n=1}^{6}\dfrac{X_{6n}}{6}\right) + \\[2ex] X_7\left(\sum_{o=1}^{4}\dfrac{X_{7o}}{4}\right) + X_8\left(\sum_{p=1}^{7}\dfrac{X_{8p}}{7}\right) + X_9\left(\sum_{q=1}^{7}\dfrac{X_{9q}}{7}\right) + X_{10} \end{bmatrix} \qquad (3)$$

表6　政策等级评价

PMC得分	9–10	7–8.99	5–6.99	3–4.99	0–2.99
等级评价	完美	优秀	良好	可接受	不良

按照上述计算步骤，为保证政策评分的客观、完整、全面，本文在内容分析的基础上运用文本挖掘技术，首先利用ROSTCM6软件分别对各项政策文本进行分词处理，获取政策文本关键词；综合专家打分和文本挖掘结果，对于政策文本中出现的内容，相应二级变量评分为"1"，否则计为"0"。其次，依据本文评分标准得到各项政策文本的多投入产出表。最后，利用式（1）–式（3）计算各政策文本的PMC指数，结果如表7。

表7　政策文本PMC指数

指标 / 政策	X1	X2	X3	X4	X5	X6	X7	X8	X9	X10	均值	PMC	等级
P1	1.00	0.33	0.33	1.00	0.75	0.83	1.00	0.71	0.86	1.00	0.78	7.82	优秀
P2	1.00	0.33	0.33	0.80	0.50	1.00	1.00	1.00	0.57	1.00	0.75	7.54	优秀
P3	0.40	0.33	0.33	0.80	0.50	0.83	1.00	0.71	0.57	1.00	0.65	6.49	良好
P4	0.60	0.33	0.33	1.00	0.25	1.00	1.00	1.00	0.71	1.00	0.72	7.23	优秀
P5	0.60	0.33	0.33	0.80	0.50	1.00	1.00	0.86	0.57	1.00	0.70	7.00	优秀
P6	0.60	0.33	0.33	1.00	0.25	0.83	1.00	1.00	0.71	1.00	0.71	7.06	优秀
P7	0.80	0.33	0.33	1.00	0.25	1.00	1.00	0.86	0.57	1.00	0.71	7.15	优秀
P8	0.60	0.33	0.33	1.00	0.25	1.00	1.00	1.00	0.57	1.00	0.71	7.09	优秀
P9	1.00	0.33	0.33	0.80	0.25	1.00	1.00	0.71	0.71	1.00	0.71	7.15	优秀

指标 政策	X1	X2	X3	X4	X5	X6	X7	X8	X9	X10	均值	PMC	等级
P10	1.00	0.33	0.33	0.60	0.25	0.67	1.00	1.00	0.57	1.00	0.68	6.75	良好
P11	0.60	0.33	0.33	0.80	0.25	1.00	1.00	0.86	0.86	1.00	0.70	7.03	优秀
P12	0.60	0.33	0.33	0.60	0.25	0.67	1.00	1.00	0.57	1.00	0.64	6.35	良好
P13	0.80	0.33	0.33	0.60	0.25	1.00	1.00	1.00	1.00	1.00	0.73	7.32	优秀
P14	0.60	0.33	0.33	1.00	0.25	1.00	1.00	0.86	0.86	1.00	0.72	7.23	优秀
P15	1.00	0.33	0.33	1.00	0.25	1.00	1.00	1.00	0.71	1.00	0.74	7.43	优秀
P16	1.00	0.33	0.33	1.00	0.25	0.67	0.75	0.43	0.43	1.00	0.62	6.19	良好
P17	0.60	0.33	0.33	0.80	0.25	0.83	1.00	1.00	1.00	1.00	0.71	7.15	优秀
P18	1.00	0.33	0.33	0.80	0.50	1.00	1.00	0.86	0.71	1.00	0.75	7.54	优秀
P19	0.60	0.33	0.33	1.00	0.25	0.83	1.00	1.00	1.00	1.00	0.73	7.35	优秀
P20	0.60	0.33	0.33	1.00	0.25	1.00	1.00	1.00	0.86	1.00	0.74	7.37	优秀
P21	0.80	0.33	0.33	0.60	0.25	1.00	1.00	0.86	0.71	1.00	0.69	6.89	良好
P22	1.00	0.33	0.33	0.60	0.25	1.00	1.00	0.57	1.00	1.00	0.71	7.09	优秀
均值	0.76	0.33	0.33	0.84	0.32	0.92	0.99	0.88	0.73	1.00	0.71	7.10	

（五）绘制 PMC 曲面

首先将各项政策的 PMC 指数代入式（4）PMC 矩阵，因"政策公开"一级指标的评分均为 1，无法有效体现政策文本 PMC 曲面的差异性，故参考以往研究（刘建朝和李丰琴，2021），在 PMC 指数模型中去除"政策公开"一项，最终形成 3 阶评价矩阵并据此绘制军民融合政策文本的 PMC 曲面图。限于篇幅，本文仅汇报部分政策的 PMC 曲面，如图 4-1 至图 4-8。

$$PMC \, 曲面 = \begin{pmatrix} X_1 & X_2 & X_3 \\ X_4 & X_5 & X_6 \\ X_7 & X_8 & X_9 \end{pmatrix} \quad （4）$$

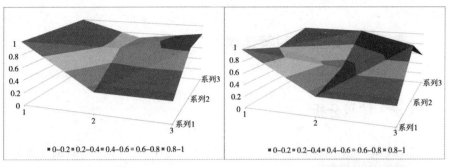

图4-1　P1政策PMC曲面　　　　图4-2　P2政策PMC曲面

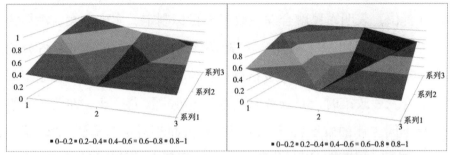

图4-3　P3政策PMC曲面　　　　图4-4　P4政策PMC曲面

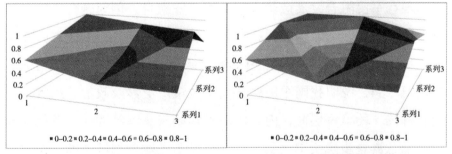

图4-5　P5政策PMC曲面　　　　图4-6　P6政策PMC曲面

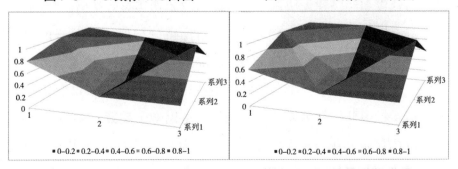

图4-7　P7政策PMC曲面　　　　图4-8　P8政策PMC曲面

五、结果分析与对策建议

（一）结果分析

从政策一级指标看，除"政策公开（$X10$）"得分均值为1.0外，"政策评价（$X7$）"一级指标得分均值0.99分，高居所有政策一级指标首位，表明军民融合发展政策在目标制定、实施方案、规划指引等方面相对更加完善齐全。"政策客体（$X6$）"一级指标得分均值0.92分，居所有政策一级指标第二位，说明中央和地方在制定军民融合发展政策时，充分考虑了军工企业、民营企业、非营利性组织等不同主体的发展特征，政策的覆盖面相对更为宽泛。"政策功能（$X8$）"一级指标得分均值0.88分，居所有政策一级指标第三位，表明现有军民融合发展政策高度重视产业融合、创新融合、信息融合、成果转化、人才培养、标准制定、产权界定等，上述方面亦构成了军民融合发展政策的主要内容。"政策领域（$X4$）"一级指标得分均值0.84，说明我国军民融合发展政策广泛涉及政治、经济、社会、科技、环境等层面，内容范围基本涵盖我国经济社会发展的各个领域，进一步表明中央和地方在拓展军民融合领域范围、积极推进国防建设与经济建设协调发展方面采取了切实有效举措。"政策时效（$X2$）"、"政策层面（$X3$）"一级指标得分均值0.33分，说明军民融合发展政策较为注重时效性，不同层面的政策衔接需要进一步加强。而"政策主体（$X5$）"一级指标得分均值仅为0.32分，在所有一级指标得分中排名靠后，表明现有军民融合政策多由政府部门、军口部门制定实施，相对缺乏民口管理部门制定并推进实施的政策体系。

从不同政策层面看，中央及国家部委制定出台的系列政策 PMC 得分较高，五大政策体系中有 4 项政策评为"优秀"等级，"优秀"等级比重达 80%。其中，科技部、中央军委科学技术委员会印发的《"十三五"科技军民融合发展专项规划》PMC 得分 7.54 分，在所有政策文本中并列第二位，较第一位分值差 0.28 分。表明中央及国家部委制定出台的系列政策设计科学合理。在地方政策中，由江苏省工信厅、发改委、科技厅、财政厅等多部门联合制定下发的《关于促进首台（套）重大技术装备发展的实施意见》PMC 得分 7.82 分，位居所有政策文本首位，其"政策性质（$X1$）"得分 1.0、"政策领域（$X4$）"得分 1.0、"政策评价（$X7$）"得分 1.0、"政策公开（$X10$）"四项政策一级指标得分均位列第一位。该项政策从首台套研发创新体系、首台套认定管理体系、首台套示范应用体系、知识产权保护和运用服务体系、高端人才支撑体系等方面，系统地提出了促进首台（套）重大技术装备发展的指导意见，内容全面且适用性优良。此外，浙江省经信委等部门制定出台的军民融合产业发展指导意见 PMC 得分 7.54 分，在所有政策文本中并列第二位。

（二）对策建议

根据 PMC 指数、政策曲面以及分析结论，本文从宏观（中央及国家部委部门）、中观（省级部门）、微观（地市及其他部门）三个层面，提出军民融合发展政策的优化路径与对策建议，为推进新发展阶段军民一体化的国家战略体系和能力建设提供参考。

（1）从中央及国家部委政策视角看，在推进军民融合产业发展方面，参考性的政策优化路径为 $X6>X5>X8$，即探索扩大军民融合政策适用主体，如考察产业联盟、商业协会等组织在推进军民融合深度发展方面的积极作用，适当采取相应的激励举措；从政策制定主体看，亦可适度鼓励工商管理部门、产业规划部门等行政管理部门参与政策制定，在政策目标拟定、政策方案制订、政策推进落实等方面发挥相关部门职能作用。从政策功能看，在协同创新、产业发展、人才培养、成果转化、标准制订等层面，进一步强化军民融合深度发展效益。

（2）从省级政策视角看，PMC 得分均值 7.18 分，高于本文选取的政策样本均值；参评政策获"优秀"等级的比重为 84.6%，低于总体水平约 2 个百分点。参考性的政策优化路径为 X4>X9>X2，即进一步扩大军民融合政策内容范围，从管理条例、资金补贴、产权保护等方面提高政策激励保障，并适度调整军民融合政策时效考核，由注重短期时效向中长期时效并重转变。分区域看，华东地区军民融合政策 PMC 指数显著高于其他地区，中部地区、西南地区等政策提升空间相对更充足。建议适度拓展湖南、四川等中西部省份军民融合发展领域，提高军民融合政策激励保障，在科技创新、标准制订、人才培养等方面推动形成一体化发展格局。

（3）从地市政策视角看，PMC 指数略低于省级层面政策得分，"优秀"等级占比为 50%。总体上地市层面的军民融合政策在发展目标、实施方案、规划范围等方面相对滞后，政策功能需要持续强化，参考性的优化路径为 X9>X4>X1。建议从行政审批、专项基金、人才队伍建设等层面进一步加强军民融合政策支持力度，优化调整军民融合政策获取门槛，提高军民融合政策实施效益；适度扩大军民融合发展政策覆盖范围，增强军民融合政策在营造良好市场环境、激发市场主体活力等方面的激励作用。

参考文献

[1] 丁潇君，房雅婷 . "中国芯"扶持政策挖掘与量化评价研究 . 软科学，2019（04）.

[2] 杜丹丽，原琳，高琨 .2010—2017 年京津冀中小企业科技创新政策评价 . 中国科技论坛，2019（10）.

[3] 刘建朝，李丰琴 . 京津冀产业协同政策工具挖掘与量化评价 . 统计与决策，2021（20）.

[4] 游光荣，闫宏，赵旭 . 军民融合发展政策制度体系建设：现状、问题及对策 . 中国科技论坛，2017（01）.

[5] 张永安，耿喆 . 我国区域科技创新政策的量化评价——基于 PMC 指数模型 . 科技管理研究，2015（14）.

[6] 张永安，郄海拓 . 国务院创新政策量化评价——基于 PMC 指数模型 . 科技进步与对策，2017（17）.

新时代国防经济学发展动态*

王　磊　谭清美

一、引言

《中共中央关于制定国民经济和社会发展第十四个五年规划和2035年远景目标的建议》中强调，新时代国防经济发展要促进国防实力和经济实力同步提升。这是以习近平同志为核心的党中央站在时代和战略高度，立足国家发展和安全全局，将中国梦和强军梦融为一体的执政兴国大方略。新时代国防经济学者要领会精神实质，把握根本要求，统筹推进国防和军队建设与经济社会发展，全面实现社会主义现代化的宏伟目标。2016年开始的"中国国防经济学年度人物和优秀成果"评选活动以及2019年开始举办的"国防经济学家论坛"，共同构成了新时代国防经济学发展的重要标志性活动，

　　*基金项目：国家社会科学基金重点项目（19AGL003）；江苏高校哲学社会科学研究项目 (2021SJA0177)。

　　作者简介：王磊，男，博士，讲师，江苏连云港人，研究方向：军民融合、国防经济、产业创新。谭清美，男，博士（后），教授二级、博士生导师，山东临朐人，研究方向：军民融合、技术经济、产业创新。

其后相继出版了《国防经济评论 2020》《国防经济学家观察 2020》，产生了诸多国防经济新思想、新观点，探讨了国防经济学未来发展的新方向、新领域。

二、新时代国防经济学主要代表性学术思想

从近几年国防经济学国防经济学科的最新文献和学术报告看，专家和学者们的代表性学术思想主要集中在军民融合国防经济体系、备战打仗和祖国统一、军民科技协同创新、国防科技工业现代化、国防动员体系建设、退役军人发展问题、军工融资和国防预算、军品贸易发展、国防经济学科发展和国外经验借鉴等方面。

首先，聚焦军民融合国防经济体系建设。顾建一教授（2021）指出，国防经济学研究的主要内容可以分为基础理论研究和应用理论研究两大部分。基础理论是从总体上认识国防经济活动的现象和本质，揭示国防经济运行规律的系统化的理性认识。应用理论是基础理论在国防经济运行过程中的运用和具体化，是对国防经济活动具有应用性目的，并能指导国防经济活动的系统化的理性认识。深刻认识军民融合活动本质，科学把握军民融合发展特点规律，弄清军民融合运行机理，对统一思想认识，理清工作思路，破解发展瓶颈，强化各项工作落实，促进军民融合由初步融合向深度融合发展具有重要意义[1]。需要要正确处理国防支出与国民收入之间、国防经济与国民经济、国防消费与国防供应之间的比例关系；需要保持合理的国防经济规模，通过弄清国防经济规模的含义，进而评价国防经济适度规模及标准；以此构建军民兼容、寓军于民的武装力量体系、装备生产体系、科技创新体系、人才培养体系、保障体系、基础设施体系等[2]。姜鲁鸣教授（2021）指出，推进新时代强军事

业，达成机械化信息化智能化融合发展的战略目标，必须紧紧依靠一体化国家战略体系和能力，通过促进国家安全战略和国家发展战略在各层级、各领域的统筹协调和有机衔接，实现国防实力和经济实力同步提升效益最大化[3]。卢周来教授（2018）认为，军民融合发展战略，其实质是一体化配置国家经济科技资源，构建一体化国家战略体系和能力，获取"一份投入、两份产出"的宏观经济和安全效益。这种效益，在平时体现为国家综合实力，在战时又能迅速转化为国家战争潜力和军队战斗力。因此，走军民融合式发展道路，既能够为实现强国梦提供雄厚的物质技术基础，又能为实现强军梦提供充足的实力支持[4]。孙兆斌教授（2020）认为，军民融合联盟链网的利益分配是一个复杂的问题，现有的各种利益分配决策方法均存在一定的问题。比如，Shapley 值法的应用需要有军民融合联盟链网中企业间各种组合的具体效益值才能确立分配权重。实际上，如果难以获得各种组合效益的实际数值，也可通过模糊数学、层次分析、专家赋权等方法比较各企业各项竞争力来近似估算各种组合的可能效益，从而得出 Shapley 值法所需数据。军民融合联盟链网的正常运行，既需要各级政府的协调指导，更需要公共事业部门和社会中介机构在军企与民企之间搭建桥梁提供相关信息，可以从联盟链网的利润总额中预留出一定的中介服务份额，份额的多少取决于社会的平均中介服务价格和中介方与生产方之间的讨价还价水平等[5]。孟斌斌、史良和戚刚等学者（2021），探讨了军民融合发展制度框架的经济学理论基础。微观层面，关注军地各类主体的以技术扩散为核心的学习行为、研发竞争、装备采购等；中观层面，关注市场结构变化和产业动态演化，涉及国防工业改革、国家产业布局等；宏观层面，关注国家经济社会发展重点和导向。提出国防高新技术扩散——产业网络演化——一体化国家发展概念性框架，把它们纳入同一个逻辑体系，并探索其内在规律[6]。桂泽宇、董晓辉（2021）认为，国防专利转民用价值评估的现实难点包括：国防专利评估运行机制亟待规范；国防专利评估服务体系有待优化；国防专利评估配套制度不够完善。因此，需要构建统一领导、军地协调、顺畅高效的组织管理体系；需要构建需求牵引、市场运作、平台支撑的工作运行体系；需要完善有效激励、系统完备、衔接配套的政策制度体系等[7]。

其次，聚焦备战打仗和祖国统一。吴少华教授（2019）指出，当前国防经济学研究，要坚持以备战打仗为中心的研究导向，以专家的角度观察国情军情，以朴素的情感反映部队实际，承担起记录新时代、书写新时代、讴歌新时代的崇高使命，深入扎根国防，紧贴部队生活，把部队实践作为获取知识、探索规律、发现真理的宝藏；把贯彻国防需求、服务军队建设作为研究的目标，把学问写在部队官兵心坎里；着重加强基础性、全局性、前瞻性问题研究，实现学术研究与科学决策良性互动，为推动国防建设高质量发展提供理论支撑和智力支持[8]。游光荣教授（2019）认为，军队要遵循国防经济规律和信息化条件下战斗力建设规律，自觉将国防和军队建设融入经济社会发展体系。能否研究出新时代国防经济规律、战斗力建设规律供国防和军队建设遵循，既是国防经济学使命中的机遇，也是机遇中的挑战。因此，面对新时代新使命，国防经济学人必须在认真总结过去学科发展、理论建设经验的基础上，紧密结合新时代国防和军队建设的任务需求，重点抓住国防和军队建设决策中亟待解决的深层次矛盾和问题进行研究，切实为决策者提供强有力的理论支撑[9]。刘晋豫教授（2021）认为，新时代国防经济学的发展要在管用上下功夫。一是紧跟中央最新精神，在推动中央战略决策部署落实上下功夫、出成果；二是紧跟国家安全形势及国防军队建设新变化，在推动我国国防军队现代化建设上下功夫、出成果；三是紧跟世界科学技术特别是国防科技发展变化新趋势，在推动国防科技创新上下功夫、用气力；四是紧跟经济学发展前沿，在完善理论体系，创新研究方法上下功夫、用气力[10]。

　　第三，聚焦军民科技协同创新。纪建强教授（2021）认为，破解科技协同创新难题，实现科技创新模式变革，需要剖析军民科技协同创新面临的现实问题，找到突破协同创新的动力机制，完善促进协同创新的政策制度。要深度参与全球科技创新治理的现实需要；适应大科学时代科技创新规律的内在需要；贯彻国家发展战略的迫切需要。当前，我国军民科技协同创新方面，条块分割管理体制制约协同创新顺利实施；缺少有效的利益协调机制阻碍着协同创新高效实施；尚未构建配套的服务体系制约着军民科技协同创新的落地生效。因此，需要实现"三个一体化"，形成军民科技协同创新的体制机制诱导力；需要健全"三个机制"，激发军民科技协同创新的主体内在驱动力；需要搭建"三个平台"，提高军民科技协同创新的中介保障力[11]。王子龙教授等（2020）从投入产出角度，以2015—2019年中国88家军民融合上市企业为研究样本，运用动态 StoNED 模型、空间变差函数模型和空间统计等方法，分析空间异质性视角下的军民融合企业技术创新效率。针对军民融合企业技术创新存在的问题，提出空间异质性视角下军民融合企业技术创新效率提升的政策建议[12]。谭清美教授等（2022）认为，当前军民融合协同创新网络尚未实现资源有序联系和科学配置，揭示军民融合产业协同创新网络的内在运行机制和逻辑，对优化军民融合产业，提高协同网络运行效率具有重要意义。在军民融合产业协同创新网络中，政府是核心行动者；国有军工企业、军队等是其他人类行动者；产业环境、发展愿景是非人类行动者。协同创新网络初期运行过程中，政府通过识别强制通行点，挖掘并赋予合作利益，吸引其他行动者加入网络。协同创新网络进入动员阶段后存在多种参与模式，核心行动者或变为军工企业，需要各行动者及时调整身份[13]。

第四，聚焦国防科技工业现代化建设。杜人淮教授等（2021）认为，新时代赋予了我国国防科技工业高质量发展全新的内涵，需要优化国防科技工业布局；注重统筹兼顾国家安全利益与发展利益；促进国防实力和经济实力同步提升；推动构建一体化国家战略体系和能力；服务和助力构建新发展格局。新时代在高质量发展中优化国防科技工业布局要注重战略规划引领、法规政策支撑、市场机制驱动[14]。李湘黔教授等（2021）从时代需求、体系框架与实现路径三个维度剖析了国防科技工业治理的理论和实践问题。认为新时代国防科技工业治理是一项复杂的系统工程，不仅涉及相关治理主体、治理对象，还涉及将这些主体和对象联系起来的治理机制。推进新时代国防科技工业治理，应站在实现中华民族伟大复兴的中国梦、强军梦的战略高度，走一条符合国家一体化战略体系与能力建设要求的国防科技和武器装备发展道路[15]。

第五，聚焦国防动员体系建设。樊恭嵩教授（2021）指出，应做好反独促统大规模战争经济动员准备。首先，经济动员建设要以实战需求为牵引；其次，经济动员储备要以蓄积产能为重点；第三，经济动员模式要向智慧保障型转变。新时代大规模战争经济动员应抓好的几个重点：一是健全动员法规体系，奠定依法动员根基；二是遵循精准快捷要求，完善军地联动机制；三是建立权责清单制度，统筹民用资源征用[16]。李超民教授等（2021）认为，实现跨越式发展必须研究信息化战争的特点，推动国民经济动员体制建设；要求创新中国特色的国民经济动员理论体系；要求加大国民经济动员潜力建设；必须重视国民经济财力动员能力建设[17]。张纪海教授等（2019）认为，信息化战争和重大突发事件的现实需求，要求国民经济动员工作模式必须向信息化、智能化、高效化、精准化等具有敏捷特征的方向发展，因此敏捷动员成为新时代国民经济动员的主流动员模式。结合军民融合发展战略，在分析敏捷动员理论出现和发展历程的基础上，设计敏捷动员理论体系框架，明确动员联盟、动员链、动员网、集成动员和动员物流等理论成果之间的关系。研究认为：敏捷动员理论以"超常供给"为核心理念；动员联盟是敏捷动员的组织基础，动员链和动员网是实现敏捷动员的载体，动员物流是动员链和动员网的具体实现形式，集成动员是开展敏捷动员的工作模式[18]。

第六，关注退役军人发展问题。王沙骋博士等（2020）从机构建设、医疗福利、残疾补偿、就业保障、养老金福利、住房保障等方面，研究了世界主要国家退役军人权益保障的经验与问题。从军人身份认同、退役军人就业、退役军人心理问题、退役军人上诉与监察机制建设、退役军人保障政策体系建设等方分析了退役军人权益保障问题，提出相应对策[19]。吴锁（2021）关于军地携手创建退役军人"产业帮扶、编建民兵、应急应战"的研究，提出"三位一体"帮扶新模式。需要通过帮扶产业，帮老兵培育塑造干事创业职业荣光；需要创新"三位一体"运行模式，做大做强帮扶项目产业链；需要把握老兵就业创业特点与需求，复制拓展"三位一体"帮扶产业覆盖领域。国家层面，需要挖掘延展"三位一体"产业帮扶功能，即开发延展"三位一体"产业帮扶项目对退役军人的教育管理功能、对经济社会高质量发展的系统贡献功能、对国防动员备战打仗的辐射聚合功能等[20]。

第七，关注军工融资和国防预算问题。周雪亮、张纪海（2021）分析了军工领域供应链金融存在的问题，提出加快军工供应链金融的推广和实施力度、加大对军工供应链金融发展的支持力度、提高军工供应链上核心企业参与的积极性等相关建议[21]。毛飞（2021））认为，国防预算跨期平衡机制，是保证国防财政资源可持续性的前提下，以国防和军队建设需求为主导，着眼解决国防投入稳定性问题，在预算编制、执行等环节建立的滚动的、跨年度的、总量式的、预算收支余额在风险可控区间的一种动态平衡机制。为有效发挥国防预算跨期平衡机制作用，须从机制运行模式、预算平衡标准、预算平衡周期、余额控制区间、平衡调节基金以及平衡机制实施的时机等若干方面具体设计[22]。

第八，重视军品贸易发展。湛泳教授（2021）等研究了中国军品贸易发展历程，探讨了新时代中国军品贸易发展思路：第一，时刻关注国际局势和国际军贸形势。在国家安全战略需求的基础上，保持与第三世界国家的良好外交关系；在维护国家安全和国家利益的前提下，紧盯世界"热点地区"，谋求中国军品出口的机会。第二，积极开拓国际市场，深化国际合作。通过实施"引进来"和"走出去"战略不断发展军工科技，不断扩大对外出口规模。在保障国防安全的前提下加强核能技术、航空航天、太空和网络空间方面的国际合作，通过"一带一路"不断开拓国际军贸市场。第三，鼓励军工技术创新，完善军贸管理体制，健全法律法规体系。在军贸大国的基础上成为军贸强国，需要激发军工企业的创新活力，优化军品贸易结构，鼓励民营企业参与军贸重大项目。要完善军贸管理体制，加快军品贸易的法律法规建设进度，为军品贸易营造安全的发展环境。

第九，注重国防经济学科发展。陈波教授（2021）着手撰写的《国防经济史》，将回答并确定几个问题：一是如何断代。结合全球一般通史、经济史和军事史特别是军事革命史的发展，探索将国防经济史分为金属时代、火药时代、工业时代、后工业时代四个时代。二是地域选择。鉴于国际社会国家众多，如何既考虑到面，又照顾到点，是一个绕不过的话题，将选取当时有影响国家，从这里大致也可以看到其时国防经济的代表性情况。三是内容选择。考虑国防经济涵盖内容的面非常丰富，如何选材、如何取舍也是一个难题，注重以国际化为基本视角，注重对如国际学术界普遍关注的国防支出、国防工业、国防采办、国防人力等国防经济基本方面作为关注的重点，但又不机械，注重根据当时当地的实际情况和特色情况，灵活选材和确定重点[24]。王伟海副教授（2021）提出，需要深刻认识新时代国防经济学的学科价值，审慎应对大国战略竞争期待国防经济学贡献学科智慧。同时指出，实施军民融合发展战略需要国防经济学提供学科支撑，建设世界一流军队期待国防经济学发挥更大作用。推动新时代国防经济学科的繁荣发展，需要管理部门、学术共同体和研究工作者的共同努力，要发起一场国防经济学供给侧结构性改革，积极回应时代需求。要与时俱进拓展国防经济学研究主题。包括：加强军民融合学科专业方向建设；分类优化国防经济人才培养体系；创新国防经济学研究方式方法等[25]。方正起教授（2018）认为：新时代国防经济研究主要面临三个方面的机遇与挑战。一是我国经济发展"三期"叠加，国防经济高质量发展研究面临新机遇与新挑战；二是我国周边地缘政治环境日益复杂，经济中的国防问题研究面临新机遇与新挑战；三是国防和军队建设的重大改革，国防中经济问题研究面临新机遇与新挑战[26]。顾建一教授（2021）认为，当前和今后一个时期，国防经济学研究应特别关注军事需求、战略规划和国防预算相衔接问题，国防资产优化配置和有效利用问题，经济建设和国防建设融合发展运行机理问题，国防投入对经济发展的促进作用问题；新时代国防和军队建设实践发生了重大变化，有许多新情况新问题需要从国防经济学角度进行分析，需要用国防经济学理论给予科学回答[1]。孔昭君教授（2021）表示，新时代的国防经济学研究不仅要重点关注和平时期国防与经济建设的协调发展问题，还必须确立战时理念，要有备战打仗的理论准备，要抓好国民经济动员这一重大理论和实践问题的深化拓展研究，确保战时经济力向军事力转化的快速敏捷实现[27]。

第十，重视对国外经验的借鉴。陈炳福教授（2021）通过研究美国军民融合战略，总结出如下几点启示与建议：第一，需要切实推进我军装备采办体制改革；第二，需要创新军事科技管理文化，引入具有科技管理背景的顶级企业家人才；第三，需要重构支持实现国家战略的军民融合产业和工业基础；第四，国防科技创新要着眼于对国家利益有重大影响的基础性研究的长期支持[28]。王沙骋博士等（2021）借鉴美国金融反恐体系，提出我国金融反恐的对策建议，认为需要进一步完善基于风险的金融安全监管机制；完善互联网领域新型融资手段的监测和反制；积极推进区域性双边及多边金融反恐合作；建立广泛的军民融合的金融反恐体系等[29]。王刚等（2021）借鉴美军薪酬评估报告机制，提出了完善我军工资制度的几点思考：需要树立工资功能评估的指向，更新军人工资制度设计理念；需要多维评估军地工资的状况，依法保证军人工资水平优势；需要明确薪酬评估工作的重点，充分发挥津贴奖金激励效能等[30]。刘硕扬、张雨培（2021）通过对美国国防部 RDT&E 预算拨款结构的研究，得到几点启示：第一，要与时俱进地调整优化我国国防 RDT&E 预算拨款分类；第二，始终把面向战斗力提升作为国防 RDT&E 预算拨款的出发点；第三，坚持资金跟着项目走的基本原则；第四，把应急作战有关经费需求纳入国防 RDT&E 预算体系；第五，注重发挥国防 RDT&E 拨款对科技进步的促进作用[31]。彭艳（2021）分析了美国国防预算制度，认为美国国防预算制度改革历程的根本方向是实施绩效预算制度，将预算分配与绩效管理紧密挂钩，实现预算与绩效的整合与统一，以不断提高国防资源的分配与使用绩效[32]。

三、新时代国防经济学发展原则和方向

毋庸置疑，我国已经并将长期处于大国竞争之中；祖国尚未统一，国家安全还将受到来自国内外的威胁；科技飞速发展，现代化战争是尖端技术战争，是综合国力的较量。因此，国防经济学发展必然要遵循特有的原则，要有明确的方向。

（一）新时代国防经济学发展原则

统筹经济发展和国防安全，促进国防实力和经济实力同步提升，实现富国和强军相统一，是新时代国防经济学发展的根本原则。强大的国防实力和经济实力，是建设社会主义现代化国家的基石，也是拥有强大综合国力的象征。历史经验和现实均告诉我们，强国往往是经济和军事共同作用的结果。新时代的中国，已经是世界第二大经济体，但国防实力同我国国际地位、国家安全战略仍不相适应。因此，新时代国防经济学研究必须聚焦于为加快国防和军队现代化战略提供学科支撑。

新时代国防经济学主要研究国防实力和经济实力同步发展，也是应对世界百年未有之大变局的必然选择。当前，世界百年未有之大变局加速演进，新冠肺炎疫情对国际形势产生深刻影响，不确定性不稳定性明显增加，我国安全形势复杂严峻，经济下行压力增大，防范化解系统性风险压力增大。在这个关键当口，迫切需要统一好富国和强军两大目标，统筹好发展和安全两件大事，统合好经济和

国防两种实力，有效应对各种矛盾风险，夺取战略博弈主动权。

新时代军队建设，要跨越发展、赶超一流，必须跑出比对手更快、更稳、更持久的速度。因此，新时代国防经济学需要深深植根于国家经济社会发展体系，同建设制造强国、航天强国、海洋强国、网络强国一体联动，充分利用全社会优质资源和先进成果，强军事业才能又快又好发展。只有在经济发展的同时持续保持国防投入力度，我军现代化建设才有稳定可靠的支撑和保障，强军新征程才能行稳致远。

科学统筹发展和安全，是国家治理的重大战略问题。新时代国防经济学发展需要体现国家治理体系和治理能力现代化的内在要求。当前，国防工业和科技管理军民分离、"两张皮"现象仍然存在，影响着国家整体建设和治理效能。推进国家治理体系和治理能力现代化，必须着眼国家长治久安和经济社会持续健康发展，完善国家层面统筹发展和安全的制度机制，提高跨军地、跨部门、跨领域力量和资源整合能力，促进国防实力和经济实力同步提升。

（二）新时代国防经济学发展方向

新时代国防经济学发展总方向是：以习近平新时代中国特色社会主义思想为指导，深入贯彻习近平强军思想，贯彻总体国家安全观和新时代军事战略方针，全面落实军民融合发展战略，促进国防和军队建设与经济社会发展相协调、与国家现代化发展相协调，促进构建一体化国家战略体系和能力，实现发展和安全统筹、富国和强军相统一。

第一，加强战略层面筹划研究。科学统筹国防与经济，加强军民一体筹划，聚焦服务于国家战略规划衔接，以实现军事需求、军队发展战略和建设规划贯彻落实国家总体部署。同时，提出科学理论和方法，指导军地战略规划的布局衔接和任务对接；指导军民一体化建设安排的协调性、一致性。从应用的视角而言，新时代国防经济学发展需要深化资源要素共享，打破体系壁垒、利益高墙，完善军民需求对接机制，加速技术、人才、服务、资本、设施、信息、管理等资源要素双向流动和高效配置，实现一份投入、多重产出。研究强化政策制度协调措施，搞好军地政策制度相关改革的进程衔接、任务统筹，理顺配套承接关系，特别是探索在国防建设、产业发展、社会保障等方面加大沟通对接力度，提高关联性政策制度的耦合度。

第二，加强重点区域、重点领域和新兴领域发展研究。在重点区域的研究，结合国家区域发展战略布局，统筹战略方向国防建设与区域经济社会发展需求，把战区军事建设布局与区域经济发展布局有机结合，促进基础设施、科研条件、综合保障等开放共享和配套发展，为部队战斗力建设和区域经济高质量发展提供新理念、新方法、新支撑。在重点领域的研究，突出基础设施建设、国防科技工业、装备科研生产、军地人才培养、军队保障社会化和国防动员等领域军民融合发展；探索强化资源整合力度、盘活用好存量资源、优化配置增量资源和发挥资源最大效益的途径和策略。在新兴领域的研究，针对海洋、太空、网络空间等领域军民共用性强的特性，研究加快形成多维一体、协同创新、跨越发展的机制，提出聚合优势资源的具体措施；围绕战略性新兴产业和高端新质军事能力，研究推进战略性、前沿性、颠覆性技术突破和武器装备体系升级的路径，探索支撑经济社会发展和军队战斗力提升的新增长点。

第三，加强国防科技工业结构和布局研究。近年来，我国国防科技工业取得了许多突破性成果，为武器装备发展提供了重要支撑，但体制机制不顺、政策制度滞后、结构和布局不够合理等问题依然存在。这些问题需要国防经济学进一步研究解决。具体研究方向主要包括：一是研究国防科技工业体制改革相关举措，诸如军工企业股份制改造和混合所有制改革，军品科研生产能力结构调整等。二是研究武器装备科研生产体系改革升级，包括构建小核心、大协作、专业化、开放型的武器装备科研生产体系的方式和途径等。三是研究激活军品市场机制和活力，包括如何进一步破除制度藩篱，完善市场准入退出制度，精简优化许可管理范围，推进竞争性采购，改进调整军品价格和税收政策，建立风险评估和信用评价机制，营造公平竞争环境等问题。四是研究军民标准通用化机制和军民技术标准双向转化，包括军品生产采用先进适用的民用标准、军用标准转化为民用标准等相关机制等。

第四，加强现代国防动员体系研究。国防动员的时代条件、使命任务、主体对象正发生深刻变化，新时代国防经济学必须适应新形势、新任务、新要求，研究推动国防动员创新发展，推动加快构建现代国防动员体系。因此，新时代国防经济学需要研究现代国防动员体系和国防动员现代化；研究构建在党中央集中统一领导下，军地既各司其职又密切协同的国防动员新机制；探索新质后备力量建设机制，以及依托国家和社会优质资源发展新型动员模式等；研究构建以预备役部队为重点、基干民兵为骨干、普通民兵为基础的现代后备力量体系。同时，研究国防进课堂的新途径，强化全民国防教育，创新国防教育方法手段，使关心国防、热爱国防、建设国防、保卫国防即成为全社会的思想共识和自觉行动，也成为新时代国防经济学建设的重要内容。

第五，加强健全强边固防机制研究。党的十九大提出了建设强大稳固的现代边海空防的战略要求。当前，我国边海防工作还存在着组织领导不够有力、群众广泛参与局面尚未完全形成等问题。因此，新时代国防经济学必须研究如何贯彻党中央治边方略；如何坚持政治安边、富民兴边、军事强边、外交睦边和科技控边；如何确保边海疆安宁、稳定、繁荣。探索构建党委把方向，政府总协调，军队当骨干，警方抓治理，民众为基础的治边新机制。探索建设新时代边海防防卫管控力量体系，包括加强国家边海防力量、边海防后备力量、戍边群众队伍等建设途径；着眼平时常态管控、急时联合处突，探索健全军地行动协调配合机制，强化军警民联防。探索特色边防小镇建设机制、新时期边海防基础设施建设机制、智慧边海防建设机制等。探索建立和完善军地工作会议、统筹规划、情况交流、信息融合、检查督导等制度，更好发挥党政军警民强边固防整体合力。

第六，加强巩固军政军民团结研究。坚如磐石的军政军民关系，是国防和经济协同发展的政治基础，也是新时代国防经济学发展的根本条件。新时代国防经济学建设与发展，需要研究进一步发扬爱国拥军、爱民奉献的优良传统，汇聚军民同心推进富国强军事业的磅礴力量。需要研究强化宗旨意识和群众观念，服务于党和国家经济建设大局，积极支援地方经济社会建设，协助地方做好维护社会稳定工作。需要研究增强国防意识，积极参与支持国防和军队建设，为广大官兵排忧解难，落实退役军人安置保障政策规定，为建设强大的全民国防和人民军队提供有力支撑。

四、新时代国防经济学发展建议

在新时代背景下，新时代国防经济学的学科建设与发展任重道远，必须脚踏实地、循序渐进，军民合力推动学科发展。

第一，树牢大局意识。新时代国防经济学发展需要军民双方学者站在党和国家事业发展全局的高度思考和推进学科建设。军校系统学者要遵循国防经济规律和战斗力建设规律，自觉把科研植根于经济社会发展体系之中；地方院校系统学者要注重在经济建设中贯彻国防需求，注重把经济布局调整同国防布局完善有机结合起来。新时代国防经济学发展需要体现军民融合模式，军民协作，共同推进学科建设。

第二，体现制度优势。党的领导是中国特色社会主义制度的最大优势。新时代国防经济学发展要体现党总揽全局、协调各方的社会主义制度优势。同时，新时代国防经济学的教学工作，也是体现"思政教育"的重要平台。因此，在新时代国防经济学的学科建设、科学研究、教育教学中，须能够全面体现党领导经济和国防建设的各领域、各方面、各环节；能够系统体现国家主导、需求牵引、市场运作的总机制；能够综合体现统合力量、统筹资源、统一行动的新型举国体制优势；更能够将国防与经济协同发展的理念进一步科学化、理论化。

第三，深化改革创新。坚持用改革的办法、创新的思路推进新时代国防经济学的建设与发展。世界是多元的、变化的、不确定的，需要以改革创新的思想，推进国防经济学的知识更迭、学术创新。重点以改革创新的思想探索解放和发展战斗力和生产力的新模式；探索供给侧和需求侧双向改革的新方法；探索经济改革和军队改革的统筹协调的新机制等。在实践中探索破除不利于军地资源双向流动的体制性障碍、结构性矛盾、政策性问题；从理论上创新完善相关组织管理、工作运行和政策制度体系。

五、结束语

我国国防经济学的发展已步入新时代。新时代国防经济学发展需要秉持新理念、新思路和新方法。希望通过对近期国防经济学发展动态的梳理，凝聚共识，找出问题，明确目标，提出新时代国防经济学发展的思路和方向，促进该学科繁荣发展。

参考文献

[1] 顾建一. 国防经济学应当研究的 16 个重点方向——新时代国防经济系列研究之五 [J]. 军民两用技术与产品，2021（03）：7—11.

[2] 顾建一. 构建新时代军民兼容、寓军于民的国防经济体系 [C]. 国防经济评论 2021，1—13.

[3] 姜鲁鸣. 坚持走中国特色强军之路 [N]. 人民政协报，2021-9-15.

[4] 卢周来. 实现中国梦强军梦的强大动力和战略支撑 [J]. 开放导报，2018（04）.

[5] 孙兆斌. 基于军民融合联盟链网模式的利益分配研究 318—333.

[6] 孟斌斌，史良，戚刚. 军民融合发展制度框架的经济学理论基础 [C]. 国防经济评论 2021，334—348.

[7] 桂泽宇，董晓辉. 国防专利转民用的价值评估研究 [C]. 国防经济评论 2021，298—317.

[8] 吴少华，焦沈祥. "民参军"中基于三方主体的信息共享机制博弈研究 [J]. 科技进步与对策，2019，36（15）：146—152.

[9] 游光荣 . 改革开放以来中国军民融合发展的重大实践 [J]. 智慧中国，2019（Z1）：75—77.

[10] 刘晋豫 . 新时代国防经济学的发展要在管用上下功夫 [C]. 国防经济评论 2021，23—27.

[11] 纪建强 . 军民科技协同创新现实困境及激活动力研究 [C]. 国防经济评论 2021，38—47.

[12] 朱青，王子龙 . 空间异质性视角下军民融合企业技术创新效率分析 [J]，河南科学，2020–9，38（09）：1511—1522.

[13] 谭清美，赵真 . 军民融合产业协同创新网络运行机制研究——基于行动者网络理论的视角 [J]，南京航空航天大学学报（社会科学版），2022，23（04）：84—90.

[14] 杜人淮，贺琨 . 新时代在高质量发展中优化国防科技工业布局研究 [C]. 国防经济评论 2021，48—71.

[15] 李湘黔，汤薪玉 . 新时代国防科技工业治理的体系框架与实践路径 [C]. 国防经济评论 2021，72—91.

[16] 樊恭嵩 . 应做好反独促统大规模战争经济动员准备 [C]. 国防经济评论 2021，14—22.

[17] 李超民 . 新时代国家发展利益与国民经济动员建设 [J]. 军民两用技术与产品，2021，（3）：12—16.

[18] 张纪海，樊伟，师仪 . 军民融合发展战略下的敏捷动员理论体系 . 北京理工大学学报（社会科学版），2019–1，21（01）：121—127.

[19] 王沙骋，祝小茜，张艺博 . 退役军人权益保障：经验、问题与对策 . 中国软科学，2020（07）：16—25.

[20] 吴锁 . 破解国防动员时代课题的实践探索 . 解放军理论学习，2021（08）.

[21] 周雪亮，张纪海. 政府支持下的军工供应链金融创新模式研究 [C]. 国防经济评论 2021，239—277.

[22] 毛飞. 国防预算跨期平衡机制设计框架体系研究 [C]. 国防经济评论 2021，286—297.

[23] 湛泳，陈小凤，赵纯凯. 中国军品贸易 70 年：历史演进与特征变化 [C]. 国防经济评论 2021，167—190.

[24] 陈波. 国防经济史：内容与结构探讨 [C]. 国防经济评论 2021，278—285.

[25] 王伟海. 对新时代国防经济学发展的几点思考 [C]. 国防经济评论 2021，28—37.

[26] 方正起. 新时代中国国防经济学科转型建设的基本路径 [N]. 企业家日报，2018-12-03（A03）.

[27] 孔昭君，张萌. 初论国防经济学思想演进 [J]. 北京理工大学学报（社会科学版），2021，23（01）：106—116.

[28] 陈炳福，杨洋. 美国军民融合战略研究 [C]. 国防经济评论 2021，377—397.

[29] 王沙骋，唐岱，穆希腾. 美国金融反恐体系研究 [C]. 国防经济评论 2021，398—414.

[30] 王刚，高于舒，朱章黔. 借鉴美军薪酬评估报告机制完善我军工资制度的思考 [C]. 国防经济评论 2021，434—441.

[31] 刘硕扬，张雨培. 美国国防部 RDT&E 预算拨款结构研究及其启示 [C]. 国防经济评论 2021，442—457.

[32] 彭艳. 美国国防预算制度分析与启示 [C]. 国防经济评论 2021，458—470.

第三届国防经济学家论坛综述

白卫星

2021 年 5 月 29 日—30 日，第三届国防经济学家论坛在湖南芷江举行，来自军内外的 30 多位国防经济理论专家与实际工作者参加会议。与会专家就国防经济学科建设、国防费、军民科技协同创新等问题进行了深入研讨和交流，取得了丰硕成果。

一、关于国防经济学创新发展问题

顾建一教授认为，国防经济研究应当坚持战略导向，关注国务院、中央军委高度关注的前沿重大问题，应当坚持问题导向，高度关注国防经济领域的突出矛盾和问题，应当坚持理论创新，深入研究国防经济特点规律，应当跟踪世界主要国家国防经济研究动态，积极借鉴世界主要国家的一些共性规律和有益做法。刘晋豫教授认为，新时代国防经济学要创新发展，必须在注重基础理论研究的同时，在"管、用"上下功夫，就是紧跟中央最新精神，在推动中央战略决策部署落实上下功夫用气力；紧跟国家安全形势及国防军队建设新变化，在推动我国国防军队现代化建设上下功夫用气力；紧跟世界科学技术特别是国防科技发展变化新趋势，在推动国防科技创新上下功夫用气力；紧跟经济学发展前沿，在完善理论体系，创新研究方法上下功夫用气力。国防大学政治学院杜人淮教授认为，当前国防经济学科发展正处在难得的机遇期，又面临着巨大的压力和挑战，突破国防经济学科发展困境，开创国防经济学发展新局面，亟须推动国防经济学多学科交叉融合发展。这既是由国防经济学的交叉学科属性决定的，也是我国国防经济学发展的基本经验，更是国防经济学发展繁荣的现实需要。为了推动国防经济学多学科交叉融合发展，可在强化应用经济学一级学科下的国防经济学学科建设外，还有必要在相关一级学科下根据实际情况，设置相关国防经济二级学科或国防经济方向。比如，在管理学门类下的公共管理学等一级学科中设置国防经济管理，在法学门类下的一级学科马克思主义理论中设置马克思主义国防经济理论，在新设立的交叉学科门类下的一级学科国家安全学中设置国防经济安全等。因此需要积极鼓励各相关学科有条件人员积极参与国防经济的学术研究，跨界研究国防经济的重大理论和现实问题，积极推动国防经济学和相关学科教研人员广泛深入开展国防经济学术研讨交流，加快推进国防经济理论创新、方法创新和学科创新，更好服务国家重大战略决策、服务构建一体化国家战略体系和能力，更好推动国防经济建设高质量发展，使国防经济学全面进入可持续的良性发展局面。陆军勤务学院方正起教授指出，国防经济学科发展，只有通过与外界不断交换信息，补充新知识，吸收新的营养，不断和其他相关学科融合，才能得到不断开拓和创新。为此他给出了国防经济学发展的动力分析：①国防经济学科发展动力源。国防经济学科发展动力，是学科形成与外部环境相适应的、自身生存发展所需要的一种整体能力，是国防经济学科发展的关键所在。这种整体能力，具体表现为学科使命和求知欲是学科发展的直接原动力，学科内部自身发展的不平衡性和竞争性是学科发展的关键性动力因素，学科间的相互影响和相互渗透是学科发展的重要形式和手段，学科文化氛围是学科发展的必要条件和内在动力。②国防经济学科发展动力的力度。国防经济学科发展内生动力力度是国防经济学科发展内生动力集合体，用公式表达为：$Z = \{A，B，C，D\}$。其中：A ——学科使命和求知欲产生的直接原动力，B ——学科内部发展不平衡性和竞争性产生的关键性动力，C ——学科间的相互影响和渗透产生的动力，D ——学科文化氛围产生的动力。③国防经济学科发展的着力方向，一是紧扣学科发展使命任务，深耕内涵，为解决国防建设的重大理论与现实问题提供决策咨询和前瞻性研究成果。二是善用学科交叉渗透之势，拓展外延，为军民融合发展提供坚实的理论基础和有效的实践指导。三是努力融合学科建设力量，借船出海，为维护新时代总体国家安全贡献经济阐释力量。中央财经大学国防经济与管理研究院院长陈波教授认为国防经济涉及国家、双边、地区和全球的安全与发展等多重议题，国富兵强是人类社会绵绵不断的追求，一部人类文明史，也是人类追求安全与发展的国防经济史。在中华民族崛起的过程中，以更宽的视野来看待人类、看待世界，挖掘、整理国防经济历史遗产，从中汲取历史经验教训，开启未来，是沉甸甸的责任，也是担当。从研究现状看，我国学者在艰苦的环境下，对国防经济史实特别是中国国防经济史进行了艰苦的探索和梳理，但这些研究仍还存在两个突出问题：一是缺少对世界国防经济史的深入挖掘和整理，在国防经济领域"中国并不了解世界"；二是对中国国防经济史的研究也缺乏将其置于广阔历史视域下特别是世界史下的深入研究，国际学术界鲜有中国这方面的系统研究，在这个领域"世界也不了解中国"。陈波教授介绍了国防经济史的研究和编写情况，认为史学是一个学科最基础的长线支撑，国防经济史研究要客观对待自己的历史，也要客观看待别人的历史。

二、关于国防费问题

陆军勤务学院副教授毛飞就国防费研究脉络与发展趋势提出自己的看法。他认为，从改革现实来看，中国国防财经改革的逻辑由集权向分权、再向治权逐步转变，中国国防费理论研究的重心也逐步由规模到结构、再拓展到管理。从理论研究发展的主题主线来看，中国国防费理论研究从来不是书斋里的学问，中国国防经济学者也从来不是书生意气，中国国防经济理论工作者一直紧扣时代发展脉搏，着眼解决困扰时代发展的现实难题，勇于做推动时代发展的探索者和开拓者。军事科学院评估论证研究中心研究员王亚红等人则对大国竞争进程中国防费开支策略进行了比较分析，发现在冷战时期，美、苏国防费开支规模很大，但各有特点。苏联国防费 1 整体上表现出棘轮效应、路径依赖和相对效率较低，相比之下美国国防费开支策略更为积极主动、具有较大灵活性，并且注重发挥长期优势。具体而言不同的开支模式体现为内生成本差异、成本强加和极限施压策略，以及成本领先策略。通过比较总结，得出需立足长期竞争以控制成本、创新完善现代国防费管理体系、加强全面评估优化资源配置等经验。因此建议合理确定国防费规模之锚、基于长期视野规划支出、以我为主制定国防费策略，不断提高经费管理使用的质量效益。陆军勤务学院马惠军教授认为，中美贸易逆差有其内在逻辑。美国军事霸权导致的军事开支膨胀对中美贸易逆差具有重要影响，其主要表现在：一是美国军事开支引发财政赤字过度增长，强化了"消费—投资"失衡；二是美国国防研发高支出导致的战术霸权，加剧了贸易逆差；三是美国军费开支影响其美国产业结构，导致其产业"空心化"。中国应该做到国防开支要与国家经济建设相协调，国防开支规模的扩大必须考虑经济的可承受性，提高现有国防费使用效益，通过技术进步促进国防科技工业结构升级，构建军民通用技术标准体系，发展军民两用技术，要形成自主创新的激励机制。中国人民大学应用经济学院副教授刘硕扬认为当前军费绩效管理推进的难点有：指标的设定以及权重的分配；评估方法的合理性以及其量化程度；绩效评价与其他评估如何既互相配合又厘清相互关系；事业部门与财务部门之间的权责利问题；最重要的产出即战斗力标准的难以量化；对社会效益的影响即外部性的问题难以量化；军事需求的提取的准确性；保密性导致绩效信息公开制度的落实更为困难。针对难点，需要在观念转变、需求提取、指标设立、评估基础和方法、政策保障等几个方面寻求突破。

三、关于军民融合问题

国防科技大学曾立教授秉持着一贯的思维高度，从战略层面回答了新时代新发展阶段，技术特性、军民协同及创新发展路径等基础性问题。一是"科研—工程—市场"差异化及军民科技协同创新机理；二是整合"军队—军口—民口"资源，推动"科技—产业"协同发展；三是培育完善配套、特色显著、优势突出的产业链；四是以政策链推动"资金链—创新链—产业链"耦合融通。要着眼充分挖掘利用军队科技优势资源，针对军民分割的问题，按照"依托军队技术、整合地方资源"的思路，推进构建民口科技资源服务装备系统研制发展的生态系统。发挥市场的决定性作用和更好发挥政府作用，破除高融资成本、低金融可得性的双重融资约束。既要加强顶层设计又要坚持重点突破，既要抓好当前又要谋好长远，强化需求对接，强化改革创新，强化资源整合，向重点领域聚焦用力，以点带面推动整体水平提升，使得经济建设与国防建设稳步迈向协调发展、平衡发展、兼容发展，书写出波澜壮阔的时代新篇。北京理工大学张纪海教授认为，军民融合企业融资难、融资贵成为制约军民融合深度发展最为突出的因素，是急需深入分析和破解的难题。近年来，供应链金融在农业、电商、工业制造等领域得到了快速发展，有效地解决了中小企业融资难、融资贵等问题。针对这些问题，需要提出军工供应链金融的概念，创新性重塑政府支持下军工供应链金融的合作结构，引入军工供应链金融服务平台和政策性担保机构等主体，并在此基础上对军工供应链金融运行模式进行了创新，以期能够更好地发挥政府支持作用，吸引更多社会资本为军民融合中小企业提供融资服务，促进军民融合深度发展。南京航空航天大学王子龙教授提出军民融合协同创新必须避免民品与军品之间利用信息不对称和不完全契约谋取利益。依托互联网等先进科学技术构建资源共享平台是提升协同创新效率的有效路径，是有效解决创新资源低效配置问题的关键。军民融合协同创新通过资源和要素有效汇聚，突破创新主体间的壁垒，充分释放彼此间人才、资本、信息、技术等创新要素活力而实现深度合作；通过与高校、科研院所，特别是大型骨干企业的强强联合，成为支撑我国军民融合行业发展的核心共性技术研发和转移的重要基地。军民融合协同创新是对自主创新内涵的深化，其实质是通过合理配置各方资源，促进技术创新所需各种生产要素的有效组合。西北工业大学田庆锋教授根据陕西和四川军民融合型高校的对比研究，认为样本高校科技成果产出阶段和转化阶段的综合技术效率、科技成果转化效率有待进一步提高。从全国创新专利的对比来看，部分省份的国防专利与民口专利拥有量也不平衡。军民科技协同创新的影响因素有组织管理、创新效益、融合环境、资源要素，并通过系统动力学构建因果回路图得出融资障碍和技术转移扩散障碍是主要源头影响因素。因此必须提高市场预期程度和主体协同意愿，并加强政府宏观调控，有效统筹资金、人才、技术、设施和信息资源投入。加大国有军工企业非战略性武器装备领域的混合所有制改革，加强高校科技成果转化，引导民营企业以原材料供应商、一般研制供应商、系统供应商、提供新质作战力量等方式促进要素融合。国防科技大学文理学院李湘黔教授提出要加快构建军民一体化现代产业体系。他认为，我国面临的发展环境更加多变，安全形势更加复杂。在这一背景下，如何对军民科技工业进行战略性体系重塑，构建高度兼容、高效协同、高速互动的军民一体现代产业体系，既是统筹谋划安全与发展全局、协同推进经济建设与国防建设、一体运用经济力量与国防力量的内在要求，也是军民融合发展的一个重要理论和实践课题。他指出军民一体现代产业体系是实现国家科技自主可控和产业自立自强的客观要求，是适应市场和战场多样性需求的必然选择，是知识向生产力和战斗力转化的内在需要。从创新驱动、融合发展、组织变革和集聚发展四个维度对军民一体现代产业体系的内在机理进行阐释，进而提出做强实体经济、强化协同创新、发展现代金融、夯实人才基础等构建军民一体现代产业体系的基本路径。南京航空航天大学谭清美教授提出，技术创新模式是对企业技术创新过程中所体现出来的高度抽象概括的共性特征，是创新主体行为的一般方式。军民融合技术创新模式，是军地企业、高等院校、研发机构等创新行为主体，协同开展技术创新过程的一般性方式。军民融合技术创新模式典型特征，是需求多样性、资源共享性、动态演进性、辐射带动性、环境复杂性、安全防控性、应急需求性、主体多元化、载体多样化、领域交叉化。"军转民"技术创新更应采取渐进式创新模式、产品创新模式、技术推动模式和模仿创新模式。"民参军"技术创新尤其适应突破式创新模式、产品创新模式、需求拉动模式和自主创新模式。国防科技大学文理学院黄朝峰教授从抗击新冠肺炎疫情角度探究一体化国家战略体系和能力构建问题，提出在这场抗击新冠疫情重大活动中，军地大力协同、密切配合，既是一次军民融合的生动实践，也是对军民融合建设成效，一体化国家战略体系和能力建设的一次考验，通过深入分析这场重大行动，既可以看到近些年一体化国家战略体系和能力建设取得的巨大成绩，也暴露出存在的一些突出问题，同时也可以从中分析出一体化建设的基本规律和基本经验，未来要在构建一体化的组织协调机制、一体化的物质资源保障、一体化的网络衔接纽带、一体化的知识信息分享和一体化的法规政策协同上下功夫，加快构建一体化的国家战略体系和能力，实现对常规治理的超越。中央财经大学国防经济与管理研究院郝朝艳副教授《基于专利数据的军民技术融合测度方法》认为，军民技术融合实质上是一个技术扩散的过程，既包括军事技术向民用领域的溢出，也包括民用技术和科技资源向军事领域的扩散及应用。利用专利引用数据探索测度军民技术融合的方法。与其他知识产权保护的方式相比，专利是一种为了技术、知识扩散而采取的保护方式，使用专利引用数据来表示某项技术被使用的情况是直接测度技术扩散的方式之一。根据"国际专利分类"对专利分类及其编码的解释，以及我国和美国解密国防专利信息，对具有技术融合潜力的"军事专利"进行界定。在已有专利和专利应用数据库的基础上，可对军事专利进行三个方面的分析：一是对军事专利的统计分析，在一定程度上可以反映出民用领域科研资源对于军事技术创新的贡献；二是对军事专利引用数据的统计分析，利用前向引用探讨军事技术的扩散，利用后向引用数据探讨军事技术的知识基础；三是对军事专利的文本分析，通过提炼军事专利的更多特征，采用专利共现网络分析法，考察军民技术融合的"潜力"。军事科学院国防科技创新研究院助理研究员孟斌斌认为，"三大体系""6+6"领域、"一体化国家战略体系"共同构成了军民融合发展的基本制度框架。国防建设和经济建设各类产品组成国家高维生产可能性前沿，科学的制度框架则会不断推动生产性前沿向外拓展，促进国防实力和经济实力同步提升。从微观到宏观，"三大体系"外化军地高新技术扩散隐性知识；"6+6"领域引导产业结构跃迁；"一体化国家战略体系"牵引高质量发展。个体、组织机构、科研协作网络中的默会性、情境性、文化性隐性层流—湍流知识流动和外化—融合—内化—群化循环机理为"三大体系"迭代完善提供科学依据。"6+6"领域作为信号显示机制，引导各类资金、要素、人才汇聚，塑造和创造新技术、新部门、新业态和新市场，变革技术经济范式，实现全球产业森林价值链动态跃迁，提升国家经济系统韧性弹性。"一体化国家战略体系"破解安全困境中的军备消费"备而不用"矛盾，牵引宏观资源配置方向，顺畅生产力和战斗力双重提升大循环。

四、关于其他问题

上海财经大学李超民研究员认为，必须继续重视国家实力建设。中国进入有核时代开启了国防现代化新阶段并开始了大国博弈历程。与我国第一颗原子弹爆炸几乎同时，三线建设拉开了序幕，经过十多年的艰苦努力，战略大后方建设取得了重大成果，全面奠定了新中国国防安全的基石。在这一过程中，毛泽东正确的国家发展与安全战略决策发挥了关键作用，这一研究说明，在未来国际竞争中，中国必须通过加强国力建设，发扬民族精神，以国防建设服从国家发展的"大战略"，汲取历史上苏联军事建设脱离国家发展大战略导致国家灭亡的教训，继续推动人民军队走现代化精兵建设道路，继续在战略后方建设上加大投入，彻底全面筑牢大国国防与经济安全的擎天柱。湘潭大学教授湛泳在梳理中国军品贸易70年历史时指出，1949—1977年中国实行"不当军火商"的政策，1978—1985年在"引进来"和"走出去"战略的指导下积极参与国际竞争，1986—1999年实行国防工业的重大改革，军品进出口的结构得到优化，2000—2012年全球化和多极化格局形成，中国出口军品的科技含量不断提升但竞争力仍不足，2013年后中国进一步开拓国际市场，成为军品贸易大国。历史经验表明，要促进新时代中国军品贸易健康发展，需要不断关注国际局势，加强国际合作，坚持创新驱动并不断深化军工体制改革。樊恭嵩教授从战略高度就做好反独促统大规模战争经济动员准备提出了自己的看法。他认为，要确立以实战化为引领的经济动员思路，促进经济动员建设由立足我有向紧盯我需转变，经济动员储备由立足储备产品向储备产能转变，经济动员模式由立足传统保障向智慧保障转变；认真研究新体制下国防动员特点规律，深化解决一些关键性难题，尤其要把健全动员法规体系、奠定依法动员根基，遵循精准快捷要求、完善军地联动机制，建立权责清单制度、统筹民用资源征用几项措施作为重点予以关注。陆军勤务学院教授王刚以国家战略利益拓展的视野，提出海洋经济发展和维护海洋安全两项任务相统一的观点。海洋领域经济建设和国防建设协调发展的本质，是实现海洋安全维护与海洋经济发展在资源配置上的系统集成；目标是实现海洋安全维护能力结构与经济发展能力结构的双向优化；前提是海洋安全维护的组织体制与海洋经济管理体制的相互匹配；任务是推动海洋经济建设和海洋安全保障两项任务的整体发展和双向促进。新时代我国应站在国家长治久安和可持续发展的高度，着眼建设海洋强国目标，明确政府主导、军地协同的发展路径，通过加强战略规划、健全组织体制、理顺运行机制、促进科技融合创新和完善法律法规体系，来加快推动海洋领域经济建设和国防建设协调发展。上海财经大学副研究员严剑峰提出推进国防经济研究与发展要关注军力规划问题、最优国防支出比例安排问题、军事学习与训练时间的配置问题、军人家庭的保障问题和退役军人的保障问题。这些问题的研究和突破，必将带动国防经济理论与实践的发展。关于退役军人的帮扶，来自石嘴山军分区的吴锁同志就"三位一体"产业帮扶实践探索谈了他的看法。探索创建"产业帮扶、编建民兵、应急应战"的"三位一体"帮扶新模式，根本目的就是用产业培育老兵就业职业、组织老兵干事创业；功能构想是，全程帮思想、实训强技能、创业当老板、社会赢尊崇；贯穿主线是，引领思想—扶筑梦想—熔铸理想，让退役军人成为巩固拓展脱贫攻坚成果的带头人，成为推动家乡乡村振兴的排头兵，成为维护呵护民族团结的领头雁，成为投身国防动员应急应战的主力军，赢得最广泛、最持久、最真诚的社会尊崇。这样就建立起退役军人"就业创业孵化链、乐业就业产业链、应急应战机动链""三链融合"新架构，为退役军人打造一条化解创业风险、完善创业条件的老兵创业就业孵化链，一条贯穿生产技术管理、拓展生产经营体系的老兵乐业就业产业链，一条县区分散编建、田间集中训用的老兵应急应战机动链。